夕拾朝花

我眼中的中国出版四十年

庄建 著

中华书局

图书在版编目(CIP)数据

夕拾朝花:我眼中的中国出版四十年/庄建著. —北京:中华书局,2024.9. —ISBN 978-7-101-16709-2

Ⅰ.G239.29-53

中国国家版本馆 CIP 数据核字第 20247MA467 号

书　　名	夕拾朝花:我眼中的中国出版四十年
著　　者	庄　建
封面题字	徐　俊
策划编辑	翁向红
责任编辑	刘冬雪
装帧设计	王铭基
责任印制	管　斌
出版发行	中华书局
	(北京市丰台区太平桥西里 38 号　100073)
	http://www.zhbc.com.cn
	E-mail:zhbc@zhbc.com.cn
印　　刷	北京新华印刷有限公司
版　　次	2024 年 9 月第 1 版
	2024 年 9 月第 1 次印刷
规　　格	开本/920×1250 毫米　1/32
	印张 16　插页 2　字数 367 千字
国际书号	ISBN 978-7-101-16709-2
定　　价	88.00 元

关注学术　倾情文化（代序）

——喜读庄建新闻作品三十年

宋木文

我同多家重要媒体记者有交往，但连续时间最长、阅读作品最多、受益最大者，当属《光明日报》记者庄建。庄建自1981年"跑出版"起就同我有联系，从未中断过，至今已有三十余年了。

2002年以前，我主要阅读庄建对出版界重要活动的报道，当时是了解信息，作为思考问题和研究工作的参照，后来则成为回顾过去可供查询的历史资料。比如1999年10月，江苏译林出版社为出版《播火者译丛》（瞿秋白、张闻天、沈雁冰、胡愈之从五四运动到三十年代的译文集）在京举行出版座谈会，庄建在《光明日报》发表《〈播火者译丛〉记录播火者足迹》的新闻报道，使读者能够及时了解这套书出版的相关情况及其重要意义；十三年后，即2012年，我写回忆《胡愈之译文集》编校者戴文葆的文章，庄建的这篇新闻报道便成为我撰文所依据的历史资料。有价值的新闻报道都有提供适时信息和保存历史资料的双重价值。三十余年来，庄建以《光明日报》记者身份发表新闻消息和通讯两千余条，其中大部分是采写出版界的重要活动，稍加梳理，就会成为研究当代出版史的史料或史料线索，希望有心人和有力者给予考虑。

2002年至2008年，在庄建担任《中华读书报》总编辑期间，我成为该报的忠实读者和受益者。其间，庄建对我的活动也给予热情关注。2005年，我同巢峰关于出版转制历史考察与图书出版业"滞胀现象"有过长篇通信，庄建以《出版人两地书》在《中华读书报》二、三版刊发，并在一版做了重点推介。2007年，拙著《亲历出版三十年》出版后举行座谈会，庄建亲自采写新闻稿《岗位离开了，事业还牵挂着：宋木文倾心写出新时期出版纪事与思考》，在当年6月6日的《中华读书报》发表，同时还用一个整版在《峥嵘岁月 我们一同走过》通栏大题下刊发座谈会的发言。想起这些往事，久积于心的感谢之情便由衷而生。

2009年以后，庄建摆脱行政杂务，专力从事新闻写作，以撰写重要人物、重要事件、重要单位的长篇通讯（特写、专题等）为重点。这是庄建新闻写作取得重要成就的时期，也是庄建新闻写作的一个高峰期。这期间，庄建连续发表《有关"中国故事"的故事》和《"中国故事"的讲述者》两个长篇，讲述中国外文局的国际传播，讲述五十年来外文局中外专家向世界介绍中国的历程与成就，在外文局内外产生强烈反响，可视为这一时期有代表性的佳作。

在这里，我要单独讲一讲2012年，这是庄建新闻写作高峰期的丰收年。仅我看到的，这一年发表的新闻特写就有十二篇，平均每月一篇。这些经过深入采访、缜密思考而写出的高质量长篇通讯，深深地吸引了我。

在2012年，庄建热情关注学术出版，那篇《学术著作出版：缘何"不差钱"却"差了学术"》和《蔡美彪：洗尽铅华呈本色》，以两个不同的实例，呼唤重视学术出版，倡导出版高质量的学术著作。

在2012年，庄建热情颂扬为学术献身的专家学者，那篇《追赶太阳的人们——记〈现代汉语词典〉的编纂者》和《为了中华文化之树常青——北京大学国学研究院教授群体纪事》，使读者走近了那些少为人知的为学术无私奉献的群体。她还著文呼吁："典籍整理亦学问，标点也是大文章"，理应受到版权保护，为弘扬中华传统文化鸣锣开道。

在2012年，庄建深情书写有突出贡献的出版人物，先以"中国出版的一个传奇"，书写资深辞书大家巢峰；后借古代神话故事，以"书海精卫鸟"，赞誉新起辞书女精英马静，这一老一新的感人业绩和坚毅品格，为我们树立起今日编辑出版人的楷模。

在2012年，庄建多次精心书写老字号的出版单位。她用百年前"为了立国根本"的宣告，做大文题，提升文意，书写中华书局百年来，以强教科书、强出版服务于强教育、强国家的不懈追求，薪火相传，不老常新。她以"那些书 那群人 那书店"书写三联书店八十年对文化自觉的坚守与创新；用另一篇《三联的分社元年》，预示着这家老店又在开辟新征程。她还以"一脉书香"书写中国书店一个甲子的历程，我读后产生联想：如果没有古旧书店的修复、抢救、收购，那些"最早"与"唯一"的珍籍国宝早就不存于世了。这样书写"老字号"，足显庄建的思想之深邃和文笔之功力。

2012年12月6日，庄建在《光明日报》发表深情讴歌中国翻译家的长篇特写，以"人类文明的搬运工"赞誉李文俊、高莽、林茂荪等中国翻译家们，他们搬运来的不是金山银山，却胜似金山银山，因为他们传播着人类的思想光辉和文明成果，对中国的发展建设更有深远意义和长久影响。

读庄建这一时期的新闻作品，我强烈地感受到有思想内涵的深度，有文化底蕴的厚度，有写作技巧的高度。在当今出版界文化担当和社会责任有所缺失的情势下，庄建发表这些思想内涵和文化底蕴紧密结合的佳作，对出版业起着一种强魂健体、引领走向的作用。我受到鼓舞，在2012年10月31日写信给她说，你这一时期的作品"都非常好，都能产生广泛、深刻的影响，我读了再读，读后又留存备用。我希望你继续写出这样高水平的专稿，这比忙碌于某种领导岗位更有实际意义"。

前几天（按：2013年2月21日），我看到，庄建在《光明日报》一版又发表《书香氤氲 中国更美》，评论日渐浓郁的全民阅读氛围，这也是一个信号，2013年仍将是庄建新闻写作的丰收年。

最后，我想说的是，新闻写作，同样会产生优秀的作品，甚至伟大的作品，但未像文学作品那样受到应有的重视。今天举行庄建新闻作品研讨会，定会对新闻写作有所推动，定会对新闻作品有所提升，定会对新闻撰稿人有所激励。

（此文为原新闻出版署署长宋木文在光明日报社举办的"庄建新闻作品研讨会"上的发言）

目　录

{壹}　文脉地标

〔贰〕远思怀人

〔叁〕 缥帙留香

夕拾朝花

{肆} 出版之思

夕
拾
朝
花

夕拾朝花

壹·文脉地标

此是良田好耕植

——记商务印书馆

"在我幼稚的心中，商务印书馆是一座屹立在上海的**巍峨大厦**，里面住着几位传授知识的大师，如张元济、高凤谦……"这是20世纪初，留在少年冰心心中的商务印书馆。

21世纪的钟声即将敲响之际，我采访了一位百岁老人——戴孝侯，这是一位与商务印书馆风雨同行了80年的老者。交谈中，他赞美商务印书馆的传统，感叹商务印书馆的发展，在他的诉说中，我看到了一个依然成长着的商务印书馆。

百年商务，留给每一个与她相知的人的是百年的激情，百年的青春，百年的奋斗，百年的探索。

19世纪、20世纪之交，由封建社会沦为半殖民地半封建社会已逾半个世纪之久的中国，内忧外患，维新思潮涌动，除旧布新呼声日增。就是在这样的背景下，商务印书馆出现在中国大地上。它自觉地站立在新时代的潮头，编印新式教科书，翻译出版英语读本，印行西方学术著作，以为新学、西学、新式教育鸣锣开道的实业，走过婴儿期，为自己在中国近现代文化史、出版史上赢得了一席地位，也为中国现代出版业在世界同业中拓出了一片天空。

1897年2月11日，在上海英文报纸《捷报》做排字工的青浦人夏瑞芳不堪忍受洋人的欺辱，和妻兄鲍咸恩、鲍咸昌，同学高凤池等凑了3750元钱，在上海江西路德昌里租了两间房子，开了一家小小的印刷厂。鲍氏兄弟在教会清心书院任教的姐姐依据从业的性质，为这个小厂起了个名字：商务印书馆。英文名字是Commercial Press。

四位普普通通的中国人不会想到，此举，对于与书为伴走过千百年的中国人将意味着什么？与中国近代文化繁荣及现代出版业的形成有什么关联？

创办之初，商务印书馆正如它的名称所示，只是一个"印书房"，全部家当就是几台手摇脚踏的印刷机，业务就是为教会印刷《圣经》，承印商业表册，代印报刊，偶尔印些一般书籍。据《商务书馆大事记》记载，1898年该馆就编辑出版了谢洪赉译注的《华英初阶》和《英华进阶》；1899年出版了据邝其照所编《华英字典集成》修订的《商务印书馆华英字典》；1900年出版了英汉对照本《华英地理问答》。透过这些，我们今天仍然可以找到商务创办者们创业的动机。创办者之一高凤池的一段话，也给我们提供了观察研究这一问题的重要视点。他说："我觉得社会中有三种事业非常重要。一种是银行，一种是报馆，一种是书业。这三种事业与国家社会民族极有关系，力足以移转国家社会的成败、兴衰或进退。"创业者们上路了。此时的中国，前途缥缈，但行走者心中并不迷茫，他们在惨淡经营中，寻找着发展的契机。

历史提供了机缘。被公推而管理着商务印书馆的夏瑞芳在承揽印务中得以结识张元济。其时，这位因参加维新运动，戊戌变法后被革职的清光绪进士，正在上海南洋公学译书院担任院长。后人评价说，夏瑞芳在商务印书馆早期发展中做的两件大事之一，就是三顾茅庐，请来了张元济。1901年，张元济投资商务印书馆，成为该馆股东之一。1902年始任商务印书馆编译所所长。

　　此时，经过维新失败，宦场沉浮的张元济已经认识到"盖出版之事，可以提携多数国民，似比教育少数英才尤要"。他晚年的一首诗中，更是彰明了他的志向："昌明教育平生愿，故向书林努力来。"报国无门、思想开放、学贯中西的前清翰林张元济和虽排字工人出身但胆识过人、了解西方出版方式的企业家夏瑞芳的结合，使商务印书馆实现了关键的跨越。张元济的抱负和夏瑞芳的魄力成就了创业之初的商务。张元济及其后由他邀进商务的高梦旦、杜亚泉、蒋维乔、庄俞、谢仁冰、徐隽等一批知识分子，都极看重出版推动社会的作用，"皆以译书报为开发中国急务"。他们的加入，使"吾辈当以扶助教育为己任"鲜明地写在了商务印书馆的旗帜上，成为创业者共同的追求。一个新型的出版企业在中国的大地上呼之欲出：它既不属于官府，也不依赖洋人，是完全由中国人自己创办和经营的出版企业。随着它的发展、壮大，在世界现代出版业中，有了一个现代意义的中国出版企业——商务印书馆。

　　与此同时，在商务印书馆的周围，迅速涌现出一批类似的企业。这当中有创建于1902年的文明书局、1904年的有正书局、1912年的中华书局、1916年的大东书局、1917年的世界书局等。中国现代出版企业的萌生与发展，同清朝官府开办的出版机构的消失、外国教会开办的出版机构的退出，形成了鲜明的反差，成为世界现代出版业中一道亮丽的风景。

在中国现代出版业走过一个世纪历程之后的今天，出版在推进社会进步、推动文化建设和文化传播中的巨大作用，已经被公众认识。评价、衡量一个出版机构社会贡献的标准也变得十分清晰。在这样的背景下，再来审视商务印书馆在一百年中的坎坷前行，思考它在一百年中的社会含义、文化命题，我们依然会时时感到震撼。

用"开辟草莱"表述商务印书馆在中国现代出版业中的地位绝不为过。翻开商务印书馆的历史，中国现代出版史、现代印刷史上众多的"第一"跃然其间。

1900年，在我国首次用纸型印书。

1904年，出版我国第一部汉字横排书——严复《英文汉诂》。

1908年，出版《物理学语汇》、《化学语汇》，为我国最早出版的审定术语汇编。

1909年，出版孙毓修编译的《童话》一、二集，为我国最早出版的童话。出版《汉译日本法律经济辞典》，为我国最早译印的百科辞典。与英国泰晤士报社协议印行所出《万国通史》，为我国出版社对外合作的最初尝试。

1912年，始用电镀铜版。

1913年，首次使用自动铸字机。

1915年，首次引进彩色胶印机，聘美籍技师指导。创制仿古活字，始用彩色胶版印刷。

1918年，编辑《植物学大辞典》，为我国出版的第一部专科词典。

1919年，创制舒震东式华文打字机，这是我国第一部实用的汉字打字机。创制汉字与注音符号结合的铜模。始用机器雕刻字模。试验

夕拾朝花

用宣纸套印十五色成功。编印《新体国语教科书》，为我国第一部语体文教科书……

商务印书馆创造的一个又一个"第一"，成为我国现代印刷出版事业蹒跚前行的历史足迹。

其实，也不止如此，在20世纪初中国新文化运动的天空中，商务印书馆是一面光辉的旗帜，这面旗帜下聚集着中国近现代文化史上的灿烂群星。这些文化宿将的成长历史同样记录了商务印书馆对中国近现代文化建设所给予的影响和贡献。

在商务印书馆创立60年时，启功充满感情地概括道："文化功开世纪初，伐山嘉惠教科书。菲材我亦蒙沾溉，敬向丹铅颂九如。"编写新式教科书，成为属意文化启蒙的商务印书馆开启民智的拓荒之举。福泽所被，余响不绝。

著名学者顾廷龙曾回忆说："余童年开始读书，初读四书五经未毕，改读商务印书馆的国文教科书。犹忆第一课为'天地日月 山水土木'八字，图文并茂。旋进高等小学及中学，所读历史、地理等课本皆采商务所编印出版者。后来专习国学，则常泛览于《四部丛刊》、《续古逸丛书》、《涵芬楼秘笈》、《百衲本二十四史》等古籍，而又最常检阅的工具书如《辞源》、《中国人名大辞典》、《中国地名大辞典》等，皆商务所编印者。因此，余对商务敬仰之心甚深。"顾廷龙的经历可以说是与20世纪同时的相当一批著名中国学者的共同经历。

著名作家冰心也曾回忆道：我启蒙的第一本书，就是商务印书馆出版的线装的《国文教科书》第一册。

著名翻译家杨宪益回忆一生的成长，深有感触地说："我一生有不少良师益友，而商务印书馆则是在我青少年时代供给我精神食粮的最大恩师。"

著名出版家陈原对商务在20世纪的作为，也有精辟的概括：凡是在旧中国读过书的人，几乎无人不知商务印书馆，大家至少读过它出版的教科书。凡是在新中国上过学的人，大都同它有过关系，因为人们不知不觉地使用了它的字典。

上一个世纪之交，封建统治摇摇欲倾，于是，思潮涌动，风雷激荡。此时，忧国忧民的智者张元济怀着振兴中华的宏愿，把目光投向了引进西学，移译西哲上面。从此，商务开始了译介传播西方学术思想的工程。这种努力所产生的深刻影响，尤其对于中国近现代知识分子的思想的影响，至巨至久，无法衡量。

1902年，商务出版了《帝国丛书》7种，这是其最早出版的西学著作。随后，1903年开始出版了《群己权界论》等严复翻译的多种学术名著，将西方最新科学成就、思想理论介绍到中国，使中国知识界大开眼界。林纾的翻译小说，商务从1905年起呈现给读者。林译小说引进外国写作技巧，对现代小说的发展和翻译小说的繁荣，具有启发与先导作用。商务对西方学术著作的译介，据有关统计，有近千种之多，这其中就包括1934年吴半农翻译的《资本论》第一卷第一分册。商务于1929年开始推出的《万有文库》第一集中，收录了大量的西方经典译著，爱因斯坦、牛顿、法拉第、赫胥黎、达尔文等著名科学家、人文社会学家的著作均在其中。

董乐山曾回忆道："可以肯定地说，我以后几年（指抗日战争时期——本文作者注）中，在那里读到的西方哲学、美学、文学著作构成了我当时的二次启蒙基础。其中印象最深的是丹麦文学评论家勃兰兑斯的《十九世纪文学之主潮》，它到现在还影响着我的文学观点。"

1949年9月19日，中国人民政治协商会议第一届全体会议开幕前夕，作为特邀代表的张元济等应毛泽东邀请，同游天坛。其间，毛泽东称赞商务印书馆为人民出了不少有益的书，并说他读了汉译《科学大纲》这本书，学到不少知识。

另据记载，毛泽东在1974年5月30日与首次回国的物理学家李政道又一次谈到他关于这本书的阅读。毛泽东说："科学是我们认识世界的强大武器。看来神学是救不了世界的，只有科学和哲学才能帮助我们认识世界和改造世界。我很后悔自己一直没有多少时间来学习科学。记得我年轻时读过生物学家阿瑟·汤姆生的书，那是很受启发的。"

历史的尘埃犹未落定，也许我们很难分解出当初商务和它的出版物的具体影响，但无法否认，在我们民族从沉睡中醒来，寻求复兴之道时，商务传播的文化和思想，为国人面向世界开启了一扇窗口。

商务印书馆对几代学人的影响，无疑是通过它的出版物实现的。这当中，更有一种直接的影响，是通过它的编辑实现的。商务印书馆有"文化界的伯乐"之称，著名学者费孝通称它是一个育才馆。为商务赢得这一佳誉的是一批善于发现人才的慧眼伯乐，恽铁樵、郑振铎、叶圣陶、周予同、李石岑、郑贞文、殷佩斯、吴泽炎等就是他们中的代表。

恽铁樵热情向社会介绍鲁迅第一篇小说，曾是新文学史上的佳话。1911年，在故乡绍兴师范任校长的鲁迅，用文言创作了一篇小说。小说抨击了私塾教育的落后，运用白描手法，以精练的笔触，将一个土财主和一个三家村冬烘先生的愚昧无知刻画得惟妙惟肖。当年5月，在绍兴的周作人给这篇小说加了《怀旧》的题目寄给《小说月报》。编辑恽铁樵见后，特地将它编发在卷首第一篇的突出位置，对其中的佳妙处加了十来处圈点，并在文末写上很有分量的评赞："实处可致力，虚处不能致力，然初步不误，机灵人所可固有，非难事也。曾有青年才解握管，便讲词章，卒至满纸，无有是处，极宜以此等文字药之。"二十多年后，鲁迅两次在给友人的信中，以十分感激的心情提及此事，可见此事在鲁迅心中的印象之深。

叶圣陶入商务后，也曾担任《小说月报》的主编。在两年任期里，《小说月报》也推出了许多新作者和他们的处女作，其中有丁玲和她的处女作《梦珂》、施蛰存和他的处女作《绢子》、巴金和他的处女作《灭亡》。丁玲后来说，要不是叶圣陶的谆谆善诱，"我也许就不走这道路"。

今天人们都知道费孝通先生是著名的社会学家，却很少有人知道，在他还是一个中学生的时候，就在商务的《少年杂志》上发表了自己的第一篇文章——《秀才先生的恶作剧》。后来，回忆起这段往事，费老说，看到自己的文章刊出，"深刻激动，一生难忘，它成了一股强烈的诱导力，鼓励我写作又写作"。为此，始终"特别怀念培养我写作爱好的《少年杂志》编辑殷佩斯先生"。

老舍这个名字第一次出现，也是在商务印书馆的《小说月报》上。当时，老舍在伦敦创作的《老张的哲学》开始在《小说月报》上连载。首次使用的作者名是"舒庆春"，从第二次开始，署名改为"老舍"。从这时起，老舍的头四部长篇小说《老张的哲学》、《赵子曰》、《二马》、《小坡的生日》全是发表在《小说月报》上的。

商务和一些文化名人的翰墨因缘持续了半个世纪之久。语言学家王力的第一本书《老子研究》是由时任《教育杂志》主编的李石岑介

夕拾朝花

绍出版的。此后，他留学法国时的大量译作，包括小说和剧本，都由商务出版。1982年，他在贺商务印书馆八十五周年馆庆的七律中感慨："翰墨因缘五十年，名山事业赖君宣。"

著名记者、学者萧乾与商务的交往，则是超越了一般的文稿往来。他回忆道："1935年上半年我得动手写毕业论文了。当时我身在新闻系，心却在文艺方面。我得在这两者之间选择论文题目。于是，我决定钻一钻书评。可当时我又面临一个问题：我是靠写小说的稿酬来上学的。一旦写起论文——而且还得全力以赴地赶写，生活怎么办？幸而沈从文先生答应我在写论文的过程中，先分章在他与杨振声老师主编的《大公报·文艺》上发表。郑振铎还答应把我的论文《书评研究》介绍给商务，并且把我的小说集和散文集同时也收入他为商务所编的'文学研究会丛书'中去。"这对当时为学业和生活所累的萧乾，不啻是雪中送炭。他晚年感叹："可以说，是商务帮我完成的大学教育。"

在黑暗中探索挽救民族危亡的道路，这是20世纪初许许多多知识分子面临的现实命题。商务印书馆的有识之士，设想着用教育进行开发民智的试验，他们摸索着，实践着。济世救民的宏图，引领着他们走进出版，又走出出版，跨过了行业的界限，却总不舍理想和信念。

若是囿于出版的狭隘定义，就难以概括商务印书馆的从业方向。因为在建树具有里程碑意义的出版物的同时，商务开始开拓所谓的附属机构。一是创办东方图书馆，藏书五十多万册，1926年正式向公众开放后，借书者络绎不绝。一是自1905年起陆续创办小学师范讲习所、商业补习学校、国语讲习所、国语师范学校、师范讲习社等，1915年成立函授学校，并创办了幼儿园、尚公小学等教育实体。这可以"育人"一言以蔽之。商务还造物益智，成立了文化教育产品制作机构，文具厂、标本仪器厂、玩具厂、电影厂，甚至还想创设唱片厂。所有这些机构也许形态各异，也许离开纸质出版物越来越远，但它们的核心——扶助教育却是那样惊人的相似。智者的远见卓识似乎已经跨越了时空，直到今天，商务人回望历史，灵犀一点，依然要对未来说——以扶助教育为己任。

遥想商务印书馆，开启民智的理想，曾使它充满了活力，动力强劲地书写着不尽探索的历程。

出版社的历史，是由出版物写成的。一个出版社在读者心中的形象和地位，更是出版物铸就的。

当年，一个《小说月报》已在中国现代文学史上留下了诸多弘扬新文化、培养新人才的佳话，同样由商务出版的自然科学杂志《科学》、中国近代出刊时间最长的大型综合性期刊《东方杂志》，对中国近代文化、科学的发展和普及，也是功不可没。《东方杂志》，从东西文报章撷取材料，举凡最新政治、经济、社会的趋势及学术思潮，无不给予迅速和正确的介绍，同时，传播科学知识，针砭时弊。这本杂志，先后刊出了不少富有学术价值、史料价值的介绍国外名著与思潮的文章和著作，如《辛亥革命史》、《戊戌政变记》、《马克思主义与唯物史观》、《社会主义神髓》等，被知识界称为近现代史的资料库。据统计，从20世纪初开风气之先创办《绣像小说》，一个世纪中，商务创办的刊物达三十余种，有的出刊时间长达半个世纪之久。

在商务印书馆的历史中，近代中国家喻户晓的出版物不胜枚举。它们给多少童年的梦想增添了斑斓的色彩，在多少求知的少年面前展开全新的世界，为多少热血青年心中注入了澎湃的激情……服务新学的《共和国教科书》中的《国文》，10年间销售达8000万册。始自1916年《涵芬楼秘笈》的古籍丛书出版，更是规模浩大。其中包罗万象的特大型丛书《四部丛刊》的出版，堪称我国文化学术界一大盛事。《百衲本二十四史》的出版，恢复了正史旧本的面貌，以对史学界的重大贡献载入史册。以宣传和普及新文学新文化为要旨的《万有文库》，不仅造成了声势浩大的新文学宣传运动，而且为新文学提供了庞大的读者群和作者队伍。早在二三十年代，《辞源》就是全国所有小学教师以上的知识分子案头的必备书。战争时期，毛泽东戎马倥偬，在延安运筹帷幄，商务出版的《辞源》被他放在案头，写作时常常翻阅。新中国成立后出版的《新华字典》，已经印行近四亿册，几乎走进中国每一个家庭。今天在学界尽人皆知的《汉译世界学术名著丛书》，因集纳了世界学术史上里程碑式的经典著作而享誉中国学术界，成为商务印书馆的知名品牌。今天的商务，正是通过这些出版物，融进千万中国读者的心中，成为一个著名的文化品牌。

每一个新加入商务的后生，面对老者商务，总是禁不住要探问：为什么商务经历了那么多磨难，总能从困境中崛起，走过百年辉煌？为什么商务人会对商务有那么深的感情，终生不变？……

百年商务，在中国近现代文化发展中，是历史无法抹去的一部分，是一部博大精深的书，答案写在它深邃的历史中。

不辜负每一次历史赋予的机遇，革新图强，与时俱进，顺应时代潮流，是商务企业文化的重要特征。

当年考察了商务的胡适曾感慨：商务的主体人物都存有必须改革的念头。有了这样的念头，才有了世纪初夏瑞芳三顾茅庐请张元济；高梦旦新文化运动中赴京屡次请胡适："我们那边缺少一个眼睛，我们盼望你来做我们的眼睛";才有了商务出版方向的一次次调整,所办刊物的一次次革新;才使得商务把握住了废除科举、提倡新学,西学东渐,新文化运动等一次次机遇;也才有了商务广纳时代学界精英的自觉。

《小说月报》经沈雁冰主持的革新和郑振铎、叶圣陶等继任主编的推进,"记录了我们老一代文学家艰辛跋涉的足迹,也成为老一代文学家在那黑暗的年代里吮吸滋养的园地"(茅盾语)。

20世纪初创办的《东方杂志》,经过科学家杜亚泉、自学成才的学者胡愈之两任主编的改革,成为所在时代反映世界新思想新潮流的窗口,传播进步思想的学术阵地。

以继承、借鉴、传播先进文化,启发民智为己任的自觉,始终是商务企业文化中最积极、最活跃的因素。

废科举,兴学校,至辛亥革命,商务已编辑出版了初小、高小至中学各年级的各科课本375种,801册,工程之巨,令清政府望尘莫及,其在推动社会进步上所起到的巨大作用,更是难以估量。在中国文化界还在为"白话文与文言文谁优谁劣"争辩得不可开交之时,商务用刊行的大量白话文课本,为争论画上了句号。

这种自觉,突出地表现在商务历任主持人身上。张元济主持商务印书馆,对于中国传统文化的钟情,从其辑印《四部丛刊》、《百衲本二十四史》、《续古逸丛书》可窥一斑。《四部丛刊》包罗宏富,集合经、史、子、集。为校辑备善,张元济遍访海内外藏书,初编凡8548卷,印装成2100册。《百衲本二十四史》更是精选善本,苦心搜求,纠谬求真,还历史本来面目。这些工作功德无量,对我国历史文化有着极大的贡献。

1932年，经过几十年的艰苦奋斗，商务的发展规模已经超过了包括日本在内的远东国家的其他出版企业，成为这一地区最大的出版机构，可以和世界上任何大型出版企业媲美。就在这时，商务印书馆历史上最惨痛而悲壮的一页发生了：民国二十一年一月二十九日上午十时，上海商务印书馆总厂在日本海军陆战队飞机投掷的炸弹下，变成了火海，焚余纸灰飞达数十里，厂中各种印刷机器全部烧毁。

二月一日八时许，与总厂一路之隔的东方图书馆及编译所被日本浪人纵火，顿时火势燎原，纸灰飞扬。直至傍晚，巍峨璀璨的东方图书馆焚毁一空。东方图书馆三十年来陆续搜罗所得巨量中外图书，极大部分旧四部各善本书，积累多年的全部中外杂志报章，全套各省、府、厅、县志，以及编译所所藏各项参考书籍及文稿，全部化为劫灰。

目击者描述："书籍及纸张等栈房之大厦及所存书籍纸张均焚毁一空，纸灰深可没膝。""从枪炮声里看到满天飘扬的纸灰，昼夜不断。这都是商务印书馆的纸张和东方图书馆的书籍化成的，使人既愤慨又痛心。""当日大批铅字被烈火熔化后淌进下水道，致使管道中结满了实心的铅块。"

侵华日本海军陆战队司令曾说："烧毁闸北几条街，一年半年就可以恢复。只有把商务印书馆、东方图书馆这个中国最重要的文化机关焚毁了，它则永远不能恢复。"

侵略者错打了算盘。在战火中成为废墟的商务，在激愤中喊出"为国难而牺牲，为文化而奋斗"的口号，重整旗鼓，利用劫后余存旧纸型，重印"国难版"图书，编印《复兴教科书》，当年实现了"日出新书一种"。

在一个世纪中，商务印书馆曾几度毁于战火、劫难，但却始终追求不变，自觉未泯。这追求、自觉存于它的创业者、从业者心中，是凝聚商务人、发展商务事业的源泉与动力。

今日，在新中国，在党的领导下，商务的传统得到了弘扬，译介外国哲学、社会科学名著，出版中外文语文工具书成为其对中国文化的最主要的贡献。《汉译世界学术名著丛书》为社会科学工作者提供了国外重要思想家、学术权威的代表性著作，给研究工作提供了基础资料，拓宽了学术界的眼界；它的中外文语文工具书，以严谨、准确、科学为自己树立了权威，《新华字典》、《现代汉语词典》、《辞源》、《汉英词典》等，不仅是中国读者的必备书，也是海外华人、外国人学习中文的工具书。这些出版物，以其权威的影响，中外出版业罕见的发行量，使商务印书馆真正成为人类通往精神世界的重要桥梁之一。近年来，商务不断开发原创图书资源，拓展其出版规模，出版了《商务印书馆文库》、《中国文化史知识丛书》等颇具影响的系列图书。

又是世纪之交，创办于19世纪、创业于20世纪的商务印书馆走进它生命历程的第三个世纪，也是谋求更大发展的世纪。不久前，记者再一次来到繁华的王府井大街，青灰墙面的商务印书馆在喧嚣中显得宁静。编辑部里，硕士、博士已经成为今天商务的骨干，他们正和商务的同志们一起，用智慧、才华共绘商务的未来。一项项新的出版计划在这里付诸实施：规模达2000万字的《赵元任全集》工程已经启动，国际知名的学者、院士用心血又在浇铸一座"宏伟的大厦"；新近整合的商务印书馆辞书研究中心里，《古今汉语词典》、《应用汉语词典》、《新华词典》、《英华大词典》、《新时代英汉大词典》……一本本厚重的工具书散发出浓浓的书香，建设中的辞书语料数据库蓝图初见端倪。走进发行书库，堆积如山的《新华字典》正被分装上汽车，即将运往全国各地。

屡仆屡起，商务印书馆的精神鼓舞着后继者。巨人的脚步不会停止，面临挑战，商务印书馆正在寻求新的合作，谋求新的发展。按照现代企业的运作方式，构筑强大的实力基础，建设跨区域跨领域的事业，是商务人恒久的追求。商务人正充满信心地抒写历史的新篇章。在北京，商务正在改造老楼，准备将它建成适应现代化的智能大厦；在创始地上海，商务图书专卖店正在展示商务的新形象；在商务第一家分馆创办地武汉，第二家商务图书专卖店已开始营业。我们有理由相信，在新世纪，商务将使自己的年华更绚丽，事业更辉煌。因为，今天的商务人是站在前辈的肩上，今天的商务大厦是建在前一个百年商务的基石上。

（原载2001年3月5日《光明日报》）

永远的朝内大街166号

——写在人民文学出版社成立五十年之际

人民文学出版社为纪念创建五十周年征集的一篇篇文稿，铺陈在我的面前。细细读过，采访中曾经无数次去过的北京东城朝内大街166号那座青砖砌墙，绿藤蔽盖的建筑，似乎有了生命。这座对于新中国文学事业有着特殊意义的建筑，它的旺盛的生命，是由与这里有着千丝万缕联系的出版家、作家、编辑和他们培育的著作赋予的。

1999年，已近"知天命"之年的人民文学出版社为自己50年的工作做出了准确的评价：新中国的文学出版事业从这里开始。在将这一评价向社会公开之时，它也铭刻在了每一位人文社同仁的心中。创办于1951年3月的人民文学出版社，50年来始终坚持为人民服务、为社会主义服务的方针，贯彻"百花齐放、百家争鸣"的方针，以繁荣文学出版事业，加强国家文化建设为己任，注重图书出版的系统性和多层次结构，努力全面反映古今中外优秀文学成果。这里的编辑，冯雪峰、聂绀弩、楼适夷、王任叔（巴人）、秦兆阳、严文井、韦君宜、屠岸……文学爱好者们耳熟能详。经这些"行家里手"的精心培育，一部部流芳新中国文学史的佳作诞生在这里，犹如一块块砖石，构建起新中国文学事业的大厦。发生在每一部书稿背后的故事，更清晰地勾勒出新中国文学事业发展的脉络，展现了新中国出版家、作家、文学评论家、文学编辑们为发展文学事业筚路蓝缕，作出的巨大贡献。迄今，人文社获得国家图书奖13项，"五个一工程"奖4项，茅盾文学奖11项，其他奖项一百五十余项，并获得"全国优秀出版社"称号。

人文社的出版物中，荟萃了古今中外的文学精华:《鲁迅全集》、《暴风骤雨》、《保卫延安》、《林海雪原》、《青春之歌》、《尘埃落定》、《白鹿原》、《红楼梦》、《西游记》、《三国演义》、《水浒传》、《莎士比亚全集》、《巴尔扎克全集》、《静静的顿河》、《巴黎圣母院》……新中国一代又一代的读者，徜徉其中，受着精美的精神食粮的滋养，成长起来。新中国成立初期，《骆驼祥子》、《家》等现代作家代表作品出版掀起的大众文学阅读热潮，永远地写进了新中国文化发展历史；改革开放初期，《子夜》等中外文学名著的重印，引发了读者排长队争购的盛况，预示了出版界思想解放的先声。

50年中，人民文学出版社出版了八千多种图书，发行七亿多册，囊括了中国当代文学作品、现代文学史上影响较大的文学作品、优秀古典作品、外国文学古典名著和现当代有代表性的作品中译本以及文艺理论、高校文科教材、人文科学著作等文学出版的各个领域。这当中，反映我国人民革命斗争和建设事业历史进程的当代文学作品四千多部，绝大多数当代作家的代表作蕴含其中。对中国古典文学的整理工作，为从《诗经》到新中国成立之前一切有成就的作家作品，拂去了历史尘埃，使之焕发出熠熠光彩。经过几代人的努力，此方面的图书出版已初具规模，达一千余种，从这些出版物中，已可窥见祖国优秀文化传统的大致轮廓。人文社拓展的各国古典名著、现当代名家名作和各种代表性作品的出版，已蔚为大观，出版了七十多个国家和地区的重要作家作品两千多种，向我国读者展示出世界文学的洋洋大观，为新文学的发展提供了有益的借鉴。50年中，人文社倾力构筑的包容古今、囊括中外文学图书的体系，已经初步形成。

中国作家、翻译家视人文社为培养自己成长的摇篮，因为他们的许多作品是在人文社的编辑们的培育下，破土而出，由幼苗而枝繁叶茂的。

茅盾文学奖获奖作品《白鹿原》的作者陈忠实在将写作了六年的书稿交到编辑手中的时候，有一句话涌到嘴边没有说出来："我连生命都交给你们了。"每一个作者在捧出作品的时候都是同样的心情。著名作家宗璞说过："小说是作者的灵魂的投入，是把自己搅碎了，给小说以生命。"人文社的编辑们像母亲呵护孩子那样对待能感受到作者脉搏的每一部作品的精神，令每一个作者没齿不忘。作家李国文第一次走进朝内大街166号，拎了一个很大的手提包，准备拿回《冬天里的春天》的退稿。他担心自己的创作不被理解，更不敢企求有人赏识。但就在这座门里，他得到了一个肯定的答复：书稿被采用了。他没有想到，在这座门里，他"不但获得了一次以为不可能的文学机会，而且，还遇到一些心地很好，希望你得到成功的人"（李国文语）。他因而感慨："自从1957年因一篇小说而万劫不复，碧落黄泉，走投无路，坎坷半生，差一点点遭灭顶之灾起，二十二年，七千多个日日夜夜以后，等待到毫不犹豫的首肯，没有人情，没有请托，素昧平生，互不相识，能不对出版社的气魄和胆识，怀抱一份被知遇、被赏识的激动吗？"陈忠实蜚声文坛后，久久不能忘怀的是人文社的编辑们给予他创作的支持与鼓励。他说，人民文学出版社，凭着一群文学圣徒"撑起一个国家的文学出版大业的门面，看似对一个如我的作者的一部长篇小说的过程，透见的却是一种文学圣徒的精神"。这些发自肺腑的声音，道出了人文社编辑们"碾作尘泥更护花"精神的神圣。

3月28日，人民文学出版社在北京为自己的五十周年纪念举行了庆祝活动。在这个时刻，我们对朝内大街这座建筑中创造的不朽和这不朽赋予人文社的崇高声望，感佩之情油然而生。

（原载2001年3月29日《光明日报》）

回望来时路，木已成林

——写在中国社会科学出版社成立三十周年之际

"翻译这部大史诗，犹如跋涉在无际的沙漠，倾尽满腔热血，付出整个生命，最终所见或许只是骆驼刺的朦胧的绿。好吧，就为了那朦胧的绿！"

——因病英年早逝的学者赵国华写在他交给中国社会科学出版社、却未能看到出版的《摩诃婆罗多》第一卷《后记》中的文字

引 子

《剑桥中国史》、《新编剑桥世界近代史》、《中国古代社会生活史》……一部部内容厚重的著作，摆放在桌上，翻阅的人们享受着精神的满足。

在与会者的名单上，我们看到了他们的名字：中国社会科学院副院长武寅，著名历史学家齐世荣，世界历史研究所所长、学部委员于沛，著名甲骨文学者王宇信，北京大学著名历史学者钱乘旦、张国

刚……在成立三十周年之际，中国社会科学出版社举行的历史学科专家座谈会上，无论是陈列的著作或是与会者的阵容，都让人感到会议的奢华。

"出版社以出版你们的作品而感到无上光荣，是作者的高度撑起了出版社的高度。要我们有多少地，多少房子，我们做不到，但在学术上占据最高位置，我们可以做到。我们应该多出版学术上顶尖的作品，把你们的成果推到社会上去，这就是我们的任务。"面对学者专家，社科社社长孟昭宇信誓旦旦。

30年间，这些话耳熟能详。这些话，带着我们的思绪疾驰向社科社出发的原点。

初　创

1978年3月，春寒依然料峭。在中国改革开放的大门开启之时，中国社会科学出版社的名字，写进了中国当代出版史，写进了中国当代哲学社会科学、人文科学发展的历史。

开始起步的社科社面对的是怎样的一个局面呢？中国社会科学院前副院长汝信先生做了这样的描述："社科出版社是在十分困难的条件下创建的。当时'文化大革命'结束不久，根据党中央的决定，原哲学社会科学学部刚改建为中国社会科学院。当时科教、文化事业遭到'四人帮'严重摧残，亟待拨乱反正。正是在这样困难的情况下，以胡乔木为首的院领导毅然决定，为了把我院建设成马克思主义的理论阵地，使科研成果有发表的园地，必须建立自己的出版机构。"

虽然肩负着重大的使命，但社科社的亮相并不华丽，甚至有些寒酸。社科社最早的员工之一林培霞在回忆中有这样的文字：我到科研局报到。科研局的同志告诉我："门后面的那张桌子就是你们姚黎民社长的。"我往门后看去，果然有一张已掉漆且没有抽屉的小两屉桌，上面放着暖瓶、脸盆、肥皂、抹布等杂物……我们的办公室原是人民日报社印刷厂的大食堂，房子很大，里面灰尘满目。我们捡回来几十个原来装纸用的废旧木箱，用它搭成大小的案台，案台的四周亦用同样的木箱倒立过来作为椅子使用。这就是刚一建社的办公室。

在社科社的大事记中，则记载了第一本书《提高生产率》的发排时间：1978年7月27日。

此时，离社科社正式成立的6月14日，仅过了43天。当年创办，当年出版刊物和书籍。8万元开办费，半年后的年终，实现利润15万元。

1979年到社科社做编辑的白烨，这样回忆那时的日子："那个时候，实行的是较为严格的坐班制，因此在紧张的工作之余，就有了两种风景：一是上下午中间休息时，大家三五成群地在使馆区散步放松；一是在中饭之后的时间，铺开木板，就地小憩。可以说，艰苦中自有快乐，紧张中也有休闲。"

朴实的文字，再现了社科社初创时的情景。阅读这些文字，我们感受到了创业的激情。而这激情，在我们共同经历过的那个时代，曾是那样的澎湃。

诞生于改革开放前夜的中国社会科学出版社，正逢其时。

中国当代学术发展的记录

从1978年开始，中国社会科学出版社与中国改革开放相随相伴，风雨兼程，峥嵘岁月稠；与中国哲学社会科学一路同行，繁荣发展，弹指一挥间。30年间，多少社科人将青春铺洒在了社科社的来时路上。

1978年，中国哲学社会科学界走进了一个特殊的春天：播种的同时，也收获着科研果实。以此为己任的社科社，背靠社科院，近水楼台；面向全国学术界，得天独厚，以他的出版物记录了新时期中国哲学社会科学发展繁荣的步伐。

"社科社甫一成立，其起点和眼界是很高的。当时的社科院领导胡乔木、邓力群、于光远等给出版社明确的任务就是出高质量、高水平的学术著作，从而使社科社有了'精神传统'与'安身立命'之本。"现任总编辑赵剑英的话语中充满敬重之情。

翻开面前记录着社科社30年足迹的大事记，在写入其中的许多著作前，我们要加上"第一"两个字！

任继愈主编的《中国佛教史》，是中国研究人员撰写的第一部中国佛教通史。

王治来著《中亚史》，是我国第一部叙述中亚地区的通史。

刘再复著《鲁迅美学思想论稿》，是我国第一部全面深入研究鲁迅美学观的具有较高水平的学术专著。

徐梵澄译《五十奥义书》，是国内第一个中译本。

清格尔泰等著《契丹小字研究》，是新中国第一部研究契丹文字的专著。

刘文英著《梦的迷信与梦的探索》，为我国第一部研究"梦"的学术专著。著名学者钱学森撰文评述，给予较高评价。

郭毅生、史式主编的《太平天国大辞典》，是我国第一部关于太平天国史的专业辞典。

……

学者们在前方开拓，社科社在后边为他们收获。除了收获这样多的"第一部"外，众多学术史上具有里程碑意义的著作也汇入了社科社的丰收里。

鸿篇巨制的《当代中国丛书》，由社科社策划立项，并出版了其中的74卷。汝信主编的《世界文明大系》，成就了中国人对世界文明的审视。原国务委员钱其琛赞誉此套书"甚好，甚有价值"。汪道涵先生也给予很高评价，并自购5套分送友人。黄宝生主持翻译的世界上最长的史诗之一，印度教经典《摩诃婆罗多》，成为印度原典以外的唯一译本，获首届中国出版政府奖图书奖。许涤新的《中国国民经济的变革》，在1982年即对我国各种经济成分的发展过程作了详细的叙述和分析。此外，著名学者陆宗达多年研究的总结性著作《训诂方法论》，王锺翰主编的《中国民族史》（获国家图书奖），著名学者翁独健主编的《中国民族关系史纲要》（获中国图书奖）等都是该领域的扛鼎之作。顾准的《希腊城邦制度》和王亚南的《中国官僚政治研究》，任继愈主编《中国道教史》（获中国图书奖），吕大吉主编《宗教学通论》（获国家图书奖），胡孚琛主编《中华道教大辞典》，赵国华著《生殖崇拜文化论》等被学界认为具有开创性和填补空白的意义。历史性长编著作《中国新民主主义革命史》，美籍华人沈已尧著《海外排华百年史》，李泽厚、刘纲纪主编《中国美学史》，吴申元著《中国人口思想史稿》，陈乐民著《战后西欧国际关系》，王森著《西藏佛教发展史略》，陈国强等著《百越民族史》，曹贯一著《中国农业经济史》，马汝珩、马大正著《漂落异域的民族》，金宜久主编《伊斯兰教史》，张岂之主编《中国近代史学学术史》，罗荣渠著《美洲史论》，定宜庄、刘小萌著《中国知青史》，陆学艺主编《社会学文库》，步近智、张安奇著《中国学术思想史稿》等著作，均填补了我国此领域著述的空白，具有珍贵的学术价值。《中国社会科学院文库》则汇集了学者们优秀科研成果，可谓学术精品的殿堂。

今天，社科社的编辑们可以自信地说，我们没有辜负中国学界、中国学人的信任与期待。30年间，在繁荣发展哲学社会科学的过程中，社科社的编辑与中国学人们共同倾注心力打造了社科社的学术出版品牌。由于他们共同的奉献与担当，社科社推出了一系列名著，在新时期哲学社会科学发展中留下了自己的足迹，为新世纪哲学社会科学的繁荣做出了重要贡献。

思想解放学术发展的助推器

学者雷颐的话，或许可以为我们提供一个看问题的角度。

尤其78级的学生，最喜欢看的就是社科社出的书，当时社科社在大学生心目中有崇高的位置。在贯穿改革开放全过程的思想解放中，社科社发挥了助推器的重要作用。

集纳中外各学科学术成果的各类丛书的出版，是社科社重要的出版内容。费正清主编的《剑桥中国史丛书》，马洪主编的《国外经济管理名著丛书》，李泽厚主编的《美学译文丛书》，另外如《外国伦理学名著译丛》，《美国译丛》，《中国近代史研究译丛》，《西方现代思想丛书》,《国际学术前沿》等译丛,引进了国外前沿的研究成果,具有较高的学术价值。这些图书的出版发行,为研究者、读者提供了重要的借鉴和开放的视角。

中国社会科学出版社迄今出版的考古学图书,中国社科院考古所副所长白云翔的书架上几乎都有。"我的书架上真正摆上中国社会科学出版社的历史学出版物,是从1984年购买《八十年来史学书目》开始的。该书16开六百多页,当时定价是4.65元。此后,《中国历史地名大辞典》(2005年版)更成了我的案头之书。"

读者半夏说:"印象中最深的社科社招牌品种,则是《剑桥中国史》系列。这套书着实为不止历史学者的更多读者,提供了颇具冲击力的新鲜阅读文本。这不仅仅因为它的作者阵容甚至可以奢侈到分章选择西方中国史学者中的翘楚担任一时之选,更在于叙述者的立足,是来自经受了扎实深厚的西方学术训练又浸淫中国史研究积年的特殊视角。"

在改革开放的洪流中,当代学人走出书斋,关注现实,他们对现实的观察、思考、分析、研究的成果,由社科社及时出版,这些带着改革开放实践体温的著作的传播,对人民群众的实践产生了巨大的影响。

《中国现实经济丛书》就是社科社此类出版物的突出代表。

其中刘国光主编的《中国经济体制改革的模式研究》获首届国家图书奖。而《学习马克思关于再生产的理论》1980年出版时,印数达一百多万册,影响广泛。此后出版的《1992年中国:经济形势分析与预测》,《1994年中国农村经济发展年度报告:兼析1995年发展趋势》,不仅在出版后的第一时间影响着中国社会,还开创了我国"皮书"出版的先河。由金鑫著《中国问题报告——新世纪中国面临的严峻挑战》带动社科社"问题报告"系列图书，以贴近现实，具有可读性，受到瞩目。2001年初出版的《中国公共政策分析（2001年卷）》（至今已出版八卷），对公共政策展开分析和评估。凌志军的《变化》，让中国人在阅读中重新审视刚刚走过的路。从聂华林等主编的《中国西部三农问题报告》，到徐勇主编的《中国农村研究》、华中师范大学编著的《当代中国农民工文化生活状况调查报告》，以及高耀洁编著的《一万封信——我所见闻的艾滋病、性病患者生存现状》等等，中国学者的关注与思考，学术研究的走向，在社科社的出版物中得到体现。出版作为科研下游环节的功能得到了更充分的展示。

在社科社的出版物中，有一大批重要的资料性丛书和研究丛刊。这些出版物在学术研究、学科建设与学术交流中发挥着重要的基础性作用，体现出社科社的特色。如任继愈主编的《道藏提要》，是道家和道教典籍的总汇，保存有大量的各种极有价值的资料。《国外研究中国丛书》、《外国文学研究集刊》、《国外社会科学著作提要》、《外国经济立法选编》、《近代史资料》、《中国经济思想史资料选辑》、《中国各民族原始宗教资料集成》，等等，都是各领域研究工作必不可少的珍贵资料。这些图书，作为研究工作的基础性资料，成为学术研究的开端，为研究工作提供了切实的帮助。此外，社科社对众多研究成果的集刊出版，如《中国社会科学院经济研究所集刊》、《中国社会科学院文学研究所集刊》、《考古学集刊》及《人文论丛》（冯天瑜主编）、《中国农村研究》（徐勇主编）等，则为研究成果的展示交流提供了便捷的通道，发挥了重要作用。

把新人推向学术前台

社科社30年的发展历程中，留下了学界新人们学术成长的足音。

20世纪80年代初，从干校回来的王宇信参加了郭沫若主编的《甲骨文合集》的集体工作。他把自己的认识和理解，写成了一部二十多万字的《建国以来甲骨文研究》书稿。"稿子在手上放了好久，不敢贸然找出版社投稿。抱着试试看和忐忑不安的心情去新成立不久的社科出版社。"1981年，王宇信在社科社出版了他的第一部著作《建国以来甲骨文研究》。香港《文汇报》很快就发了短评，美国著名甲骨学家吉德炜教授也在《哈佛亚洲研究杂志》上发表了书评。回顾与社科社的交往，王宇信说："我步入学术界并成为一名'老学人'是从中国社科出版社起步的！"

1986年立项，至今已累计出版一百五十多部的《中国社会科学博士论文文库》，把一批批的年轻学者推向学术前台。如今他们中的不少人已成为学科带头人，引领着学术风骚。文库第一批作者中张岱年先生首批培养的博士刘笑敢、陈来，任继愈先生首批培养的博士李申等，如今都已是国内外知名的学者。在社科社大事记中我们看到，梁小民、刘文英等新时期成长起来的学者，都在这里出版了数部著作。

与社科社共同成长的，不仅是人才，还有学科。当复旦大学青年教师徐文虎白手起家筹备保险专业教学时，社科社的编辑已经意识到出版这一学科相关著作的意义。编辑殷衷当即向徐文虎建议，先组织编写一部《中国保险辞典》。这部书出版后，被经济院校用作教学参考用书，并推动了保险从业人员和工商业管理人员对保险业务的学习研究。

夕拾朝花

与此类似，"价值美学"学科在中国还刚刚建立，社科社就同步推出了学者杜书瀛著《价值美学》。

承接学界泰斗们的托付

著名学者们将著作交给社科社出版，他们是放心的。走进社科社策划室，与墙同高的一排书架上，陈列着规模宏大的《中国社会科学院学者文选》。书脊上，一个个名字如雷贯耳。胡乔木、许涤新、马洪、季羡林、周扬、刘大年、金岳霖、徐梵澄、陈垣、侯外庐、范文澜、罗尔纲、宦乡、胡绳、何其芳、吕叔湘、郑振铎、郭沫若、费孝通、刘国光、贺麟、蒋一苇、沈从文、孙楷第……将当代中国社会科学大师一生的学术作品浓缩为思想与学术精华出版，社科社完成了一项抢救、积累、传承文化财富的功德无量的盛举，也为其学术文化积淀和学术品牌建设做出了特殊贡献。

著名学者费孝通把他的《中国绅士》交给社科社出版，茅盾的《脱险杂记》、王力先生的《龙虫并雕斋琐语》等也在这里出版。此外，蒋学模、陶大镛的《无产阶级贫困化理论研究》，金克木先生的《印度文化论集》，蔡仪的《新美学》改写本，陈翰笙20世纪40年代的著述《解放前西双版纳土地制度》，季羡林著《原始佛教的语言问题》，孙冶方著《关于中国社会及其革命性质的若干理论问题》，张岱年著《中国哲学大纲》，钱锺书早期作品《石语》，张中行的《顺生论》及《流年碎影》，丁一岚编《邓拓诗集》，廖沫沙著《瓮中杂俎》，王元化著《清园夜读》与《清园近思录》，也都交由社科社出版。杨绛、张中行等先生，更是在社科社出版了作品集。正是大师云集的作者队伍，撑起了社科社的学术高度。

让学术走向大众

推动社会进步的基础动力是人民大众，他们是中国哲学社会科学学人前行时始终未曾遗忘与忽略的。为他们提供阅读，是社科社的重要职责。"传播学术经典，关注大众阅读"，2001年，社科社旗帜上这一理念的抒写，凸显了社科社对提升民族文化素质的责任担当。

从建社之初开始，中国知识界的阅读就与社科社的出版物如影相随。而社科社大众读物试验性的推出，则又引领了当时中国大众读者的阅读时尚，并且结构着他们的精神生活。

1993年《海马文学丛书》的问世，是社科社关注大众阅读的一次尝试。后来当红的王朔、莫言、刘恒、池莉、叶兆言、刘毅然，和当时已经很有影响力的作家史铁生都有作品奉献其中。就在同一年，《世界散文随笔精品文库》推出。这绝不是又一个偶然，而是社科社关注大众阅读的又一次积极努力，独具慧眼的选文，让读者感到了具有学养的策划人、编选者、编辑们的学术情结与人文关怀。此后，社科社又相继推出了《中国现代散文精品文库》、《台湾散文名家名品丛编》、《川端康成文集》及《余华作品集》等出版物。时尚、有亲和力的《行者悟语图文丛书》等也出现在社科社的图书目录中。

至今，许多读者对社科社1999年出版的"另类丛书"引起的阅读时尚记忆犹新。《格调》、《香烟》等图书一时成为图书市场时尚读物的代名词。

2000年，网络文学出版被社科社捷足先登。其出版的《网络文丛》，开创了网络文学的先河。《告别薇安》（安妮宝贝著）等书与作者的名字，读者至今仍没有忘记。

在社科社具有广泛读者的出版物中，《学术随笔文丛》所进行的"让学术走向大众"的努力值得特书一笔。首批就推出了时任中国社会科学院院长、学术思想大家胡绳的《夜读散记》，时任中央党校副校长的著名经济学家苏星的《论外集》，时任中国史学会会长的著名历史学家戴逸的《繁露集》，以及时任中国艺术研究院副院长的著名红学家冯其庸的《落叶集》，还有著名中国思想史大家张岂之的《春鸟集》等等。任继愈、戴逸、冯其庸、丁伟志、王梦奎、陈乐民、资中筠、董乐山等丛书作者及知名学者对这一尝试均有积极评价。冯其庸先生评论说："长期以来，板起面孔说话太多了。广大读者希望听一点真实而轻松的、亲切与谈心式的文字。现在一下子拿出九本书，可以在学术界、文化界、读书界产生很好的影响。"《知识分子图书馆》推介学术经典的创意，出版《中国社会科学院学术大师治学录》的策划，也都意在为学术打开朝向读者大众之门。

审视社科社在关注大众阅读理念下出版的图书选题，我们掂量出了社科社大众读物中的学术含量，感觉到了社科社编辑对文化、思潮的敏感。

社科社的贡献远不仅于学术的推进与大众阅读的服务，在其所在行业的改革发展中，社科社并未因社新而放慢改革的步伐，而更未因社小而放弃责任。在中国出版业改革发展中，他一直在先行者的行列中。围绕学术著作的出版和发行，社科社一直在探索，是最早尝试自办图书发行的出版社之一，也是最早建立特约经销处和出版社横向联合体的发起社之一。

出版者对学术文化的自觉守望

我们在这里提到的每一部著作，听到的每一个名字，还有因篇幅没有提及的更多的优秀出版物和他们的作者，凝铸成社科社的品牌。今天，"社科社在广大的读者心目中的形象，就是全国最高水平的社科类书籍的出版社"（学者虞和平语）。"有越来越多的学者把在社科社出版自己的著作作为一种光荣。"（学者钱乘旦语）同样身处改革开放的大潮，同样面对社会转型，同样正在成为市场的主体，社科社何以能坚持这样的学术与文化的自觉守望？

让我们沿时间前寻，回望社科社的来时路。

1979年2月5日，社科社第一任总编辑陈伯林在编辑会上说："编辑工作是科研工作的继续，要下功夫出好学术著作。"

1980年4月8日，社科院院长胡乔木说，"社会主义的出版工作，绝不能仅仅为着盈利。出版界有责任把那些有科学价值、但发行量不大的学术著作出版出来"。他要求社科社"从我做起，从现在做起"，为有价值的科学著作提供出版机会。他说："如果中国社会科学出版社拒绝出版，可以告我，进行弹劾。"

1991年年初，原社长、总编辑郑文林对作者赵国华说：我作为社科出版社的总编辑，一直把出版有价值的高层次学术著作作为我的追求和工作宗旨，为学术界服务并为你们分忧解难也是我们出版社责无旁贷的事。

原总编辑王俊义说，无论是德高望重的学界前辈，或是后来居上的学界新秀，都是我们出版社的擎天柱石。由于他们的支撑，才使得我们出版社这座出版学术著作的神圣殿堂得以巍然矗立。

社科院副院长武寅说：社科出版社是中国社会科学院整个科研工作链条的最后一环，是社会科学院科研成果的出口，是一个展示的平台。

一脉相承，心有定力！总编辑赵剑英在对记者谈到社科社发展新的目标时说，我们一定不辜负一代代社科人的心血与重托，与时俱进、深化改革，努力将社科社建设成展示社科院优秀科研成果的重要窗口，我国人文社会科学学术出版中心和中外人文社会科学优秀著作荟萃之地！

守望来自信念，经久而弥坚。曾经朦胧的绿，已成浓浓绿荫。30年一路走来，拓荒的艰辛，收获的喜悦，已装满中国社会科学出版社的背囊。脚下，又是一个新的起点，前行的路上，依然有艰辛，但必定有收获！因为，前行的人们，秉持信念，坚定而成熟。

（与王磊合作，原载2008年10月28日《光明日报》）

回望来时路，木已成林——写在中国社会科学出版社成立三十周年之际

甘为学术研究"做嫁衣"

——记国家图书馆出版社

"(《中国近代古籍出版发行史料丛刊》）通过当时官办书局或民办书局、书坊、书店等种类繁多的征订目录与广告，透射出这一特定时期书籍生产与流通的状况，给广大研究人员和读者提供了翔实的历史资料。"在国家图书馆出版社出版的《中国近代古籍出版发行史料丛刊》的序言中，北京大学教授肖东发写上了这样一段话。这部丛书由国图出版社总编辑徐蜀策划、编辑。出版后，虽每部定价高达14000元，却销售得非常好，四五个月便收回了全部成本。

在徐蜀整理此批书目之前，数十种清末民国时期的图书馆销售目录、宣传册页及征订样本，静静地躺在国家图书馆普通古籍书架上，无人问津，尘封了数十年。徐蜀找到它们，偶然中更有必然，在国家图书馆出版社工作，及时全面了解图书馆馆藏，是他工作的需要，更是他的自觉。"泡图书馆"是他工作与生活中的常态，已积累了厚厚三大册的书号与书名，记录了他"泡"出的收获，勾勒出了这位南开大学历史系的研究生毕业后主要的工作轨迹。

和徐蜀一样，国图出版社的编辑们自觉地将"继绝存真、传本扬学"作为自己的使命，自觉地在当代学术研究前沿需求与当代现存古籍文献资源之间充当桥梁。1987年，任继愈先生刚任馆长，就明确提出图书馆的藏书要为读者使用服务，图书馆的出版社要以揭示馆藏为主要任务。"古籍图书同时具有两种价值，文物价值与文献价值。文献价值体现在让人读、看、用。没有文献价值，只有文物价值，其总体价值就减少了一半以上。图书的价值在于产生社会效益。"老馆长的这番话，拨亮了编辑们心中的灯。任老晚年致力于古籍整理，扑下身子为国家文化高潮到来做基础工作，为后辈学人服务，被编辑们视为楷模。编辑们为了给当代学术研究提供古籍文献而"泡"图书馆，为了给学者们的研究提供一手文献资料而埋头故纸堆。副总编辑贾贵荣说："我们的工作绝不是简单的古籍影印，我们将智慧和心力融汇其中，功在传承，利在学术。"

　　成立30年来，国图出版社致力于影印古籍和各类稀见文献，成为以整理与传承文化典籍为鲜明特色的专业性出版社。其依托国家图书馆的丰富馆藏，完成了多个大型古籍整理出版项目，披露了大量馆藏珍稀文献。迄今，累计出书三千八百余种，其中古籍影印类图书品种占49.1%以上，印张和码洋都占到70%以上，在细分市场上名列前茅，创出了品牌。

　　国图出版社影印出版的古籍，精品良多。其中有世人瞩目的大型国家古籍出版工程《中华再造善本》；有国家图书馆的四大专藏中的《赵城金藏》、《永乐大典》和《敦煌遗书》，而为避免《文津阁四库全书》的重复出版，编辑出版了《文渊阁四库全书补遗》和仿真本《文津阁四库全书珍赏》；有《北京图书馆藏画像拓本汇编》、《北京图书馆藏青铜器全形拓片集》、《中国国家图书馆碑帖精华》等国家图书馆藏甲骨、碑帖、金石拓本等珍贵资料。

在长期的探索中，国图出版社逐渐形成"藏用互补"的古籍影印出版理念。在影印珍稀善本的同时，适应研究中国传统文化的某一方面的需要，广搜博采，对大量古典文献（许多就是流传甚广的普通古籍）进行深度整理，从中辑录相关资料，汇编为新的古籍丛书。新编古籍专题丛书资料丰富，体例精当，针对性强。国图出版社编辑出版了涵盖一万三千多种各类古籍的一百六十多种自编丛书，分为传记文献类、史籍史料类、书目版本类、金石文献类、方志地理类、哲学宗教类、文学艺术类、综合文献类等八大类。这些丛书，从图书馆收藏与学者研究需要出发，确定出版形式、内容规模，同时，较好地发挥了影印本再现古籍原貌，为使用者提供第一手资料，准确性远胜于排印本的优势。

曾有人说，古籍影印整理书稿没有作者可以交流互动，稿件也不能随意修改，编辑是在替千百年前的古人"做嫁衣裳"。在对古籍作专题整理出版的全过程中，国图出版社的编辑依然是在"做嫁衣"，为中国优秀传统文化的继承与弘扬，为学术研究的推进与收获。

（原载2009年9月16日《光明日报》）

有关"中国故事"的故事

——中国外文局的国际传播（上）

　　起初只有几十人的中国共产党，何以最终成为引领中国前进的力量？原本一穷二白的国家，中国共产党使用何法使它取得今天这样惊人的成就？当年读过《红星照耀中国》的西方人的后代，今天正捧起一本名为《历史的轨迹：中国共产党为什么能?》的书，从司徒雷登、艾奇逊、费正清等大量西方政要、学者、记者以及亲历者讲述的故事与评论中，寻找谜底。

　　在第63届法兰克福国际书展这本书英文版首发式上，德国汉学家、民族学家南因果评价说，对研究中国的学者来说，这本书的意义在于它显示了中国共产党在自我描述方面已取得的进步，同时启发我们，应该面向大众普及我们关于中国的学识，特别是在那些话语权已被似是而非的西方涉华报道所垄断的领域。

　　今天的世界，人们对中国故事抱有浓厚的兴趣。

众人心血浇灌的事业

　　新中国建立之初，面对西方敌对势力对新中国的封锁，中国故事全新开篇。

　　1950年元旦，刚刚诞生的新中国还没满"百天"，《人民中国》（英文版）创刊了。这是新中国第一本外文刊物。在随后不到十年里，《人民画报》中文版、《中国画报》、《中国建设》等多文种杂志先后创刊。六十多年来，中国外文局的出版社、期刊社，始终如一地履行着"让世界了解中国"的神圣使命，向世界讲述着中国故事。

　　对外文局的成长，党和国家领导人给予了深切的关怀。

　　《人民画报》的刊名，是毛泽东亲笔题写的。毛泽东赞赏《中国建设》"用事实说话"的办刊方针，称"对外宣传就是应该这样做"。英文版《北京周报》是毛泽东生前每期必看的刊物。在毛泽东丰泽园故居卧室床边，至今还摆放着大字版的《北京周报》。

　　周恩来对外文局的工作倾注了更多的心血。《中国建设》和《北京周报》是在他的倡议和主持下创办的。"文革"期间，周恩来亲自为《人民画报》审定稿件达三年之久。

　　邓小平曾对《北京周报》的文版调整作过指示，还为《人民画报》题了词。

　　江泽民为《北京周报》手书"中国之窗　世界之友"，为《中国与非洲》杂志题写了刊名。他殷切期望："办好《人民中国》，为中日人民友好作出新贡献。"

　　胡锦涛为《北京周报》纪念中巴建交五十五周年专刊致辞。

　　《中国建设》的刊名是宋庆龄起的。几十年间，尽管国务繁忙，身体多病，但宋庆龄为杂志撰写的文章达三十多篇。她仔细阅读每一期杂志，常常为杂志提出指导性意见。"她甚至亲自把杂志装在信封里寄给她国外的许多新老朋友，用她那优美的很有特色的手写字体写上地址。"

在《中国建设》的历史中，一个难忘的瞬间，被定格在一张照片上：周恩来、宋庆龄、陈毅、邓颖超等国家领导人和杂志社的同志们在一起，庆祝创刊十周年。

《北京周报》人也有自己的自豪。1963年3月5日，周总理举杯相邀："我们要通过各位朋友的努力，使《北京周报》在五大洲更广泛地发行。"那一天，正好是总理65岁生日。创刊五周年的纪念茶话会原打算在北京饭店举行，但总理建议改在单位食堂，他执意要到编辑部来看看大家。

外文局，是一个群贤毕至的地方。

《中国建设》的编委会，曾聚集了在国内外享有盛誉的社会活动家和社会名流：金仲华、陈翰笙、钱端升、李德全……作者中，也尽是金光闪闪的名字：经济学家冀朝鼎和勇龙桂、科学界的李四光和竺可桢、戏剧界的梅兰芳、音乐界的贺绿汀、古生物界的裴文中、考古学界的夏鼐、宗教界的赵朴初和丁光训……

不仅是《中国建设》，外文局每个期刊的编辑部都群星璀璨。这里汇聚了众多的翻译家：爱泼斯坦、杨宪益、段连城、张彦、林戊荪、叶君健、戴妮丝、沙博理、保罗·怀特、路易斯·卡提欧……这里也工作着著名的作家、诗人、漫画家：茅盾、方钜成、萧乾、冯亦代、徐迟、丁聪……还有一些人，他们的名字不为世人所熟知，但新中国的外宣事业中却有他们独特的贡献，外文局的发展因他们的存在，更加有声有色。让我们记住他们的名字：罗俊、吴文焘……

大师云集，名家辈出，一代又一代外宣人在这里拓荒、耕耘、传承。外宣事业，是众人拾柴笼起的火焰，这火焰，将新中国的光芒远播。

故事，在现场讲述

走进人民画报社办公楼大厅，始自创刊号的《人民画报》封面迎面扑来。六十年，七百多期，《人民画报》向世界讲述了多少真实的中国故事，已无从统计。它的封面故事串联起来，就是一幅新中国丰富的表情，就是一部图文并茂的新中国简史。

"红玉从来也没有对人吐露过半句她那羞辱而肮脏的生活……连红玉自己也感到诧异，当李同志十分耐心而亲切地询问她时，她把她过去的生活一五一十都说了，甚至那些最见不得人的细节也说了。"

萧乾写新中国成立之初北京妓女改造的《她们重见天日》，就是这样开始的。接下来，一个又一个不同遭遇的妓女们流着泪水自述的受害经过和情景，在萧乾的笔下成为一个个催人泪下的故事。"萧乾以敏锐的嗅觉，紧紧抓住这个题不放，满怀激情地投入到这些历史性事件的报道。一时间，他简直像着了魔，累了一整天，晚上接着又坐在打字机前噼里啪啦直到东方发白。"张彦回忆说。

20世纪50年代初期，轰轰烈烈的土地改革在中国大地上开始了。为了让海外人士对这个具有深远历史意义的社会改造有全面正确的了解，萧乾扛着背包深入到湖南岳阳县更口乡，参加了运动的全过程。"这是我第一次放下知识分子的臭架子，把铺盖搬到一个贫雇农家里，和农民一只锅吃饭，一张床困觉……他们痛苦的过去，本身就是一部历史。"《人民中国》后来刊出了一张大幅照片：祠堂前，燃起了熊熊烈火，欢天喜地的农民把地契投向火中。这是萧乾生平拍摄的最得意的一张照片。"有什么比随着烧地契升起的黑烟，农民脸上泛出的喜悦，更能象征'土改'运动呢！"他说。

不仅萧乾是这样，也不仅成立之初的外文局是这样，到中国故事发生的现场，代读者去看、去听，然后把发生的真实事情讲述出来，这样的传统一以贯之，一个甲子。

车慕奇为写出《丝绸之路》踏遍了中国的大西北；龚学孺遍访三国故事发生地后写出了《三国遗迹探秘》；书法家钟炜探访各大博物馆写下《中国博物馆巡礼》；同样，是作者先将足迹留在了从长江源头到长江入海口的漫漫长路，《长江旅行记》才呈现在读者面前。

"记者的文章应该是用脚写出来的。"这是写出《大运河自行车之旅》的沈兴大的切身体会。他记下的一组数字，可看成这体会的注脚。"1981年5月19日启程，南下经过了京、津、冀、鲁、苏、浙6省市，沿途采访了53个县市和77个村镇，访问了上千人，历时408天，纵横行程万余公里，于1983年元旦抵达终点杭州。"顺着运河这条线深入挖掘，那些人们熟知的运河城市，鲜活生动起来。一路下来，36开、80页厚的"工作日记"，沈兴大居然记了7本，约有十多万字，一天也没有中断。这日记后来成了他写作时的主要参考，一个个鲜活的细节，把读者带到了现场。日本爱媛县的一位老读者在来信中写道："我每期总是最先阅读《大运河自行车之旅》。它那始终轻松的笔调，具有不可思议的魅力，将我带入无比愉快的'中国之旅'中。"

中国的编辑记者如此，外文局的外国专家亦如此。意大利裔加拿大人，精通法语、意大利语、英语、西班牙语和汉语的李莎，为写《这些中国人》，三次去新疆，走遍了新疆的北南西东。"内蒙古在走向现代化的同时并没有抛弃传统文化。首先在建筑方面，无论是呼和浩特、锡林浩特、海拉尔，还是鄂尔多斯，都没有重蹈其他省区城市的覆辙。内蒙古的新建筑具有鲜明特色：蒙古包的元素，蓝天白云的色彩，而这些正是本地区的自然景色。无论在哪里，我们都知道身在何处，决不会认为到了纽约、日内瓦或者悉尼。"

在付出体力、精力之后，李莎娓娓道来的已是从她心中走出的内蒙古了……

见证新中国每一次重大事件，感受新中国每一个细微变化，把这一切汇聚笔端，用多种语言向世界报道一个真实的中国，这工作，让外文人为之骄傲。

这里的桥梁连五洲

"黎宏煜寻父黎炳祥、母陈根湘及弟妹……"一条寻人启事，刊登在1981年第1期的《寻亲访友》栏目上。《今日中国》中文版创刊刚刚两个月，就开始了为海峡两岸、为海外离散同胞亲人团聚服务的努力。

迅即，雪片般的寻人信件，纷纷飘落在《今日中国》编辑部。悲喜交加的情感浪潮，使编辑部的每一个人都无法置身于外。十年间，中国内地、台湾、港澳和海外要求寻亲访友的来信有三万余封，祖国与海外华人华侨之间，建立了广泛的联系。

作为中国最早开展对外图书出版发行的专业机构，外文局直至今天依然是中国对外出版文种最多、品种最多、发行范围最广的出版发行机构，每年出版十多个文种的图书三千余种，发行三千余万册，涉及领袖著作、政策文件、重要文献、当代中国、传统文化、中国文学、基本国情、汉语教材等方面。

20世纪八十与九十年代之交，中国外文局开始尝试构建对外出版发行的新模式，拓展对外出版发行的新天地。1991年末，外文局与耶鲁大学出版社达成"中国文化与文明"大型丛书合作协议。

合作的模式是全新的。在北京和纽黑文，分属两国出版机构的工作人员，远隔重洋，为丛书共同工作，通常在咫尺即可解决的问题，在合作中均需跨洋操作。待首卷编定，仅中方收到的传真就达一千多份，数千页。

几经寒暑，无论昼夜。1997年秋，丛书首卷《中国绘画三千年》终于出版。此时，正值江泽民主席访美，于是美国政府官员和江泽民主席寓居美国的老师顾毓琇都收到一份精美的礼物——飘着墨香的中文版《中国绘画三千年》。当年，《中国绘画三千年》在美荣获霍普金斯出版奖。

几年后，刚刚出版的《中国古代雕塑》中文版，被选为胡锦涛主席赠给耶鲁大学的书籍之一，并成为老布什总统图书馆的藏品。

耶鲁大学出版社前社长约翰·G.莱登曾憧憬："希望有一天，我们的丛书成为一所没有围墙的大学，最优秀的学者和教师聚集在书卷里，向我们，向我们的孩子以及他们的孩子传授中国的知识与思想。"如今，他的这一愿望已部分实现。

互联网时代，外宣工作插上新的翅膀。用中文、英文、世界语等10个语种11个文版搭建的中国网，日均点击量已达1.3亿次，日均页面浏览量为4000万人次，日均访问人数400万，境外读者分布于二百多个国家和地区。与中国网链接的国外网站已达一万九千多家。中国网被英国广播公司网站视为互联网上最重要的综合性中国信息来源，美国纽约时报网和英国卫报网，也将中国网作为中国首要新闻网站和中国政府门户网站，加以链接和介绍。权威、准确、翔实的报道，因插上互联网的翅膀，快捷地将真实的中国，呈现在世界面前。

如果将从互联网走向世界称为"空中翱翔"，那么，外文局所属期刊异国"本土化"，则可被称为"落地生根"。起步于2004年的"本土化"，如今已是花满枝头。从最初的《今日中国》阿文版和西文版，增加了英文《北京周报》、韩文《中国》、俄文《中国》和日文《人民中国》。日文《人民中国》策划、版式设计和印刷均已全部在日本完成。《今日中国》阿文版和西文版已由最初的每年几千份分别增加到12万份和15万份，成为中东地区报道中国的最权威杂志和拉美人民打破西方新闻封锁、了解真实中国的窗口。目前，外文局已在海外十多个国家和地区设有二十多个海外机构，2010年书刊发行等销售收入已达4300万元人民币。

"我在写作上有过两度丰收：1951年写'土改'和1956年写内蒙古。前者以及50年代初期其他一系列改造，都是为了清除这古老中国身上的脓疮，使它茁壮成长。在内蒙古，我看到原来只有一座喇嘛庙的草原上，建起了新兴城市。这些都是中国人的光彩。我为能向世界宣扬这些壮举而感到光荣。"在萧乾心中澎湃的情感，在每一个讲述"中国故事"的人心中澎湃，如潮汐，从未停歇。

今天，建设外向型、国际化、多语种、多媒体的中国国际出版传媒集团已不再仅仅是构想，而是实实在在的运作。局长周明伟提出的

"'内知国情，外晓世界'、'精通业务，追求卓越'、'传承创新，二次创业'"，已不仅仅是要求，更是责任。因为，在外文局人心中，时刻搏动着一种使命，那就是——把中国的故事续写得更加精彩！

（原载2011年11月29日《光明日报》）

有关「中国故事」的故事——中国外文局的国际传播（上）

"中国故事"的讲述者

——中国外文局的国际传播（下）

百万庄大街24号，在北京是一个不大为人所知的院落，普通得不能再普通。它似乎与闻达、喧嚣无缘，静谧、幽雅，独处繁华京城。但当你听到萧乾、叶君健、杨宪益、徐迟、丁聪、爱泼斯坦、沙博理……这一个个如雷贯耳的名字，并了解了他们与这个院落的关系时，肃然起敬是每一个人心中油然而生的情感。这里，中国外文局，它的前身，是中国新闻出版署国际新闻局。他们——一个群星璀璨，因为新中国言说而享誉世界的群体。

回祖国，奔北京

1949年，中国大地上的战火硝烟还没有褪尽，新中国如朝阳般在世界的东方喷薄欲出。

9月初的一天，活跃在香港的《中国文摘》英文杂志编辑部的张彦、车慕奇、沈野、康凌和作家萧乾一家从香港乘火车到达北平前门火车站。和他们一样，怀抱一腔爱国热血的青年才俊们正从美国、英国、印尼、苏联……奔向自己的祖国。

张彦几十年后的一段回忆，重现了最初的日子。"我们的第一任务就是筹备出版新中国第一本对外宣传刊物《人民中国》英文半月刊。没有想到，刚解放的北平城竟然找不到一家能够印外文杂志的工厂，只能求助于教会学校辅仁大学印外文教材的小小车间。机关里实行的是'供给制'，谁都没有工资，生活水平很低，由公家供给小米和制服。吃饭都在公共食堂，分大中小灶三级不同待遇。大灶最差，只能啃窝头、喝棒子面粥。只有中、小灶才能吃到肉荤。当时，编辑部里多数是满腔热情从海外归来报效祖国的留学生，生活都受到特殊优待，吃的多半是中灶或小灶。像我和车慕奇这样担负一定领导责任的党员干部，都只能吃大灶。住宿舍，也是分配给我们最差的房子，好的都优先留给非党同志。那时候，这一切似乎都是理所当然的，从没人议论。大家一心扑在办好杂志上，让新中国在全世界树立好的形象。"

这也是萧乾几十年后仍念念不忘的"那些愉快的日子"。

"1949年7月，刚从美国密苏里新闻学院毕业的母亲得知上海解放的消息，和父亲怀抱着只有6个月大的姐姐，毅然和其他一些爱国青年一道登上开往祖国的'戈登将军'号轮船。历尽千辛万苦，父母最终回到祖国的怀抱。由于母亲沿途过度紧张劳累，致使奶水完全中断，可怜的姐姐从一个白胖娃娃变成了瘦弱多病的孩子。""我永远记得母亲讲述参加开国大典的情景。母亲说，当时只任泪水纵情流淌，因为祖国母亲终于摆脱了帝国主义列强的欺凌和宰割，中华民族终于推倒了'三座大山'，从此站起来了！新中国成立后，帝国主义对我国进行封锁，我党急需向世界发出我国的声音，急需让世界各国人民了解、支持和同情中国。在美国学习新闻专业的父母很快加入到新中国的对外宣传工作中，他们全力以赴地投入工作，加班加点甚至通宵达旦。"段连城、王作民的女儿在他们离去后写下的这段文字，勾画了一代从事外宣工作知识分子的缩影。

杨宪益和妻子戴乃迭，是踩着新中国建设的鼓点走进外文局《中国文学》编辑部的。1953年，新中国第一个五年计划开篇，这对在外文局被称为"中外合璧"的夫妇也开始了中国文学经典中译英的壮丽事业。《离骚》、《儒林外史》、《宋元话本选》、《唐宋诗歌散文选》、《魏晋南北朝小说选》、《鲁迅选集》……上百万字的中国名篇、名著，被他们译成英文走出国门，让全世界的读者分享。20世纪70年代后期，杨宪益夫妇开始翻译《红楼梦》，夫妇俩每天工作十几个小时，艰辛自不必说，此时，他们已年近古稀。但两位工作着的老人是愉快的、美丽的，因为，他们为之辛劳、为之牵挂的祖国，正如他们所期望的，重新焕发了勃勃生机。

1978年到1980年，英文版《红楼梦》分三卷出版。这是迄今为止唯一一部由中国人翻译成英文的《红楼梦》。

乔冠华、龚澎、王福时、康大川、罗良……他们从美国、英国、日本、印尼、苏联、香港等国家和地区奔回来，外文局是他们为新中国服务的起点。"尽管大家一路磕磕碰碰，但从没有丧失信心，他们一生都在做这一件事。外文局是共和国外宣事业的一个缩影。""60年来，我与共和国一起成长，同甘苦，共命运，无怨无悔。只要一息尚存，我愿为我所爱的祖国的每一步前进，贡献自己的一切。"伴随着"一·二八"、"七七卢沟桥事变"、"八一三"一个个国难日长大的张彦，古稀之年在《青山在》中写下了这样的文字。

蓝眼睛，中国心

或金发碧眼，或肤色黝黑，他们的存在，在相当长的一个历史时期，是只有外文局才拥有的独特风景线。

爱泼斯坦，这位犹太后裔，90年生命里程中有82年在中国度过。在外文局他工作了半个多世纪。

"在我生命的余晖里，有人也许会问：你对自己选择的生活道路是否后悔？"

"在历史为我设定的时空中，我觉得没有任何事情比我亲历并跻身于中国人民的革命事业更好和更有意义。中国人民占全人类的五分之一，在整个世界的命运中有举足轻重的地位。"

这是爱泼斯坦的回答。

"新中国成立后的第三年，即1951年，我们回来了。我们作出了最后一个，也是最完善的选择：在中国居留。我们在中国经历了种种甘苦、种种考验、种种胜利。不像站在外面的'观察家'，我们是从中国内部来观察国际风云的。由于我们熟悉这两个世界，我们的感受可能有助于使别人获得一种比较完整的看法。"爱泼斯坦的回忆录《见证中国》中这样写道。

爱泼斯坦是《中国建设》创始者之一。创刊之初，因为编辑部设在北京，印刷在上海，"爱泼斯坦和夫人邱茉莉常常是坐火车奔跑在京沪之间"。对新中国的外宣事业，他全身心投入。他参加了《毛泽东选集》、《邓小平文选》等重要著作的英文稿审定，是这方面的权威专家。他是《中国建设》的总编辑，在主编杂志之余，做了大量的编译工作，相继完成了《西藏的转变》、《从鸦片战争到解放》、《宋庆龄——20世纪的伟大女性》等著作。为了写《西藏的转变》，他在30年间先后四次进藏，采访了七八百人，记了近百万字的笔记，研究了几十种有关西藏的著作。书出版后，在海内外引起强烈反响，被视作一部研究西藏问题的重要著作。

莫里斯·西昂达是最早瞻仰中华"人文初祖"陵园的外国人之一。他说："来拜谒中华民族始祖的陵园，我不仅很激动，而且还觉得长眠于此的远古巨人仿佛也是我自己的祖先。"1965年，西昂达来到《北京周报》法文版工作。在以后的两年里，他去了太原、西安、黄陵、延安、武汉、长沙、湘潭、韶山、广州等许多地方。每次回到编辑部，他都会写上一两篇热情洋溢的文章寄回法国发表，介绍中国的古老文化，赞扬新中国的发展进步。西昂达不仅喜欢中国古老的文化，而且也关心中国当代的进步。但没想到，"文革"开始后，他被误解，被看成"革命"的死敌，被驱逐。在出关离境的那一刻，西昂达做了最后的申诉："我没有做过任何损害中国的事。我是中国人民的朋友。我爱中国。"那是1968年。

1986年，接受北京周报社的邀请，西昂达重访中国。"我接受邀请仅仅是为了看看老朋友，看看北京，看看中国。在多少年前的那一刻，我的确有过受到侮辱的感觉，但冷静下来，我对自己说：'这又算得了什么呢！我只是在黄河咆哮时，不小心被风浪打湿了鞋。'……我特别敬佩邓小平先生，他以伟大政治家的风度和智慧给那场悲剧做出恰如其分的总结，并且以卓越的才智领导中国人民继续建设伟大的国家，取得了令世界震惊的成就。我请求我的中国朋友们不要再为我曾遭遇到的那点意外感到不安。我感谢你们给我机会让我重温我在这块土地上曾有过的幸福感，亲眼看看中国人如何团结一致，共同努力建设自己的国家。"

三个星期后，西昂达离开了中国。离去时，老泪纵横。西昂达用自己的言行，又一次为中国言说。

60年，一个甲子。在外文局工作过的外国专家有数百人。他们中，有的，终身留在了这里，成为一个中国人；有的，人离去了，但始终关注着新中国的发展、变化，魂牵梦绕，心，始终与共和国一起脉动。

后来人，有路标

"在外文局待得越久，越是感觉这里就像一坛窖藏很久的美酒，稍一靠近，便醇香扑鼻。一种文化浸染多了，那种被熏陶的感觉会不经意间在心里荡漾。"

"我们是站在前辈的肩上走向世界的。"

外文局的后来人这样说。

《青山在》，一本由外文局几位离退休老同志自筹经费印刷的刊物，里面是近三百位作者的回忆文章。读过它的年轻人申宏磊，如今已经人过中年。她说，这些文章的作者，大多是经历了坎坷岁月的老同志，但他们记忆中最珍贵的，不是对曾经苦难的憎恨，也不是睚眦必报的循环，那是对事业的忠贞，对人间真情的执着。这书"放在那里真'如横卧的青山，将夕阳拉长'"。她说，读着里面的故事，"如果隔着岁月的长河可以与这些前辈会心一笑，那我会说，站在你们身后，无比荣耀"。"我们面前有这样的路标，就不会担心自己变老。"

《青山在》留给后来人的，是足迹的从容坚定，是理想的熠熠光辉。

路标下，年轻人继往开来。

病床前，堆着电脑、打印机，还有各种书刊资料。那本被翻看得边页发黑、几乎快要散架的厚厚的英文词典，也"跟进"了病房。被病魔折磨得清癯消瘦的他，依然埋头其中，写作、思考……

这是在外宣岗位上工作了25年的黎海波，离开时留在同事们心中永远的剪影。

1982年，黎海波从人大新闻系毕业，进了外文局北京周报社。初来乍到，他就给自己立下了一个奋斗目标：三年之内要学做一个"双枪手"——既能用中文也能用英文写报道的记者。

从脚下起步，达到目标的距离是遥远的，因为，那时的中国，刚刚打开闭锁的国门。黎海波为自己找到了一支世上最具实力的导师团队，那里有林语堂、胡适、鲁迅、钱锺书、费正清、白修德、保罗·怀特、拉·贝克……"为师者免费施教，随叫随到。求学者无学制学位之虞，无作业论文之累。我们之间，既无合同的约束，也无经济利益的烦恼。有的只是学术感应、知识传授、思想交流。好不快哉、妙哉！"黎海波这样调侃自己的学习状态。

14年后，黎海波在《北京周报》开设了时事评论专栏"说东道西"，借助这个栏目，他游刃有余地应对着国际舆论话题，同世界强势媒体的评论"过招"。1996年底，《纽约时报》发表了一篇题为《盯住金丝雀》的评论，对中国是否信守"一国两制"、"港人治港"等原则含蓄地表示了怀疑。1998年第一期《北京周报》上，黎海波依据香港回归后半年的实践，写出评论《自在的金丝雀》，用事实给《纽约时报》一个有力的回答。"我一直觉得我们在做非常困难的工作——用人家的语言，写一些难以影响人家舆论的文章。在国际舞台上，在西方舆论界，我们的声音依然很弱。""然而，这声音并不是可有可无的，因为中国并非可有可无。我们之所以能指点江山、说东道西，不是因为我们这些所谓笔杆子有什么了不起，而是因为中国了不起。中国使我们有底气，有笔功。"

黎海波留下了对事业的一往情深，他唯一的遗憾，是已经列出题目的《外宣要敢于触及敏感问题》的论文没有句号。

"在九年任职期间，为国际译联作出了重要贡献：成功组织了一届非常成功的世界翻译大会——2008年第18届世界翻译大会，并代表国际译联积极推动亚洲翻译事业的发展。虽然他的国际译联亚洲中心之梦尚未实现，但他所发挥的积极作用为这个目标奠定了良好的基础。他在国际译联理事会和执委会会议上听别人讲得多，发言较少，但一旦发言，就有积极的作用。他为国际译联带来了一种新的文化视角，这对于国际译联这样一个强调文化多样化的国际组织非常重要。"国际译联主席玛丽昂·伯尔思今年8月1日在旧金山开幕的第19届世界翻译大会上做出的这一评价，是给刚刚从她手上接过国际译联最高荣誉奖章——金色奖章的一个中国人的。这个人刚刚卸任国际译联理事及副主席，他叫黄友义，现在是外文局副局长、总编辑。

黄友义大学毕业就进了外文局，一干就是一辈子。这一点，和许多外宣战线的前辈一样，不同的是，作为新中国成长起来的新一代，他们驰骋的舞台更加宽阔，视野更加高远。翻看外文局的资料，寻找关于黄友义的内容，我竟有了与伯尔思某种相同的感觉，黄友义讲自己很少，一旦发言，讲的全是他人与工作。他说，文字外宣品的制作是一项系统工程，书名应是画龙点睛，而不是设置陷阱，翻译是外文书成败的关键，请外国人修改中国人的译文等几个关键程序不能少……他特别提醒要追求最佳的中西合璧的效果，避免西式裤上套马褂的倾向。几十年的求索实践之后，黄友义道来的真知灼见，掷地有声。

黎海波、黄友义……在一代又一代外文人身上，我们分明看到一种精神的延续，一份责任的担当，一项事业的延伸。

为新中国的言说仍在展开，言说者永远年轻。

（原载2011年11月30日《光明日报》）

为了"立国根本"

——写在中华书局百年之际

从那一天起，再走进熟悉如自家的中华书局，员工们的感觉似乎有些不一样。2009年4月8日，中华书局创办者陆费逵的铜像在书局大楼揭幕。

记得那天，中华书局的同仁们挤坐在510那间不大的会议室里，老者，雪染双鬓；少者，风华正茂。简朴的房间因冯其庸、袁行霈等当代著名学者的到来，满屋生辉。揭幕仪式与聘请诸先生为书局学术顾问同时举行，四位未到会的受聘者，为学界大家季羡林、何兹全、任继愈和饶宗颐，他们的名字，如雷贯耳。

从那一天起，陆费逵又回到了中华书局。然而，在一个世纪中，他又何曾离开中华书局、离开他开创的事业？

从那一天起，中华书局的同仁们每天都从陆费逵面前走过，在他注视的目光中，划动中华书局前行的橹桨。

百年，有些漫长；百年，只是一个瞬间。

这漫长，足能使一粒种子长成参天大树；足以使一个微不足道的开端成就为一桩伟业。

这瞬间，分明让我们感到，一个世纪前的宣言犹在耳畔，往事就在昨天。

一个世纪，我们如何走过

1912年元旦，中华民国在南京宣告成立。这一天，在上海，中华书局应运而生。似乎是因其太弱小，它的诞生甚至没在上海滩留下声响。

但仅仅五十多天后，《申报》一隅，一则静静铺开不多文字的广告却石破天惊。中华书局在它的宣言书中写道："……立国根本，在乎教育；教育根本，实在教科书。教育不革命，国基终无由巩固。教科书不革命，教育目的终不能达也……"

从1840年贫弱的中国落入挨打的境地以来，强国，就成为万万千千中国人梦寐以求的目标。但在此之前，尚无哪家出版社如此道出胸中志向，将自己的强国选择描述得如此清晰。陆费逵的强国之梦与众不同，中华人因此肩负着对出版业社会责任的胆识与担当，踏上征程，世纪之行，始于足下。

从此，金甲竹帛、诸子百家、官私史册、唐诗宋词、佛道典籍、敦煌宝藏、海外逸珍，中华人在民族精神的田园中殚精竭虑，将中华文化的瑰宝呵之护之，传承弘扬。三万余种图书，梁启超、马君武、叶圣陶、李劼人、徐悲鸿、刘海粟、齐燕铭、吴晗、顾颉刚、陈寅恪、陈垣、王力、钱锺书、唐长孺、启功、季羡林、任继愈……他们的名字，跃然其上。百年，多少人与事，不尽书与文。在中华书局这中国近代文化的巨卷中，留下的只有比人长寿的书，珍藏的只有心底始终没有改变的激情与梦想。

从此，中华人的行列里，走进了范源濂、舒新城、张相、李达、田汉、张闻天、金兆梓、陈伯吹、钱歌川、金灿然、宋云彬、章锡琛、陈乃乾、徐调孚、杨伯峻、周振甫、赵守俨、李侃……他们把心血和智慧融入惠及当代、泽被后人的万千出版物之中，不求功名留世，却满足于"为他人作嫁"。新中国成立后，毛泽东、周恩来、朱德、董必武、陈云、薄一波、李一氓等老一辈革命家对古籍整理出版事业的一次次指示与重托，更唤起中华人"致力弘扬中华传统文化，努力提高古籍整理出版水平"的激情与力量。百年，斗转星移，万千变化，但中华书局为实现理想的脚步不曾蹒跚，写着追求的旗帜始终高扬。在一个世纪的坚守中，她把自己镌刻进中国近代文化史、中国现代出版史、近现代学术思想史。

写在出版物上的追求与贡献

一百年了，中华书局在宣言中说到的那套教科书还在。实物上，积满岁月的沧桑；记忆里，书香依然绵长。

这套编撰于清王朝风雨飘摇之时的教科书，集中体现了陆费逵超人的眼光、胆识与追求。中华民国成立后，这套适合共和政体需要、体现先进教育思想的中小学教科书，迅速风行全国，奠定了中华书局在近代中国出版界的地位，也成为中华书局百年基业的柱石。25年间，其不断修订重编，流布范围从中国大陆延至东南亚国家华侨学校。

著名历史学家邓广铭先生曾回忆道："从我开始接受近代化的启蒙

教育之日起，我就和中华书局结下了不解之缘。我是在'五四'运动之后的一年，从乡村到县城中进入高等小学的。这所小学中师资的质量并不甚好，但所用课本则全部都是中华书局编印的'新式中华教科书'。这些教科书使我的耳目一新，扩展了我的视野，也开拓了我的思路。例如，这时我才知道世上的伟大人物并不只是尧舜三王、周公、孔子、孟子、朱熹等人，而英国的物理学家牛顿、生物学家达尔文，以及发现美洲新大陆的哥伦布、美国的首任总统华盛顿等人，也同样是一些伟大人物……"

一百年后，学者葛兆光在谈到中华书局的历史作用时说："从1894年到1911年间，影响知识分子和整个社会最重要的变化之一是现代出版的出现，其与报刊一同形成了另外一套知识生产的系统，推动了中国从封建帝国向共和的转变，其中以改变了中国人整个知识结构的教科书影响最大。将中华书局存在的意义放到这样的大背景下来看，我们可以说，它是整个社会变化的一个重要推动力量。教科书是新知识深入到一般民众的很重要的途径。"

从教科书发端，中华书局在它的出版物中，体现着坚持进步、弘扬爱国主义精神、传承中华民族优秀文化的方向。《中华大字典》总结吸收了《康熙字典》以来二百余年文字学的研究成果，是辛亥革命后最早的一部重要辞书；经百余人先后二十年努力编纂完成的《辞海》，是当时我国唯一一部综合型大型辞书；此外，中华还最早以现代排印方式整理出版了大型古籍丛书《四部备要》等许多重要古籍。

1958年，中华书局被确定为整理出版古籍的专业机构。从此，中华书局"梯航学海通今古，鼓扇雄风迈宋唐"（郭沫若语），以《资治通鉴》、"二十四史"的校点整理为代表的古籍整理，《永乐大典》、

《文苑英华》、《太平御览》、《全唐诗》、《甲骨文合集》等大型图书的整理编纂，近年《天一阁藏明钞本天圣令校证》、《新获吐鲁番出土文献》、《敦煌经部文献合集》、《中华民国史》等重要史料、学术著作的出版，乃至文史哲普及读物的策划编辑，奠定了在学术界文化界的历史地位，履行着一脉相承的文化担当。

2006年，在"二十四史"及《清史稿》点校整理本刊行30年后，中华书局提出启动修订工程，立刻引起了广泛而积极的反响。温家宝总理对修订工程作了重要批示："对古籍出版事业要予以重视和支持。"20世纪60年代，"二十四史"及《清史稿》的点校整理得到了毛泽东、周恩来的指示和关怀，经范文澜、吴晗与金灿然认真筹划，由中华书局组织实施，集中全国百余位文史专家，历时二十年完成，是新中国规模最大的古籍整理工程，对中华文化传承有着不可估量的意义。2007年，修订工程正式启动，全国数十家高校、二百余位学者确定承担修订工作。工程被列入国家"十一五"、"十二五"重点图书出版规划、国家古籍整理出版"十一五"重点规划，并得到国家出版基金的重点支持。当年出师时的悲壮还历历在目：任继愈先生抱病出任总修纂，年已96岁的何兹全先生甘当一名摇旗呐喊的"小卒"。时年94岁的王锺翰先生说，修订"二十四史"及《清史稿》，"我这辈子最大的遗憾就没有了"。住在医院里的季羡林先生写给中华书局的信热情洋溢：经过我们大家的努力，中华书局的修订版"二十四史"出版之日，就是古籍整理与出版的黄钟大鸣而特鸣之时，也是庆贺中华书局百岁华诞的二十四声礼炮齐鸣之时。

此刻，礼炮齐鸣时，诸先生却已先后离去，惟有他们留下的话语依然滚烫，惟有陆续来到读者面前的新修书卷墨香袭人。

一个世纪，中华书局对她所在时代的贡献令人瞩目。"环堵半是中华书"岂止仅为学人书房的风景？"中华书局给了在文化沙漠中的我们一个文化中国。"长于台湾，在西方哲学中结识了尼采，又辗转回到庄子世界的陈鼓应这样感悟。对于学者李学勤，中华书局有着特殊的意味："研究和教学，特别是改革开放以来蓬勃发展的古文字学研究，无论是内容的出版，还是学科的组织工作，都离不开中华书局，中华书局的贡献是不可磨灭的。"南京大学最近完成的《中国人文社会科学图书学术影响力报告》也做出评价，在全国近五百家出版社中，中华书局各学科图书学术影响综合排名位居第二，其中历史学、民族学、中国文学等四个学科名列第一，考古学、语言学等四个学科名列第二。

比中华书局年轻12岁的著名学者冯其庸在中华书局百年时道出了社会共识："近百年来，中华书局为继承、维护、发扬祖国的传统文化，起到了无可估量的作用。一个民族的思想文化，是一个民族的精神支柱，是一个民族的灵魂。中国是有五千年历史的文明古国，我们有孔子、屈原、岳飞、文天祥这样的思想文化圣哲和英雄豪杰，他们筑成的精神长城，现代主要是由中华书局、商务印书馆等出版机构传承下来的，这些出版机构对国家和民族的贡献，是无法用数字来衡量的。"

薪火相传，我们共同的担当

一部百年中华书局出版史，记载了多少作者、编者、出版者为书香永驻共同担当的佳话，留下了多少他们为中华文化薪火相传相挽前行的剪影。

百年中，几代文化大家，或受聘来局，或特约著述，将才智乃至毕生心血浇灌中华书局的茂盛之林。为作者提供和创造各种写作条件，使一切有真才实学的、下过功夫的作者的著作，都能够得到出版的机会，始终是中华编辑们的自觉。

《辞海》主编舒新城珍藏的毛泽东、恽代英《少年中国学会改组委员会调查表》引出当年陆费逵四处奔走，恳切延请由李大钊等人创办的"少年中国学会"加盟中华书局，共同策划推广新文化运动出版物的一段往事。

而编撰者汪朝光写在《中华民国史》出版之际的一段文字似杜鹃啼血，呈现了为一部传世著作的出版，作者、编者、出版者的呕心沥血："一部民国史，做了近四十年。实际上，这也是民国史学科从无到有，从'险学'到'显学'的40年，是民国史图书出版从'冷门'到'热门'的40年，更是中国社会发生巨大变迁、学术文化界从万马齐暗到风雷激荡的40年。《中华民国史》的编纂见证了这一切，也反映了这一切。而这其中，有前辈学者和出版人的努力，也有年轻一代的付出。40年间，参与编写工作的李新、李宗一、孙思白、姜克夫、彭明、夏良才、周天度、朱宗震等先生已先后逝世，中华书局参与出版工作的李侃、何双生等也已离去。"

著名记者、时事评论家陶菊隐先生的回忆，则描述了作者与中华书局间的相濡以沫："1945年日寇投降后，新城继续鼓励我修改旧作《六君子传》，并介绍我到中华图书馆借阅书刊，收集有关资料，以提高其质量。中华图书馆设在澳门路中华印刷厂楼上，所藏书报甚多，我去借阅时，管理人楼、陈诸公给了我很大的便利，深为感幸。《六君子传》脱稿后，我又继续前往收集资料，写成《督军团传》、《蒋百里传》等书，均承中华编辑所审阅出版。"

如今已是知名学者的袁行霈先生，向记者讲述了心中的珍藏：1963年，时任中华书局总经理兼总编辑的金灿然向他约写"知识丛书"中《陶渊明》书稿。当时27岁的他，只是北大一名青年教师。之后，十年动乱开始，书稿未能完成，但约稿信成为袁行霈心中的一份温暖。1982年，国务院古籍整理出版规划小组制定的古籍整理五年规划中，有十位古代大作家全集的校注，陶渊明这一本，中华书局又交给袁行霈来做。为使书稿体现新的研究成果，袁行霈曾舍弃已完成的书稿另起炉灶，直到2000年，袁行霈将《陶渊明集笺注》书稿交给中华书局，才了却了一桩心愿。"数十年中，书局的编辑从未催促过我，只是关注着我，不断送来书局的稿纸。中华书局一直都有这样的传统，对年轻的学者很扶持，而且能体谅作者的艰辛。"学者安作璋的感动同样持久。"初稿寄回来修改，除了边页上写的铅笔字和各种符号不算，单是粘在书稿里面的宽窄不等的大小纸条就有八十余条，每条上都密密麻麻地写满了蝇头小字。这些都是有关修改意见和应注意的问题。"

新的体验让记忆不断生长，接起百年岁月，续写着中华书局与她的作者之间一个世纪的学术情谊。

"办公地点就在（东总布胡同）十号大院东北角的一个自成院落的小四合院里。全部工作人员不超过五十人……因为没有礼堂，也没有较大的会议室，每次全体职工大会就在小院的天井里开，人们有的坐在台阶上，有的搬个凳子坐在角落里，有的坐在窗台上。一眼望去，不是秃头顶、长胡须，就是驼背腰。青年人简直寥寥可数。"后来担任中华书局总编辑的李侃记录的是1958年中华书局重组之时的境况。

为组建起胜任古籍整理出版使命的编辑队伍，时任中华书局总经理兼总编辑的金灿然忍辱负重。他奔走于书局与北大，积极推进古籍整理人才教育培养，参与北大古典文献专业教学方案制定，延揽专题课教师，还为专业调拨图书资料，"通知我们到中国书店的书库里挑书……书款统由中华书局结算。此后，中华书局每出一种新书，都寄赠本专业图书室"。时任专业副主任的阴法鲁教授曾回忆说。

学校培养难解人才缺乏燃眉之急。金灿然又以过人的胆识提出"人弃我取，乘时进用"，不拘一格招徕人才和学术权威，陆续调进了错划为"右派"的近二十人。发配到兰州大学的北大教授杨伯峻便是其中之一。"中华书局接到我《论语译注》清稿后，交童第德审查并任责任编辑……当时，出右派分子的著作，自是大胆！"让杨伯峻没想到的是，此后，金灿然又颇费周折将他由兰州大学调入中华书局，还为此挨了批评。

"编辑工作好比是艺术设计师，比如一个人蓬头垢面进来，经过一番整理梳洗，当他展现于公众面前时，已经是容光焕发、神采奕奕。一部稿子送进编辑室，经过编辑的精心梳理，几校过后，原先稿子上的错讹谬乱、斑斑点点，已一扫而光，展现在公众面前的则是属于我们民族的乃至是属于整个世界的一种精神财富。"金灿然对编辑职业的评价，何尝不是中华书局编辑们心中所想？

半个世纪过去了，中华书局成长起一大批学者型编辑、出版家，他们立足学术前沿，以高远的学术视野，选拔培育编辑加工书稿，赢得了众多大专家大学者的认同。1965年10月26日，顾颉刚先生因病需动手术，预立遗嘱，其中第六条说："我一生写作，应悉交中华书局，请他们组织委员会整理。"顾先生去世后，《顾颉刚全集》由他的后人、学生历经二十多年的编纂，于2010年底由中华书局出版。顾颉刚生前还挂念三部书稿："予之心事有三部书当表彰：一，吴燕绍《清代蒙藏回部典汇》；二，孟森《明元清系通纪》；三，钱海岳《南明史稿》。"顾老辞世二十多年后，吴燕绍、孟森和钱海岳的后人无偿将书稿交给中华书局出版。拳拳相托，殷殷期望，让中华同仁感到传续学术之责的分量。

钱锺书先生的《管锥编》、《谈艺录》当年由中华书局出版，他赞叹周振甫先生"小扣辄发大鸣，实归不负虚往"，传为学林佳话。

把根扎进大众生活的深处

出版精良、优秀的古籍整理和学术著作，是中华书局的安身立命之本。然而，以"专业的精神出普及读物"，始终是推动中华书局蓬勃发展的另一只轮子。从第一本中华书局的出版物开始，无论是教科书、《辞海》，抑或是《小朋友》，都有一个鲜明的特点——为大众服务。国人的这一记忆，从未褪色。

"1923年是我执教的第二个年头，中华书局出版的儿童周刊《小朋友》，夸张一点儿说，其时风行全国，我在交通不便的乡间也接触到了。它不仅作为我给学生们选择课外补充读物的宝库，同时也作为我学习写作的蓝本，它是我在文学修养、写作实践上不出声的一位好老师。"陈伯吹的回忆写在《我和中华书局》里。

如今耄耋之年的吴小如先生还记得："在我读小学时，我曾连续几年把中华书局编辑出版的《小朋友》当作'课外必读书'。"

一个世纪，"为大众服务"的信念经久弥坚。

《文史知识》，一本小杂志，洋溢着王力、季羡林、任继愈、庞朴等学术大家的睿智；纸页薄薄的《中华活页文选》，承载着优秀古代文史哲作品，被季羡林称为"是在全国人民对知识和文化的进一步渴望中的一场好雨"。

2004年，戏说历史的影视剧泛滥之时，中华书局与中央电视台"百家讲坛"联手，推出了阎崇年的《正说清朝十二帝》，随之策划出版了系列"正说"历史图书，引领了当时图书市场的"正说"风潮。著名学者李学勤评价说，"正说历史图书的出现是一件好事。一个国家和民族不能没有历史，人们需要正确的历史知识。如果戏说产生了深远的负作用，就有必要进行正说"。著名畅销书出版人金丽红也注意到，"正说系列图书的后续开发，表明中华书局是沿着品牌连锁开发的思路在前进，充分利用了畅销书的连锁效应，文化普及的路子走对了，为大众书的制作积累了难得的经验"。

在文化普及之路上，中华书局快速成长着。透过"百家讲坛"的"论语热"，编辑们看到了"国学热"的端倪，于是，全程运作，《于丹〈论语〉心得》首发即创造了中国出版界的奇迹——当日签售12600册，持续10小时。发行首月，销售126万册，随后一年占据畅销书榜首位，至今销售超过530万册。一时间，这一现象成为学术文化界和普通读者的热议所在。学者陈鼓应说："长期以来，经典都是校园知识贵族所享有的，现在能有更多人去接触、去理解，是很好的事情。"学者余敦康说："于丹是在现代人心中埋下经典种子的大功臣。"对此，国学大师任继愈先生也发言了："解读《论语》的著作能成为超级畅销书，这是好事，说明了社会上对传统文化有饥渴感。"

《于丹〈论语〉心得》也获得了海外版权输出的佳绩，以28个语种、34个版本覆盖世界众多国家和地区，成为中国文化"走出去"的排头兵。

　　新的发展时期，中华书局重新认识中华传统文化的时代价值，做出"守正出新"的历史选择。《国史十六讲》、《秦始皇的秘密》、"马未都说收藏"系列、《姥姥语录》、《走向辉煌》、"一本书读懂"系列等大众读物，秉持整理古籍的严谨态度、创新的精神陆续推出的"中华国学文库"、"中华经典名著全本全注全译"、"中华经典藏书"、"中华生活经典"、"中华思想经典"、"中华养生经典"等在古籍和大众之间搭起虹桥的传统经典普及读物，以及《宅兹中国》、《现代中国的历程》、《〈读书〉十年》等学术文化著作，《月读》的创刊，使书局这位"穿着长袍马褂的先生"有了另一副青春的面孔。

　　能在一百岁的时候，想想少年时的追求，不是每一个人、每一个企业都可以做到的。

　　"我们希望国家社会进步，不能不希望教育进步；我们希望教育进步，不能不希望书业进步。我们书业虽然是较小的行业，但是与国家社会的关系却比任何行业为大。"少年有此见识，定行高远。坚持这样的追求，是中华书局之幸。唯其如此，当我们今天走进学者的书斋，走进图书馆，进入中国人的精神生活，中华书局的百年，变得具体、生动而鲜活，那是一本本书册，可以传之久远；那是一个个思想，可以穿越时空。

　　社会已经变化。理想不老、追求常新的中华书局，却依然年轻。

　　　　　　　　　　　　　　　　　（原载2012年3月21日《光明日报》）

附：写在中华书局百年（一组）

在中国传统文化的语境中，"中华书局"是一个高频词，一个世纪如此，近半个多世纪来尤为如此。就是这样，在一个世纪的坚守中，中华书局把自己镌刻进中国近代文化史、中国现代出版史、近现代学术思想史。在中华书局走进自己的又一个百年之际，我们回望她的足迹，拾起人们记忆中有关她的斑斓点滴。

□ 袁行霈

守正出新　龙虫并雕

袁行霈：北京大学中文系教授、人文学部主任、国学研究院院长。中央文史研究馆馆长。国务院学位委员会委员。从小所受的文化熏陶，使他走上学术道路顺理成章。儒雅，是他内在的气质，亦是他让人外感的风度。

袁行霈先生感受中华书局的视角有些与众不同。他说，每一家出版社都有它的个性，中华书局的个性呢？不同的人有不同的理解，我觉得，它最突出的就是对作者和读者的体谅。和人相处，一个善于体谅人的人，是会受到欢迎的，同样，中华书局能够体谅作者，体谅读者，必定会受到欢迎。

接下来，我们听到了一个发生在作者与中华书局之间的故事。

"大概是1963年，金灿然在中华书局任职的时候，要编一套知识丛书，他向我约稿，写其中的一本，《陶渊明》。当时我27岁。那时，我的教学任务很重，不久又到湖北江陵参加农村'四清'，一去八个月，回来不久，'文革'就开始了。所以，书稿一直没有能够完成。

我感到很愧疚。这件事也使我很受感动。中华书局一直都有这样的传统，对年轻的学者很扶持，而且能体谅作者的艰辛。1982年，国务院古籍整理出版规划小组制定了一个古籍整理五年规划，其中有十位古代大作家全集的校注，陶渊明这一本，中华书局又交给我来做。我愉快、荣幸地承担下来，两年就完成了初稿。可是当我以读者的身份和心情来看这部书稿的时候，感到很不满意，觉得没有多少新意。于是，我没有把书稿交到中华书局。又重新到处访书，终于找到了现存的最早的陶渊明集的底本，以往整理陶渊明集都没有用过。在我看来，陶渊明不仅是一位诗人，也是一位哲人，他有深刻的哲学思考，所以我又在思想史方面读了许多书。陶渊明生活在晋宋易代之际，他的经历和当时的政治风云有密切的关系，所以，我又阅读了政治史方面的许多资料，把陶渊明还原到那个时代，还原到那个思想潮流之中去研究，经过一番研究，重新开始做《陶渊明集笺注》。这部书终于在2000年完成，交给了中华书局。"

"如果从1982年算起，前后18年时间，如果从1963年开始，那么，几近四十年。在这个过程中，中华书局从来没有催促过我，没有给我任何压力，很耐心地等待我，因为，他们的编辑、领导也是学者，知道做学问的艰辛。之后，《陶渊明影像》也在2009年出版，中华书局提供经费向世界著名图书馆购买了书中所收影像的版权。如果说我个人学术上能做出一点成绩，那是中华书局成全的结果。"

"前几年，我在一次中华书局的座谈会上，寄希望中华书局'守正出新'，"由袁行霈先生书写的"守正出新"，如今悬挂在中华书局会议室的墙上，"现在值中华百年之时，我再加四个字：'龙虫并雕'。我借老师王了一先生的书斋名送中华书局，希望中华书局既要出版高深的学术著作，又要兼顾传统文化的普及读物，既面向学者，也面向一般读者。"

"此刻，我还想到了《文心雕龙·宗经》篇里的一句话，想在局庆时赠给中华书局，叫做'根柢盘深，枝叶峻茂'。中华书局有很深的根柢，今后还可以在这方面做更多的努力。根扎在哪里？就扎在学者中间，同时也扎在读者中间。我希望中华书局联系更多的老、中、青学者，既要重视发挥老年、中年学者的作用，也要关注青年学者的成长，十年二十年之后，他们就是学术界的中坚，是学术界的希望。中华书局的根也要扎在读者中间，要联系更多的不同类型的读者，不断地从他们那里得到反馈，不断地调整自己的出版计划。"

"说到中华书局在文化建设中的作用，我首先想到了北宋张横渠'为天地立心，为生民立命，为往圣继绝学，为万世开太平'四句，我不敢说中华书局一定可以为天地立心，或者为生民立命，但为往圣继绝学，这正是中华书局应该做的。我们做古籍整理，继承和弘扬传统文化，为往圣继绝学，不仅是继承，还要有开拓，要有现实的使命感，为万世开太平。这是中华书局责无旁贷的。"

"除此，当下，中华书局应更加关注推动中华文化'走出去'，这是国家战略。我们要把中华文化里的优秀成分向世界做介绍，让世界人民分享。从这个意义上讲，我希望中华书局不仅是中国学者的中华书局，也是世界学者的中华书局。"

接下来的话题，有些沉重。

"徐苹方先生过世前，向我大声疾呼：'我们的学问要断了！'为什么？没人啊，没有人甘心做了，没有人愿意做了，我们提供的条件、待遇跟他们劳动的价值不相应。要留住这样一批人，为往圣继绝学，没有人不行啊!"

这话语如重锤敲在每一个人的心上。面前的先生情绪有些激动,从40年前做学生起,我还是第一次面对"儒雅"之外的另一个先生。

□ 李学勤
为古文字研究提供环境与土壤

李学勤:如今已是享誉学界的李学勤先生,少年时曾有过一个奇想:读尽上海出的书。"我至少在10岁前,就知道中华书局了。因为我的外婆家在上海,小孩子的我,也去中华书局参观过,所以对于中华书局、商务印书馆、世界书局等等,我都相当熟悉。"

"中华书局的成立和发展,是和中国近代文化史分不开的,也是文科学术史非常重要的组成部分。对我个人而言,中华书局有着特殊的教育功能,开始真正意义上的读书,中华书局就提供了文科的一些最基本的著作。《四部备要》是一种,再有一种就是《诸子集成》,到今天我还用的是旧版《诸子集成》。所以,20世纪三四十年代甚至50年代初受教育的人,对中华书局,都有敬仰和感谢之情。"

"在中国传统文化的集成和发扬方面做基本的工作,是中华书局的主要建树。我读书时,与传统文化接触的机会,比现在的同龄学生要多得多,书摊上,旧书很容易买到。不管是家里还是老师,都告诉我们,要读最基本的文化典籍,不要好高骛远,不要一门心思找那些孤本珍本。最基本的书是什么,我们一找就找到中华书局去了。"

"《四部备要》、《诸子集成》这样的书,都是最基础的。买《诸子集成》时,我是一个穷学生,买不起成套的,就在旧书摊上买零本,一本本凑起来，凑了好久。我记得一直到1949年，我还没凑齐《诸子集成》。"

"传统文化的熏陶，是非常重要的一件事。什么是传统文化呢？一个国家一个民族，特别是像我们这样一个有五千年文明史的民族，它的文化和这个国家民族本身是不能分割的，没有这个文化也就没有这个民族。人，不是只有一个肉体的人、一个物质的人就成了，而是有精神的传统、文化的传统。一个中国人，他在国外可能住上几十年，以至有很多人终老于国外了，尽管他受的教育都是些外国的教育，可是一看他就是中国人，为什么呢？因为他的文化积淀，身上的传统是不可磨灭的。应该看到中国文化传统本身，有一个非常伟大的力量。而这个力量来自我们历代典籍积淀下来的传统。明清之际的大学者方密之说，古今以智相积。古今的人，以文化薪火相传。中国的传统文化，是中华民族本身不可分割的灵魂，如果没有这一部分，那么中国也就不成其为中国了。钱穆先生在《国史大纲》一开始就说了，一个人总得知道一点自己国家的历史，你要不知道国家历史，你只能算是一个人，你不能算是中国人。对此，我们一定要有充分的认识。"

"我与中华书局没有分离过。文科的研究和教学工作，特别是改革开放以来蓬勃发展的古文字学研究，无论是从内容的出版，还是学科的组织工作，都离不开中华书局，中华书局的贡献是不可磨灭的。1978年，开中国古文字研究学术讨论会，全国没有几个人，这个学科差不多绝了。30年后，学科建设有了根本改观。古文字学是一种发现的科学，介于历史学、语言文字学和考古学三个大领域之间，为此，我们的学生需要特殊地培养，特殊地训练。现在，吉林大学、北京大学、清华大学、中山大学、四川大学、武汉大学等都设了这个专业。我们还是继续在中华书局的支持下，发展这个学科。我一直认为，编辑出版是整个学术工作不可缺少的最后一个环节。一个好的编辑是参与整个学术研究工作的，中华书局就是这样，与我们共同推动着学科的发展。我觉得特别荣幸的是，中华书局出版了我的《古文字学初阶》。"

"传统文化普及是整个文化工作中非常重要的一个部分。现在不是提倡走基层吗？从我们学术文化来说，本身也有它的所谓基层，那些没有接触过传统文化的人，或者没有时间去接触传统文化的人，怎么样让他们在一定程度上，也能进入传统文化，接受熏陶。这些方面，中华过去有一些工作也是做得很好的，有一些很普及的书，比如杨伯峻先生讲十三经等。普及的工作中华应该持续地做下去，但一定要保持高水平。科学院古脊椎动物与古人类研究所的裴文中先生、杨钟健先生，都是国际上知名的专家，可他们都写过普及性的书，我觉得我们大家应该向前辈们学习。"

学勤先生的书房已环堵皆书。望着面前的先生，那个在旧书摊上一本本淘寻《诸子集成》的身影，挥之不去。

□ 田余庆

传承中华风骨

田余庆：治学的严谨精密与视野的开阔，加之研究方法独具特色，完美地集于北京大学历史学系教授田余庆的研究之中。他强调传统史料考证与科学分析的细致结合，特别注重揭示纷纭史实的内在联系及其历史意义。所著论文多创新之见，发人之所未发。撰有《东晋门阀政治》、《中国史纲要》、《秦汉魏晋史探微》、《拓跋史探》等著作。

在中华书局百年之际，历史学家田余庆送给中华的是这样的期望：传承中华风骨。

"年龄把我推到这个位置，我只好来充当这样一个角色。你们再找年龄更高的，也不太好找，我也不好再推。"说到这，88岁高龄的田余庆教授自己也笑了。

"中华书局最早最有印象的事情，是标点本《资治通鉴》和标点本'二十四史'这两件重大的事情。对这两件事，我说过一句话，被杨牧之先生牢牢记住，在很多会上讲话时引用：20世纪八九十年代以来古籍整理出版的大套东西非常多，但其中有誉无毁的就是标点本'二十四史'。我不是说这工作没有缺点，工作还在不断改进。但这工作是针对着全国古史界的研究，针对着世界对中国古史的研究，用途是非常广泛的。在此之前，古史界能够用的恐怕只有殿本（武英殿本）'二十四史'，百衲本买不起。《资治通鉴》我用世界书局出版的，好厚的两大本，《资治通鉴》和《续资治通鉴》连在一起的，字非常小，那时候我年纪还轻，有眼力，一个字一个字用红笔勾出来往下读，非常辛苦。自从有了标点本之后，得益是很多的。"

"20世纪50年代以后，中国过去的古旧书损失太多，需要用书的人得不到书，连最普通的书也没有。20世纪80年代，在第一次全国古籍整理工作会议上我就呼吁，赶快把'二十四史'和一些最急需的，特别是青年需要的书印出来。对此，大家反应很强烈，市场上买不到最必须的书，学生很吃亏。中华书局马上做出回应：先出版一部《丛书集成》，以解燃眉之急。但是，待这部书出来时，书籍紧张的状态已有所不同了。"

"在中华书局百年之际，想说几句我想说的话。情意难却，应中华书局之邀，我写了几个字：传承中华风骨。其中，'中华'是双意，一层意思是名字，一层为文化。我重要的意思是在'风骨'两个字上。中华书局要有自己的'风骨'，而不是跟着当下的时髦有什么做什么，不要用俗套的办法来办书局，要有自己的前途。对'风骨'，各人有自己的理解，谁也不会认为'风骨'不好解，但实际上，'风骨'现在碰到了问题，'风'有不同的'风'，有邪风，其中有钱币之风、名利之风等等。'骨'的问题也是如此，权势之骨，媚骨。到底写书、出书怎样把握自己的风骨？中华书局高层要有自己的主心骨，要有自己既定的一种工作把握，要有自己的气概，自己的品位。在这个问题上把握得好，中华书局会在今后十年、二十年以至更久的时间留下对学术的贡献，留下一个好的名声。相反，取另一种'风'，树另外一种'骨'，十年以后，百年以后，会觉得自己没有什么成就。"

"张元济永远值得纪念，他用毕生的功力拯救古籍出版，历史记住了他。如今，中华书局担当了古籍整理出版的任务，作用是独家的，我所说的'传承中华风骨'寄托的希望就在这里。我希望中华书局有自身免疫力，不要在当前的世道中间，沾染上邪气。要一直走正道。这样，在中华书局再一个百年到来的时候，社会将对中华书局怀着更大的敬意。"

田先生的期望，为中华人留下了一个课题，答案是什么？在百年庆典到来之际，每一个中华人都在思考。

传统文化，人生不可缺少的底色

顾诵芬：小时在父亲顾廷龙的督促和启蒙中，和中华典籍有过亲密接触，走上科技报国之路后，少有闲暇再与中华典籍亲近。但《史记》还会常读，如今耄耋之年，对《中华民族的人格》一书的记忆，依然鲜活。

七十多年了，中国科学院院士、我国"歼8之父"顾诵芬依然记得从燕京大学东校门到燕东园那条垂直的胡同——蒋家胡同。在那里，他闻到了生命中的第一缕书香。

"蒋家胡同有三栋大四合院，抗战前，父亲带着全家住在蒋家胡同3号。当时，那房子是顾颉刚先生住，后来，顾先生因诸多工作在城里，遂在城里定居，我们就在那住下来了。记得开始时，顾先生办的《禹贡》杂志占了东屋，我们在西屋，顾先生住北屋，他搬走后，我们一家住了进去。1935年，我五岁到的北京，在北大附小念了一二年级，就'七七'事变了。读到四年级时，父亲应张元济、叶景葵两位先生之邀，到上海筹办合众图书馆，我们一家跟着到了上海。"

"在此之前，张元济主持商务印书馆时，办了著名的东方图书馆，规模为亚洲第一，这招致日本人垂涎。1932年，'一·二八'，东方图书馆被日本人炸了，大火烧了几天几夜，闸北遍地纸灰。老先生非常伤心，担心'七七'事变后再遇到这种灾难，未声张地办起了合众图书馆。"

"几个老先生，没有资金办大图书馆，就找认得的人，说服浙江一带的藏书家，把书集中到合众图书馆，合众的意思就是依靠大家的力量办成一件事。办图书馆不易，用资金采购的书，量很少，实在不行，就只得借书来抄。近代的书籍商务印书馆送了一批，中华书局也送了一批。就这样，坚持到1941年，才在长宁路与富宁路交界处建起了一个图书馆，现在那里成了上海图书馆的出版社办公楼。"

"我呢？到上海后，基本住在合众图书馆。先是在辣斐德路租的一栋两层别墅里，那装的书很少，我们住了两年，到了1941年，合众图书馆建成，是按照图书馆的要求建的。藏书也有了规模，大部分是人家送的，像《大学丛书》、《东方杂志》是商务印书馆送的，中华书局也送了一些书，杂志好像是《新中华》。在图书馆，我有特权，可以到各书库里去看书。记得《新中华》介绍了1946年出国考试的情况，把工科考试的题目和题解都公布了。我那时还在上中学，很关心，想看看自己有没有那个能耐去考这个。除此，我对杂志上刊载的中国内地的地理、风情也喜欢看，这是对中华书局的出版物最早的印象。"

"后来，我学了工科，文史接触的少了。关于中华书局的记忆，来自父亲。我知道他经常上中华书局去，里面的编辑跟父亲比较知己，来往很多。1959年，父亲编的《中国丛书综录》，在中华书局上海编辑所（上海古籍出版社前身）出版，编辑是父亲的大学同学胡道静。编这部书不容易，可父亲为什么要编呢？父亲在书的前言中讲了，不甘受日本人的气。抗战时，这些工作没人做，日本人说，中国人可能一辈子还得用他们日本东洋文库出的那部目录。父亲下决心，一定要比日本人做得还要好。为了向新中国十周年献礼，1958年开始干，虽然时间很紧，但出版后反响很不错。后来，父亲又参与了中华书局《辞海》的编辑工作，是一个分编部的编委。父亲在他写的自己与图书馆事业的书中特别说到，上海编辑所给出书帮了很大忙，他觉得办图书馆主要是要传承和弘扬中华文化，不是单纯保存书就可以了。一个是收集书，第二个呢，就是编书。编书的作用，就是能使好书广泛流传。中华书局印了不少原版古籍，有的是影印，有的是重新编排，父亲特别提到了这些事和中华书局的贡献。"

"记得1962年的时候，中华书局印了一批中国古代经典著作，其中有郭化若注释的《孙子兵法》，线装，字也很大，很讲究，父亲送了我一本。我大学毕业去沈阳工作，把它带了去。同事们都很喜欢，传来传去，不知去向，很可惜，要不，是父亲留给我的很珍贵的纪念。"

"父亲很重视传统文化，所以，在我高小的时候，就让我看《三国演义》、《水浒传》、《西游记》，都是木刻版的大字本。再大点儿，父亲很忙，不能亲自来教我，就给我找了一套《纲鉴易知录》，让我在一个暑假看完。1948年的暑假，父亲为一个朋友的孩子讲《孟子》，我旁听了。父亲本已对孟子很熟，讲前又做了认真的准备，我听了受益匪浅。"

"作为一个中国人，传统文化的耳濡目染非常重要。我最早看的是张元济编的《中华民族的人格》，这部书给我一生很重要的影响，价值观的形成，始自这部书。中学时读《史记》，懂得做人要正直，要爱国，要努力上进。在人成长之初，为人生打底色的时候，人文的东西是重要的基础。"

顾诵芬，现在依然是航空研究院技术委员会的副主任。望着面前这位慈眉善目的长者，仿佛，我看到了他怀抱科技报国之志，用一生经历走来的路上，那坚定的脚印。

□ 王蒙

总算还有一个中华书局

王蒙：从小，他就觉得庄子特智慧，说的那些话，像警句。比如，"治大国如烹小鲜"，"宠辱不惊"，"无用之用"。如今，许多小时候背的书，他依然磕巴不打地背下来。遇到当今国人拿自家文化"开涮"的事，他说自己真快被"憋出病来"了。

传统文化在他脑子里是鲜活的，有生命，有乐趣，而不是像有些人，视传统文化为老古董。

说起传统文化，王蒙先生的话锋很快就转向了庄子。"传统文化中陈陈相因的内容也有，但是庄子是非常鲜活的。他活得有些过了，有些地方他跟你矫情，玩邪的。庄子这人太活了，他生命的活力，思维的活力，表达的活力，都是无与伦比的，所以我觉得像庄子这样的古今中外只有一人。"

"咱实话实说，对中国古代典籍的阅读是在我的幼年。像《大学》、《孝经》，都是在小学时读的，有的现在还记得很清楚。但我后来一直不中断、情有独钟的是诗词，唐诗也好，宋诗也好，一直到聂绀弩的诗，钱锺书的诗，没中断过。宋词也是如此。而且，不论什么时候读起来，我都特别有感情。"

对于自己的最爱，王蒙的感悟与众不同。"崔颢的诗排在第一位，不是因为黄鹤的故事，真正感人的是作者对中华大地的热爱。'晴川历历汉阳树'，这七个字，每次读时，我眼泪都淌出来，那是对中华大地的赞美。这句和后两句'日暮乡关何处是？烟波江上使人愁'是矛盾的，前一句，可见度十公里，而后两句，可见度起码在一公里以

夕拾朝花

内。前后反差，既表达了对大地的热爱，又表达了茫茫大地上无处托身的思乡之情。就这几句，把赞美、忧郁、忧愁表现得淋漓尽致，写得太好了。"

"王维的诗，'劝君更尽一杯酒，西出阳关无故人'，《阳关三叠》进了咱中国人的灵魂了，故人之情，咱中国人讲这个。"

"传统文化，是中华民族一个非常重要的精神资源，不管意识形态怎样发展，革命也好，变化也好，传统文化与其有所结合，是政策、措施的基础。在这块土地上生活的人民、青年，价值观、人生观、民俗、生活方式的选择，都离不开传统文化。而传统文化的继承与弘扬，是中华书局的长项。"

不管是说到传统文化带出中华书局，还是说到中华书局就想到传统文化，在王蒙的阐述中，两者总是无法分开。

"从与中华书局的接触来说呢，中华书局给我一个很深刻的印象，就是1945年，我11岁，在北京上小学，课本中已经出现《中华书局》的字样，如果我的记忆没有错的话，我已经接触到《中华活页文选》，上面刊载了一些非常流行的古文，像《古文观止》上有的那些，柳宗元的游记，唐宋八大家的著名篇章，有注解，有简单的归纳、分析，在中学生中很受欢迎。块儿八毛的就可以买，可以装订。班上有的同学做得比我好，装订得厚厚的，就像一本书。1949年以后，中华书局也出过活页文选，所以我一见到中华的人，就老问这活页文选。"

"这两年，我在中华书局也有一些出版业务，有机会看到中华书局在这方面的长处，尤其是对中国古代典籍、文言的书的编辑、出版，与别的出版社不一样，技术上高于其他地方一筹。书中什么地方加小标题，哪些地方是重点，用不同的印刷颜色来表示，在一些难认的字上标出汉语拼音，这都是为读者着想呢！这不光对读者很重要，对我自己也很重要，有些字我当时查过念什么，可过两年翻出来一看又忘了，因为那些字平日里不用，念错的事时有发生。中华书局的编辑实际上也做了一个规范文化的工作，我从中华书局的编辑工作中获益不少。"

"目前在中国，中华书局要保持文化的品格，同时，也要注意满足大众的需要。不能关着门办书局，你的出版物得有一定的发行量，要想办法让读者接受，这是大事，也是好事。"

"现在，我很担忧，华文圈里，不仅中国大陆，中文的水平越来越低。举一个例子，现在把'守株待兔'说成是'战略防御'：'这次敌人进攻，我们的方针就是守株待兔。'哈，这跟陈水扁的'罄竹难书'达到'同一水平'了。我很感谢中华书局，总算还有一个中华书局。我说，咱们一定要有一个中华书局，让咱们老百姓少犯一点儿这一类的错误。"

"中华书局在弘扬中华文化、守卫中华文化中应成为中流砥柱。有中华书局在，是热爱中华文化的读书人心里的一点儿安慰。中华书局兴旺发达，有关国运。"

访谈前，王蒙流连在中华书局的书库里；此刻，他又和中华书局的老编辑柴剑虹聊上了，两人见面，大有"一日不见如隔三秋"之状呢。

□ 陈鼓应

中华书局，进入文化中国的通道

陈鼓应：小时候，他的世界是福建长汀。十四岁，他去了台湾。

在西方哲学中结识了尼采，他又辗转回到庄子的世界。他说，尼采是我的精神家园，庄子是我的心灵故乡。

我笑了。

陈鼓应先生已经从他的课堂上回到了我们的访谈中。刚才，他，站在我面前，讲尼采，讲庄子，不仅在讲，还做着手势。陶醉其中的他，已经忘记了我的存在，仿佛现在面对的是一礼堂的听众。我想，他在课堂上也许就是这样。

"快，相机。多好的状态!"怕打断他，我倾听着，却在心里叫着。旁边竟没有人意识到这一点!

我笑了。为他的忘我，也为我自己刚刚的心思。

"作为读者、作者，我与中华书局有特殊的渊源。我的《庄子今注今译》《老子注译及评介》相继在20世纪80年代初期在中华书局出版，可以说是台湾作者当中的第一部、第二部书，当时，两岸还是隔绝状态。因为中华书局的重新排印，大陆读者有机会看到我的书，我在书中的解释与那时候其他学者的观点是不同的。因为大陆一直有出土的简帛，所以我的书一直在修改。国际上很多汉学家看老子庄子，也看我这两本书。"

"20世纪60年代，台湾经济发展有了一些成果，生活提升了，但大家都感到我们生活在一个文化沙漠，移植来的西方文化流行，比如存在主义，描述的是一种人与人之间的疏离感，弥漫着比较沉闷的情绪。西方经过大战之后，特别是欧洲，一种伤感的情绪，透过存在主义蔓延到台湾。我个人由读西方哲学读到尼采，然后进入庄子，再到老子、先秦诸子，然后再进入中国哲学。有一点很重要，跟中华书局有关。那就是当时台湾研究中国文史哲的学者，包括很广泛的读者，都在暗地里读中华书局的书，比如说，《史记》，我们都要熟读。研究中国哲学史，要用冯友兰的《中国哲学史》。我从念书到教书，特别喜欢庄子，有一部书非常非常重要，而且整理得最完善，就是中华书局出版的郭庆藩的《庄子集释》，对我来说，它比《圣经》还珍贵。还有一部书，念书教书都没有离开的，就是《中国哲学史资料简编》，也是中华书局出版的。"

"中华书局的书对我们而言，变成一个中华大帝国，文化大帝国。中华书局给了在文化沙漠中的我们一个文化中国。"

说起中华书局的书，陈鼓应如数家珍。"开魏晋时期王弼的课，主要参考的是楼宇烈的《王弼集校释》。""后来开北宋的易学哲学，一开头，要读周敦颐，来之不易的中华书局这一本，是最权威的。诗文、年谱皆在其中。""中华版的中国文学史资料，我们趋之若鹜……"

那个时候在台湾，中华书局的书的来源或是大批地暗地里翻印，或是一本一本地流进去。"作为读者，是受益的，如果没有这些精神食粮，我们要阅读自己的古典，要费很多周折！"

"如果没有中华书局，台湾的文史哲会是在一片荒芜的土地上，经营起来将更加艰难。大陆的书，特别是文史哲的书，中华书局的书，为文化沙漠输入了最大量的精神食粮。""这是一片绿洲。你不知道，在沙漠里边我们那种拿到书的珍贵。每一个学者，如果他真的要做学问，都偷偷地在他研究的领域弄书，淘得最多的还是中华书局的书。"

有了这些书，让陈鼓应最兴奋的是"我可以带着学生读原典了"。

陈鼓应说的都是从前那些事，如今已恍若隔世。

环堵半是中华书

葛兆光：读书，教书，编书，写书，构成了他全部的事业。为写一部书而读上千本书，是他工作的状态。这说的是葛兆光。与这个名字相关的著作有《禅宗与中国文化》、《道教与中国文化》、《中国禅思想史——从6世纪到9世纪》、《中国思想史》、《宅兹中国》等。

葛兆光先生与中华书局的联系，千丝万缕。

"对中华书局全部的事情，我不能够做一个评价。这是因为，我过去读书的时候，是北京大学中文系古典文献专业，那个专业本来是为中华书局培养编辑的，我的太太当了中华书局的编辑，我呢，成了家属。"

"谈百年中华书局对于中国学术传统的意义，我想放得更大些谈。我们知道，从1894年到1911年，被认为是中国现代转型期。这十几年中，公认的中国最重要的影响知识分子和影响整个社会的变化有这样几个：一个是从科举转为大学教育，使得知识分子形成；第二就是现代出版，其与报刊一同形成了另外一套知识生产的系统；第三，就是所谓的集会、演讲，形成了在清帝国政府控制下另外一种言论发表的方式；最后，是知识分子形成了一个很大的相互可以联系的群体。其中，我们可以看到书的出版对中国从封建帝国到共和的转变发生了很大的影响。在这时的出版物中，有几种影响凸显。首先是晚清民国之间出版的一些明末清初的作品，刺激、鼓动了所谓'驱除鞑虏，恢复中华'的革命激情；其次，是像《新民说》、《仁学》、《天演论》这样的书，给辛亥革命以及以后的'五四'运动带来很大影响；影响最大的是改变了中国人整个知识结构的教科书。将中华书局存在的意义放到这样的大背景下来看，我们可以说，它是整个社会变化的一个重要推动力量。"

"在这个意义上，我认为中华书局的作用非常重要。西洋人非常重视印刷出版和整个社会的关系，所以才会有年鉴学派代表人物费弗尔对'印刷书的出版'作用的评价。中国传统印刷术经由古登堡这样一些人，变成了推动欧洲文艺复兴的一个力量。我国学界对此一直没有给予应有的重视。虽然中国传统中就有印书的习惯，可南宋陈起那样的一个刻书人和后来的出版社是不一样的。"

"中华书局是时代的产物，它又推动了这个时代的发展。我们现在通常认为'五四'是一个思想启蒙运动。其实，哈佛大学学者王德威早就提出：没有晚清，哪来'五四'。应该说，晚清有很多新知识的传入，这对于中国人思想的转变起了很大的作用。这些都是在商务印书馆和中华书局之前。我觉得特别应该提到的是，当时上海租界外国人办的一些书馆，包括更早的江南制造局、传教士办的墨海书馆等，出版的一些书，对改变中国人的历史观、政治观以及一些其他观念，都是起了很大作用的。应该说，中国思想启蒙是一个漫长的过程。在这个漫长的过程中，我们应该记住从江南制造局、传教士开的那些书馆，到商务印书馆、中华书局以及后来的更多的出版机构的历史贡献。我记得张灏先生在一篇文章中讲到，中国近现代史上有一个很重要的枢轴时代，这个时代就是从1894年到1911年，而他列出的主要变化，其中最重要的一项，跟印刷、出版和新知识的推广有很大关系。"

"租界里的出版物，流传的范围是在知识分子当中。而始自中华书局的教科书出版，则把这种启蒙与新知引向民间。这就是为什么学界有些人热衷于研究教科书的原因。首先，教科书是新知识的主要传播载体；第二，它是新知识深入到一般民众的很重要的途径。第三，它能够让我们测试那个时候，新知识与旧知识的比重到底如何。"

"中华书局新中国成立后被赋予了出版古籍的任务。文化传承很重要的载体是书籍，在今天，古籍传承文化与中华书局有密切的关系。为中华书局百年，我写了这样的一个条幅：'环堵半是中华书'。无论是'二十四史'还是《资治通鉴》，还有很多新版整理古籍，中华书局出版的这些书，对我们做这一行的人，意义太大了。从学术角度讲，做中国古典文史哲学问的人，大都受赐于中华书局的出版物。至于说读书人因读中华书局出版的古籍而对中国传统文化有所理解，自是不必赘言。我是中华书局的读者，而且很早就是中华书局的作者，是'文革'后最早的那批作者里面的。给中华书局《文史知识》写文章，号称'文史知识的救火队'，有什么题目没人写了，他们就想起了我。"

从为《文史知识》写文章开始，葛兆光参与到中华书局的薪火相传之中，从一个世纪到又一个世纪。在那"环堵半是中华书"的所在，他的心血与智慧亦融汇其间。

三联的分社元年

　　阳春三月，黄浦江畔。盎然春意中举行的三联书店分社建设现场研讨会冷静不乏激情。80年前，三联书店在脚下的土地诞生。今天递进的会议议程，如轻剥春笋，层层深入，渐渐进入三联改革的历史节点：分社元年。

三联的历史方位

　　近十年中，三联书店走过了一店三分为生活、读书、新知三个编辑部，又成立相关出版中心的过程。

　　今年年初，三联学术、文化、综合分社，上海公司开始运作，北京、上海、香港三家三联书店联合创立的国际文化公司签约。专题项目部、对外合作部相应建立。三联书店新的发展机遇，在党的十七届六中全会之后，在加快文化发展、文化繁荣的新形势下到来。

　　走到分社元年门槛之前的那段路程，于三联的大多数员工，并非完全自觉。长期以来，三联的经营管理工作主要集中在店领导层，缺乏经营管理人才已经制约了企业的发展。推动建立分社，将发展的担子压给中层管理者，编辑部门的设置要变，负责人的职能和权限要变，部门内人力资源的调配以及运作模式要变，对部门的绩效考核方式要变，店里想通过建立新的机制，尽快从"小而特"向"中而优"发展，在中国出版领域发出更大的声音，占有更重要的位置。

此举在编辑部会引起不小的震动。"'狼真的来了'。分社不再是'纸面文章'，而要运营了。困惑、迷茫甚至感到前途未卜。大家感觉我是像'李鸿章'一样来签条约的。"文化分社社长郑勇说。"心中没底，诚惶诚恐、如履薄冰。"综合分社社长张荷这样描述心情。

三个月过去了，编辑部在接受了这一切之后，焕发出了活力：策划选题变得积极，选题的亮点明显增多。部门的管理、经营意识增强。而这些，是过去在编辑室、中心模式下从来没有过的。

三联的清醒

改革最核心的变化，是使分社独立面对市场。在巨大的经济压力面前，如何处理规模与特色的关系，三联的品牌建设何去何从？每一个担着分社管理责任的人，肩上沉甸甸，心里更不轻松。

"总经理樊希安对三联的选题有一个批评很准确：缺乏整体性、现实感、市场意识。分社改革几个月下来，第三个问题上成效很明显。以前做选题，会首先想到学术价值和社会价值，但现在我真的会先算账。很多选题非常好，却担心赔了之后会拖累分社。目前人文社会科学选题鱼龙混杂，当然短期肯定会有钱过来，但长期看会怎样？

现在分社都在说分，我说的却是三联整体品牌形象的问题。不管你将来如何分，读者还是只认三联。"学术分社冯金红的纠结，在分社建设中具有普遍性。

学术分社社长舒炜赞同已确定的考核模式。"店里给我们分的毛利指标比较高，要我们承担比较大的学术出版规模。规模相当重要，不上规模，影响力施展不出来，效益也出不来。但规模应是由畅销书、优质图书带动的规模。学术分社还是要走三联学术精品的路线，求精、求高、求影响。在这个基础上进一步扩大理论、学术普及以及文化普及的分量。"

"现在找上门的书也不少，甚至提出包销、赞助。但我们做分社元年不是做分社一年，要打基础、持续发展，阵脚不能乱，要有所为、有所不为，该坚持的还要坚持，不能因为有经济压力方向大乱。"文化分社社长郑勇说。

"作为一个出版团队，要考虑自己的定位，即竞争能力在哪里？竞争对手在哪里？读者为什么喜欢你？市场为什么接受你？如何在读者中建立起品牌和口碑，这是我们竞争意识的一部分。""我希望大家关注一下三联学术图书的传统。文化大发展中，出版物的商业化、娱乐化、轻浮化、碎片化值得关注。在这样的背景下，要不要保持出版业的真谛，出版书不仅仅是为了娱乐、传播，其核心价值是传递人类的经验和思考。三联学术著作出版的标准，应有时代性、前沿性、思想性、学术规范。"副总编辑潘振平的坚持在三联编辑中有深厚的基础。

总编辑李昕的话，此时听来深有意味。"转型中首先遇到的是管理权限的下放与更多的强调市场的导向。各分社一定要处理好数量和质量也就是规模和出精品的关系，多出书和出好书的关系；社会效益和经济效益的关系；分社自身发展和全社整体图书发展规划的关系；图书出版上坚持传统和勇于创新的关系。三联过去赢得品牌不是靠规模，而是靠打造精品，以少胜多。过去出版社都小，'小而特'成为三联的亮点、优势。但是今天大家都大了，你还小，你的'特'就被湮灭了，发展壮大在今天已经成为三联维护品牌、建设品牌的必要条件。三联今天必须做大规模，但是绝对不能以牺牲质量为代价，做大规模的最终目的，是发展和弘扬我们的品牌，不能改变三联一贯出精品、出好书的思路和传统。三联的书应该在思想上引领时代或者为时代潮流推波助澜。我希望各分社不要仅仅把眼睛盯在完成创利指标上。读者对三联是有期待的，三联必须满足读者的这种期待，到年底盘点的时候，三联必须得拿出对广大读者有影响力的品牌图书。"

在发展与经济的压力之下，不忘三联的传统，不负读者的期望，不松懈品牌的建设，三联人的选择，既有对其他社发展经验的借鉴，也有对自身教训的汲取。

三联的希望

樊希安就要去与中国出版集团签订任务书了，集团要求三联每年的主营业务和利润都要递增10%。

此刻，各分社正与三联书店签订双效目标责任书。"向管理要效益"，正在三联的实际发展中体现。

舒炜对学术分社方案的描述浸淫着长远的思考。他想扎扎实实地把生产经营的创造活力，在分社体制里呈现出来，为此，建立了每周两小时例会制度，专门讨论图书生产过程中的问题。"下半年至少每月要跟财务对一次账，看销售、回款情况。不当家，不知柴米贵啊！""学术出版要做求新求变的努力，强调出有思想性、现实关怀的书，把握阅读的新潮流、新动向。力争每年有一两本时尚一点的书，凝聚一批有活力的年轻作者。"

郑勇的方案洋溢着兴奋。"使每位成员认同并投入到分社的运营，这是分社体制改革成功的关键。三联人不单纯是为规模和效益工作，而且有自己的文化理想和出版理念。我们会把压力变成动力，通过新机制、新体制的运营，发掘员工的潜能实现2012年的目标，兼顾未来的发展。"

张荷的方案则以柔情降解着改革的阵痛。"我们争取把规模做大。坚守三联人文精神、思想智慧的出版理念，追求创新、有深度、有广度、视角新颖的出版风格。""我们鼓励团队合作精神，老编辑多些担当，带动新人共同完成指标。奖金分配要有利于提高团队的凝聚力。培训是要重点抓的。希望通过一两年，使每个人逐渐形成编辑整体策划能力，使编辑队伍成为胜任整体策划的队伍。"

"我们今天是在写三联店史。三联一百年的时候，今天的一切，会记上怎样的一笔？"李昕在问自己，三联的每一个人都在扪心自问。

樊希安说着他的梦想："在未来三年左右成立三联出版集团。"这也是当今三联班子的共识。眼下成立分社，是在为此做组织上和实力上的准备。

在讨论中，"老沈（昌文）的梦想"、"老董（秀玉）的执着"不断被提起。"我们要去建设三联的品牌，而不是去消费这一品牌。"张荷说出了今日三联人的担当，这也正是三联真正的希望所在。

三联的传统在。传统以它自身的顽强，护佑着三联。这是三联与别人不同的财富与资源。一代代三联人将自己的心智、追求融进一本本书中，最终凝聚成的品牌，作为核心竞争力，参与着三联的改革与发展。

郑勇描绘的文化分社到2015年的发展远景很是鼓舞人。"我希望文化分社将来走向独立，我们现在只是大树的树杈，希望那时会变成文化一棵树、学术一棵树、综合一棵树……这样三联才能变成一片郁郁葱葱的树林。"

三联的分社元年

（原载2012年5月10日《光明日报》）

那些书 那群人 那书店

——三联书店依靠文化自觉与时代同行的启示

一帧红绸轻轻揭去，"韬奋图书馆"几个大字显露出来。2012年7月16日，在北京三联书店所在的那条小巷里，"韬奋图书馆"落成，向社会开放。

几代人的夙愿终得实现。

1944年，邹韬奋先生去世。在周恩来拟定、毛泽东赞成的《纪念办法》中，提出"在重庆设韬奋图书馆，由各界人士捐赠书籍"。抗日战争胜利后，郭沫若专门为拟在上海设立的韬奋图书馆写了一副嵌字联："韬略终须建新国，奋飞还得读良书。"直到1997年，"韬奋图书馆"终于从愿望变为现实，但囿于条件，依然是三联内部使用的资料室。

"韬奋图书馆"在新时代践行着邹韬奋先生"竭诚为读者服务"的书店宗旨。

那些书：是火种 是旗帜

飘着墨香的《三联经典文库》将三联书店80年来对时代的贡献，呈现在人们面前。它如同从历史深处走来的使者，将我们带回生活·读书·新知三联书店萌发的日子。

20世纪三四十年代，以邹韬奋为代表的一批爱国人士创办了生活书店、读书出版社和新知书店，出版进步图书、报刊，高擎起宣传先进理论，传播科学文化，推动民族解放和人民民主的大旗。

在邹韬奋手上，中华职业教育社机关刊《生活》周刊，"研究社会问题和政治问题，多少是含着冲锋性的"，"渐渐转变为主持正义的舆论机关"（邹韬奋语）。

1932年，蒋介石亲自出面施压：要中华职教社负责人黄炎培责令邹韬奋改变《生活》周刊的政治立场。邹韬奋经过慎重考虑，"应力倡舍己为群的意志与精神，拟自己独立把《生活》周刊办下去"。《生活》周刊独立出来，6年中发行量由2800份，激增到15.5万份，与当时全国最大的日报《申报》不相上下。

胡愈之在他的回忆中有这样的描述："从这开始，《生活》周刊逐渐改变了方向，关心和议论起了国家民族大事，使刊物和全国人民反蒋抗日的愿望一致起来，刊物更受到读者的欢迎。"

在很多学校，学生人手一本《生活》周刊，争相先睹为快。经济学家许涤新清楚地记得："《生活》周刊暴露国统区农村破产的通讯、反对纳粹德国的国际评论，引人注目。"对此，作家端木蕻良印象深刻："当时，《生活》这两个字和'进步'两个字有着同等的意义。'九一八'以后，《生活》的旗帜是最鲜明的，它的抗日主张是最坚定、最富有现实意义的，它能代表当时群众的心声，实事求是，发为文章，从而又扩大了群众的心声，这样，互相激励着形成更广泛的波澜。"

《读书生活》半月刊是为"店员、学徒，以及一切连学校都不能走进的人"出版的刊物。从创刊起就以大众化、通俗化为方针，面对广大青年对真理的追求，对帝国主义侵略者和国民党反动派的痛恨，响亮地号召读者要"读活书、活读书、读书活"。在这个刊物上连载的艾思奇的《哲学讲话》，曾经把千万读者引进了马列主义大门，走上了革命道路。

《哲学讲话》是读书出版社出版的第一本书。被查禁后改名"大众哲学"，依然畅销。到1948年，发行至32版。1936年10月22日，当时在西安从事统一战线工作的叶剑英、刘鼎接到毛泽东来电："要买一批通俗的社会科学、自然科学及哲学书……要经过选择真正是通俗的，而又有价值的（例如艾思奇的《大众哲学》、柳湜的《街头讲话》之类）……作为学校与部队提高干部政治文化水平之用。"

马克思的《资本论》，被誉为"工人阶级的百科全书"，是一部200万字的巨著。出版全译本的多次努力，均因工程浩大与政治原因而未能实现。读书出版社在李公朴被捕、书刊被禁、资金拮据的艰难情况下，毅然决然，决定接受出版这一巨著。1938年在上海的酷暑中，《资本论》译排校印流水线秘密流动起来，经过近百个昼夜奋战，郭大力、王亚南合译的《资本论》终于付梓，在战火纷飞的抗战中出版。之后，在国统区和解放区多次重印，发行量达三万多部。1939年，王惠德在延安得到一套《资本论》："能得到这套书，当时的确很不容易。"陈其五回忆："我们在战争年代很困难时，《资本论》一直带在身边。"

翻阅三联书店前身生活、读书、新知三家书店的图书目录,《共产党宣言》、《辩证唯物论辞典》、列宁《战争论笔记》、《卡尔·马克思》、《列宁传》、《斯大林传》、《人怎样变成巨人》、《延安访问记》、《毛泽东印象》、《解放区的民主生活》……赫然其中。据统计,20世纪三四十年代,我国出版进步革命书刊四百多种,其中,一半由生活、读书、新知三社出版。

在革命战争年代,邹韬奋等老一辈出版家领导三联书店出版了两千多种图书,四十余种报刊,这些出版物,是火种,是旗帜,引领了一代中国知识分子走上革命道路。经历了那种斗争与生活的著名记者子冈说:当年抗日救亡这面大旗团结了千百万青年,为了同样喜欢一本书、一个作者、一份刊物,可以成为朋友和同志,在意识形态上形成牢固的默契。

"读书"两字写在朴素平实的封面上。翻开来,开篇文章《读书无禁区》如春雷,在人们的精神世界和读书生活中激起巨大波澜。1979年4月,伴随着改革开放的大潮,《读书》就这样出现在读者面前。几天内,首版5万册很快发完,马上加印5万册也销售一空。"读书无禁区"不胫而走,成为新启蒙时代最响亮的口号,文化知识界的"集体记忆"。

学人朱正琳说出自己当时的感觉:"创刊号头条文章《读书无禁区》,几乎相当于破冰船启动时发出的一声鸣笛!""'读书无禁区'在今天听来似乎不甚新奇,但在人类许多优秀的文化遗产都被斥为资产阶级文化垃圾的时代尚未完全过去之时,这一声呐喊,真有石破天惊的气势。"媒体人陈四益说出的,何尝不是众多读书人共同的感受。

《读书》迅速成为当代读书人心中的最爱。蓝英年的《寻墓者说》，葛剑雄的读史系列，吴敬琏的经济学文章，辛丰年的《门外读乐》，龚育之的《大书小识》，赵一凡的《哈佛读书札记》，金克木的《无文探隐》、《书城独白》，吕叔湘的《未晚斋杂览》，名人荟萃，佳作连篇。《真理不是权力的奴仆》、《人的太阳必然升起》……一篇篇激荡灵魂与思考的文字，《余悸病患者的噩梦》、《忠心的衙役》……一帧帧冲击视觉与心灵的漫画、插图，在读书人手上传递，在人们心中留痕。

学者陈子善一直将整套《读书》引以为自傲的珍藏。学者钱满素说它"扎根于这片国土，是中国人思考中国的杂志"。于学者张鸣，"《读书》是我读野书的一个纪念，也是我第一个文字的家园"。于著名作家王蒙，"由于这本杂志，我和我的一批友人在那个年代活得快活了许多"。

在《读书》之后，带着三联出版标志的一本本新书渐渐多起来，引领着阅读者，进入思想文化的新天地。

《傅雷家书》让生活的本真、文化和知识的尊严重回当代人的精神生活；《随想录》冲破思想禁区的勇气鼓舞了整个中国知识界；《宽容》在娓娓道来中彰明新的人生态度——自由精神的实质在于宽容；《第三次浪潮》，在国人面前铺展开人类社会未来的发展趋势；"三联·哈佛燕京学术丛书"，将中青年学者在学术园地里孤寂耕耘的成果源源不断奉献给社会……读书人20世纪的八九十年代，由此变得绚丽多彩起来。

陈四益认为，"说当时中国知识分子的书架上都有三联的书，并非夸大其词"。学者葛兆光在搜索了自己的阅读记忆后说，这些年来，对于三联书店，我相信相当多的人和我一样，记忆里总会有《读书》和《读书文丛》、《文化：中国与世界》和《现代西方学术文库》，当然还有《三联生活周刊》和《三联·哈佛燕京学术丛书》。三联出版物的装帧风格，似乎也对它的读者有了意味：朴素大方，清新淡雅，极富书卷气的设计，在喧嚣与浮躁中，营造了沉静和谐的读书氛围。

读了30年三联的书，学者杨早更加坚定：再过20年、30年，我们这代人仍会记得青春时代的《读书》与三联诸书。那些思想激起的浪花虽已粉碎，碎沫也会进入读者的血液，在后世引发遥远的回响。

因为，那个世界，有思想着的美丽，有成长着的快乐。

那群人：有追求 有担当

看着手上分散在四五个地方办公的60个员工的名单，坐在人民出版社宿舍楼地下室北京三联总部的董秀玉，心中百感交集。

虽说很早进入出版界，且一直喜欢，但对出版理想的认识，却是在她跟随老一辈出版家创办《读书》杂志之后。

"在那个乍暖还寒的年代，'四人帮'刚刚打倒，个人迷信未除，大部分人余悸未消，思想文化园地一片萧索荒芜，但刚从干校返回的陈翰伯、陈原、范用、倪子明等就开始酝酿和筹备着《读书》的创刊，高高举起了捍卫真理的大旗。"

思想和心灵的熏陶，让董秀玉懂得了应当怎样来爱我们的国家、民族，怎样才是真正坚持了文化理想，做个大写的人应有怎样的担当和牺牲。

董秀玉的人生发生了最重要的转折。

"我懂得了，文化理想的根本就是文化责任，坚持优秀文化的传承和发展，坚持人文精神，是一个编辑最根本的担当，最基本的职责。不管在权力面前，还是在利益面前，我们必须有这样的文化自觉。也因此，着眼国家民族，守住文化尊严，扎根品牌形象，成为自己在三联始终坚持、须臾不敢轻忽的根本操守。"

接任三联书店总经理，是董秀玉自己的选择。"虽然我们没钱没房没地，但还有前辈传下来的一块光灿灿的三联招牌，还有这么多愿意一起奋斗的三联人。我在香港市场学习的5年，应该回报给三联。我和北京的三联人决定整装再出发。"

再出发，向理想迈进：为了人文精神和思想智慧的传承，为了强化三联品牌的核心竞争力。作为团队的领头人，董秀玉十分清醒。自己和团队将始终面对新时代、新问题和新需求，理想与现实，追求与坚守，学习与创新的博弈将伴随着三联人为事业的一生。但她也由此更加坚定："做个优秀出版人，尤其是做个优秀三联人，是我这一生最好、最值得自豪的选择。"

这是1993年的春天，董秀玉刚刚结束在香港三联的任期，回到北京，承担起三联总经理的职责。

三联人，是一支薪火相传的团队。

当年，韬奋等三联前辈，与时代同行，满怀对祖国、人民的热爱，传播知识，追求真理，不怕威胁，不怕坐牢，将生死置之度外，以深入浅出、"笔锋常带情感"、善于激动人心的笔调，鼓舞了千千万万的不愿当亡国奴的人们去战斗。他们是时代的曙光。

从15岁就在三联书店工作的范用先生，留在三联人心中的记忆，是一份珍贵的财富。他的名字，与《读书》、《傅雷家书》……联系在一起。

"大约在1970年前后，我和陈翰伯在湖北咸宁干校谈起办刊物，我们设想，一旦有条件，还是要办读书杂志。"这是《读书》杂志尚在思想状态的种子。

"翰伯先生的话最是铿锵有力：'我们这些人，已把命交出了几次，这种时候，还有什么好怕的！'范用先生激动地站起来：'没什么好说的，翰伯你领头把方向，陈原你博学聪明当主编，杂志放三联出，我负责，我去立军令状！'"《读书》筹备会上的一幕，世人很少知晓，但却在《读书》的历史中永存。

1979年《读书》创刊。种子终于萌芽生长。出版者的思想在"编者的话"里这样表述："我们这个月刊是以书为主题的思想评论刊物。它将为实现四个现代化，为提高全民族的科学文化水平而服务。我们这个月刊以马列主义、毛泽东思想为自己的指导思想，要坚决贯彻'百花齐放、百家争鸣'的方针，要解放思想，敢于打破条条框框，敢于接触多数读者所感所思的问题……我们主张改进文风，反对穿靴戴帽，反对空话套话，反对八股腔调，提倡实事求是，言之有物。"

这是一个宣言。出版者高举着思想解放的旗帜，清理着脚下的阵地。

"破冰之旅"的艰辛，学人朱正琳25年后才得知其详。前辈们"最打动我的，简单说就四个字：胸存道义。那么多磨难，终究没有磨灭这一点追求、这一点担当"。

刚从哈佛回国的赵一凡，"写生"第一次会晤三联：从外表看，这帮人衣着朴素、因陋就简，形同拓荒者；偏又笑语不断，兴高采烈地做事。其效率之高、人缘之好，让我刮目相看：原来三联传统，竟是如此敬业。

学者查建英写的是沈昌文：作为扎根北京的上海人，他的性格魅力，在于把文人气与商人气、坦诚与狡猾、老年人的智慧与少年人的活力，融成了最可爱的一种组合……我甚至觉得，沈公的经历和性格，其实也就是生存力、调整力极强的某种三联性格。无论遇到什么样的形势和世道，他们这样的人都能把游戏进行到底，沉舟侧畔千帆过，病树前头万木春……他们是那个帆，那个春。由此我甚至想到，时代尽管变幻，三联和三联人会是永远的。

"同三联的编辑打交道，那是如鱼得水。他们能将心比心，同你交流，这点最重要。"这是学者李零的心得。他的素描是粗线条的："对我这样的'老改犯'，这样吹毛求疵又百般挑剔的人，孙晓林不急不烦不恼。封面大家宁成春，抱病在身正要动手术，我和晓林登门打扰，他耐心倾听我们的想法，数易其稿，反复推敲。""孙晓林是个与人为善的人，再忙也放下手中的稿子，和我闲谈一会儿。如果桌上有新出版的书，就随手送我两本。不久，她和同事舒炜找到我，说金冲及先生的《转折年代：中国的1947年》出版后反响很好，问我有没有可能续上一本，写1948年。谁都知道那是国共双方决战的一年，也是决定中国命运的一年。在这个选题上，我有学术积累，所以愉快地接受了约稿。但是，孙晓林没当我的责任编辑。她说自己不擅长现代史，还是交给年轻的舒炜和曾诚做更合适些。我颇为感动。作者是编辑的资源，一个编辑约到一个好选题，轻易不会转让的。但是三联人却把学术当作天下之公器，从不在这些私利上计较。听说范用、沈昌文、董秀玉这些总编辑，约来名家的稿子，也经常交给年轻编辑来做。一来让这些年轻编辑经历锻炼，另一方面也使三联的传统代代相传。"这是学者刘统补充的细节。

黄苗子生前有幅三联的大写意：对于我的三联朋友，我觉得，用"敬业"二字形容他们是不够的，因为他们做的一些事情更像"不务正业"——推荐我们到汉城办展览和董秀玉的出版业务有什么关系？范用"义释"爱书人，更是"不务正业"。从他们那里我感到的是"诚"，而且是"竭诚"。从当年韬奋先生对我这个刚刚19岁的小作者的投稿邀请，到今天的年轻编辑张琳的精益求精，说到底，都是对人对事的赤诚之心。76年，四代人，都能守住一个"诚"字，不能不让人敬佩。

学者朱学勤的素描十分细腻，说的是编辑赵丽雅。"赵丽雅听说我当晚不回家，居然不在师大招待所开房间，而是骑上我的车，穿过大半个市区，赶到我那破屋借宿。说是就近去复旦组稿方便，其实是节省出差经费。第二天上午，她又出门去挤公交车，55路转21路，奔静安寺取昨晚的车。原来昨晚台风过境，风大雨猛，无法想象赵丽雅写得一手娟秀小楷，既丽且雅，怎么骑得动我那辆男式自行车，顶风冒雨，破旧而又沉重。骑到半途，果然蹬不动了，遂把那辆'老坦克'锁在人行道上，换乘公交车过来。早上起床执意去取，还要骑回来，怎么劝也劝不住。"

对真理的追求，对工作的激情，对事业的执着，对作者的尊重，对读者的热忱……人们看到，在三联后来人那里，传统没有褪色，写着追求的旗帜依然高扬。

那书店："真堪托死生"

伴着民族解放的步伐，伴着新中国的进程，伴着改革开放，三联书店与时代同行，与她的作者、读者一同思考，一同成长。当代中国知识分子心中，留下了无数与三联共同成长的温馨记忆。

经历了一个多世纪风雨的学者周有光认为，书店的价值，不在它规模的大小，而在它所出版的书在历史上发生过什么影响，是促进社会发展，还是阻碍社会发展。三联的三家书店，对中国文化界的启蒙运动发挥了积极作用。中国需要启蒙运动，过去需要，现在同样需要，这就是纪念三联书店的历史意义。

三联，是一种文化、一种精神。

老读者姜德明最早的三联记忆，20上世纪40年代天津海河边上的知识书店，还有东马路青年会对面袜子胡同的读者书店。"尽管它们只有一间门面，却常有从上海运来的生活书店的新书。我从这些书中接触了进步思想，提高了文学素养，使我终生受益。"

学者汪丁丁把自己理解的三联精神用一句话概括："基于现实生活的大众启蒙。""三联精神的现代意义是什么呢？是借了书籍的出版与传播使中国人对各自生活的零碎的思考得以汇合交流，从而相互理解。三联精神的现代意义，就是'基于生活，读书和新知的思想自由'。"

学者许纪霖认为，一部三联的历史就是半个多世纪以来中国知识分子的精神史。倘若没有了三联，这30年的思想启蒙和知识分子的历史很有可能要改写。在金钱与权力之外，三联图书建立了第三种尊严：知识的尊严、思想的尊严和知识分子的尊严。风格和品牌不是文

104

化产品，并非一夜之间可以获得，它们是一种文化传统或文化精神，需要一代乃至几代出版人的努力方能形成。以三联为例，从邹韬奋先生开创，经过陈翰伯、陈原、范用、沈昌文和董秀玉几代出版家的继承发扬，其知识传统在国内外图书市场上拥有了令人骄傲的标志性品牌。

关于三联，葛兆光的记忆中还有她的搬迁史。"从朝内大街迁到东四六条，从东四六条迁到永定门外，从寄人篱下到潜入地下，从处在中心到挪移边缘，辗转流离了好些年后才落到了现在的新址。说起过去那段不时要'乾坤大挪移'的历史，够让人辛酸的。出好书总是赔本，而住好房却得赚钱，于是赔本出好书仿佛成了浪漫主义，而赚钱住好房则似乎可以算是现实主义。出好书和住好房的天平往哪儿偏，就要看主持其事的人是理想主义多一点还是现实主义多一点了。"

发现三联书店居然把《陈寅恪集》和《钱锺书集》当成了重头戏，葛兆光真是觉得欢喜无尽。"从中看到出版界的前景，无疑出版这种书是一种学术积累，却不是哗众取宠的凑热闹，这表明浪漫主义和理想主义毕竟在出版界还有地盘，那种彻底现实主义和庸俗实用主义还没有把出书人的心灵包裹得密不透风，于是真正献身思想和学术的写书人也还有一线希望在。"

这期间，三联还出版了非哈佛不举、非三联不办的颇有历史意义的出版工程《美国文库》。"居然做得如此漂亮爽气，一来让美国政府服气，二来也没让我在老师跟前丢脸。"学者赵一凡说。也是在那段时间，《现代西方学术文库》和《新知文库》进入三联出版计划。两个文库的出版，在引进20世纪西方学术、推动中国学术发展上作出了划时代的贡献。

三联，是与作者、读者的相濡以沫。

老作家艾芜第一本散文集《漂泊杂记》，就是由生活书店出版。第一本长篇小说《丰饶的原野》，第二本《故乡》，交给读书出版社印行。"1944年在桂林准备逃难，躲避日本法西斯的侵略，因为带走四个孩子，无法携带别的东西。到了柳州，无以为生的时候，范用同志在逃难紧急之际，还设法送给我一笔钱，我因此得以维持全家六个人一时的生活。这是书店的同志和作者，在艰难的岁月中，结下了极为深厚的情谊，不会磨灭的。在文化领域这一战场中，书店一方面起了先锋的作用，作者没有到的地方，他们把作者的书首先送去了；另一方面，书店又起了后勤的作用，作者日常生活的需要，总能从他们那里得到很好的补助。"

学者陈子善与三联结缘，可追溯到当年由胡愈之先生介绍，为注释鲁迅书信而拜访生活书店前辈徐伯昕。"每到北京，必去三联书店转一圈，先上编辑部小坐，然后再到门市部看书，不去就好像失落了什么。三两友人倾心而谈，国事、人事、文事均为谈资，随意，尽心，这种难得的体验，在北京就是三联的咖啡座了。"

腊尽春来，三联都会以各种形式邀请部分作者小聚。每值此时，学者赵珩总会产生一种艳羡，羡慕三联所具有的凝聚力。与会者有年逾八九旬的文坛名宿，也有许多现今当红的作家和文化精英，虽然聚会的形式非常俭朴和随意，甚至地方拥挤，但是凡被邀之列，几乎悉数与会。在这样的人群中有着不同的学术领域，也有不同的学术观点，甚至在学术观点上完全不能商榷兼容，而在三联的感召下却能共赴雅集。三联海纳百川、兼容并蓄的精神由此可窥一斑。

三联，是思想者的精神家园，读书人可以依靠的绿洲。

杨绛先生喜爱三联的特色，说她"不官不商，有书香"。

陈子善说他不敢设想，没有了三联，自己的读书和治学生涯会变成什么样子，"那一定是残缺而又可怕的"。

梁小民将自己写出读者喜欢文章之功，归于《读书》的编辑王焱。"他告诉我，你写的文章内容还不错，但写法太教条了，有点八股文风。《读书》不是一般的学术刊物，它不仅要有高的学术水平，而且要让人爱读，读起来有趣。"这于是成为"梁小民体"文字的发端。

赵珩赞赏三联人的"大气"，不跟风逐浪和刻意包装的正派作风，对文化、学术具有前瞻性的眼光。而更可贵的是，这种对选题文化内涵的评估乃至冷静而犀利的出版家目光并不仅仅局限于几位领导者，而是渗透在三联的所有的同仁中。

学者茅海建说："一个想做学问的人，唯一的生存之道，就是'将学问进行到底'；在今天的图书市场上，一个学术出版社，也是很难生存的，但唯一的生存之道，就是'将学术进行到底'。大约只有如此，才有彼岸。"在驶往知识和学问彼岸的途上，三联是船橹。在攀缘人类曾达到的思想与文明高峰时，三联是阶梯。像茅海建一样，三联给了很多学者成长的关注。他们的处女作在这里出版，走向成熟的路上有三联的呵护。

学者李零欣赏三联特有的人文气息。"我以为，人文也者，要义精义是拿人当人，孔子叫做'仁'。读书人，吭哧吭哧，一辈子都写不了几本书，他希望的是尊重和负责，尊重作者，替读者着想。杜甫咏胡马，'真堪托死生'。作者跟出版社，那是托付终生。我曾幻想，有个理想的出版社，一见倾心，'妾拟将身嫁与，一生休。纵被无情弃，不能羞'。找呀找，总算找到了。"他说的是三联。"三联有很好的传统。它曾经是个左翼书店，追求革命进步，反对陈腐倒退，思想上很敏锐，作风上很平易，和作者、读者保持交流沟通，官僚气和衙门气比较少。它不像工厂，只是按部就班，批量生产某一类精神产品，爱看不看。它的书刊，视野宽广，对思想深度和文化品位，都有很好的把握，对引导读者成为精神健全、蓬勃向上的人有积极的推动作用。"

三联，对她的作者、读者乃至今天的时代意味着什么？

骑车去三联的日子已经显得有些久远了，甚至老旧，但却让何怀宏和他的一些朋友深深怀念。

"和三联的关系，是书的关系，也是人的关系。因文字而结缘的朋友，可能会比因其他媒介而结缘的友谊更加可靠，或者说更有意味。当然，如果有了分歧，这种分歧也可能更为深刻。"

"由于精力和生理的规律，我们这一代读者也将和三联渐行渐远，唯衷心祈愿三联保持和光大自己在今天的中国尤显珍贵的传统，不断有自己新的、不一定声势浩大、但却值得细细品味的作者和愿意去品味的读者。"

一个出版社有作者如此牵挂、信任与忠诚，她一定会走得久远。

三联，是范用先生永远敞开的、高朋满座的办公室和里面味道浓郁的咖啡，是南小街"语言文字改革委员会"会议室的《读书》服务茶叙会，是编辑、作者、读者间的关心与牵挂，也会是珍惜三联传统的老、中、青员工身上独特的文化底蕴和生命力，三联韬奋中心大厅楼梯两边台阶上，那静读的少男少女……

三联，是几代人心血和劳动建设起来的传统，是需要付出勇气与坚忍去守望的精神，是我们抵达人类曾经达到过的文明高地途中的加油站，是读书人存续希望、享受温馨的精神家园。

我们期冀着三联的永远，因为，我们的时代，需要思想着的同行者；因为，读书，已经在我们的生活中不可或缺。

三联不会辜负她的作者、读者的期冀。尽管在今天，坚守文化使命，传承文化精神，继续探索真理与新知，需要更加坚忍，更加具有定力，但三联人已经做出了响亮回答：与时代同行！

（原载2012年7月25日《光明日报》）

那些书 那群人 那书店——三联书店依靠文化自觉与时代同行的启示

一脉书香

——写在中国书店一个甲子之时

"轻点儿，轻点儿，再轻点儿……"中国书店古籍修复传承人刘秋菊在心里叮嘱着自己，拿捏着手上的劲儿。

眼见着面前让暴雨浸泡的数百册明清珍贵古籍善本，她真是心疼极了。此刻，她好像一个正在做显微手术的医生，生怕再碰伤手下的"患者"。

这些古籍的珍藏者，是在万般无奈下找到中国书店的。他的藏书在北京7月21日暴雨中不幸被水淹没。待浑浊的雨后积水抽去，被水浸透的古籍已是一块块"书砖"，无法揭开书页，加之天气炎热，书页迅速霉变，他呵之护之如宝贝的古书，面目全非。

刘秋菊和其他技师争分夺秒，不敢有丝毫的疏漏，烘干、修补、除菌、除霉、化掉水印、整平……精心地修复着每一片书页，终于，又一次化腐朽为神奇，数百册善本整旧如旧，面目恰似当初。

一次又一次化腐朽为神奇的努力，接续起中国书店一个甲子的传奇。她用传承于先辈的古籍修复技艺，留住了无数古籍珍善本的时代风华，为藏书家、爱书人保住了滋味绵长的一脉书香。她接续前辈搜罗古旧书的努力，使无以计数的古旧书免于水火兵燹，得以典藏，为国家、民族留下永久的历史文化记忆。她提供的专业、周到的服务，融入无数读书人、研究者学术上的斐然成就。

中国书店仅此一家

60年前的11月4日，中国书店诞生在北京东四南演乐胡同一处宅院。

新中国成立之初，百废待兴。1950年政务院《禁止珍贵文物图书出口暂行办法》颁布，随后文化部、轻工业部、商业部《禁用旧版书做纸浆原料》、《废品回收中的旧书刊化浆前让古旧书店进行拣选》等政策文件和有关规定相继发布。尽管如此，残留古籍以及文物古玩被冷落被遗弃的事情仍时有发生。1952年，国家文物局局长郑振铎写信给有关部门：在抄手胡同某书肆，查到水利部当作废纸出售的永定河水利档案五捆118斤。不久，文化部副部长丁燮村的报告透露出又一个信息："近来发现有些纸厂收买旧书做纸浆原料，珍贵的宋版书亦有在内销毁的。"这成为吴晗、齐燕铭、郑振铎、张友渔等倡导成立中国书店的缘起。就这样，中国书店应时而生，成为中国历史上第一家国营古旧书店，也是迄今国际图书经营史上仅有的一例。

转过年，1953年，仅有十几个人的中国书店，就把这样的业绩写在了自己的名下：收购古书二十余万部（册），全年业务量四十万元，占到全市古旧书业经营业务的三分之一。

三年后的1955年，中国书店就与当时北京全市111家私营古旧书店平分秋色，业务量占了北京古旧书业的半壁江山。

1958年，中国书店先后吸收、接纳了包括来薰阁、邃雅斋、松筠阁、肆雅堂等多家老字号商铺在内的北京百余家私营古旧书店，完成了公私合营，成为北京古旧书业的继承者和主体代表。

经过60年，今天的中国书店已经发展成一家拥有十余家销售门店、集古籍整理出版、古旧书拍卖以及书画、文房用品经营为一体的文化企业，秉持着传统文化守护者的担当。

书海遗珍荟萃之地

一副背囊，一套行装。为搜求、发掘历朝各代珍贵古籍文献，中国书店几代员工的足迹踏遍祖国大地以至海外有中国古旧书的地方。昔日官宦世家，普通农舍，都有中国书店古旧书收购员的身影。今朝拍卖大堂，乡野僻壤，都在中国书店古旧书收购员的视野之内。他们从化浆池边，废纸堆中，灶膛前，废品收购站里，居民家，造纸作坊……为学人、为国家寻古籍之珍，文化之宝。

在中国书店的大事记中，一则记载令记者触目惊心：

1967年，中国书店从北京市部分区县查抄物品存放仓库中，清理和收存了各种古旧书刊及历史文献达120吨。这数以吨记、危在旦夕的是珍贵的古旧图书啊！

中国书店经眼过手的古籍文献中，不少版本价值显赫，具有古代雕版发展标志意义，有的则对推动学术研究有突出贡献。

写本中，有东晋到隋唐的写本，北宋时期归义军的写经。其中隋代写经《大般涅槃经》卷七，超过140厘米的单纸有四张之多，是目前海内外可看到的隋唐以前单纸最长的实物，清晰地传递出隋唐造纸工艺的信息，为研究中国古代造纸工艺提供了最为珍贵的实物资料；原藏于杭州雷峰塔塔砖之中的《雷峰塔藏宝箧印陀罗尼经》，是现存稀少的五代后期雕版印刷品，为公元十世纪五代时期吴越国王钱俶刊刻，被中国书店从民间收得；所收南宋刊刻的包背装巾箱本《新刊山堂先生章宫讲考索》，因刊刻时间较早被视为珍品，被列入第一批"国家珍贵古籍名录"。

在中国书店所收文献中，更不乏"最早"和"唯一"之品。元版明印本《通志》衬页中三页元代刊本《新编校正西厢记》残页的发现，使《西厢记》最早的刊印时间上推了近一百年。20世纪50年代收购的海内外孤本明弘治十一年《新刊大字魁本全像参增奇妙注释西厢记》（现藏北京大学图书馆），是现存最早、最完整的插图本《西厢记》。60年代收购的"程甲本"、"程乙本"是最早刊行的《红楼梦》版本，而1959年收购的一百二十回钞本《红楼梦稿》，推动了对曹雪芹创作和《红楼梦》成书研究的重大突破。中国书店所收清康熙五十八年刊行的瓷版《周易说略》，是迄今为止唯一的一部瓷版刷印古籍，为中国书籍发展史研究提供了极其珍贵的研究实物。

今天为学人们津津乐道的宋嘉定刻本《楚辞集注》、淳熙七年刊刻本《诗集传》、宋刊《重刊许氏说文解字五音韵谱》、宋本《古今注》等等一大批古书善本，无一不是中国书店收书人的书海拾珍。泥活字本《翟氏宗谱》、《泥版试印初编》、《广卓异记》以及铜活字本《古今图书集成》，题有"聊斋焚余存稿"的《异史》等汇聚历史信息的珍稀版本，均因中国书店的抢救而得以存世。

最近十年，中国书店多次走出国门，与世界各国古旧书商交流，在抢救、购买流失海外的中国珍贵古籍善本上多有斩获。宋刊本《佛说佛母出生三法藏般若波罗蜜多经》，元孤本《类编图经集注衍义本草》、元刊本《阿毗达摩大毗婆沙论》，明刊本《初学记》、《四书》、《新刻琼琯白先生集》、《东坡全集》、《方氏墨谱》，清刊本《金瓶梅》、清内府拓本《敬胜斋法帖》等一批珍贵古籍，由此结束海外漂泊，回到故土。

如今，这些珍贵古籍善本，有的由国家公共图书馆珍藏，有的是各大专院校、学术研究机构的珍稀文献。在"国家珍贵古籍名录"中，中国书店所经手的善本古书占据了极大的份额。

中国书店的古书修复技艺传承人被学人们尊为"古书医生"。他们巧夺天工的古书修复技艺，被誉为古代典籍的"续命汤"。60年中，中国书店先后为毛泽东等国家领导人，专家、学者、藏家和图书馆修复珍本古籍数十万部。元刊方明甫校正本《类编图经集注衍义本草》的修复，一直让中国书店人引为自豪。该书从未见诸历代公私书目著录，极为罕见。在流落海外数百年后，被中国书店辗转购回珍藏，所惜书有虫蛀。古籍修复技艺传承人汪学军、刘秋菊历经半年、数十道工序，终将此书修复，且达到了修旧如旧的境界。"救活破旧书，使古为今用"，是著名历史学家吴晗题词中的文字。著名历史学家谢国桢则题下"装潢旧籍有传人，粉白骏红气象新。变化神奇于腐朽，丛残整理更为今"的字。著名学者张政烺、赵万里、魏建功、王伯祥、罗继祖、刘盼遂等对此也都多有赞扬。

2008年，中国书店古籍修复技艺被列入第二批"国家级非物质文化遗产保护名录"，光华再绽。

学人安身立命之所

离11月4日还有几天。记者的手机响了。"我是白化文，11月4日是中国书店成立60年的日子，你知道吗？"像白化文一样，很多学人记着这个日子，像惦记着家人的生日。

"我在家里坐着，一个朋友把许惠田带来了。"20世纪80年代中期，尚是北京大学副教授的白化文与中国书店许惠田的相识，平淡无奇。从此，隔三岔五，白化文就会去许惠田那里淘书。渐渐的，由许惠田主持的中国书店设在海淀黄庄斜街上的小门脸——中国书店文化书社，谈笑有鸿儒，往来无白丁。"我要会朋友，就去许惠田的书店，北大中文系、哲学系、历史系的一帮子学人是那里的常客。想见袁行霈、费振刚、褚斌杰、陈宏天……诸位老友，甭去家里，经常能在黄庄中国书店碰上。书店办成了团聚书生之地。"电话里，白化文讲着他与中国书店那家小店的交情。

几十年过去了，白化文对中国书店的感觉依旧："店员依然保持老传统，笑脸迎人，热心服务。李小琦、袁媛女史，为我找书多年。如今我搬家到颐和山庄，距海淀镇有十五六千米了，坐车不堵车也得四十分钟以上。可是李小琦不我遐弃，我要什么书，其实没几本，说给我撂着，哪天来取吧。她偏不干，亲自驾着自己的车（德国奔驰呀！），倒赔汽油没处报去，大暑天的，远远给我送来。我见她脸上几道子汗，真让人不落忍的。这就是中国书店为顾客服务的真精神！一代一代传下来，不带含糊的。"这让白化文想起："当年在许惠田的中国书店文化书社，我要找本什么书，许惠田翻箱倒柜地找，始终找不着。我说算了。她不干，跪在地上翻最低一层柜。"

115

一提到中国书店，著名学者许嘉璐心里就涌出一股难以言喻的亲切感和对已逝岁月的怀念。"从22岁大学毕业，四十多年来它始终是我生活的一部分。老师傅们对顾客的尽心尽力是现在的人们想象不到的。哪位先生藏书如何，近来身体怎样，哪位最近来过，正在写什么，需要什么书，几乎无所不晓。记得有一次我找《龙龛手鉴》，店里没有，马（春怀）师傅说：'您先回去，我到大库里去找找。'像这样麻烦他，已经有多次了，我于是再次道谢。几天后，他足踏自行车竟然找到了我家，满头大汗地把书送上楼来了。我一时真是无以为对。""我的书不算少，却没有一册善本。但是我对它们格外珍惜，因为那淡淡的书香和发黄的书页中，不但浓缩着中华民族的智慧，还记录着我这一代人与书、与中国书店及其中人的关系，这也是中华文明的一个角落啊！感谢中国书店对我的陶冶，永远记住那已经难觅的独特的情调。"

"为读者找书、为书找读者"，是中国书店打成立从没间断过的服务。中国古旧书业以书会友、为友寻书的传统，在中国书店的一个甲子中得到弘扬。她成为了学人、特别是文史学界学人"安身立命之所"。著名学者启功在一篇序中说："中国书店，是我的安身立命之所。书店里的老师傅都是有功之臣。做学问的人、搞传统文化的人，离不开古旧书，离开了就没法做学问。书店不仅是搞学术需要，它同时也关系着你的生活。你养活一家老小，得靠着它。因为咱们教书的，先得念书。要念书，就得买书。所以我说，书店是安身立命之所。书店里的人因为卖书，天天和书打交道，日子一长，许多人就成了版本专家。你别看咱们是教书的，遇到版本问题，不得不多向人家请教。人家卖了一辈子书，经眼无数，版本知识不得了。古旧书店的人跟一般生意人还不一样。一般做生意，谁出的钱多就卖给谁。不过古旧书店除去商品价值，还有文化价值，所以不少书店老板讲究货卖识家，卖给靠教书吃饭的知识分子，宁肯少赚点儿钱，为的是让书能发挥作用，在专家学者手里派上用场，而不是放在阔人家里当摆设。这点很难得。他们客观上在传播传统文化、开展学术研究方面有很多贡献。从这点上，我说他们都是功臣。"

中国书店在学人记忆中留下的是诸多的美好与温馨。

白化文说，中国书店哺育下成长了一代又一代的学人，是不争的事实。

藏书家周叔弢93岁时，听说琉璃厂在重建，高兴之余又担心，这些老字号恢复以后，有没有供应市场充足的货色，有没有精通业务的从业员，读者、买书人能不能从琉璃厂获得过去那种精神、物质上的满足？

在著名学人黄裳看来，读者去琉璃厂，在某种意义上说是奔向一所庞大的、五彩缤纷的爱国主义大学校、展览馆。不只能看，还能尽情欣赏、摩挲品味，可能时还能买回去。这是一座文化超级市场，门类之广博，品种之丰富，新奇货色的不时出现，对寻求知识的顾客带有强烈的诱惑。这一切，今天的博物馆、书店……一切文化设施都不可能完全代替。到琉璃厂的书铺里来，可以自由地坐下来与掌柜的谈天，一坐半日，一本书不买也不要紧。掌柜的是商人也是朋友，有些还是知识渊博的版本目录学家。他们是出色的知识信息传播者与咨询人，能提供有价值的线索、踪迹和学术研究动向，自然终极目的还是做生意，但这并非唯一的内容。至少应该说他们做生意的手段灵活多样，又是富于文化气息的。

20世纪80年代中期，山东筹建蒲松龄纪念馆。中国书店老员工雷梦水接待了对方来京到店选购各种版本《聊斋志异》的客人。他向来者了解了纪念馆筹备情况后提出："你们不能仅仅收集蒲松龄的《聊斋志异》，还应该把收集范围扩展到蒲松龄的其他著作和蒲松龄为官、游历所到之处的文献资料，以及与蒲松龄交往密切的文人的著述、文集，这些对蒲松龄创作《聊斋志异》有过很大的帮助。"随后，雷梦水不仅为来者准备了十几种不同版本的《聊斋志异》，还为他们找出了影印的蒲松龄未刊稿《东郭箫鼓儿词》、《淄川县志》和蒲松龄一生游历和为官之地的县志，与蒲松龄交往甚密者的文集。归去后，山东客人专门来信，感谢雷梦水周到、专业的服务与非常重要的指导意见。

中国书店老员工马春怀已经去世多年，时至今日，仍然有一些老学者打听："你们中国书店的'小马'怎么样了？"20世纪80年代，马春怀时常不辞辛苦，骑着自行车从琉璃厂到北京大学、北京师范大学，按着学者平昔研究方向，为学者送书上门。诸位先生不知，那个骑着车，驮着书，每每汗流满面的"小马"，当年已年届六旬。

中国书店老员工郭纪森的一段文字，为后人留下一片心迹："一摸到有书的线索就力争一追到底，从来不计较工作时间长短和往返次数多寡。有时白天吃了闭门羹，就晚上再去。不论是严冬寒风刺骨还是炎夏烈日当头，都单车代步，往返奔波毫不在乎。"就是这服务的真诚、执着、辛苦，维系了中国书店人与学人间打断骨头连着筋的情谊。

何止郭纪森、雷梦水、马春怀……一代又一代中国书店的员工以殷勤周到、不辞辛苦的优质服务，让学人们浸淫在书香与情意之中。

琉璃厂中国书店珍藏着一幅条幅，上面是邓拓的字迹："寻书忘岁月，人莫笑蹉跎；但满邺侯架，宁辞辛苦多。"落款处，邓拓称："壬寅冬日戏改邵康节诗一绝，以谢中国书店诸同志之辛勤劳动。"谢国桢曾专门赋诗一首谢雷梦水："感君别具骊黄手，选入不登大雅堂；将化腐朽为神奇，彰幽发潜在公方。"

对中国书店，学者们也是有求必应。著名学者张友渔曾抱病为中国书店成立以及书店名称写下证明；著名学者郭沫若、楚图南、舒同、李一氓等都亲笔为中国书店题写了招牌；2008年，病榻上的季羡林欣然为中国书店即将出版的《中国书店藏敦煌文献》题写了书名。

老树新枝竞春华

北京虎坊桥十字路口那座经历了近一个世纪沧桑的老建筑，如今是中国书店出版社的所在地。进得二层大厅，三面书壁，上可达顶，整理出版的两千余种图书，琳琅满目，一堂书香。

中国书店创办伊始，就开始古籍的复制出版与整理，"文革"中，此工作曾一度中止。1979年，中国书店才再度恢复古籍复制出版整理。经过几代人的辛勤努力，先后整理出版各类新印古籍和研究、介绍传统文化的图书两千六百多种，形成以木版刷印古籍图书和新印古籍为特色、以艺术图书为优势、重点拓展传统文化普及读物的出版格局。

中国书店收藏的旧木版，上起清朝中叶，下至民国后期。丰富的收藏，使中国书店成为目前全国唯一一家既拥有丰富的旧藏木版，同时又具有古籍整理出版能力的出版机构，也使木版线装刷印图书成为中国书店最具特色的传统出版优势。整理出版的《中国书店藏版古籍丛刊》，木版刷印，完全手工操作，采用蓝布套、瓷青皮这经典的古代图书装帧，原汁原味，古趣盎然。

中国书店所整理出版的新印古籍，有富含文化积累价值的《海王村古籍丛刊》、《稀见中国地方志汇刊》、《中国古代易学丛书》、《清实录》（与中华书局合作）、《四部备要》（与中华书局合作）等大型影印古籍丛书；有体现了学术文化新成果的《北京通史》、《历代名家词新释辑评》、《北京旧志汇刊》、《中国书店藏敦煌文献》、《中国历史大洪水》等学术著作；也有具有抢救发掘意义的《梁启超手批稼轩词》、《新刊山堂先生章宫讲考索甲集》、《宋板重刊许氏说文五音韵谱》、《类编图经集注衍义本草》等影印古籍；以仿石印为特色的《营造法式》、《十竹斋书画谱》、《脸谱大全》、《百花诗笺谱》、《芥子园画传》、《汪惕斋手绘红楼梦粉本》等也赫然其中。其中，《北京旧志汇刊》、《盛明杂剧》、《宋板重刊许氏说文五音韵谱》、《类编图经集注衍义本草》等二十多个出版项目被列为国家和北京市重点出版项目。《北京通史》、《中国历史大洪水》、《梁启超手批稼轩词》等一百多种图书分别获得中宣部"五个一工程"奖及全国古籍优秀奖等奖项。

顺应时代变化，20世纪90年代初，中国书店率先举办了"北京首届稀见图书拍卖会"。此后又创立了我国第一家承担古旧书刊拍卖机构——北京海王村拍卖有限责任公司，逐渐形成了每年春秋两季大拍和每季度一次的古旧书专场拍卖和大众收藏书刊资料拍卖会、书画艺术品拍卖会和连环画专场拍卖会，拓宽了古旧图书的流通渠道，激活了北京乃至全国的古旧图书市场，提升了古籍善本的文物价值、收藏价值和经济价值。

古旧书之陈香，因中国书店的存在，愈加氤氲绵长。

（原载2012年11月4日《光明日报》）

一本杂志上的中国

——写在《人民中国》创刊六十周年之际

对于国内的读者,《人民中国》这本杂志知道的人也许不多,但在日本,许多人对它耳熟能详。

20世纪50年代初,西方国家企图将新生的人民中国窒息在封锁之中。1950年1月,《人民中国》英文版创刊。从此,新中国向世界打开了第一扇窗,新中国的声音从这里传向世界。

在周恩来、廖承志等中央领导的关怀、支持下,1953年6月,《人民中国》日文版创刊。创刊号的封面上,是刚刚过去的那个"五一"国际劳动节,毛主席在天安门城楼上接受少先队员献花的照片。

最初的日子,让前文化部副部长、《人民中国》日文版创建者之一的刘德有先生至今无法忘怀。"当时,手里拿着还散发着油墨味的创刊号,人人都激动不已。特别是那些帮助我们工作的日本朋友,想到这本杂志不久就会到达他们的祖国——日本,更是激动万分。"

今天,在日本仍活跃着不少《人民中国》的读书会。《人民中国》的读者既有普通民众,又有官员政要。原日本首相小泉纯一郎、现任日本首相安倍晋三都是《人民中国》的自费订户。《人民中国》总编辑王众一还把《人民中国》送到了福田康夫、鸠山由纪夫、野田佳彦三位当时在任的日本首相手上。

在很长的一段历史时期，《人民中国》是关心中国的日本友人了解中国的唯一窗口。如今，借助互联网技术，这窗开得更大，这桥展得更宽，形成了纸刊、官方网站、官方微博、移动阅读、Twitter、Facebook、广播等并存的多媒体业务形态，集文字、图片、音频、视频于一体。《人民中国》杂志社社长陈文戈说，"下一步，我们将把《人民中国》打造成聚集权威观点、解读社会现象、展现魅力文化、促进中日人民交流的全新媒体和公关服务平台"。

杂志上呈现的中国，原汁原味

"我的家乡在江苏省长江以南的小镇戚墅堰，它紧紧地依傍着大运河。我的童年和青少年时代，就是在那度过的……每天从早到晚，片片白帆就打临河的窗前掠过……对孩子来说，运河更是他们不可缺少的伙伴……一到夏天，大家几乎整天都泡在河里，或者扎猛子、捉迷藏，像孩子躺在母亲的怀抱里，尽情地扑腾、撒娇；或者带个小木盆，边玩边摸螃蟹、逮小虾。夜里梦中也激荡着运河的波浪和水声……"

这是《人民中国》记者沈兴大、刘世昭骑自行车采访京杭大运河后，笔端呈现的中国。

"……走了三个半小时，我们于中午十二点半到了培石镇。路上只遇到过四位从湖北省巴东县买了一群山羊赶回巫山县去的农民，我问他们为什么不乘船，而偏要走这一百来公里的栈道，他们讲赶着这群羊乘船船票就太贵了。原来他们选择栈道是出于经济上的原因……"

20世纪90年代初，摄影记者刘世昭徒步走三峡，让人们在细部感受着真实的中国。

就是在这样的无数细节中，《人民中国》向它的读者讲述着中国，生动地勾勒出中国的发展变化，抒发着生活在其间的中国人的喜怒哀乐。久而久之，它的读者读着其中的文字，即使不用标明，也知道这是《人民中国》的文字，亲切、温馨，如同老朋友之间在拉家常。

60年，720期，《人民中国》将一个深入细部、生动鲜活的中国，呈现在读者面前。他们的报道，被同行们称为"人民中国体"。

用脚走出来的报道

说到"人民中国体"，有些往事不能不提。

"我的文章是用脚走出来的。"这句话，虽然出自《人民中国》日本专家村山孚先生之口，却是《人民中国》记者们共同的遵循。

村山孚的采访实践，是对此话的最好注脚。那次他去北大荒852农场采访，去田头，进厂房，到职工家里拜访，和工人们座谈，采访从早晨6点20分持续到晚上10点。他说："只有亲眼所见，写出的文章才有说服力。"

1963年6月，在外文出版社社长罗俊带领下，《人民中国》记者有一次长达45天的对日访问。代表团成员之一，如今已经85岁高龄的李雪琴回忆道："我们从九州到北海道走访了36个都道府县，与三千多名日本读者举行了上百次座谈。那次访日的一个重要成果，就是促成了《人民中国》的第一次改版。"读者希望看到更多贴近中国社会与百姓生活的报道。

访日归来，《人民中国》展开了全社大讨论。一时间，办公室和走廊里贴满了大家为改版提出的建议。之后不久，总编辑康大川去储蓄所取钱，发现那里竟无警卫保安。"这不恰恰说明了中国的治安状况吗？"于是，在他的提议下，"北京一角"栏目诞生了。由《街道储蓄所》开篇，理发馆、药店、菜店、鱼店、自行车存车处……中国社会生活的"犄角旮旯"走上了杂志，折射出的是中国社会的新面貌，《人民中国》由此面貌一新。封面上，有舞台剧照，有矿工井下作业，也有天真活泼的孩子；每期上都有读者关心问题的重头文章，像当时轰动一时的马王堆文物出土、针刺麻醉手术、乒乓外交等；画刊里更是活跃着纤夫、挑夫、农民、工人等百姓众生相。

车慕奇做了一辈子记者。即使是做了总编辑和退休之后，也没有放下手中的笔，直到生命的终点。"记者最重要的一点，就是要热爱生活。记者受了感动，有了激情，才能写出感动别人的好文章。记者要不怕吃苦。要多跑路、多找人、多费口舌。作为记者不能娇气，不管什么地方，只要人能到的地方，我就能去；人能睡的地方，我就能睡；人能吃的，我就能吃。"他身体力行的追求，被奉为《人民中国》记者的圭臬。

完成了大运河自行车之旅后，刘世昭又开始了用脚同三峡的"对话"。因为坚持徒步，七十多度的陡壁上，只有几块手掌大小凸出来的垫脚石，下面是滚滚的长江，这样的路，他走过。"我到现在还能清楚地记得，当时身上的相机与岩壁摩擦发出的'咔咔'声。"

拍纤夫裸体拉纤，他就裸体拍照，为的是让纤夫们更自然。就这样，留在他镜头中的那张纤夫们的照片，成为中国一段历史的永久记忆，奉节县城的古城墙照片，成为一座古城在人们记忆中最后的遗存，而那张船老大在船头"放梢"的照片，后来成了当地推广旅游的一张名片。

走进基层，走进生活，需要勇气，需要坚忍，有时，还会有生命危险。

为拍到泸沽湖的美景，摄影记者沈延太天没亮就只身爬上湖边的山顶，天黑了才拖着疲惫的身体返回驻地；在过三峡时，为了抓拍稍纵即逝的镜头，他站立船头，一个颠簸，摔倒了，幸亏被文字记者一把抓住衣角，才免于堕入波涛。

为采访鄂温克猎民的狩猎点，《人民中国》高级记者丘桓兴雪夜中，在大兴安岭狼群出没的原始森林里徒步跋涉八个小时。

在《人民中国》，康大川把年轻编辑关在自己家中，管吃管住，为的是把鲜活的采访素材写成读者爱看的报道文章；车慕奇踏遍大西北写出《丝绸之路》；丘桓兴遍访各族群众写下《中国民俗探索》；龚学儒遍访三国故事发生地，呈现了《三国遗迹探秘》；书法家钟炜探访全国各大博物馆，成就了《中国博物馆巡礼》；孙战科的《重返北大荒》，更是融进了二十多年流放生涯的思考与感悟……"记者的脚印能延伸多远，读者的视线就能延伸多远，思绪也会随着作者的脚步和仰天俯地的笔触和镜头而行步。"这是《人民中国》采访者、写作者的共识。

夕拾朝花

心在走近，距离就不会遥远

中日友好21世纪委员会中方首席委员唐家璇在写给《人民中国》的信中说，《人民中国》向广大日本朋友开启了一扇绚丽多彩、真实亲和的"中国之窗"。

《人民中国》是座桥，建桥人不仅是编辑、记者，做通联工作的亦有独特贡献。1964年，于淑荣来到《人民中国》，在通联岗位上一直干到退休。三十多年中，经她回过信的读者，累计达上万人次。读者在给她的信中写道："我将把它（《人民中国》的回信）珍藏起来，把人民中国社充满诚意的心，告诉给日本的人们。每当我想起给了我许多关照的先生们，就好像心中点亮了一盏明灯，时时温暖着我的心。让我向在播种着友好种子的诸位先生表示衷心的敬意。"联系读者的传统，在《人民中国》延续，渠道也从单一的书信来往扩大至网络通信和微传播。

《人民中国》工作着几代日本专家。"人民中国体"的日语叙述，由于他们的努力，更加精彩。跨文化传播，由于他们的参与，变得不同。刘德有回忆说："我们的译稿经日本专家稍微一改，就明显提升了一个档次。"

曾荣获中国政府友谊奖、如今已经72岁的横堀克己继续担任着《人民中国》的编辑顾问，参与着《人民中国》的制作。他说："《人民中国》的许多报道是日本媒体没有刊登过的。这些信息绝非推测或无法确认，而是权威负责、可信度高的信息。当下的日本，有关中国的不实消息泛滥，因此，《人民中国》不失其存在的意义。"

在日本专家群体中，池田亮一、戎家实、金田直次郎是在《人民中国》工作着离开这个世界的。他们的名字将永存于《人民中国》的史册。

"希望《人民中国》立足中日关系大局，进一步发挥'以心交流'的传统与特色，凝聚中日关系的正能量，为促进中日人民友好交流和两国关系健康、稳定发展作出新的贡献。"在《人民中国》甲子华诞之时，中国外文出版发行事业局局长周明伟这样寄语。

在世界激荡的风雷中，甲子之年的《人民中国》再次出发，去续写"一本杂志上的中国"新篇章。

（原载2013年6月25日《光明日报》）

久违了，生活书店

虽然久违，但一直记挂，生活书店始终是出版人心中的一面旗帜，那旗帜上写着：努力为社会服务，竭诚谋读者便利。"本店以促进文化、服务社会"为主旨。

今天，终见它携传统而来，重又走进读书人的生活。2013年6月5日，生活书店拿到了由国家工商管理部门颁发的营业执照——在其与读书、新知1948年合并为三联书店六十五载后，这一有着光荣历史的出版老字号重张开业，焕发新生。

认识生活书店

生活书店是谁？今天的年轻人会这样问。生活书店太老，问的人太年轻。

生活书店是耄耋老者，1932年由邹韬奋创办于上海，创办的年代正值多事之秋，战事频繁，局势混乱。在不断遭受反动势力挤压干涉的情况下，书店同仁以"促进文化、服务社会"为主旨，"努力为社会服务，竭诚谋读者便利"为目标，竭诚尽智为海内外各阶层读者服务。

它的老读者、老员工这样说起它。

"竭诚为读者服务"，是邹韬奋自生活书店创办之始便立下的店训，他要求员工"竭尽心力"，"诚心恳意"，"尽我们的全力去做，以最诚恳的心情去做"，做得"诚恳、热诚、周到、敏捷、有礼貌"，"一点不肯马虎，一点不肯延搁，一点不怕麻烦"，通过服务和读者建立鱼水般的深厚情谊。

生活书店的读者与员工、著名出版家范用说，书店的进步招致压力，各种刊物被查禁，书店的生存状况很艰难，如果说那个时候还有一点微光支撑生活书店的话，就是那些它为之"竭诚服务"的读者。"那时家里每天给我四个铜板买早点。我用两个铜板买一个烧饼，省下两个铜板买韬奋编的杂志。"

新知书店创办人之一徐伯昕在其《国统区革命出版工作》中曾回忆道："当时，各地进步书店的门市部，尤其是三店（生活、读书、新知三店）的门市部，读者都是挤得只见人头攒动，抢购他们热爱的，对他们增进知识有帮助的、对他们政治认识和思想上能获得指导的（书刊）。"

王震曾说，"在中国黎明前的黑暗里，这几家书店像几盏明灯出现了。他们传播马列主义、毛泽东思想，传播周恩来、刘少奇、朱总司令等中央领导同志关于建立抗日统一战线、打败日本帝国主义、建立新中国的言论。他们出版的书刊，给我们这些拿枪杆子的人提供了精神食粮和精神武装。"

1948年10月，为适应新的形势，在党的领导下，生活书店和读书出版社、新知书店在香港合并成立生活·读书·新知三联书店。

从创办到1948年的17年间，生活书店共出版《生活》、《新生》、《世界知识》、《译文》、《全民抗战》、《文艺阵地》、《理论与实践》等期刊三十多种；图书一千二百多种，其中既有《反杜林论》、《共产党宣言》、《国家与革命》等马克思主义经典著作，胡绳的《新哲学的人生观》、沈志远的《新经济学大纲》等哲学社会科学论著；也有大量中外文学名著，如高尔基的《燎原》、梭罗诃夫的《被开垦的处女地》、蔼覃的《小约翰》、茅盾的《残冬》、郁达夫的《迟暮》、萧红的《生死场》等；此外还出版了大量以"世界知识丛书"、"时事问题丛刊"为代表的时政读物和以"青年自学丛书"等为代表的关于生活教育和职业修养方面的图书。这些出版物在知识界、青年学生和广大读者中产生了巨大影响，广泛传播马克思、恩格斯、列宁、毛泽东的政治主张，推动抗日救亡运动，传播进步文化和科学知识，为中国民族、民主革命的胜利做出了宝贵的贡献。

溯源唤回生活书店

恢复"生活书店"是三联书店几代人的话题。生活书店的精神滋养了三联书店。在"生活精神"的感召下，三联书店秉承邹韬奋创办生活书店的宗旨，不断开发适应当下大众需求的新品种，亦学亦思，以学带思，钩深探微，逐渐形成了以"人文精神，思想智慧"为核心的出版定位，成为一家独具特色和品位的出版社，在中国人的读书生活中有着不可替代的地位。

2012年，迎来创建八十周年的三联书店，重温传统，对韬奋先生开创的三联传统在今天的现实意义，"生活书店"、"读书出版社"和"新知书店"三个出版品牌对其自身珍贵的价值，有了新的认识。于是，三联出版品牌的衍生和分割，提上议程。

恢复"生活书店"的想法，得到了生活书店的前辈仲秋元、王仿子、蓝真等老先生的支持，邹韬奋之子邹家华对此事也极表关注。经过一系列努力，经国家新闻出版广电总局批准，"生活书店"终于正式恢复设立。恢复设立后的生活书店将与三联书店实行差异化经营，使三联书店图书产品线从品牌上得以分流，三联书店将使用"生活书店"出版品牌大力发展文艺作品类、大众生活类图书，向大众市场开拓，放低身段，不降格调，为普通读者提供更好更多精品出版物。

寄望新生活书店

生活书店归去来兮意味着什么？

三联书店总经理樊希安说，在生活书店的品牌塑造上，我们将秉承韬奋执着的文化理想和强烈的文化使命感。这理想不是追求个人、小团体的文化理想，而是着重于民族的文化理想。有这样高远的文化理想，才能站在时代的前沿，才能注重文化创新，才能凝聚起一大批进步的文人、进步的学者为我们民族文化的建设做出自己的贡献。

樊希安说，生活书店是站在时代的前沿、站在人民大众的立场来做出版，今天我们处在历史、文化转型的关键时期，格外需要继承这样的传统。

樊希安说，"两个效益"的矛盾统一，是每一个出版单位面临的重大问题，而早在七十多年前，韬奋先生对此就有了体现文化智慧和商业智慧的精辟论述："我们所共同努力的是文化事业，所以必须顾到事业性，同时因为我们是自食其力，是靠自己的收入来支持事业，来发展事业，所以必须同时顾到商业性，这两方面是应该相辅相成的，不应该对立起来的。"继承生活书店这一传统，我们必须把坚守文化责任当作出版社的第一要务和根本目的，努力研究市场经济的规律和特点，加强和改善生产经营，实现社会效益和经济效益的统一。

樊希安说，前辈们的实践告诉我们，读者是生活书店的生命线，生活书店长期以来以竭诚为读者服务构成她的重要特色。在图书市场面临种种困难的今天，发扬竭诚为读者服务的精神，就是要深入了解、挖掘读者的需求，开发出适合当下读者的图书，并以各种形式、载体将之送到读者手中。

把"生活书店"存在的价值挖掘好，拿出好书来说话，让生活书店真正成为"大众生活的伴侣"。目标高悬，新征程始于足下。

（原载2013年6月26日《光明日报》）

世间独有的风光

——写在民族出版社成立六十周年之际

走进北京和平里民族出版社大楼一间临时用来作展室的房间，里面满满地盛着民族出版社60年的果实。

60年，一条坎坷而欣欣向荣的发展之路，峥嵘岁月稠。60年，一段各民族团结奋进的佳话，血终浓于水。60年，独步人世间，世界无人同。

往事未如烟

京城北河沿椅子胡同二号，一个在北京城的现代化中早已灰飞烟灭的所在。但曾经发生在这里的一段往事，却依然在共和国的记忆中。

1953年1月15日，在新中国百废待兴的建设初期，民族出版社在这里诞生。成立大会是在东跨院的一件大房子里召开的，没有庆祝的横标、条幅，也没有邀请任何领导嘉宾。只有社长萨空了，副总编辑韩道仁、李鸿范和刚刚聚集起来的汉、回、蒙古、藏、朝鲜、维吾尔、哈萨克、乌孜别克、塔塔尔、达斡尔等民族的45位知识分子。大家围坐在一张原来用于画地图的大方长桌旁，谈论着自己肩上的责任，憧憬着民族出版社的未来。

社长萨空了是周恩来总理任命的。此前，这位新中国成立前已大名鼎鼎的文化人，在担任着出版总署副署长的同时，兼任着人民美术出版社社长。他是蒙古族，还是中央民委委员。由他担任社长，足见民族出版社的重要。"民族出版社的一切费用都从中央民族事业费用中开支。"就在成立大会上，萨空了宣布了上级的决定。

当时，民族出版社出版的所有书刊全部由汉文翻译，百分之六七十的书刊是无偿赠送给各民族群众的，其余在各地销售，赠送和低价出售造成的亏损由国家承担。"我们出书越多，亏损越大，就说明我们的工作做得越好"。萨空了在出版社周年会上说的此番话，道出了民族出版社与众不同的工作性质、状态与衡量标准。

建立民族出版社，是1952年提上议事日程的。这一年的6月28日，中央民委主任委员李维汉和副主任委员刘格平联名向政务院政法委员会主任董必武、副主任彭真并向周恩来总理报告："民族出版社确须成立。"

一天后，董必武批示："同意成立民族出版社。"两天后，彭真写着"同意"的报告转报周总理。7月4日，总理批示："同意，望与文委商办。"

两个月后，9月1日政务院文教委员会复函出版总署："本委同意建立'民族出版社'。""从建社动议的正式提出到上报备案，只用了两个多月的时间，何等的速度！从这里我进一步感受到党和国家对创建民族出版机构的关怀和重视。"参与了民族社筹建的庞宝光说。

建立少数民族出版机构，用民族语言文字出版各类图书的愿望，还可以在中国共产党的历史中追溯得更久远。1931年中华工农兵苏维埃第一次全国代表大会上，《关于中国境内少数民族问题的决议案》中就提出："必须为国内少数民族设立完全应用民族语言文字的学校、编辑馆与印刷局……"

和新中国的各项事业一样，民族翻译出版事业起步于新中国欣欣向荣的婴儿期。民族出版社的诞生，成就了中国乃至世界历史上的一个创举，也由此确立了新中国民族翻译出版工作在党和国家民族工作、文化工作中不可或缺的地位。

那一年，新中国的总理日理万机，但周恩来还是为新生的民族出版社题写了社名。

我是读民族出版社的书长大的

白色封面虽已被岁月染上了微黄，却依然洁净。封面上，红色藏文书写着"中国人民政治协商会议共同纲领"，下面是一行"中央人民政府民族事务委员会出版发行"，中间印着的是中国人民政治协商会议徽标。扉页上，是一帧暗红底色的毛主席肖像。版权页上，繁体汉字标明："藏文译本，北京，1950年7月初版，1952年4月第二次修订（5）版"。

民族出版社60年社史展上，一本《中国人民政治协商会议共同纲领》（简称《共同纲领》），把人们的思绪带回峥嵘岁月。

民族出版社是在中央民委参事室的基础上成立的。中央民委参事室成立之初的第一项工作就是翻译出版少数民族文字的《共同纲领》。民族文字版《共同纲领》和《中华人民共和国宪法》（1954年）被视为民族出版社的奠基之书。两本薄薄的小册子，在新中国民族出版史上是里程碑，具有非同寻常的意义。它们见证了我国各少数民族当家作主、参与国家治理新时代的诞生。

以此为发端，60年，几代人，耕耘在少数民族文字和民族题材出版这亘古处女地上。将这里，打造成了民族理论、政策的体现平台，党和政府与少数民族群众平等交流的平台，少数民族优秀文化的展示平台，而这一切，都是通过一本本书实现的。

60年间，《马恩选集》、《列宁选集》、《毛泽东选集》、《邓小平文选》、《中国共产党主要领导人论民族问题》、《中国共产党关于民族问题的基本观点和政策》等著作的翻译出版，在把马克思主义基本原理特别是民族理论送到了广袤的少数民族地区的同时，也构建起各民族语言文字交流的话语体系。《宪法》和《毛泽东选集》的翻译出版，后来成为民族文字翻译出版的范本。这不仅因为其所具有的国家意识形态的重要意义，还在于其对少数民族语文的丰富和发展产生的深远影响。我国有的民族，曾长期处在封建农奴制社会，语文中缺乏表达新概念、新名词的词汇。"人民"、"社会"、"阶级"、"共产党"、"自治区"等概念，在一些民族过去的语言中是没有的。诚如曾任社长的黑伯理所说："翻译工作并不是轻而易举的事，不是把汉文拿过来就可以译得出来的。由于有许多表达新概念的词汇在民族文字中没有现成的对等词汇，在翻译中要精心选择各民族原有的较适当的词语来表达，或者创造性地巧妙地加以翻译才能译得好。"

民族出版社在翻译出版工作中推动了民族语言文字中这些词汇的

形成和广泛使用。当年《毛选》藏文版翻译者之一孔宪岳谈及翻译"实事求是"这个词说:"太难了,用藏文怎么翻译呢,大家提出了好多种方案,最后选定的是'由实际存在的事物找出真理'。后来我回藏区,西藏的老百姓会用藏语说'实事求是'了。"

60年间,几代民族出版人,将中国民族学、人类学的代表性成果向世界呈现。汇集了中国少数民族社会历史和语言大调查成果的《民族问题五种丛书》,篇幅宏大,资料详实,在研究和介绍中国少数民族的著作中尚无可望其项背者。一经在世界人类学大会上展示,就得到高度评价。《中国少数民族地区商品经济研究》,是我国第一本关于少数民族地区商品经济的论著。《西藏历史地位辨》,则回应了国际关注的议题。

60年间,蒙古文版的《回鹘式蒙古文文献汇编》、《水晶鉴》、《大黄册》、《成吉思汗祭典曲》、《卡尔梅克〈江格尔〉校注》;藏文版《四部医典形象论集》、《西藏王臣记》、《知识总汇》、《藏药晶镜本草》、《端智嘉全集》;维吾尔文版《福乐智慧》、《十二木卡姆》、《真理的入门》、《突厥语大辞典》;哈萨克文版《哈萨克叙事长诗选》、《沙丽哈与萨曼》、《天河集》;朝鲜文版《朝鲜古典文学选集》、《中国朝鲜族文化史大系》;汉文版《中国民族史》、《蒙古族通史》、《壮族通史》、《瑶族通史》、《苗族通史》……让中国少数民族悠久历史文化之花在世人面前灿烂绽放。

1957年,民族社维文室主任穆铁义和藏文室副主任黄明信提出一个选题——影印故宫藏品《五体清文鉴》。《五体清文鉴》系满、藏、蒙古、维吾尔、汉五种文字对照之分类词典,为罕见之多民族文字词典,按天文、地理、制度、风俗等细分为35部,涵盖清代全国许多民族的政治、经济、文化、风俗习惯、宗教信仰、地方出产等内容。

在古籍多被视作反动,"要把国宝从故宫中弄出来也非易事",影印出版费用不菲的情况下,社长萨空了立即请示周恩来总理。总理拍板:"出吧,经费你们先垫支,然后向我们报,我批。"

《五体清文鉴》一经出版,在国外特别是国际突厥学界引起轰动。1959年荣获德国莱比锡国际书籍艺术展金奖,这是我国第一次获得图书出版的国际金奖。萨空了当时说:"我们做了一件连清代皇帝也没有做到的了不起的事情。"

建社就设立的藏文室,60年间出版了四千余种藏文图书,发行量达一千多万册。率先出版《共同纲领》的自豪,仍洋溢在副社长才让加的脸上。"《共同纲领》藏文版印了5次,发行了两万余册。第一本汉藏对照词典《格西曲扎藏文辞典》是我们出的。20世纪80年代,出版了《藏汉大辞典》,目前已是第12次印刷,发行了7.9万部。新中国最著名的六位藏族学者的文集,已出版了其中五位的文集。体现了藏民族灿烂文明的藏医古籍,存世的已全部出版。21世纪藏医教材已有26个学科……"才让加如数家珍。最让他有成就感的,是近年来藏文室开拓了儿童读物出版,《上学就看》等儿童读物的种群已洋洋二百余种。

"我是读民族出版社的书长大的。"不少少数民族的著名人士或老知识分子说过与之同样的话。

现任民族出版社社长禹宾熙读的第一本朝文书《在河边》,就是民族出版社在20世纪60年代出版的,至今,那缕书香还在他的心间。

60年间,民族出版社出版蒙古、藏、维吾尔、哈萨克、朝鲜及汉文各类书刊、音像制品、电子出版物2.4万多种、2.8亿多册(盘)。曾经"一书难求，用羊换书"的往事成为佳话。

民族语言文字酿成的浓浓书香，浸淫着各民族团结奋进之花，滋养着神州大地各民族多元文化的繁荣之果。

一本本书，犹如一个个阶梯，将各族群众送进知识的殿堂。一本本书，犹如一把把钥匙，为各族群众打开瞭望文明之窗。与此同时，一本本书，也使民族出版社在各族群众心中树立起崇高的威望。

民族出版社有她存在、必然存在的理由，民族出版人为此充满骄傲与自豪。

一座铜像的意味

建社60年时，民族社想做的事很多，有一件事被列为"非做不可之事"，那就是给第一任社长萨空了立一座铜像。"萨空了是民族出版社第一代人的代表，那一代人，创造了无与伦比的辉煌。"禹宾熙说。

民族出版社草创时期，是令人难忘的，因为，会聚拢来的人们每个人都有一部动人的故事。

来自新闻出版领域的员工中，出版部主任毛之芬1925年就在商务印书馆工作，在中国共产党成立初期，就参加了革命工作，是老资格的出版人；庄学本，大名鼎鼎，从1934年起就曾到西部民族地区探访，是民族学摄影的泰斗级人物；刘俊，1939年时已经在太行新华社做摄影记者，来民族出版社时已很资深……

员工中，有一批少数民族的优秀人才。副总编辑李鸿范，蒙古族，曾是名声赫赫的独腿将军，放下枪杆子，拿起笔杆子，挑起民族语言文字出版事业的大梁；李道荣早年毕业于日本东京大学；哈斯曾在日本、蒙古国留过学；美术编辑萨一佛，蒙古族人，学生时代就积极投身抗日救亡运动，1946年赴香港参与进步文化活动，在新华社香港分社、三联书店做过编辑……

员工中，还有一支力量，那就是一批研究并精通少数民族文化的汉族专家。藏文室副主任黄明信，1938年毕业于清华大学历史系。20世纪40年代任华西边疆研究所助理研究员，曾在甘肃省甘南藏族自治州拉卜楞寺从事藏传佛教文化研究八年，在藏传佛教、尤其是因明学和天文历算等方面有深厚的功底。50年代初期在中央民族事务委员会参事室工作，和平解放西藏协议谈判过程中在首席代表李维汉身边做翻译。

……

这个名单还可以开得很长很长，倾国家之力，民族出版社集中了全国最优秀的民族语文学者、各民族的文化精英。60年中，两千多位各民族的知识分子在这里工作过，其中不少人，日后成为中央或民族地区文化、出版、高校、科研单位的中坚。

60年间，民族社出版的灿若繁星的出版物，是一代又一代民族出版人心血与智慧的结晶。

多吉杰博（藏族）在翻译中，以深厚的藏文功力，高超的表达技艺，创造了他审定润色译文的多吉杰博风格。奥尔黑勒（蒙古族）翻译了《三国演义》、《史记》等大量古典文学作品，有时，为一个字的科学解释，往返数十里去请教专家。退休后，又与他人合作，完成了蒙古史诗《江格尔》的汉文翻译。外籍专家金波，将《子夜》、《林海雪原》、《铁道游击队》、《在和平的日子里》、《牛虻》等翻译给朝鲜文读者。

著名佛学家、翻译家郭和卿，也是民族社的骄傲。虽身处逆境，但始终没有放下翻译藏文典籍的笔。古稀之年，仍以多病之躯，勤奋不懈，完成了《西藏王臣记》、《青史》、《布顿佛教史》、《塔尔寺志》等书的翻译。在将翻译成汉文的《至尊宗喀巴大师传》寄往出版社数月后，溘然长逝。临终，将多年克勤克俭积蓄的一万元稿费（含《至尊宗喀巴大师传》的稿费）捐献给民族出版社，作为奖励优秀藏文编译人员的基金。

学者刘立千建社伊始就在，那时他已经四十多岁，经历已是一部大书。他长期从事藏文翻译和藏学研究，对古藏文和藏族宗教、历史的研究造诣尤深。1934年，他深入川康地区，追随著名学者谢国安、根桑喇嘛等人研习藏经，后曾在华西大学边疆研究所任编译、研究助理等职，来民族社时已是小有名气的藏学家。之前及日后成就的《续藏史鉴》、《印藏佛教史》、《藏传佛教各派教义及密宗漫谈》、《土观宗教源流》、《西藏政教史鉴》等著作，对研究藏传佛教和历史有重要的参考价值，在海内外藏学界颇受关注。退休后，刘立千隐居成都，笔耕不辍，仍做着中国社科院民族研究所的特约研究员。九十多岁上，体弱多病的刘老先生仍叮嘱来看望他的人："只要是出版社的稿件，他可以无偿地审阅和校改。"晚年，他把自己著作的版权和稿酬都无偿捐给了民族出版社，作为藏族文化出版奖励基金。并把自己在成都的三居室私产，到公证处做了公证，身后无偿交给民族出版社。"他不穿一件新衣，家具都是几十年前的老式样，吃的是青菜、米饭。问他有什么困难，他总是说：'组织上给我的待遇已是很优厚了，不用挂念我。'"这些留在出版社前去看望他的同志们脑中的情景，如坐标，标出了学者刘立千品格的高度。

采访中，记者听到了民族出版社藏族学者昂旺格桑的故事。

车过雅安，昂旺格桑已面色如土，说不出话来。送他的民族出版社的同志们急忙停下车，将他抬到路边。待了好一会儿，生气才渐渐回到昂旺格桑身上。他艰难地起身，从路旁撸了一把草，把头埋进草里，深深地吸闻着，许久许久……"是家乡的味道。"他说着，竟已老泪纵横。

昂旺格桑1914年出生在四川甘孜藏族自治州巴塘县一个藏族贫苦农民家庭，幼年时父母早亡，他在孤儿院度过了苦难的童年。1939年10月，他和藏族进步青年组成了高原共产主义小组，是负责人之一。因在藏区宣传共产主义被国民党通缉追捕，1946年被迫前往香港。新中国成立后，他任中央民委参事，1950年参加18军入藏，曾任西藏自治区政协副主席。1953年1月，出任民族出版社藏文室副主任，参与藏文室奠基。从此，坎坷与否，他都再也没有离开民族出版社。

"他每天伏案疾书，开始以为他是在写申诉书，而后才知道他是在写对形势的看法，对工作的建议及学习中的体会。那时他已是八十高龄。""他严于律己，从不要求组织上给予特殊照顾，说来可能有人不相信，临终住院前的十余年，他未曾报销过一分钱的医药费……"这段文字，打开了我们走进老人内心之门的门闩。

1997年，重病在身的昂旺格桑再三请求组织将他送回家乡康定，他要去看望久别的父老乡亲，目睹故乡的巨大变化。

近半个世纪，昂旺格桑孤身在外，把故乡装在心里，如今，他长眠在故乡的土地，把他对民族语文出版事业的痴情，留在民族出版社万千书页的字里行间。

"用'心'编辑是民族出版社一代又一代传承下来的宝贵精神财

富。"社长禹宾熙读了编辑马淑贞《用"心"编辑中国民族史》一文后的感想，一语中的。

一代又一代民族出版人是为了照亮别人而燃烧着自己的群体。

一座铜像，一代人的素描。一座铜像，几代人梦寻与理想的肖像。

依旧的情怀

"民族出版社出书要有良心。把少数民族的精英汇聚在民族出版社是传播文化的，因此民族出版社首先要姓'民'。为边疆少数民族服务，也就是要将出版重心向民族文字转移，把目光瞄准边疆少数民族群众和少数民族文字。"这是今天民族出版社员工们的共识。

这共识是在怎样的情况下形成的呢？

今天，民族社的日子并不宽裕。虽然，她被列入全国四家公益性出版社之一，可日子过得依然有些捉襟见肘。离退休员工负担很重，事业发展投入乏力，不断输入的新生力量，大多家在边疆或少数民族地区……

在民族社编辑们心中始终装着一组数字：我国有1.06亿少数民族人口。2010年，全国出版图书71.36亿册，人均可消费图书5.3册。同期，全国出版少数民族文字图书5820万册，按3000万实际使用民族文字的少数民族人口计算，人均可消费图书1.94册，仅相当于同期全国人均水平的36.6%。

这是民族社编辑们眼前经常浮现的情景：2005年他们到民族地区调研时看到，喀什幼儿园、学前班的维族孩子，没有可用的民文课本和相关练习簿；在和田新华书店，一位想买养殖鱼类书籍的维吾尔族青年只看到一本介绍江浙一带养鱼方法的汉文版书；20世纪80年代出版的一本旧版《突厥语大辞典》，价格由10元飙升到400元……20世纪五六十年代，《把一切献给党》、《高玉宝》、《保卫延安》、《红岩》等优秀作品的民文版，在汉文版出书一年左右即翻译出版，少数民族群众在第一时间就能够受到主流文化的影响与熏陶。而当时，以茅盾文学奖、国家图书奖、"五个一工程"奖为代表的优秀文化成果却极少有民文版。"少数民族地区的群众不仅仅是选不到书，而且还买不到书、买不起书"，"文化服务不均等已经到了非常严重的地步"。

满足少数民族地区群众对读书的渴望，保障少数民族的文化权益，保障少数民族群众能共享文化发展成果，促进中华民族共同文化价值在民族地区的认同，展现多民族国家形象的责任，一直是民族社执着坚守不竭的动力源泉，将年华、心血倾注于民族出版事业的发展，是民族社人的自觉。

如此，这共识，这自觉愈加弥足珍贵。

任重道远，唯有艰难前行。这就是回答。

反映国家的核心价值体系，体现多元一体的优秀中华文化，体现公共文化均等、便利和覆盖原则，新世纪，民族社为自己规划了努力的新标高。5种民族文字《中国儿童百科全书》的出版，是高扬的旗帜下第一个问路之石。

以蒙古文、藏文、维吾尔文、哈萨克文、朝鲜文5种文字出版的《中国儿童百科全书》，历时一年完成，共500万字、八千余幅图片，涉及400个门类的知识条目。总印数三万余套，总投资220万元，是依民族儿童的阅读习惯和接受能力为他们"量身定制"的。翻译汇集了

世间独有的风光——写在民族出版社成立六十周年之际

十位各民族资深的翻译家，数百位专家学者参与工作，在民族地区中小学校开展了千人样章试读活动，先后邀请50位来自各民族的权威专家对译文进行最终评审和质量抽查。民文版实行与汉文版相同版式，同一质量、同一价格，多文种同步出版。民文版《中国儿童百科全书》的出版，被列为全国少数民族优秀出版项目基金资助项目，先后实现了多项政府采购，我国少数民族儿童终于有了一部自己的百科全书。国家民委等六部委将5个文种的1万套图书赠送给民族地区1000所中小学的少数民族儿童。

继之，民族社又先后完成了《中国读本》的翻译出版以及党的十七大文件及辅导读物等8个品种5种民族文字图书的同质同价同步出版。

2008年，500种公共文化产品的选题计划（5个文种各100种）开始实施。这一大型公共文化产品的出版内容涉及广泛，几乎涵盖了政治、经济、法律、文化、教育、科技、卫生等各个方面，国家重要的政策文献、马列经典著作及政治辅导读物，各少数民族基层读者普遍需求的青少年读物和"三农"读物，各民族传承民族文化的原创作品荟萃其中。

刚刚退休的哈萨克文编辑室主任阿曼泰说，时常会遇到一些认识或不认识的人，如数家珍般地列举着在我担任哈萨克文编辑室主任期间出版过的一些图书。这时，我除了惊喜和欣慰外，更多的感受是作为一个出版工作者的责任。我真希望哈萨克文编辑室的青年编辑们能够体会到这份责任。

这是又一代民族社人的托付，也是党和国家的托付，沉甸甸，殷切切。

这也是少数民族读者的期盼，殷切切，沉甸甸。

60年翻译出版路，薪火相传；一个甲子的梦想与坚守，历久弥坚。新时期，面对机遇与挑战，新一代民族出版人依然高扬信念的旗帜，寻梦的步履豪迈。

（原载2013年9月25日《光明日报》）

世间独有的风光——写在民族出版社成立六十周年之际

有一种心灵的感觉叫光明

——中国盲文出版社走过六十年

"这是一段没有前途的路，黑暗始终像堵墙挡在前面。我走了很短一段的这种路，盲人却要坚忍地走一辈子。"录音笔里留下的，是我在盲人体验区的感悟。走出黑暗，我对光明有了新的理解，光明，更是一种心灵的感觉，心灵的状态。

北京陶然亭公园东门外拔地而起的楼群中，有一处与众不同，它的名字叫"中国盲文图书馆"。2010年下半年到2011年中，几乎不到一年的时间内，这座外表没有任何特殊的建筑，却因其内涵的独特异峰突起，成为中国残疾人文化事业发展的新地标。

简朴庄重的中国盲文图书馆，将党以人为本、执政为民理念具体呈现，让视障人感受到了照射在自己身上的关爱的阳光，体验到社会主义祖国公平正义的温暖。

当人人都献出一份爱

盲人陈国月的人生轨迹，在一瞬间改变了。

那天，和往常一样，他带着手风琴来到八大处路边卖艺。

"我来教你吧。"一个听上去已经不年轻的声音说。

"有这样好的事儿?"陈国月心里有些疑惑，没有马上回答。

他的迟疑对方察觉到了："我拉了一辈子手风琴。"

陈国月听出了对方的诚恳。

陈国月拜了师，还找来几个上了年纪的视障同伴，一起跟着任士荣学起手风琴。陈国月当时并不知道，79岁的任士荣是空政文工团一级手风琴演奏家，用手风琴为群众服务了六十多年。

学琴无定所，有时在居委会挤出一点儿地方，有时就在学员逼仄的家中，地方窄得拉不开琴。教学更是全新的状态，任士荣拉着学员的手摸黑键、找音准，扶着盲人的脚教他们打拍子。

如今，任士荣和他的视障学生们每周在盲文图书馆宽敞的教育培训室里练琴、排练节目。跟任士荣学琴的明眼人都成了志愿者，加入了老师为视障人服务的队伍。"我不在了，培训班也还会继续下去。"任士荣说。

琴声为盲人们开辟了一片新天地。盲人手风琴培训班已经参加过多次演出和比赛，还拿到了比赛一等奖。"我又活了，活得很精彩。""任老师给了我一盏灯。"学员们说。

"我拿来了自己的两台手风琴，又用一万元奖金买了十一台琴，现在，学员们来学琴再也不用自己带琴，方便多了。"任士荣告诉记者。

经历了改革开放、经济迅猛发展的中国，正快步走在世界盲人事业发展一个多世纪的路程上。

2012年4月20日，泰山迎来一批特殊的来客——中国盲人阅读推广委员会的成员和盲人文化事业志愿者，在那里，他们发出了"我要读书"的呐喊。目前，中国盲人阅读推广委员会有七千余会员，会员中有各省的盲协主席，有阅读推广专家，有关心盲人阅读事业的各界人士与志愿者。

中国盲文图书馆采取1+N模式拓展服务，在全国县级图书馆建起盲人阅读角、阅读席位，全国分馆已建45个，支馆建设也已启动。中国盲人阅读环境正在发生根本性变化。

短短两年，在中国盲文图书馆周围聚集起了1200名志愿者队伍。

央视的康辉、李修平都加入了为盲人阅读的队伍。

为了改变中国盲文图书馆靠"刀耕火种"发展有声读物的状况，中央人民广播电台从自己几十年制作的节目中，精选了一万个小时的录音，提供给盲文图书馆无偿使用。播音员方明、筱梅也来为盲人朗诵诗词。

全国七十多位作家，免费为盲文出版社提供了自己的版权。

名不见经传的广东大音音像出版社，一次就为盲文图书馆捐出580箱录音录像产品。

清华大学雕塑学院院长孙建国义务为触摸文明展设计了浮雕。

名家讲堂上，盲人学员听到了散文家林非、编剧邹静之、健康教育专家洪昭光、针灸专家程凯……的声音。

中国盲文图书馆成了中央国家机关96个部委青年干部们常来的地方，他们的子女也来这里做起了志愿者。

在盲文出版社员工自己设计的触摸文明展上，失明人触摸到的世界，听到的世界，同样精彩。

"予人玫瑰，手有余香。""千日行善，善犹不足。"在志愿者的心中，生长的最茂盛的是那浓浓的爱。"残疾人的不幸，在促进着医学发展的同时，让我们健全人心灵更完美。"这就是志愿者心中爱生长的土壤。

托书器、盲杖槽、盲文点显器、盲文学习机、听书郎、助视器……盲文出版社自己研发的辅助器具，细致周到地帮盲人克服着阅读中的困难……

王瑛和范兴坤搭档负责着盲文图书馆文化教育部的工作。王瑛是报考而来，这个北师大特殊教育专业的硕士毕业生应聘时考了第一名。他们所在的是馆里较忙的部门。"我们不断扩展文化活动的领域，丰富活动的内容。为视障人办了手风琴、口琴、舞蹈、电脑、朗诵、写作等培训班。初衷就是创造更多的机会，通过各种各样盲人喜欢的文化活动，让视障人去接触更多的东西，分享人类的文明，感受生活的精彩。今年上半年，馆里组织的各种活动有五百多场，光这个部门组织的就319场，有时一天好几场。今天，大大小小的活动就七场，上午一个培训，下午两个，还有一个咨询沙龙，一场口述影像……"

记者也算出了一笔账：上半年，一百八十多天，刨去过年，他们每人加班的时间竟有十五天左右。

"学特教时，老师说，搞特教，学特教，做残疾人事业的人都是在积德，能够让自己的品德无形中得到提升、崇高起来。"现在，王瑛对老师的教诲有了更深的领悟："刚开始，我以为，在这个岗位工作，就两个字'奉献'，要把自己的智慧、时间、精力，奉献给残疾

151

人事业。现在我觉得，我们所做的，不仅是丰富盲人的文化生活，更要和他们交朋友，使他们感到生活充满快乐，帮助他们自己找到人生价值。我感到自己是幸福的，我的付出即刻就会体现，那就是盲人的快乐。"

爱心在汇集，视障人感受到了身边的温暖。"在服务视障人阅读的领域，我们比发达国家落后了一百年，做这项工作的人，必须跑步前进。我们一直在赶，不敢有丝毫懈怠。"范兴坤说。

心中的灯塔亮了

还没走进盲童阅览室，孩子开怀的笑声已经破门而出。那是白宇轩的笑声。

人接触外界90%靠视觉。一旦失明，就意味着接触外界的通道就无情地关闭了。小宇轩一生下来就是全盲，妈妈就是他的眼睛。家住四季青的母子，今天一早就出了家门，赶在九点前看盲人电影。

生在北京的小宇轩是幸运的。陪伴他的学龄的，不仅有盲校，还有中国盲文图书馆。在盲校的课堂上，他用自己的方法理解着外界的事情，他知道了春天是什么，春天会发生什么事情，听到了春雷的声音……一个概念，老师有时要讲几节课，尽管这样，班上十几个同学，每个人脑子里的春天都是不一样的，眼睛看不见，心灵上的那双眼睛却格外明亮，联想驰骋，北京盲校一年级同学白宇轩就说，树叶是长方形的。

宇轩的母亲是在网上知道中国盲文图书馆的。"他喜欢来这儿，书籍都是有声的，他喜欢。刚上学那会儿，干巴巴地背几点位，很枯

152

燥。现在听着听书郎的朗诵，一来二去他自己就会摸读了，盲点全记下了。"宇轩的妈妈说。

小宇轩稚嫩的手指在键盘上轻轻滑动，李白的诗句从他的口中流出："白日依山尽，黄河入海流……"

"他可想学音乐了，等他再长大一点儿，就让他到图书馆来学。"听了妈妈的话，小宇轩笑了，笑得很灿烂。

延庆的盲童来了，为学民乐，房山的母女俩一大早也赶来了……开馆两年来，已有六万多视障人士和其他类别残疾人走进了中国盲文图书馆。这里，为视障人打开了走进人类文明，分享改革开放成果的宽敞的门。

李雪梅和丈夫又在中国盲文图书馆工作了一天。老两口都是盲人，在盲文出版社工作了二十多年。今年已经69岁的李雪梅，退休后还一直在做第一读者，为社里做盲文图书通读、校对。"我住东便门，每次来社里，中间要倒一次车，是同站台，到了这边，公交站的协管员每次都热心地送我们过马路，一直送到社门口。政府给了这么好的条件，社会给了无微不至的关爱，我能做点儿，就想尽力，也是感恩呗。"李雪梅现在经常在网上与朋友聊天，有了社里开发的阳光读屏软件，屏幕上有什么都可以读出来，"和明眼人一样，天下的大事都可以知道"。李雪梅告诉记者。

在中国盲文图书馆，记者巧遇四平支馆图书管理员孙岩。孙岩因先天性青光眼视力渐失，上小学时，左眼已经完全没有了视力，右眼视力微弱，世界的影像全然模糊。现在孙岩是盲人文化事业的志愿者，管理着四平支馆1332种盲文书，还有盲人电子阅读室，在那教授电脑。"只要你来到图书馆，我保你收获少不了"，这是孙岩的口头禅，向见到的每一个视障人说起。现在，每天都有二三十位读者到馆阅读。

从小学到高中，孙岩在普通学校一路读过来，学习成绩一直没出过班上前四名。"盲孩子不愿被类别化，我必须学习好。在普通校我看不到黑板，受的教育全是听来的。"孙岩轻松地说出的这句话，如铅石一般压在记者的心上。

大学孙岩选了长春大学特殊教育学院针灸按摩专业。体验了学习艰辛的孙岩，更知道就业的不易。现在，他经营着一家按摩院，"我想在支馆放张按摩床，有人想学按摩我可以教一教。"

到中国盲文图书馆采访那天，阅览室、视障文化体验馆……一路看下来，没能看到民乐班的教学，因为他们的活动，一般都会在三点半以前结束，以便盲人学员路上错过下班高峰。手风琴班的学员们还等着我。面对我一个人，他们表演了一直在排练的几首歌曲，词曲都是任士荣老先生创作的。

"我虽是个失明的人，我也有一颗明亮的心，祖国像亲人，搀扶着我们，向美好的明天前进……"

他们快乐地为我唱歌，从他们脸上，我看到阳光的灿烂；从他们的歌声中，我感受到了他们心中的光明。

（原载2013年10月15日《光明日报》）

夕拾朝花

五线谱上的辉煌

——写在人民音乐出版社一个甲子之际

"起来，不愿做奴隶的人们，把我们的血肉筑成我们新的长城……"2014年9月30日，中华人民共和国首个烈士纪念日，雄壮激昂的《中华人民共和国国歌》又一次在天安门广场唱响。歌声中，中华民族前仆后继为民族复兴浴血奋斗的岁月在每个中国人心中浮现，实现伟大中国梦的豪情在中华儿女心中升腾。

每次，听到这歌声，作为《中华人民共和国国歌》曲谱的出版者，人民音乐出版社的编辑们心中都会涌起一份自豪之情。

8026.1：第一本书的书号

北京东城区沟沿头33号，如今已经是个在地图上消失的门牌。但在一本十年前出版的纪念人民音乐出版社成立五十周年的薄薄书里，它被一次又一次地提起，在那里面，这个门牌和大门内发生的事情，在人民音乐出版社人的记忆中仍十分清晰。

155

1954年10月11日是一个分界，这一天，音乐家赵沨、孙慎、章枚，音乐出版家钱君匋等音乐界的知名人士来到这里，他们要在这里举行一个仪式，翻开自己人生新的一页，开启新中国当时唯一的音乐出版社崭新的航程。

　　从那一天起，这些聚集起来的人们和他们组成的音乐出版社，就开始做着一件事情，在五线谱上，为祖国铸就音乐事业的辉煌。

　　白驹过隙。如今，人音社的办公地点已在北京朝阳门中国出版集团公司巍峨的大楼内，其间，出版社几易其址，北京东城区沟沿头33号的记忆，随着第一代创业者的相继离去，只是依稀留在回忆录的字里行间。

　　"一幢二层小楼，二十几个人。饭厅里有几张八仙桌，那时吃饭是包伙制，每次吃饭，一桌人要等齐了再吃，有些家庭式的感觉。"

　　往事虽未如烟，但已沉入记忆深处。唯有60年间出版的万余种书籍，依然历历在目。

　　"建社后出版的第一本新书（书号8026.1）是苏联歌剧脚本《冲向暴风雨》。"建社五十年时，老编辑丰元草对此还记得清清楚楚。

　　60年，人民音乐出版社累计出版各类图书万余种，出版音像及电子出版物八百余种。每年出版中小学教材一亿多册，每月在内地销售图书达一千多种，318种图书及VCD输出到德、美、英、韩、日等国家，《中国音乐教育》、《音乐研究》、《钢琴艺术》、《歌唱世界》四种学术期刊在全国影响广泛。

　　2009年，人音社提前一年实现了成为"中国第一，世界一流"音乐专业出版机构的诺言，成为一家在国际音乐出版领域拥有话语权的知名出版企业。德国朔特音乐出版有限公司、亨乐音乐出版社，美国海伦德音乐出版公司、阿尔弗雷德出版公司，奥地利环球音乐出版社等外国音乐出版社，越来越主动频繁地来函来电，与人音社沟通各类国际专业展会的参展信息，了解人音社的参展愿望、需求、行程情况，以便尽早约定会谈时间、地点、议题内容。那一年，尽管上海国际乐器展与法兰克福国际书展的时间冲突了，但是经过事先沟通，这些全球知名的音乐出版社最终还是来到了中国，选择了上海国际乐器展。那一次，在48小时之内，人音社通过网络，与德国朔特音乐出版有限公司签署了26部音乐作品的版权输出合同，这个项目后来被列入"中国文化著作翻译出版工程"项目。

五线谱上铸就的辉煌

纪念自己的60年，人民音乐出版社认真做了一件事，把60年出版的图书编了一本目录，厚厚的。

书目是有生命的。一个个书名，唤起了人们对一个个年代、一个个难忘事件的记忆。

书封上，土黄与浅灰平分了空间，五线谱如飘带缠绕着地球，一行清秀的仿宋字——"外国名歌200首"，简单明了。《外国名歌200首》如今还珍藏在几代中国人的记忆中。即使是在它被列为"禁书"遭冷藏的年月，手抄歌谱和《纺织姑娘》、《莫斯科郊外的晚上》、《喀秋莎》、《山楂树》等俄罗斯、苏联歌曲的优美旋律仍在校园、厂矿、农场广泛流传。"文革"期间，知青们只有在它优美的旋律中，才能暂时忘却现实的残酷，憧憬着不可知的未来。那时，一本遭禁的"200首"能换到一件当时最时髦的"板儿绿"（样板团演员的绿军装），可见一书难求。

《抗战歌曲选》、《革命歌曲大家唱》……一部又一部音乐出版物，将一个个时代标记得鲜明而富有活力，一曲又一曲熟悉的旋律，把关于那个时代的记忆植入人们的心田。

这些歌曲和它们的旋律似乎有些久远，但《中华大家唱（卡拉OK）曲库》（简称《中华大家唱》）却为今天的中国人耳熟能详。曾几何时，人们走进歌厅，曲库里只能选到外来曲目。《中华大家唱》的出版改变了这样的局面。1991年5月29日，《中华大家唱》首发式在人民大会堂举行，时任中共中央政治局常委的李瑞环发表了热情洋溢的讲话："《中华大家唱》的出版，是广大群众，特别是青年文化生活中的一件好事、是音乐普及工作中的一件大事，将产生广泛而深远的影响。"《中华大家唱》收集的1000首歌曲，健康向上、悠扬动听，深受音乐爱好者喜爱，发行量达三十七万余册。那时至今，虽然已经过去二十多年，但如今走进歌厅的人们，依然徜徉在《中华大家唱》展示的天地中。

照片上，破败的音乐教室与新建的厕所形成强烈反差，冲击着人们的视觉。刊登在《中国音乐教育》上的这组照片，是国家教委调研团当时在甘肃拍摄到的，真实地反映了当时社会对音乐教育的认知与中小学音乐教育的窘态。就是在这样的背景下，1985年7月，人音社受教育部委托，开始编写全国小学音乐教育"统编教材"及教学参考书。由全国富有经验的音乐教师和教研员编写的这套教材，在全国范围内累计发行12亿册，为学校艺术教育科学化、规范化发展，奠定了坚实的基础。之后，人音社陆续出版了九年义务教育六年制小学与五年制小学音乐教科书、三年制初级中学与四年制初级中学音乐教科书、《普通高中音乐教科书》及全部教师用书、《义务教育课程标准试验教科书·音乐》。在新一轮课程改革中，人音社的九年义务音乐教材由于其优秀的编写理念、过硬的出版质量、周到的售后服务，在中小学音乐教材领域占据了较高的市场份额，在全国单科教材品种的市场占有率排名中名列前茅。"音乐教材的编写与推广使用，普及了科学的音乐教育理念，这就是以学生为本、为教师着想、从教育着眼，以审美为核心，注意面向全体学生，激发学生的学习兴趣和学习主动性。重视创造性和实践性，重视综合性。"当时主持教材编写的人民音乐出版社原社长吴斌说。

读着人音社的书成长、成名，在中国是许多音乐家、作曲家相同的人生经历。

"1954年，出版社成立的那年，我5岁，刚刚开始学弹钢琴。孩童时期最早的印象是一本《莫扎特传》，蔚蓝色的纹面布封面，书名为烫金的字体，印制精良。"还有苏联钢琴家涅高兹的《论钢琴表演艺术》、《舒曼论音乐与音乐家》、《李斯特论肖邦》等，人音社出版的这些书，是钢琴家朱贤杰音乐与人生旅途中的伴侣。"1978年4月，那个万物更新的春天，人音社的音乐书籍重新出现在书架上的时候，真有一种老友重逢、失而复得的感慨，喜悦之情溢于言表。现在的年轻人没有经历'文革'，可能不会了解我们那时候的学习条件，当然也不能体会我们的心情。20世纪70年代，我和我的同学都是用手抄本学琴的。1978年，人音社及时地出版了一大批钢琴教学中急需的乐谱，真是功德无量。"

曾经有很多出版社找过作曲家刘湲，希望出版他的作品，刘湲都婉拒了。可人音社此次与他联系，他立刻就同意将作品《土楼回响》

放进《中国当代作曲家曲库》。"因为我是从小看着他们的书长大的，人音社在我心中的地位很重，我一定要在人音社出版自己的东西。"

像朱贤杰、刘湲一样，人音社的出版物就是这样孕育着中国音乐人的艺术生命，铸就着新中国音乐事业的辉煌。

向大众普及音乐文化，人音社始终将其作为自己的神圣使命，须臾不曾动摇。在中华民族音乐宝库中留下当代人的贡献，人音人视自己的这一使命同样神圣。无论是开创先河的《中国音乐词典》、《中国民间歌曲集成》，抑或《中国旋律》、《国韵华章》……为履行使命，人音人筚路蓝缕，孜孜矻矻。

一首《叫我如何不想她》，咏出多少中国人的心曲；一曲《春节序曲》，找回多少中国人春节的记忆；一首《黄河大合唱》，激起多少中国人爱国的情怀。百年来的中国音乐创作，如黄河之水，从小溪，到川流，浩浩荡荡，奔流到海，其间有曲折，有回流，更有跌宕起伏，有旖旎秀美的景色，也有百转千回的风光。为记录下这百年风采，世纪沧桑，人音社推出《中国音乐百年作品典藏》（40卷）。李叔同、萧友梅、赵元任、黎锦晖、刘天华、青主、黄自、刘雪庵、陈田鹤、江定仙、马思聪、江文也、聂耳、冼星海、贺绿汀、谭小麟、郑律成、马可等一代作曲家创作的大量中国音乐史上的"开山之作"和"奠基之作"赫然其中；丁善德、李焕之、吴祖强、杜鸣心、朱践耳、罗忠镕、何占豪、辛沪光、王义平、吕其明、刘文金、雷振邦、陈钢等一代作曲家创作的名曲名篇位列其里；谭盾、陈怡、郭文景、周龙、瞿小松、叶小纲、何训田、王西麟、杨立青、赵季平、黄安伦等"新生代"作曲家创作的名篇佳作淋漓呈现。真可谓洋洋大观。以国际通行的五线谱谱式和音响唱片形式呈现的一部部作品，从不同角度，勾勒出辛亥革命以来，中国专业音乐创作在继承民族传统、借鉴西洋音乐文化精髓探索中蹀躞前行的步履，为后来者留下了一面清晰的音乐历史之镜。

《羌山采风录》获得了第三届中国出版政府奖图书奖。"听说不少的四川羌族民歌传承者在汶川大地震中不幸离去，歌集中有些羌族民歌的曲谱和原生态影像已成绝响，人音社当即决定将此选题作为文化重建工程尽快出版。从人音社近年来陆续出版的有关中国音乐史、中国戏曲史与民族民间艺术的著作，便可知传承民族优秀文化的使命，已深刻融入人音社的企业文化。"《羌山采风录》的作者万光治说。

笛子吹出的长音飘浮在乐队空旷的背景上，出人意料且意味深远，勾勒出梦幻般的意境：乌矇矇的山峦，一重又一重；飘浮的云，幽深的空谷，无边无际的静穆。国际著名作曲家郭文景创作的竹笛协奏曲《愁空山》，以作曲手法的高度、音乐内容的深度、演奏技术的难度，攀上当今竹笛音乐艺术的巅峰，在中国竹笛发展史上树立起里程碑。著名竹笛演奏家唐俊乔把《愁空山》带到了国外："早年，外国观众常常会觉得中国作品很有民族和国家的特点，但并不是完全能理解和听懂，可是他们却能够很好地理解和感受到《愁空山》，认为这部作品是在发出中国的声音，从音乐当中他们听到了中国正在发生的故事。"《愁空山》由此也成为中国民乐协奏曲在海内外上演频率最高的作品之一。

郭文景此刻就在台下，虽然，他不是第一次这样近距离地听自己作品的演奏，但此次体验是崭新的。这位被《纽约时报》称为"唯一未曾在海外长期居住而建立了国际声望的中国作曲家"，在爱丁堡、巴黎、科隆、阿姆斯特丹、鹿特丹、乌特勒支、都灵等地都举办过个

161

人专场音乐会，这荣誉在国内目前为他独享。他是国际著名的意大利出版社CASA RICORDI-BMG成立近二百年来签约的首位亚洲作曲家，出版社负责出版他的全部乐谱并向全世界作宣传推展。但这一次，情况有了变化，郭文景成为人音社的第一个签约作曲家。他把更多作品的传播权授予了自己祖国的专业出版社。这次和他的作品一起收入人音社《中国当代作曲家曲库》（简称《曲库》）的，还有其他14位成就同样显赫的中国作曲家的作品，他们是鲍元恺、高为杰、何训田、贾达群、金湘、刘湲、唐建平、王宁、王西麟、杨立青、杨青、叶小纲、赵季平、朱世瑞。

2007年5月22日晚，人音社主办的《曲库》作品音乐会在中山音乐堂举行，指挥家谭利华执棒北京交响乐团，作曲家群体出席活动并进行现场签名售谱。这是中国音乐界从未有过的盛况。曾经，中国当代作曲家的大中型乐队作品因出版难、演出难而不得不投给国外出版商出版。而此次，中国的出版社、乐团、作曲家、院校、媒体联手，平面出版衍生为立体化的系列文化行为。同时，这还是一次意义非同以往的开端，在西方国家音乐生活中已十分平常的作曲家签约、乐谱租赁等合作方式从此在中国起步。人音社将获得授权作品的演出总谱与分谱，租赁给全球各个知名乐团或教学机构使用，中国当代音乐的旋律在世界知名的音乐殿堂内回响。至今，《曲库》中的作品已扩展为49部，一些在国外有授权的作曲家，也将作品在中国内地的版权授予了人音社。中国音乐出版开始在中国音乐家走向世界的过程中担当重要角色。

辉煌中的人生

继往开来，生生不息，一代代人音人将自己的智慧与才华，注入人音社的辉煌。

在这里工作过的，有音乐理论家赵沨。在人音社酝酿成立之初，他就多方协调，积极促成。出任人音社首任社长时，他还担任着文化部办公厅主任、全国音协秘书长。虽然赵沨在人民音乐出版社工作时间不长，却给大家留下了难忘的印象："他一贯装束普通、平易近人、和蔼可亲，而且总是口衔大烟斗，会上会下都侃侃而谈。他常鼓励和教导我们，要多出好书、快出书，为社会主义精神文明建设、为发展繁荣社会主义音乐事业多作贡献。"

著名艺术家钱君匋，是人音社的开创者之一。这位1938年在抗战烽火中创办了"万叶书店"的音乐出版人，新中国成立后，顺应党中央既定的发展出版专业化的方针，接受了音乐理论家、教育家缪天瑞先生的建议，决定把万叶书店的出书范围锁定在音乐书籍，朝着音乐专业化方向发展，他的这一决策，为人民音乐出版社的诞生创造了重要条件。

中国音协原副主席、首届中国音乐金钟奖"终身荣誉勋章"获得者、《救亡进行曲》的作曲者、著名音乐家孙慎，从做人音社筹备处主任开始，做过总编辑、社长，如今虽已98岁高龄，仍心系音乐出版事业的发展。

创作了《黄桥烧饼歌》、《勇敢队》、《新四军进行曲》等著名歌曲的音乐理论家、作曲家章枚在这里度过了人生中的大部分岁月。

《新四军军歌》的曲作者何士德，在炮火连天的革命战争中，用歌声、指挥棒、教鞭，为党为革命立下功勋。和平时期，他参与了新中国电影音乐的奠基之业，建立起具有中华民族特质的电影音乐创作队伍，无怨无悔地将自己的后半生献给了人民音乐出版事业。

"1980年，肖邦诞辰170周年。儿童音乐编辑部约我写篇纪念文章。文章发表后，我惊呆了，没想到我那篇不像样的文章经编辑部修改之后，完全换了一个样，变得异常精彩，我感慨万分。后来得知是潘奇同志亲笔修改的。这件事给我触动很大，一位出版社的领导，亲笔修改一个普通作者的普通文章，实在是难以想象的，但这都是千真万确的事实。"这里说到的潘奇，也是人音社最早的创业者，在人民音乐出版社工作了一辈子。写下感慨的中央音乐学院教授李重光，几十年中，先后把自己的四本著作交给人民音乐出版社出版，累计发行二百多万册。在编辑和作者之间，这是怎样的信任与托付。

老一代人音人加入音乐出版事业时已是一根根燃出烈焰的薪火，无怨无悔地把自己的光芒汇入人音社的辉煌。在这里工作过和还在工作的更多的人，是新中国专业院校的毕业生，他们投身人民音乐事业，在发挥光热中，成长起来，成为音乐出版的专门人才。

音乐家黄虎威先后在人音社出版过十三件书著和作品。"'文革'后，我先后与多位编辑有联系。其中联系密切的，以时间为序，有秦西炫、陈平、韩建邠、吴朋、童道锦、贺星等编辑，并已和他们结下了深厚的情谊。他们对我的具体帮助和支持增强了我写作的动力和信心。如果没有他们的关心和信任，《和声写作基本知识》、《伴奏音型样式》就不会出版；《阳光灿烂照天山》（长笛独奏曲）、《小曲三首》和《嘉陵江幻想曲》也不会出版；《转调法》、斯波索宾《〈和声学教程〉习题解答》（上册）《简谱入门》就不可能写成，更不用说出版问世。"黄虎威提到的编辑，有资深的老编辑，也有新人。

"虽然在当下歌唱的天地里，各种别有洞天的美妙歌声如同这多彩的世界一般绚丽缤纷，但我们越来越需要探求更加宽广的音域、更加多彩的音色、更细层次的强弱、更加有致的控制来丰富我们的歌唱，用以表达我们日渐丰沛而细致的情感，这也正是我们创办《歌唱世界》的初衷。"人音社社长莫蕴慧写在《歌唱世界》创刊号"主编寄语"中的一段话，令中国合唱协会理事长田玉斌念念不忘："从中我们不难感受到人音社以发展我国的歌唱事业为己任，表现出一种责无旁贷和敢于担当的主人翁精神！从这本精致的杂志中，我们看到了编辑人员白手起家，付出的艰辛和努力！"

一代代人音人身处的时代不同，环境各异，但不曾改变的，是为作者作嫁的无怨，为读者服务的无悔。一个甲子，只是一个驿站。"前行是最好的纪念，继承也是一种前行"，背负着这样的理念，人音人的脚下，将走出新的步伐。

（原载2014年10月11日《光明日报》）

用民族语言传递共和国最美之声

——写在中国民族语文翻译局成立六十周年之际

"朱镕基总理开始做政府工作报告了。透过同声传译室的玻璃窗，我能清晰地看到他的口型。我加快语速，用自己民族的语言把声音同步发出。此时此刻，我不是一个普通的翻译，我是民族的代表，代表他们参与共和国的政治生活。自豪、压力、兴奋、紧张……我说不清自己的感觉，只觉热血沸腾，浑身发紧。一场同传下来，身上的衣服都湿透了。"面前的哈森，讲着她第一次做同声传译的经历，自豪溢于言表。

人民大会堂四楼的同声传译室，是中国民族语文翻译局几代同声传译工作人员的岗位。在人民大会堂的设计图纸上，那个岗位就已经确定，离党中央、国务院最近的位置，留给了民族语文翻译工作者。坐在会场中的少数民族代表委员，在这里，用本民族语言聆听政府工作报告，履行代表委员的职责。从这里，党中央、国务院的声音，以蒙古、藏、维吾尔、哈萨克、朝鲜、彝、壮等民族语言，及时、精准地传达到少数民族地区。

不同民族的语言发出同一个声音，使首都边疆，中央地方，领袖群众，心路相通，天涯毗邻。

总理的请柬

随着时间流逝与一代人的离去，共和国民族语文翻译早期的往事，又有几多未付红尘？

1949年年末的一天，维吾尔族翻译家伊布拉音·穆提义收到一张请柬，是周恩来总理的司机送来的，总理请他到家中做客。之前，伊布拉音作为翻译，随新疆的妇女代表来京，参加亚非妇女代表会议。会后，周总理将他留下，请他到中央民族事务委员会参事室作了参事。

"在中南海总理住处，邓大姐热情地接待了我们：'今天，我们设便宴招待参加亚非妇女代表会议的翻译同志们，总理等一会儿就来。'……我们正用餐时，总理回来了。他脱下外衣转过身来的第一句话就是：'对不起，我迟到了！'接着又热情洋溢地说：'大家辛苦了！你们圆满地完成了新中国成立后第一次国际会议的翻译任务，应该好好地总结一下这个经验。今后国内外的翻译工作会越来越多，翻译任务越来越重，你们是旧中国培养的翻译家，新中国还需要培养更多的翻译家，今天请大家来叙叙，想就此事请诸位敞开发表见解。'听罢英语、法语、德语、俄语翻译们的意见，总理又向我详细询问了维吾尔语翻译人员的情况。""当晚10点座谈会结束后，其他同志都告辞了，总理又把我单独留下，就在北京设立维吾尔、哈萨克语及其他民族语文翻译出版机构一事，要我配合民委的同志们积极进行筹备，并叮嘱我不要背上'旧社会过来的、历史不那么清白'之类的思想包袱，放心大胆地工作，有什么问题他会亲自出来撑腰等等。无比亲切的话语，使我感动得热泪盈眶，为我解除了各种思想顾虑。如果没有敬爱的周总理如此深切的关怀，我当时是不可能留在北京安心工作的。"伊布拉音在他的回忆文章《周总理说：新中国还需要培养出更多的翻译家》中，为我们讲述了他经历的一段往事。"从新中国成立的第一天起，我们敬爱的周总理就对民族语文的翻译出版工作给予了极大的关注。"伊布拉音心中充满感动。

伊布拉音说到的中央民委参事室，在共和国历史上存在的时间短暂，1949年至1953年，只有短暂的4年。参事室聚集了少数民族的优秀知识分子，设有蒙古族、藏族、维吾尔族（含哈萨克族）三个民族语文翻译组，承担着向少数民族人民宣传党和国家的各项方针政策，翻译出版一些重要文件和政治读物的任务。这里，还设有资料室、汉文编辑组，专事收集整理少数民族及民族地区情况，向有关部门反映，向其他地区介绍。

1949年9月，开国大典前夕，中国人民政治协商会议召开时，民族语文翻译工作者的身影就出现在会场上。会后不久，飘着墨香的蒙、藏、维文版的《共同纲领》等政协会议文件，就送到了各民族群众手中。

1954年9月，第一届全国人民代表大会召开。新中国第一部宪法在会上通过。就是在这次会上，首次设立民族语文翻译组，这成为用少数民族语言文字翻译大会文件和同声传译的滥觞。翻译组阵容赫赫：国家民委常务副主任汪锋任组长，赛福鼎·艾则孜、萨空了、平措汪杰任副组长。《中华人民共和国宪法》，全国人大、国务院、法院、检察院、地方人大和地方人民委员会五个组织法，政府工作报告第一次被翻译成蒙古、藏、维吾尔、哈萨克、朝鲜等五种民族文字，少数民族代表第一次用自己民族的语言，听到了党中央的声音。

90岁高龄的庞宝光，是我们今天还可以找到的共和国早期民族语文翻译事业为数不多的见证人之一。"大会翻译组抽调的蒙、藏、维三个文种的翻译人员就达一百多人，仅藏文就有七十多人。"这个事实在老人的记忆中依然清晰。

时间流逝，今天我们已无法重回现场，感知这"第一次"在少数民族群众心中激起的感情波澜，但历史告诉我们，那一刻，当家作主的自豪在少数民族群众心中洋溢。

百废待兴的新中国，到处是建设的繁忙。

1955年12月1日，由时任全国人大常委会常务副秘书长张苏、国家民委常务副主任汪锋、国务院机关事务管理局局长刘墉如联名递呈的"关于建立民族语文翻译机构的问题"的报告，送到时任国务院秘书长习仲勋的办公桌上。

12月6日，习仲勋在文件上批示："拟同意在民委会成立翻译局，担任少数民族语文翻译工作。开始人数可少而精，后再培养，请总理核批。"

六天后，这份报告上，留下共和国总理周恩来苍劲的字迹："同意。"

这一天，1955年12月12日，民族语文翻译的国家队——中国民族语文翻译局诞生了。从这一天开始，来自内蒙古、西藏、新疆、青海、甘肃、四川、吉林、辽宁、黑龙江等地的少数民族优秀儿女，承担起光荣而艰巨的历史使命，为党和国家在少数民族和民族地区架起一座沟通、交流、团结、进步的桥梁。

国家设立专事少数民族语言文字翻译的机构，中华人民共和国开创了世界的唯一。"各民族都有使用和发展自己的语言文字的自由"的宪法精神再一次生动体现。从那时起，一个甲子，共和国日新月异的变化中，始终活跃着民族语文工作者的身影。共和国多民族大家庭的政治生活中，民族语文翻译如同水、空气、阳光，须臾不曾离开。

最美的声音从这里发出

姗姗来迟的2015年春节，与全国"两会"召开的日子挨得很近。

大年初三，春节喜庆正浓。壮族翻译家关仕京告别了家人，从南宁赶赴北京"两会"封闭工作驻地。这一天，由12个民族、近二百人组成的"两会"民族语文翻译队伍开始集结。队伍中的大多数人，在爆竹声中告别家人，从不同的民族聚居区踏上返京列车。

"2015年度的政府工作报告，篇幅大，新词术语多，涉及领域广，'精准翻译'面临挑战。工作人员驻地在郊区，距离人民大会堂较远，大家起早贪黑地工作，常常备稿到深夜，很是辛苦。"翻译局党委书记兰智奇说。与此同时，翻译局承担的《习近平谈治国理政》五种民文翻译工作，也到了最后阶段。"一时间，两条战线作战，工作量很大。但大家全力以赴，加班加点，保证了全书翻译按时完成。"兰智奇的话语中充满敬意与关爱。

60年中，这样的状态是中国民族语文翻译局工作的常态。1950年就在中央民委参事室任秘书的庞宝光，为我们描述了新中国成立初期，民族语文翻译的工作景象。

"大会翻译包括文件翻译、同声传译、现场口译以及为保证翻译任务顺利完成而进行的联系工作和辅助性工作等，任务重，保密性强，时间紧，工作不分昼夜，电话铃一响就是命令，随叫随到，非常紧张，也很劳累。大会的文件翻译有各种报告、国家的预决算、决议案、代表的发言和提案等。为了争取把少数民族文字的文件在会前或会上发到代表手中，我们这些负责文件联系的同志必须争分夺秒地尽量把汉文稿子拿到手，遇到文件修改，也要照改无误。周总理经常夜间工作，为了及时领到他的报告稿，我们要到西花厅他的秘书办公室，等他修改一页，我们照抄一页，然后送回翻译组，再组织各文种照改。"

"政协礼堂没有改建前，同声传译的翻译间设在会场西侧的二楼，没有降温设备及隔音设备，为了避免杂音干扰翻译效果，还做了密封。有一年，政协大会在夏天举行，天气特别热，为了照顾翻译人员，大会在翻译间内外都放上了冰块，帮助降温。就是这样，有些译员还是受不了，没有办法，就去翻译间内脱了上衣光膀子，大汗淋漓仍坚持工作，这种敬业精神实在令人钦佩。"

斗转星移。北京海淀倒座庙1号的二层小楼已成人们的历史记忆，原址上矗立起来的新大楼，是翻译局今天的办公地。从20世纪70年代末至今，办公室常常通宵亮起的通明灯火，是翻译局员工永远的自豪。"那是大家在加班，同传人员在阅读、熟悉稿件。"如今已退休的蒙文翻译家哈图卓日克说。

60年间，中国民族语文翻译局几度更名，机构几经并转，十年动乱时甚至曾一度停摆。但民族语文翻译工作却没有片刻停顿。因为，在共和国多民族的大家庭中，它是各民族交往交流交融的纽带与桥梁，它是党的民族政策最真挚的体现，它是共和国民族团结进步事业的重要组成部分。

新中国成立初期，少数民族地区发展尚处于落后状态，民族语文对新事物的表达存在着很多困难。比如，"人民"这个极普通的词，在翻译成藏语时，就找不出相对应的词，藏语的"百姓"、"庶民"、"臣民"等都无法表达当家作主的"人民"这个词的含义。这种情况在当时并不少见，不少新词术语、民族方言成为"拦路虎"，挡在民族间交流沟通的路上。翻译们推敲、切磋，终于，柳暗花明，民族语文翻译找到了前行的路径：赋予本民族通用的近似词以新意；将某个方言意义相同或相近的词，吸收到书面语，推广合用；利用本民族词素（包括方言）创造新词；一半利用本民族词素，一半借用外来语，合成新词；借用外来词……这样一来，大会文件的译文，就成为各少数民族、各方言区都能看得懂、听得懂的当代式的语言文字了。

2013年，"中国梦"进入民族语文翻译的视野。"梦"在维吾尔语、哈萨克语中有不可能实现的意思。经反复调研，征求有关专家意见，最后，翻译局建议使用维吾尔语、哈萨克语中相当于"期盼"的词来指代，将"中国梦"翻译成"中国的愿望"，"愿望"是可以实现的。建议得到了业界人士的认同，目前这个译法已经成为维吾尔语、哈萨克语"中国梦"规范版本，收录在《蒙藏维哈朝彝壮新词术语汇编》中。

飞速发展的时代，催促着翻译局与时俱进的步伐。2010年翻译局承担了国家重大项目"少数民族语文新词术语规范化建设"，每年组织全国专家开展蒙藏维哈朝彝壮七个语种的新词术语规范化工作。目前，已经完成了对一万多条新词术语的审定规范。新词术语规范化建设，在准确宣传党和国家方针政策、法律法规中发挥了积极作用，有效地促进着少数民族群众准确学习掌握现代科学技术、文化知识，推动着少数民族语言文字的使用与发展，促进着跨省区民族间的交流和民族学领域的国际交流。

60年，翻译局所做的工作已无法计数。在关系到党和国家前途命运的重要历史时刻，几代民族语文翻译人员，都亲身见证和参与其中。

年复一年，少数民族代表委员手中的民族语文版的政府工作报告，凝聚着民族语文翻译工作人员的智慧与心血。

一次又一次中国共产党的代表大会上，少数民族代表用自己民族语言倾听着党中央的声音。

民族语文版的国务院《关于加快发展民族教育的决定》、习近平主席在纪念中国人民抗日战争暨世界反法西斯战争胜利七十周年大会上的讲话……使少数民族群众在第一时间沐浴党和国家的关怀，和全国人民一起分享着共和国的荣耀。

《资本论》、《马克思恩格斯选集》、《列宁选集》、《毛泽东选集》、《周恩来选集》、《刘少奇选集》、《邓小平文选》、《江泽民文选》等经典著作的民族语文翻译，为中国民族语文翻译史增添了崭新的一页，使中国特色社会主义的实践在民族地区生机勃勃。

《红楼梦》、《三国演义》等少数民族语文翻译图书、少数民族文学作品、民族学著作……在国际书展上亮相，吸引了外国出版商和读者的目光。多语种民汉双向智能翻译系统、手机维汉智能语音翻译软件，已经在少数民族群众生活中派上用场。

一代代民族语文翻译工作者在接力中完成着自己的使命，他们的汗水、心力，化作雨露滋养着民族团结进步的花朵。从这里，用民族语言发出的共和国最美之声，焕发出各族人民实现伟大的"中国梦"的不竭动力。

民族翻译人的家国情怀

哈森挑选了一件自己最喜欢的蒙古袍穿上，同文室的满都拉也穿上了平日里珍藏的蒙古袍。虽是业务观摩全国人代会开幕式，但平生第一次去大会堂，两个蒙古族姑娘的心，还是被好奇充得满满的。她们像两只欢快的小鸟，跳跃着，拾级而上。"走进大会堂的一刹那，我心中升腾起无限的神圣之感。身上的服装，成为民族的符号。坐在会场，听着耳机中传来亲切的蒙古语，母语的温暖涌遍全身。"

和哈森一样，民族语文翻译的职业自豪，就是这样，在一代代民族语文工作者心中萌生、成长。

"我的第一场同声传译是全国政协会议开幕式，打开同传话筒的瞬间，我一下子进入另一种状态，很快忘记自己是一个新人，全身心投入其中。"朝文翻译金善女走进人民大会堂同声传译室时，还是一个来局不足两年的新兵。但在金英镐、安贤浩等前辈的言传身教中，她很快对自己工作的意义有了新的理解。"我们拥有的不仅是作为党和国家重要文件、政策、精神传播者的荣耀，在参与越来越多的重要事件翻译的过程中，心中油然而生的是为国家、民族、人民未来发展做出自己贡献的责任感。"

虽然每年"两会"，哈萨克族的代表委员不到十人，但为"两会"翻译哈萨克文的工作人员却有二十多人。"我们的工作并不是仅仅为参会的代表委员服务，我们是在为一个民族服务，代表委员身后站着的是150万哈萨克族人民。"哈文室老主任、哈萨克族翻译家贾尔肯说。

民族语文翻译局，聚集着各民族的文化精英。

朋斯克，共和国第一代民族语文翻译家，民族语文翻译局第一任局长。这位出席了第一届中国人民政治协商会议、参加过开国大典的前辈，是翻译局人永远的骄傲。

1949年12月，朋斯克调到中央民委，接受的第一项重大任务，是在毛主席接见蒙古人民共和国总理泽登巴尔时担任翻译。"接见开始以前，秘书把朋斯克领到会客室，毛主席已经坐在那里。朋斯克随秘书来到毛主席面前，秘书向毛主席汇报说：'这就是朋斯克同志，由他来担任您的翻译。'毛主席说：'我晓得，听说朋斯克同志在苏联莫斯科东方大学学习了四五年，俄语蒙古语水平都很好么！'接着他又对朋斯克说：'我这湖南口音不知你听得清楚不？'朋斯克立即回答说：'主席的口音很好懂，在人民政协会上听主席的讲话，一字一句都听得清楚，请主席放心，只怕我翻译水平不高。'毛主席笑了笑：'没得问题，没得问题。'感受到毛主席平易近人、和蔼可亲的态度，朋斯克紧张的心情平缓下来。接见结束后，毛主席亲切地拍着朋斯克的肩头说：'翻译得不错嘛！朋斯克同志，谢谢。'此后，朋斯克还多次给毛主席、周总理担任过翻译，都得到了主席和总理的表扬。"斯人已去，《科尔沁之子——朋斯克生平纪实》中记录下来的瞬间，在翻译局的历史中熠熠生辉。

"中央翻译局的工作是党中央、国务院贯彻落实党的民族政策的'工具'，一定要把党中央、国务院的声音及时准确地用各种少数民族的文字传达到少数民族的心中，增强少数民族群众对党和国家的向心力，维护全国各族人民的大团结。"朋斯克的谆谆话语，今天依然回响在民族语文翻译工作者的耳畔。

彝文翻译谢友仁的"译龄"已经半个多世纪了。这位翻译局彝文室首位主任，从非专职到专职翻译，为周恩来到温家宝等历届总理，朱德等历届人大常委会委员长，邓颖超等历届政协主席以及部分代表委员翻译二百多次，参加全国"两会"翻译工作五十余次。"一个民族的文字承载着这个民族的民族心理、价值取向、意识形态、思维方式，是中华民族语言文化的组成部分，所以，任何一种少数民族文字都不应丢掉。即使是看似'小'的语种，也应该加以保护，让它传承下去。"谢友仁看到了自己工作的价值与意义，为之相守了一生。

"长大了，一定要出去看看这个世界。"这是阿力木沙比提儿时就怀抱的愿望。1982年，阿力木沙比提考入中央民族大学翻译专业。"来到北京，看着车水马龙的街道，行色匆匆的人群，我觉得这就是我想要来的地方。"四年后，民族出版社来了一个品学兼优的大学生，名字叫阿力木沙比提。第一次翻译对于阿力木沙比提，好似职场入门考试，九十多页的译稿上，密密麻麻满是前辈们修改的痕迹。如今，阿力木沙比提对翻译工作的理解，更加精粹："翻译是不同文化之间的交流，是心灵与心灵的碰撞。同声传译，准确性是最基本的要求，还要传达出领导人的感情色彩。"他的肩上，已经担起了民族语文翻译局局长的担子。这个翻译出身的局长，每年"两会"，依然会出现在同声传译的现场。他亲自主持着"少数民族语文新词术语规范化建设"国家重大课题，带领着一支精干的民族语文翻译队伍。

已是翻译局"老资格"的藏族翻译家次仁罗布，是读着前辈多色笔的改稿成长起来的。"藏文《红楼梦》的翻译者索朗班觉，正楷、草楷藏文都写得漂亮的藏文翻译张俊卿，汉藏文都精通的龙智博，同声传译非常棒的龙日……都是藏文室的前辈，都给我们上过课。"对前辈的指教一直心存感激的他，如今已经把自己的肩膀放在了年轻人的脚下，讲课、审稿、定稿成了他的主要工作。"在我手上翻译成藏文的每一篇稿件，我都负责到底。"次仁罗布从前辈们那得到的，除了翻译的技巧，还有传统。

民族语文翻译局是一支能打硬仗的队伍。

2011年"七一"前夕，庆祝中国共产党成立九十周年大会上胡锦涛总书记重要讲话的翻译任务，交给了翻译局。任务重大而紧急。这一天下午一点，翻译局召开紧急会议部署任务，三点，一支由52人、涵盖5个少数民族语种的精干队伍已经整装待发。

两天后，庆祝大会上，胡锦涛总书记发表重要讲话，中央人民广播电台和民族地区各主要媒体用5种少数民族文字版本的译稿同步播出。

事业，是美好的，人们以它寄托追求，憧憬崇高，但谁又能否认艰辛、付出乃至牺牲，不是她题中应有之义？

哈森奔过去，想去亲吻女儿细嫩的脸蛋。可依偎在姥姥怀里的女儿，却转过身去，把头依在姥姥肩上，不再理睬哈森。

为翻译党的十六大文件，哈森已经四十多天没有见到三岁的女儿了。怎么，整夜啼哭着要找妈妈的小女儿，这么快就忘记妈妈了？还是见不到妈妈伤心了？想着，哈森竟鼻子一酸，泪水在眼中打起转来。

从那时起，每年"两会"，做老师的父母，都会轮流请假，从科尔沁草原来到北京，帮哈森照顾女儿，就这样坚持了十多年，直到女儿初三毕业。"我们民族语文翻译人员，是很有家国情怀的。"如今已经是翻译局同声传译领队的哈森说。

1974年，在周恩来总理的提议下，翻译局恢复建制。"国家需要你"，就这么一句呼唤，没有承诺，没有条件，各民族的优秀知识分子从雪域高原、天山南北，从内蒙古草原、"阿里郎"故乡，从美丽的壮乡、四川大凉山……又一次汇聚北京。因为民族翻译工作的特殊要求，这些年轻人几乎都是从小生活在民族地区，接受本民族母语教育的孩子。他们中很多人的童年，贫困与艰辛如影相随。工作了，却又与亲人山水相隔，相距千里。

藏文室主任、资深藏文翻译达哇才让的生活轨迹，是他们的缩影。青海黄南州尖扎县如其村，一个地图上找不到的半农半牧小村庄，达哇才让就出生在那里。"我小时候，家乡的藏族家庭，如果有三个以上的男孩，通常这样分配：一个进寺庙当僧人，一个去上学，还有一个留在家里放羊。我家兄弟五个，没人出家，哥哥们都上学了，我排行老四，是留在家里放羊的那个。"开始记事时，达哇才让手中就握起了赶羊鞭。常常，一百来只羊顺坡而下，群整不散。迎面走来的人好生奇怪：这群没主儿的羊咋这么听话？等羊群过去了，这才看到：一个身高不及羊身的鼻涕娃儿跟在羊群后面，吆喝着。

每天早出晚归，随着羊群翻三四座山梁；带着干粮，还要提防偷吃的动物；雨水中被冻醒，睡梦中滚到悬崖边……这就是生活担子在一个孩子身上的斤两。直到有一天，父亲毅然决然卖掉了家里所有的羊。"你们兄弟五个除了你都在上学，如果不让你上学，等你长大了你会恨我的。"父亲的决定，改变了达哇才让的人生轨迹。10岁的他，成了一年级学生。上学不易。小学在乡里，每天要步行两个多小时，经过四个村子。干粮自己带，夏天，学校不提供饮用水，只得用河沟里的水就干馍馍。落日后树茂林深的归途，是小达哇才让的梦魇，路边突然窜出的恶狗，常会吓出他一身冷汗。晚上，在昏暗的煤油灯下写作业，头发和眉毛不知被火燎着了多少次……远去的童年，是大学生达哇才让的财富。大学四年，他都是"优秀三好学生"，获得了"甘肃省优秀团员"、"甘肃省新长征突击手"的荣誉。他是西北民族大学成立47年来，第一个获得"院长特别奖"的藏族学生，因为，大学四年他保持了各科平均成绩90分以上的记录。进入翻译局，离家千里的达哇才让，依然续写着"优秀"。

王昌富这个名字后面，是《凉山彝族礼俗》、《彝族妇女文学概说》、《彝族古代文明史》等一串著述。这位著名彝族历史文化学者，从大凉山走来。饥饿与贫困，曾是他儿时每天都要面对的问题。"高中两年，我每天想的第一件事，就是今天的饭如何解决。一天，我突发奇想：想看看吃饱了是什么滋味。那天早上，平时只敢吃一个馒头的我，一口气吃了五个馒头，我不敢再吃了，因为午饭和晚饭已经没了着落。"

儿时苦难相伴，成年乡愁相随。家乡的藏历年，让次仁罗布魂牵梦绕。自从来到翻译局，他就再也没有在家乡过过藏历年，因为，每年的藏历年几乎都与"两会"召开的时间重叠。仅有的一次，已记不清是哪一年，他赶在藏历年前回到家乡西藏山南，可还没等到过年，翻译局的召回电话就催他踏上了返京之路。读着次仁罗布的《父爱如山》，我们真切地感知着他与亲人间蜿蜒的心路。"我的父亲是一个很深沉的人。虽然他从未言辞表白过，但我能感觉到他很疼爱我这个长子。从小到大，不管去哪里，他都喜欢领着我。"小学时寄宿在远亲家的次仁罗布，"每到太阳快落山的时候，就会跑到亲戚家的屋顶上，眺望远处的山路上有无骑马人在下山。看见有骑马的人下山来，我就高兴地撒腿跑到路边等着。等到骑马的人渐渐走近，看清不是父亲的时候，我难过得快要哭出来"……上大学时，父亲还会常来看他，暮色中，父亲背着大包向他走来的身影，是他珍藏在记忆深处的温馨。"参加工作后，父亲依然喜欢带我外出。在父亲眼里，我是他向更远天空放飞的鹰，虽然他什么都不说，我能感觉到他眼神里那一丝骄傲。""那个时候，我想象不到我的父亲会老，甚至会那么快离我而去。"听到父亲因脑出血去世的噩耗，次仁罗布不敢接受那样的事实，整整流了一个礼拜的泪。他懊悔，因为奔命于工作和生活，忽略了挚爱着的父亲，未能及时带父亲去医院检查治疗……

翻译局每一个来自少数民族地区的人，都有同样的悲欢离合，心中都珍藏着同样的情感，凄婉而壮美。

"惦念起故乡，一切都那么安然随适，心中尽是美好。"西藏独有的地貌，隐藏着另一个世界的草甸子，慢悠悠嚼着甜甜青草的牛马，随风摇曳的青稞、豌豆……"身在故乡，醉心地凝望着这一切；远在他乡，深情地眷恋着这一切。那是我出生的地方，一生都惦念的地方，永远都向往的地方……"次旺边觉这如诗如画的乡情，何尝不是中国民族语文翻译局每一个远离家乡游子心中同样的眷恋？这些各民族的优秀儿女，把这一切珍藏在内心深处，深情地守望着自己的职责，孜孜矻矻，无怨无悔。因为，他们知道，自己正在架设一座桥梁，维系一个更大的家庭，耕耘一片更广阔的故乡。

60年，重任在肩，忘我坚守。在马克思主义中国化的历史进程中，伫立着民族语文翻译工作者群体。

60载，殚精竭虑，春华秋实。民族语文翻译工作者将青春、热血与忠诚，写进共和国事业的辉煌与民族地区的繁荣。

薪火相传，老一辈怀抱信念从昨天走来，将新中国民族语文翻译的辉煌篇章写进历史。继往开来，新一代在"中国梦"的鼓舞下向明天前行，抒写着新中国民族语文翻译新的传奇。

（与殷泓合作，原载2015年12月11日《光明日报》）

夕拾朝花

贰 · 远思怀人

为千丈之松歌

——访著名出版家陈原

　　尽管年近八十岁高龄的陈原老早已有言在先，不参加三人以上的聚会，不接受记者的采访，但此次他还是破例，在商务印书馆他那间办公室里接受了我的采访，因为，我们要谈的话题，是今年2月11日年满百岁的商务印书馆。谈这个话题，商务的同仁公推陈原老，说他最有资格。

　　谈起商务，陈原老像是谈一位师长，又像是说起一位知音。商务印书馆是我国近代出版事业中历史最悠久、影响最大的出版机构。在一个世纪的岁月中，与其有文字因缘的学人，不下万人，其中知名人士，足以千计。"像我这一辈年逾花甲的中国人，可以说无一不受到过它的出版物的熏陶。"陈原老说。但是，陈原没想到，他在出版界的最后一班岗，会是在商务印书馆度过的。1977年至1983年，他在商务印书馆担任总经理兼总编辑。

　　"在近代中国，一个文化出版机构能够渡过风风雨雨的一个世纪，这不能不说是难能可贵了。商务几次濒于危殆，1932年几乎全部毁于日本侵略者的炮火，但终因社会的支持和同仁的奋斗转危为安，这就更加难能可贵。作为一个百岁老者，商务今天仍生气勃勃地为祖国的精神文明建设贡献着自己的力量，并在海外拥有几个分支机构，而且，在海峡的另一边，也还有同样的经营，这真可谓难得之至了。毫不夸张地说，商务印书馆诞生和发展的全过程，是同我们民族的命运息息相关的。"说到这里，陈原老自豪之情，溢于言表。

在商务百年之际，一首名为《千丈之松》的颂歌激起了商务人的豪情。问陈原老歌词出于谁手？他不肯作答，只是告诉我，去年，香港商务印书馆的董事长、香港联合出版集团总裁、香港特别行政区筹委会委员李祖泽先生提议，作一首颂歌为商务贺百年，这个建议太好了。歌词是由张元济、茅盾、叶圣陶的有关诗词集句而成，并请作曲家袁音、胡海林谱了曲。对这首歌，陈原十分满意，在他看来，歌词是历史体验的凝聚，曲则符合歌的精神。"商务以文化积累为己任，默默做启蒙工作，歌词中没有一点自我吹嘘和夸张，曲子平稳，恰如文化积累的过程。"歌中唱出了心之曲、馆之魂，自然，平和，充满希望。

"第一段歌词，取自张元济为商务印书馆同仁写的一首七绝，'昌明教育平生愿，故向书林努力来；此是良田好耕植，有秋收获仗群才'。词中抒发了世纪之交，一群忧国忧民的智者创办这个出版机关的心情，也表达了一个世纪以来，无数仁人志士开发民智、振兴中华的崇高意愿。历史证明，这里确实是一片良田，百年来许多智者在这里耕耘，也正是这块田地，培育了几代学子。第二段集自茅盾为商务写的题词，'世事白云苍狗，风涛荡激，顺潮流左右应付，稳度过，滩险浪急'。茅盾如果不是经历十年浩劫，写不出这么一段话。第三段集叶圣陶为商务写的贺词，'论传天演，木铎启路。日新无已，望如朝曙'。首联回忆百年前吹起了先行者的号角，第二联提醒后人，要像早上初升的太阳那样努力，去迎接天天出现的新事物。第四段又是张老的词，'敢云有志竟成，总算楼台平地。从今以后更艰难，努力还需再试'。在感叹了前人创业的艰难后，勉励同仁还要加倍奋发，去实现前辈的心愿。'森森兮千丈之松，矫矫兮云中之龙，言满天下兮，百龄之躬！'这段副歌，采自张元济为爱国老人马相伯翁百岁华诞的赞歌，我们用此祝愿商务像千丈之松那样不衰不老，像云中龙那样造福人间，但愿商务的出版物传播四方，为祖国和世界的文化文明大厦添砖添瓦。"陈原老意味深长地吟咏了歌词，又做了歌解，在时而激昂时而舒缓的旋律中，老人微闭双目，挥动着双臂，陶醉在对历史的回味中。

（原载1997年2月13日《光明日报》）

永远年轻的陈原

新闻出版署的署长、副署长来了；社科院的副院长来了；中国出版协会主席、副主席来了；出版界、语言界的著名专家们来了；出版界的后生们也来了；他们的目光聚焦在主席台上。

报告会"迎接信息时代的挑战"的横幅下，鲜花之中，站着报告人——今年正好80岁高龄，从事文化出版工作整整60年的陈原老。

众人的掌声，恰似他报告的引言。面对赞誉，他谦虚地说："刚才讲的，只有一点是真的——我80岁了。这句真话，把我推进世界6600万最年长的人群中。大概是十年前，我在海外的一个研究所，研究一个项目——老人与语言。一个月前，美国哈佛大学的一位教授，对大脑和语言的研究有了新著。我请一个美国朋友帮助寻找这本新书。他在网上书店很快找到了这本当时连名字都不知道的书。随后，他击键输入了信用卡，计算机马上答复他：24小时之内将寄出。现在，我已经收到这本寄自美国的书……"陈原开始渐渐进入他的报告主题。

陈原是广东新会人。如果从1937年他在大学时编《国际英文选》

算起，他从19岁起就和出版业结下了不解之缘。作为一个出版家、学者，读书、写书、编书，贯穿了他的人生道路。1939年初，他在桂林正式加入新知书店，到新中国成立前夕，历任新知书店、生活书店、三联书店的业务领导；新中国成立后，他先后担任世界知识出版社、人民出版社、中华书局、商务印书馆、国际书店的业务领导。1957年以后，他当过文化部出版局副局长、国家出版局党组成员，以及中国出版工作者协会第一届、第二届副主席。但在更多人的眼中，陈原是个才华横溢的学者。20世纪40年代，他写过大量国际问题评论，有时每周一篇，以至人们把他当成了国际问题专家。他精通英、法、俄和世界语，在文学翻译方面，颇有建树。他翻译的《我的音乐生活——柴科夫斯基与梅克夫人通信集》、罗曼·罗兰的《柏辽兹》、《贝多芬》等，赢得了众多读者，以至于不少读者认为他是一位音乐家。读过他的《书林漫步》、《陈原散文》、《不是回忆录的回忆录》等散文的读者，会与一位资深作家对他的散文的评论有同感，"丰富多采，独具精深之见，发乎自然，绚烂归于平淡"，"具学人之体，得通人之识"。70年代末，他重新进入语言学领域，得以圆了少年时的梦想，写了《语言与社会生活》，引起不小的反响。随后写了《社会语言学》，成为我国在该领域的开山之作。至此，他的语言学研究一发不可收，又写了《在语词的密林里》、《辞书和信息》、《语言和人》，以及几十篇风貌各异的论文，他的语言学论著结集出版时，竟有三卷一百万字之多。

"14年前，我在上海第一次做了'新技术革命对出版工作的挑战'的报告，有人说陈原讲的是虚无缥缈的东西，不知哪年才会有。今天几乎没有一个人不知道电脑，没有一个出版社没或多或少利用这计算机。感谢邓小平改革开放的决策，使我们的国家发生了翻天覆地的变化，与世界衔接起来。"

台下响起了掌声，是给台上这位充满活力的老者。他的报告和他，是一个示范：一个高层次出版工作者应如何不断追求、创新，活到老，学到老，永葆学术青春。

（原载1998年12月4日《光明日报》）

夕
拾
朝
花

激情如故

"1952年，我参加全国少年工作会议，朱老总在会上代表党中央讲话，他说，少年儿童工作是最有生命力的，最有前途的工作。有的事业随着社会的发展，时间的推移会逐渐消亡，但少年儿童事业是个教育事业，只要有儿童，只要有未来，就要有少儿工作。这个工作有无限的生命力，非常有前途。任何时候、任何社会，都要不断加强。"71岁的遇衍滨沉浸在幸福的回忆中，激情重又在他的目光中闪现。

遇衍滨这一辈子的工作就没换过样。从青干校出来，直到花甲之年离休，甚至可以说到今天，要准确地概述他的工作，五个字足矣，这就是"为孩子出书"。没换过样，也没想到过离开，无怨无悔，不仅如此，"'假如再给我一次选择的机会，我还要选择少儿出版工作。'我忘不了老社长胡德华说的这句话。"遇衍滨说。

从现在往回追溯，在遇衍滨的人生之路上，我们已经闻不到花的芳香，只见果的丰硕。那是怎样的果呢？听听他主持编辑的那些少儿读物的名字吧：《八十年寻路记——中国人是怎样找到马克思主义的》，《故事新讲——和中学生谈哲学》，《和智慧交朋友》，《伟大的空想家》，《大地的儿子——周恩来的故事》，《参天的大树——彭德怀的故事》，《伟人的足迹——毛泽东的故事》……做编辑，做编辑室主任，直至做中国少年儿童出版社的社长兼总编辑，几十年中，经遇衍滨编辑、复审、终审的书刊有近千种。其中有十几种获得国家级各种图书奖。许多书已经成为一个年代的代表，一提书名，就会勾起读者难忘的记忆。令遇衍滨最难以忘怀的是由陈翰伯建议，他与胡德华、叶至善先生等共同策划，由他主持编辑完成的《少年百科丛书》（200种）发行了近一亿册，编出的书拥有上亿个读者，这成就感该是个啥分量？！遇衍滨还清楚地记得他最早摘下的那颗果实。"《儿童自然科学丛书》是我主持编辑的第一套书，《野兽医院》是其中的一本，作者有动物园的兽医，写他们怎样给动物治病。还有《工业的粮食》……"说到自己的工作，遇衍滨的话语平静而缺少修辞。而讲到他的读者，我则又感到了澎湃的激情："为了了解孩子，我和编辑们去站柜台，看到孩子们专注认真地在书堆里挑来挑去，最终选了自己喜爱的书，我心里充满了满足。特别是接过孩子们递过来买书的钢镚，我心里总会涌起一股暖流，那钢镚上还有孩子们的体温。每每这时，我就想，为他们服务，值得。"

这就是我在第六届"中国韬奋出版奖"颁奖会上见到的刚刚捧了韬奋奖的遇衍滨，虽然已是霜染双鬓，做了爷爷，可对少儿出版工作，他依然激情如故。

（原载2000年4月6日《光明日报》）

夕拾朝花

192

依然坚守着

——杨德炎

当"邮件发送成功"又一次跳上屏幕，离新年钟声敲响只有六个小时了。商务印书馆总经理杨德炎把2007年的最后一个新年祝福，发往美国。如今世界变得这样小，时空已是全新的概念，瞬间，祝福已进入朋友的眼帘，而朋友，生活在地球的另一面。

31日下午第一次接通杨总的手机，耳机中传出公共汽车乘务员报站的声音。"您坐公共汽车去单位？"约定的采访，因他办公室电话没人接而改拨手机。知道他在路上，但报站的声音出乎我的意料。"是。我还在路上，半个小时后我们通电话。"尽管从国外出访归来，来不及倒时差就又像陀螺一样转起来，杨德炎2007年最后一天仍然有不小的一段时间要支付给工作。

2007年在杨德炎看来，最显著的特征就是她是商务印书馆建馆一百一十周年。"怎样纪念商务印书馆一百一十周年？年初，我们选择了从服务入手。"他说。2月11日馆庆日，商务的几位老总来到王府井新华书店、北京图书大厦、中关村图书大厦、涵芬楼书店、万圣书园"站柜台"，以书店营业员的身份服务读者，也开启了商务一百一十周年纪念活动的序幕。也就是那一次，早已不为今人所知的，商务第一任总经理张元济在20世纪题写的那句话，"数百年旧家无非积德，第一件好事还是读书"，带着思想的美丽，潜入2007年的早春。

"2007年是百年老店商务印书馆守正出新、焕发青春的一年。"杨德炎这样评价正在离去的日子。"我们在历史的传统和时代挑战之间寻求平衡支点，保持优势，在出新中谋发展，在坚守中外语言工具书、汉译世界学术名著等传统出版领域的同时，积极向经管、教育、对外汉语教学等领域开拓，面向大众、承担优秀文化普及的选题得到高度重视，商务由此正在形成新的出版格局。2007年，我们巩固了与哈佛商学院出版社形成的强强联合，合作之初牛刀小试的《蓝海战略》发行已近四十万册，获得独家授权的哈佛经管图书经一年多已小具规模，品种达五十多种。早在20世纪30年代，商务印书馆就积累了走出去的经验，其出版的中文教科书，开用注音字母学习汉字的风气之先，在东南亚风行一时。2007年，我们拾拣传统出版领域，依托商务'世界对外汉语教学中心'，针对海外读者，推出了商务馆学汉语词典和一系列汉语教学著作。在商务的传统出版领域，一批具有重要学术、文化积累价值的重点图书，如《赵元任全集》、《张元济全集》等在2007年陆续与读者见面。目前，商务依然保持着50%以上的全国语言工具书零售市场的份额。"

"积数年编纂之功的《现代汉语词典》第五次修订本、《故训汇纂》等图书，在2007年获得了中国出版政府图书奖，商务印书馆也获得了'先进出版单位'的荣誉。"

夕拾朝花

"顺应出版产业技术、手段的发展、更新，商务印书馆初步建立了全馆出版、编辑、发行等业务管理系统，随着互联网、局域网建设工程的推进，正在逐步实现办公自动化、管理网络化、资源数字化、商务电子化。我们开发了国内规模最大的语文辞书语料库和辞书编纂系统，依托网站建立了5000种本版图书的在线查询，发布了网络版的《英语世界》，开通了工具书在线。"

（原载2008年1月2日《中华读书报》）

依然坚守着——
杨德炎

范用：因书而不朽

80年前，不满十岁的范用先生说他"也想做这个梦"——坐在印刷机边读许多的书。"此后，说是有缘，机遇，或者命中注定吃出版这行饭，都可以。就这样，从梦想到现实，我和书打交道，过了愉快的一生。"在今天举行的范用先生追思会上，人们重温他"为书籍的一生"，以期在心中留住他崇高的精神，直到永远。

三联书店副总编辑汪家明代表人民出版社和三联书店发言。他说，范用先生是一位职业出版家、一个纯粹的爱书人。他把书看作有生命的整体，无论是内容、开本、纸张、封面、书眉、页码。他说，我最大的乐趣就是把稿子编成一本包括封面在内的很漂亮的书。他的头脑里根本没有比一本好书立刻出版更重要的事了。

91岁的人民出版社原社长、总编辑曾彦修在发言中说，范用比我年轻，但是在出版工作中他是我的老师。范用的作风是尽善尽美，他出书，由稿子设计到封面等一切都要做到最好。这种作风人人都应该学习。

范用先生亲笔书写的遗言，使人民出版社原社长薛德震非常感动。他说，它让我看到了一个真正的范用，一个无私无畏的范用，一个大公无私的范用，这是他一生的人品和风格的真实写照。他的这种品格在出版界、文化界，在整个知识界是非常知名以及令人钦佩的。

范用走了，人民出版社原总编辑张惠卿异常悲痛。"范用是一个真正为他人做嫁衣的典范，几十年来经他手出版的图书有数千种。他不仅重视内容，还非常注意外观，很多书他都要亲自设计封面、版式，注重一本书整体的完美结合——他是个行家。但他在位时没出过自己的书，直到晚年才在别人劝说下，写自己的书。范用一生中，亲自制作了很多封面，而更多的是在他的创意、构思和总体设计之下，交给出版社的美编集体绘制完成的。为了总结多年来对图书封面装帧的经验，他选择自己有代表性的图书装帧作品，谈构思、创意的体会，这本书对全体图书装帧设计工作者具有示范性的意义。"

71年前与范用一起在读书出版社工作的原国际书店总经理曹健飞，回顾了与范用在新中国成立前一起经历的在共产党领导下的进步出版工作。他说，范用再三强调三联书店要继续保持先进的革命传统，保护品牌。我们纪念范用，就是要保持三联的优良传统。

三联书店原总经理董秀玉说，范用先生走过了"为书籍的一生"，一个文人化的出版时代也随之过去。三联人都知道，一本好书可以让范用的心情从阴转晴；而因一本坏书，他亦会由晴转阴。所以我们做每本书都要想清楚，都要做到最好。他一生追求出好书，他有出好书的眼光、品位和直觉；他更有出好书的勇气、胸怀和担当。他对文化的坚持与坚守，对出版的执着和认真，生活中的一点一滴，都让我们看着、感受着并学习着。他是一个纯粹的出版人，是三联的文化灵魂，他将永远幸福地活在书本与朋友构成的生命花园之中。

获悉范用走了，傅雷之子傅敏心里咯噔一下——"范用是跟我父亲一样的真正的人、大写的人。这样的人走了，我心里很难过。"

著名学者刘梦溪认为，范用先生"是一个真正喜爱文化的人，因此他也喜欢真正的文化人"。"他是一个有风骨的人，他也有脾气，但是他晴也好，阴也罢，总是对事不对人。""范用先生就是知行合一的人。"

新闻出版总署署长柳斌杰在发言中说，范用在新中国出版界业绩卓著，声名显赫，是为我国新闻出版事业作出巨大贡献的编辑出版大家。他出版了一大批深受读者赞誉、影响深远的名著。也许很多人并不知道他的名字，但是很少有读书人没有读过他编辑的书。他抓住了改革开放后难得的宽松环境和机遇，出版了一大批在中国图书出版史上有重要价值的经典图书，深深影响了一代又一代的中国读者。如《傅雷家书》、《随想录》、《牛棚日记》、《干校六记》、《懒寻旧梦录》、《西谛书话》等等图书，亲自主持了许多重要图书的装帧设计，这些图书从内容到出版形式、装帧，都对出版界产生了广泛的影响，成为我们这个时代标志性的出版物。

他说，1979年，范用组织创办了《读书》，在思想文化界产生了广泛而深远的影响。这是"文革"后第一本思想文化评论的刊物，从20世纪80年代起，就是文化思想的一个前沿阵地，引领了文化思潮。直到今天《读书》仍为读者们所喜爱，受到了思想界、学术界、文艺界，乃至广大党政干部的关注和信任，成为全国有影响的大型读书刊物。范用所做的很多事情是对历史负责的，是对文化负责的。

（与王大庆合作，原载2010年9月19日《光明日报》）

编外学者孔凡礼

听到中国苏轼学会请他担任顾问，老人点点头说："担任顾问，不承担具体工作，只是发表意见。"

得知一家出版社要为他所做工作支付报酬，老人摇摇头："不要，做这种事情，我是不要报酬的。"

"我很对不起中华书局，承诺中华书局做《三苏》修订，现在书稿找不到了……"

"找老郭，多要两部样书……"老人的话语已经有些含糊不清，意思却让刘尚荣听得真真切切。

此情此景，成为孔凡礼留在当了他五十多年学生、四十多年责编的刘尚荣眼前的最后景象。就在刘尚荣离开医院回单位的路上，老人进入弥留。

孔凡礼，中国高校在编教授中没有这个名字；中国在编研究机构高级研究人员中也没有这个名字。甚至，他连中学高级教师的职称也没有得到。但是，著名的中华书局等出版机构出版的四十余部学术著作的作者栏中却赫然写着这个名字；50年来，宋代文史多项重要研究成果的获得者是这个名字，学问得到著名学者李一氓、钱锺书、赵朴初、启功高度评价的，也是拥有这个名字的那个人。

成果写入当代学术史

孔凡礼在学术研究中初露头角，就不同凡响。1958年2月9日，《光明日报》的《文学遗产》专刊发表了他的《陆放翁的卒年》一文，学界争论了七百多年的陆游卒年，由此一锤定音，被学界奉为定论。

当年八月间，孔凡礼就陆游研究向钱锺书先生请教，很快接到钱先生以朋友口吻作平等学术对话的长达千言的复信。

1959年8月3日，孔凡礼将自己的第一部书稿《陆游评述资料汇编》交给中华书局。中华书局取其与稍后送来的同样内容的齐治平书稿各自之长，改名《古典文学研究资料汇编·陆游卷》出版。出版后，学界评价颇佳。

1982年，孔本《苏轼诗集》面世，以信息量大、资料详赡、校订精审、收诗最多成为苏轼研究史上难得的精品。"我们出版界有一个共识，一时畅销的不一定是好书，要看这书是否能保持长久的生命力和销售期，有些书年年印，年年卖，几十年长销不衰，这就是传世之作。从1959年开始，孔老在书局出版了多部专著，基本都在重印。《苏轼诗集》就重印了八次，发行三万多册。"中华书局副总编辑顾青说。

继之，孔凡礼又投入《苏轼文集》整理。《苏轼文集》前人从未全面校勘过，其工作量远较整理苏诗艰巨。考疑、辑佚工作更是常人难以承受之浩繁。孔本《苏轼文集》荣膺苏集定本之誉。《苏轼佚文汇编》附《苏轼文集》行世后八年，成《苏轼佚文汇编拾遗》二卷，再后近十年成《苏轼佚文汇编拾遗补》一卷，孔凡礼书海搜寻，披沙拣金，去伪存真，终成就明万历茅维之后苏文辑佚的最大成果。其中，《〈艾子〉是苏轼的作品》一文，被学界以为是苏轼研究史上一重大贡献，自宋以来久无定说的《艾子》是否是苏轼所作终于定论。以花甲之身，积年之力，孔凡礼相继完成了作为国家"八五"计划、"九年规划"重点图书的8册、164万字的《苏轼诗集》，6册、180万字的《苏轼文集》。"近百年来苏轼研究最有价值的成果之一"，海内外学界就此形成共识。

1982年，孔凡礼在《文学遗产》第二期发表《关于汪元量的家世、生年和著述》，时任国务院古籍整理出版规划小组组长的李一氓就此约见孔凡礼，并委托其整理汪元量的作品。对孔凡礼的整理成果，李一氓在其刊于《人民日报》的《古籍整理中的几个问题》一文中这样评价："孔凡礼的《增订湖山类稿》，不为汪元量的《汪水云集》或《湖山类稿》所限制，从《诗渊》和《永乐大典》新辑得元量诗词，用编年的方法，同原集打散整编为五卷……书后附《汪元量事迹编年》，和汪元量作品互为发明。迄今为止，可算是汪元量诗词集的最丰富、最有科学性的一个整理本，成为研究宋元史和宋元文学史的要籍。"

1998年，孔凡礼历时24年四易其稿的《苏轼年谱》由中华书局出版，迅即得到学界高度赞誉。有学者称它是自成体系、超越古今的新型年谱。有学者誉之为20世纪写得最好的一部年谱。次年，《苏轼年谱》获第四届国家图书奖提名奖。

在《苏轼年谱》付梓前，孔凡礼已经启动《苏辙年谱》编纂。四年后的新世纪元年，50万字的《苏辙年谱》交由学苑出版社出版。有评论说，《苏辙年谱》谱主形象丰富多彩；资料详实，论据充足；考订严谨，辩证细密；详略适宜，写法新颖，是全方位描绘谱主风采的成功范例。

苏氏兄弟年谱面世后，孔凡礼即着手苏洵年谱的编纂，此书交稿之后，尚未付梓，他又应北京古籍出版社之托，编纂三苏年谱。在前三谱的基础上，孔凡礼用4年时间，对三苏生平、交游、著述以及他们之间的交往再次全面考察，重新写了一部《三苏年谱》。孔编《三苏年谱》甫一面世，好评如潮，被视为"迄今为止三苏行实研究最高水平的成果"。始自1977年的28年中，孔凡礼以苏轼为主体的三苏研究，成就著作5部22册七百余万字，以新颖、详尽、扎实、可信，奠定了自己在"苏学"史上重要的地位。

由陆游研究起步，经三苏研究的磨砺，孔凡礼翱翔在学术研究的自由王国。他的研究领域扩展到范成大、晁补之、朱淑真、赵令畤、汪元量、郭祥正等一批宋代作家的行实考察，并由此发展为对整个宋代文史的关注。他的郭祥正研究，成为八百多年来对郭祥正的第一次全面认真的考察，澄清了长期的误解，恢复了郭祥正的历史本来面目。他的《范成大佚著辑存》，被誉为"近百年宋代文史著作"六大辑佚成果之一。他的《全宋词补辑》，收《全宋词》遗漏的一百四十多位作家的四百三十多首词，其中约百位词人是孔凡礼的新发现，"为研究宋词提供了新的极有参考价值的资料"，是近百年宋代文史著作辑佚又一显著成果。他编成的《宋诗纪事续补》，较清人厉鹗《宋诗纪事》、陆心源《宋诗纪事补遗》增收宋代诗人1700人。一经出版，立即引起学界广泛关注。

受中华书局与其他出版社委托，孔凡礼还先后点校整理宋人笔记三十多种，"几乎部部都有独到的发现"。2007年中，孔凡礼为中华书局点校整理了宋人叶寘《爱日斋丛抄》、周密《浩然斋雅谈》、陈世崇《随隐漫录》等，而这一年，孔凡礼已是84岁高龄。

孔凡礼的学术影响也早已蜚声海外。日本著名汉学家小川环树对其研究成果深表敬佩，认为孔校本涵盖了日本某些寺院秘而不宣的诸多苏集珍本三苏善本所独有的异文。孔本著作已成为日本、美国汉学家和我国台湾学者在广泛使用的底本。

学者却始终是个编外

在计算机无处不在，改变了几乎所有学人治学方法和生存状态的今天，孔凡礼一直保持着自己的治学状态。孔凡礼认为，学界很多人冷落图书馆，通过网络搜索来做学问，并引之为时髦，是完全错误的，很容易导致以讹传讹。五十多年来，论在图书馆中度过的时间，老人恐怕在学者中要名列前茅了。国家图书馆、首都图书馆、北京大学图书馆处处留下他的足迹，许多多年无人问津的古籍，孔凡礼成为惟一的读者。他是国图明代"穴砚斋钞本"《家世旧闻》的发现者，也是新中国成立后惟一的读者。旧书摊、碑刻所在也是孔凡礼常去之地。直到八十多岁，老人依然奔波在京郊大兴乡间居所到国家图书馆的路上。老人2007年8月27日的日记记录了这一天去图书馆的行程：

早5点多起床，6点45分，走一里地，到达通三环的679路公共汽车站……到达国图善本室，已是10时17分……我从座位上站起来，几乎站不住，把握不了……到了借阅大厅，正是10时25分……到快餐厅，买了一包饼干，喝了一点水。到服务台提出预约的书，复印了一些。到敦煌室找了一点材料。2时30分，出国图，坐319路公共汽车……回到海子角住地，已经是6时了。坐下来都不能动，两条腿几乎不管用……不过，累，值得。我得到了我需要的资料，这些资料用到书上，可以提高质量，我可以问心无愧了。

写到这里，泪水模糊了我的眼睛。

孔凡礼选择的是乾嘉朴学的治学方法，有一分证据说一分话。研究中，南宋王象之的《舆地纪胜》22册，他至少通检了50遍，每一遍都有新收获；影印的《永乐大典》202册，他起码通检了20遍……正是在这巨量的阅读中，他因新的发现，把研究不断向历史深处扩展，使认知接近历史真相，也使自己的著述充满智慧的光辉。

在图书馆，孔凡礼写下了二十多本读书笔记和无数学术卡片，总量有几百万字，这当中，记下了孔凡礼无数拂去历史尘埃，始见瑰宝的心花怒放之时。1977年他在北图善本室意外发现目录卡上赫然写着明钞本《诗渊》25册，多出此前邓广铭先生所用《诗渊》16册。《诗渊》成书与《永乐大典》年代相差不多，收诗五万多首，其中十分之二三不见于古今刊印的古籍，也不见官修大型类书《永乐大典》；收词七八百首，其中大部分不见于《全宋词》、《全金元词》。从中，孔凡礼一举辑得《全宋词》失收的词作四百余首。可以说，孔凡礼的每部著作，都是这样上下搜索，集腋成裘之作。

数十年中，孔凡礼沉潜精专之作颇丰，一个个古籍整理项目常人看来独木难支，靠他所说的"笨功"又费时费力，时日老天不假，从何而来？

孔凡礼是在而立之年开始学术研究的求索的，当时，他刚刚从安徽一所乡村中学调入北京三中任教。1963年，病中的他选择停薪留职，既减去不能担负教学而拿取报酬对三中的愧疚，又可全身心投入陆游研究。从此，除了以往几百元的积蓄和第一笔千余元稿酬，每月一家人的生活就靠中华书局支付的40元生活补贴维持。"文革"中，古籍整理和学术研究全面停滞，孔凡礼重返教职而不得，在三中做了数年教学辅助工作，每月收入仅16元到30元不等。1979年，"文革"后首次提工资、评职称，孔凡礼也刚刚重新走上三尺讲台，重新开启中华书局委托的整理三苏资料的学术研究，考虑到自己年近花甲，教学、研究难以两全，孔凡礼婉拒了中华书局调他当编辑的邀请，毅然提前退休。

孔凡礼与时间赛跑的赛程重新开始。

1982年，孔凡礼再次谢绝李一氓请他到古籍办工作的邀请，为自己争取了宝贵的研究时间。

"洗得发灰的蓝布中山服罩褂，领口已经破了，衬褂是洗毛了的白老布，衣领上缀着厚厚的补丁。当我站在敞开的门前时，他正佝偻着高大的身躯，'嗞嗞嗞'地喝着稀饭，桌上是一摞翻开的书稿，旁边是一碟不知名的咸菜。我的天，今天是中秋节了，现在正是月圆之夜！"黄山书社一位编辑看到的，不是孔凡礼生活中的一刻，而是常态。这常态，为孔凡礼赢得了时间和精力，使他得以潜心去做惠及子孙后代的研究。他靠克己与牺牲，赢得了学术研究并不舒适但却自由的空间。

晚年，老人在家乡一所高校的讲台上，面对后辈学子语重心长："我这个人，有一点特殊性，一方面我是北京一所普通中学的普普通通的教师；另一面，我又是有着多方面学术成就的致力于宋代文史研究的学者，这种情况，在北京市不多见，在当代中国也许是个特别……我为《全宋诗》、《全宋词》这两部代表一个时代学术水平的总集，做出了别人不可替代的独特贡献。或许可以说，有我的参与，这两部书就显得更有光彩；如果没有我的参与，这两部书可能就要黯淡一点……"老人的话，点燃的是世人对学术文化的信心。老人离去后，顾青在缅怀前辈时说："当前学术文化事业实用主义盛行，很多人急功近利，抄袭现象大量存在，导致公众对学术界信心减弱，也失去了对学术应有的崇敬。孔老的学术成就和生活经历清楚地告诉我们，我们应当保有这份信心。"

心灵的回声

翻开《孔凡礼文存》，在石钟扬所写的《无冕学者孔凡礼》一文中，读到了这样一段文字："几十年中，我先住在'东倒西歪'的两间东屋，后来又住进'骄阳飞汗雨'的斗室，然后又住进荒鸡夜唱的村舍。在这样的环境中，我出版了近四十种书，发表了三百篇文章，还有一部存稿，字数共约在一千三百万……人们亲手把教授的桂冠要戴在我头上，我婉谢了；有人要给我房子，我婉谢了；我过着四十五年的单独生活，为了弘扬中华优秀文化，我献出了一切。我鞠躬尽瘁，问心无愧。这杯本来是清醇甘美的酒，在进入八十岁以后喝起来，却越来越苦涩。有谁能知道其中的真味呢？只有我自己，我只有慢慢地喝着，细细地品味着，因为这酒是我亲自酿造出来的。"

这是孔凡礼在与他的传记作者书信往来时的内心独白。当问及其治学中最遗憾的事时，孔凡礼的回答让石钟扬潸然泪下。老人说，我多次幻想拥有一间窗明几净的书房，两侧排列着书柜，按经、史、子、集分开，我徜徉其中。如果具备此条件，我的成果可能还要多一些。转而他又说，其实，这也不是遗憾，因为这是不可能实现的。我在这方面知足。进而，老人又反复说了一个不可抗拒的遗憾：自己年龄太大，时间永远不够支配，还有许多工作等着他去做。"我现在要是六十八岁，该多好啊！"发出这生命呼唤的时候，老人已是86岁高龄。

两年后，他在病榻上离开了他眷恋了半个世纪的学术研究，那一刻，他有多少遗憾，多少不舍，多少无奈？

让我们从老人当时的心境回望，探究他生命的历程，重温他学术研究的追求。

作于1963年的一首诗中写道："东倒西歪屋两间，斜风细雨送床前。我自如山山不动，剑南理罢又骚篇。"

1992年，他的一首诗是这样的："邰曹临上国，造化赐机缘。出入文津道，留连厂肆廛。五千唐宋卷，百万管蠡言。苏陆明窗读，豪情尚欲燃。"读先生的七十抒怀，读出几多豪情？

下面一首，名为《七十八岁初度》："日丽风和卷霹雷，蓬门长闭躲书堆。虀盐三顿清如水，骏马千蹄志不回。薄有刍言传域内，愧无冠冕启方来。人生得失如何计，漫把封缸尽一杯。"诗中千滋百味，令人肠断。

老人的倾诉与呼唤，令我们这些活着的人，生出无限感慨，郁积满腔痛惜。扪心自问，当老人发出这呼唤时，如果听到，我们是否会做些什么，给老人赢得更多的时间，让这样一位稀世人才能为中华民族精神宝库添加些许当代人的贡献？在老人带着遗憾、不舍离去之后，我们痛定思痛，是否应当为还在学术研究之路上艰难跋涉的张凡礼、孟凡礼们做些什么，以使今天的时代大师辈出？我想，这才是记者写这篇报道、本报发表这篇报道时的期望。

（原载2011年2月22日《光明日报》）

张元济，永不过时的话题

　　他中了进士、入翰林院。戊戌变法时曾向光绪面陈办新学培养人才之策。百日维新失败，被"革职永不叙用"。

　　1902年，他舍弃南洋公学译书院总校兼代办院事之职，加盟沪上一间弄堂小厂商务印书馆，以扶助教育为己任，组织编撰新式教科书，翻译国外学术和文学名著，主持编纂词典工具书、整理古籍……开启了中国现代出版业的历史闸门，让文化、教育泽被大众。

　　毛泽东对他说，曾读过商务印书馆出的《科学大纲》，"得新知识不少"。1953年上海市文史馆成立，毛泽东又亲自点将，由陈毅市长延聘他为首任馆长。

　　他被称为"中国现代出版第一人"，是著名的教育家、文献学家、版本目录学家和藏书家。茅盾说他"是一个有远见有魄力的企业家，是一个学贯中西、博古通今的人"。

　　他的名字——张元济，在中国近代文化史中耳熟能详。

　　近日，在他的家乡浙江海盐，一部《张元济全集》的出版，张元济纪念馆重新布展开放，使张元济学术思想的研讨在商务印书馆成立一百一十五周年、张元济诞辰一百四十五周年的时候，再次成为北京、香港、台湾三地商务印书馆同仁与来自国内高校、研究机构学者们共同的话题。

张元济几乎把自己的一生献给了商务印书馆，献给了文化救国的伟大事业。时至今日，他所倡导的"昌明教育，开启民智"，依然是商务印书馆的企业使命。由商务印书馆出版的《张元济全集》（十卷本）较为全面地记录了张元济一生所留下的文字资料，这也是我国第一次为出版家编纂出版的全集。全集历经数年筹划准备，规模近六百万字。全集主要由张元济哲孙张人凤收集、整理，按体裁分类编辑，包括书信、诗、文、日记以及古籍研究五类。其中第一、二、三卷是书信，四、五卷是诗、文，六、七卷是日记，八、九、十卷是古籍研究著作。第十卷还包括了篇幅不少分量很重、有较高研究及参考价值的附录。全集的出版对研究张元济生平事迹和思想，研究中国近现代出版史都有着很高的价值。

自张元济怀抱"扶助教育"的崇高理念加盟商务，以其智慧和影响，使一家印刷作坊，成长为一个以出版为主业的文化教育机构。商务印书馆通过出版图书、杂志，通过兴办学校、图书馆，通过提供教学仪器设备，甚至通过拍摄电影等等，为推进中华民族的伟大复兴作出了卓越的贡献。

在由商务印书馆、上海市文史研究馆、中国社会科学报社、海盐县人民政府主办的《张元济全集》出版座谈会暨第四届张元济学术思想研讨会上，与会者认为，张元济思想以及商务印书馆馆史都是宝贵的财富，值得深入研究。对中国现代出版史颇有研究的资深出版人王建辉指出，一百个人的眼中会有一百个哈姆雷特，但我要说，一百个张元济研究者的眼中只有一个张元济，对张元济为中国近现代文化、教育所作出的贡献，评价无二，张元济不可追。

（原载2012年5月7日《光明日报》）

张元济，永不过时的话题

巢峰：中国出版的一个传奇

题 记

巢峰老寄来了他新写就的《辞书记失》。去年底在上海采访他时，就知道他在总结《辞海》和其他辞书编纂的得失，文章已经陆续写好了一些。84岁，仍志在千里，笔耕不辍，好一个巢峰老！

从新四军的小战士到走上红地毯，获得中国出版人最高荣誉——韬奋奖，事业辉煌与内心恬淡，是巢峰的人生境界。写巢老，起初，我想写他的"辞海春秋"，他参与或具体主持《辞海》编辑部工作四十载，这一经历是辞海编纂史上的惟一。是上海世纪出版集团总裁陈昕让我改变了初衷。如陈昕所说，当我以巢老人生走过的时代为背景，再去看面前的巢峰，感觉完全不同：巢峰，是中国出版的一个传奇。

战士巢峰

14岁的巢峰，就是个战士了，新四军的一名小兵。八年戎马，政治运动沉浮坎坷，将战士的品格与姿态，铸进了他的人生。

20世纪90年代，巢峰在出版界有了知名度，此时，他正带领着中国辞书界进行着打假批劣的第一战役。看他的文章，听他讲话，锋芒犀利，像个军人。

第一战役的序幕，是巢峰拉开的。1992年10月29日，在中国辞书学会成立大会的闭幕词中，学会第一副会长巢峰从他的亲密同仁徐庆凯那里得到材料，针对会上揭露的王同亿主编的《语言大典》的严重错误，尖锐地指出："这样的词典，怎么能不加批判、抵制而任其流传？我以为我们的辞书编纂和出版中有一种堕落行为，评劣就是要与辞书编纂与出版中的堕落现象作斗争。我们要促使辞书事业在健康的道路上发展，就一定要做好打假打劣的工作。如果让那些歪风邪气泛滥成灾，通行无阻，如果抄袭有理，差错有理，拼凑有理，那还有什么真理，那还要中国辞书学会干什么？"

此后不久，批评《语言大典》的文章陆续发表，巢峰自己也写了《〈语言大典〉的教训》、《刹一刹著书出书中的粗制滥造风——兼评王同亿主编的〈语言大典〉》、《"王同亿现象"剖析》等批评文章，矛头所向，直指辞书编纂领域沉疴："王同亿现象"集中反映了我国辞书编纂和出版工作中三股歪风，即抄袭剽窃、粗制滥造和重复出版风。它们的出现反映了社会深层次的问题。他批评道：抄袭成风就会败坏学风、文风、党风，使学术界、辞书界、出版界、文化界腐败堕落。这种作风，拿来律己，则害了自己，拿来教人，则害了别人。这种作风是辞书界、出版界、学术界、文化界的大敌，是社会主义精神文明建设的大敌，反映在党内则是党性不纯的表现。大敌当前，我们有打倒它的必要。只有铲除这种不正之风，我们的辞书事业才能健康发展，我们的辞书队伍才不愧为播撒文明种子的人类灵魂工程师。

2001年，王同亿再次主编了《新世纪现代汉语词典》，又在此书中抽出字条，编了《新世纪规范字典》、《新世纪字典》。继而用改头换面的手法出版了《高级现代汉语大词典》。就此，巢峰写了《辞书编纂必须坚持中国先进文化的前进方向——评〈新世纪现代汉语词典〉》，指出此书"是带有腐朽气息的落后文化的代表作"，"用落后文化的思想和知识去坑害年轻的一代"。此文是中国辞书界打假批劣第二战役的重点文章。

一篇篇檄文，充满战斗的激情，保持着战士的姿态。

这战士的本色，巢峰数十年不曾改变。

战士的本色也体现在巢峰的业务工作中。最能说明这一点的是三十多年前的一件往事。

为赶在新中国40年大庆前出版新版《辞海》，向共和国献礼，中共十一届三中全会结束后的第三天，1978年12月25日，首批《辞海》编纂人员进驻上海陕西南路25弄一处楼房。工作紧锣密鼓展开，一个个涉及编辑指导思想的问题接踵而来。

"阶级斗争"、"路线斗争"这些词条怎么写？对刘少奇等人物如何评价？对国民党以及台湾问题怎样涉及？对孔子、海瑞等历史人物如何评价……主编夏征农派主持常务工作的副主编罗竹风专程前往北京寻求指导，谁承想，二十多天后罗竹风无功而返。

"还是国际歌中的那句话，从来就没有什么救世主，全靠我们自己。"时过境迁，说这话时，巢峰已经波澜不惊，但作为听者的我，似乎仍能听到当时的骇浪惊涛。巢峰临危受命，在夏老、罗老的指导下，组织《辞海》编辑部展开讨论，并最终动手起草形成了"《辞海》（合订本）处理稿件的几点具体意见"，八条三十九款，这是怎样的一个"意见"啊！其中，大胆否定了"以阶级斗争为纲"、"无产阶级专政下继续革命"、"资产阶级司令部"等说法，这在1978年末，简直是"大逆不道"。

好友为巢峰捏了一把汗，劝他"勿为天下先，不要好了伤疤忘了疼"。但巢峰此刻已将个人的荣辱安危置之度外，内心充满着激情："那天，我和罗竹风拿着'意见'去夏老家。夏老逐字逐句审定了'意见'，一锤定音。面对种种担忧，罗竹风说得好，'砍头不过碗大的疤，大不了再打倒！'"老一辈革命者的风范，让巢峰更加坚定！

"意见"在上海既没有得到明确反对，又没有得到明确支持。但在北京，却出现了转机。时任国家出版局代局长的陈翰伯看到这份"意见"，当即决定在国家出版局主办的期刊《出版工作》上发表，并亲自撰写按语："《辞海》（合订本）处理稿件的几点具体意见，涉及一些大家关心的问题，特此发表，供各出版社处理有关书稿时参考。"

毕竟是有了"文革"十年"思想之差可以招来杀身之祸"的经历，看着面前的《出版工作》，巢峰心中的石头才落了地。"'四人帮'打倒后，因反'极左'正在坐牢的华东师大王胜友还是被枪毙了，我们在当时还是很冒险的。"

"意见"在当时无疑是"天下先"之举，敢为者秉持着实事求是的思想，洋溢着大无畏的革命精神。"让我们欣慰的是，'意见'中的认识，与两年后中央作出的《关于建国以来党的若干历史问题的决议》的精神是一致的，其中对于'无产阶级文化大革命'等一系列重大理论问题和实践问题以及二三十年来'以阶级斗争为纲'的是非得失的判断，是正确的。"

今天，我们翻阅《辞海》编辑工作档案，已找不到当时有关情况的记录。也许，当事人根本没有想到要把这一切详细地记录下来。但这段历史，不仅写进了《辞海》编纂的历史，也写进了中国当代历史。

学者巢峰

1978年1月下旬，春节前夕，一张请束送到巢峰手上。自从"文革"开始，这东西巢峰已是久违。

应邀来到上海锦江饭店，一踏进小礼堂，乖乖，满目皆是"文革"中的"牛鬼蛇神"。会议是上海市委召开的理论文艺新闻出版座谈会，中华牌香烟、高级糖果招待着正在走出"文革"恐怖的知识分子们。上海市委书记彭冲、中宣部部长张平化出席这次会议，会议的议题是组织对"四人帮"的批判。

此时的巢峰，虽还被压在"文革"中被莫须有强加的"留党察看两年"的处分下，不是"自由身"，但由于《解放日报》组稿，他终于有了批判"四人帮"的机会。他和同事徐庆凯、宋存组成批判"四人帮"的写作组，发表在《解放日报》上的十篇批判文章，引起了来上海检查工作的中宣部部长张平化的关注。就在那次会议上，巢峰成为人才济济的上海市社联经济学会第一召集人，钦本立是第二召集人。

14岁参加革命的巢峰，小学没毕业，初中只读过三个月，但在上海，他是小有名气的经济学家。他的学识，积累于长年累月的刻苦自学与实践。

1953年，巢峰在《经济周报》上发表了他的第一篇经济实务文章。第二年，他调入华东出版局做财务工作。1958年，没做过一天编辑的巢峰，一下子从上海市出版局调至上海人民出版社任副总编辑，主管经济学编辑室。巢峰掉进了知识分子的堆里，王亚南、胡寄窗、于光远、许涤新、漆琪生、沈志远、陶大镛等，都是他的作者。面对送来给他审阅的王亚南《〈资本论〉研究》、胡寄窗《中国经济思想史》……巢峰捧起了《资本论》和政治经济学方面的读物，并开始频繁出现在政治经济学报告现场，他走进马克思、恩格斯为他铺展开的世界，步履坚定、执着而急促。每审一部书稿，先找一堆参考书，书稿审完，书基本上也看完了。

那个世界太丰富了，巢峰流连忘返。经济学是敏感的，实践给了巢峰敏感的品格，他对现实问题的感觉好极了，远超过那些钻故纸堆的所谓学问家。他不迷信书本，在独立思考中不断斩获。几十年间，巢峰写下的经济学论文，累计起来，有数十篇。2007年，复旦大学出版社出版的那本厚厚的《政治经济学论稿》，属于巢峰。

在巢峰的论文中，最具批判锋芒与思想光辉的是发表在"文革"结束后的那些文章。"理论界尚处在拨乱反正的'阵痛'之中，巢峰同志就触及到了我国经济改革的核心问题，实在难能可贵。"陈昕说出的是当时很多人的感觉。

1978年8月21日，《文汇报》整版发表他的《阶级斗争是社会发展的基本动力吗》，文章鲜明地否定阶级斗争是社会（包括阶级社会）

发展的基本动力，指出，随心所欲地进行阶级斗争必然受到历史的惩罚。

1980年，他的《社会基本矛盾有两对吗》再次直面重大理论问题，提出"如同世界本原只有一个（即物质）一样，社会的基本矛盾也只能有一个，这就是生产力和生产关系的矛盾。只有承认这一点，才能把历史唯物主义坚持到底，避免天才论、个人崇拜和造神运动"。

他在《不发达社会主义的理论是科学社会主义的发展》一文中论述：马克思、恩格斯设想的社会主义是发达的社会主义，毛泽东的新民主主义绘制了不发达社会主义的蓝图，而"左"倾错误违背了不发达社会主义的道路。应当注意，巢峰发表这一论述的时间是1981年，那时，中国特色社会主义理论曙光初现。

同年，巢峰在《论生产力发展动力》一文中，批评了生产关系的变革是生产力发展的基本动力的观点，指出，生产力的内在矛盾——人和物的矛盾才是生产力发展的根本动力。

巢峰在他经济学论文中，论述社会主义生产目的、基本经济规律和消费经济学。强调消费是生产的目的，社会主义生产目的是最大限度地满足人们的物质和文化生活的需要，国民经济计划安排要以人民生活消费为出发点，消费是所有制的一面镜子。文章批评了"为革命而生产""以钢为纲"以及为生产而生产等错误观点和倾向，论述了社会主义商品经济、社会主义产品究竟是商品还是直接社会产品。他坚持社会主义产品不是直接产品而是商品，社会主义商品仍然有具体劳动与抽象劳动、使用价值与价值、私人劳动与社会劳动的三大矛盾，实行商品经济是社会主义的必然性。

这些观点今天已经没有任何争议，但在三十年前，这些"掀起过激荡血肉的思想冲击"（陈昕语）的思想，说出来却是需要勇气与真知灼见的。

做了一辈子编辑的资深学者徐庆凯评价说，巢峰这一阶段的经济理论文章，思想解放，观点鲜明，颇具独创性，而且有的放矢，针对性强，有益于拨乱反正，消除"左"的影响。

巢峰是经济学家，是从实践中成长起来的经济学家，除此，还有一个更独特的定位，那就是他是在出版领域实践着的经济学家。出版，是他磨砺思想与学术的场所。1983年，中国版协召开第一届理论研讨会。巢峰的《出版物的特殊性》成为中国出版理论研究的先声。之后，他陆续发表了《图书是一种完全的商品》、《出版物的价值构成》、《图书市场竞争论》、《有中国特色社会主义的图书生产》等理论文章，在当时这一领域的论争中，巢峰的文章闪耀着马克思主义政治经济学原理的光辉，丰富着出版理论研究，为中国出版学的建设做出了独特的贡献。他率先提出出版经济学的概念，还确定了中国出版经济学的基本框架、核心命题、主要范畴，以辩证唯物主义为指导，提出出版经营的科学方法论、图书效益论、市场竞争论。

1997年，巢峰的论文结集为《出版论稿》出版。原国家新闻出版署副署长刘杲阅读后认为，巢峰对重要问题的研究具有理论性、实践性、前瞻性、论战性的特色。理论上有独到之处，处处着眼于指导和推动实践，彰显着作者对实际生活的敏锐感受和深刻思考。他评价说："在十多年来出版理论研究逐渐展开的进程中，巢峰同志是走在前列的。收入《出版论稿》的大部分文章都有重要的主题。现在阅读这些文章有如回顾十多年来我们走过的道路。这本文集，在一定程度上，成为这一时期出版改革和发展的部分记录。"

2005年，发表在《中华读书报》上的一篇题为《中国图书出版业的滞胀现象》的文章，在中国出版界引发热烈讨论，也把年高七十有六的巢峰再次推到出版研究的前沿。他在文章中提出的中国出版业出现"膨胀性衰退"的命题，一时间成为中国出版界的高频词，而且，产生了持续的影响。在负重组织2009年版《辞海》编纂的同时，巢峰理论研究的目光仍然须臾没有离开过正在发生巨变的中国出版业现实。

数十年中，这位来自实践的经济学家，用耕耘的足迹，表达着追求的执着。

出版家巢峰

上海陕西南路25弄三幢楼房里的通明灯火，在巢峰的记忆中从未曾熄灭。那灯火燃在做1979年版《辞海》的日子。

接到编纂1979年版《辞海》任务到其出版献礼，前后时间不足一年。而参加过《辞海》修订的作者、编者在"文革"中散失颇多。在这样短的时间里，完成1300万字、10.65万词条的编纂，史无前例。

"11年没有工作了，这下，英雄终于有了用武之地。曾经戴着高帽子、挂着黑牌子挨斗的知识分子，工作的热情一下子迸发出来，天天晚上灯火通明，没有休假，连春节都在加班，那是要把失去的时间赶回来啊！我是后勤部长，大事小事都得干，烤火的煤炭，我去弄，烧饭的师傅，我去请，还居然请到了原先给曹荻秋（按：上海市原市长）做饭的厨师，菜烧得真是好。从出版系统抽调了许多资深编辑和一百个校对等一大批人，热火朝天地干起来……"说着，巢峰似乎回

220

到了从前。

巢峰说，搞大型辞书，"三分编写，七分组织"。编《辞海》是大兵团作战，作者以千人计，编者以百人计。为了协调工作，巢峰想出了个主意。在大会场的墙头，搞了一个进度表。那时，几百人，三顿饭，都在大会场吃。"这张进度表大得不得了，把每个学科都列上，标明进度。"看巢峰的手势，那表是一面墙。"这下好了，大家端着碗看进度表，成了一道风景。谁落后了，不用别人说，晚上他们办公室的灯准是最后一个熄。"

巢峰组织大规模出版项目的才能令陈昕十分钦佩："巢峰先后参与组织和独立组织实施了四次大规模的《辞海》修订工作，是我国惟一一个参与了四版《辞海》修订的编辑部领导工作的资深出版人。他提出并坚持主持了《辞海》'十年一修'，使《辞海》的生命在修订创新中得以延续。1999年版的主体版本配置了彩色插图，在我国大型词典中开风气之先；2009年版《辞海》有了衍生产品阅读器，搭上了最新的数字技术平台。而且，20世纪80年代，他主持进行了30卷《上海经济区工业概貌》的编纂。这也是一套系统工程，作者从华东六省集聚而来。"

一本小《新华字典》，"文革"中作为八亿国人辞书的惟一，赠送国礼的仅有，独撑中国辞书的门面，曾是激励中国辞书界卧薪尝胆、励精图治的心痛。

1975年，病中的周恩来总理批准了他生前批准的最后一个文件《中外语文词典编写出版规划》。1979年版《辞海》的诞生，以及《汉语大词典》、《汉语大字典》、《英汉大词典》等辞书的相继问世，改变了中国当时"大国家，小字典"的窘态。充满喜悦的巢峰，此时陷入了新的纠结。《辞海》修订完成，为此成立的上海辞书出版社何去何从？中国辞书事业如何推进？巢峰思索良苦，寝食难安。

终于，在调查研究的基础上，一个长达21年（1979—2000）的辞书出版选题规划呈现在人们面前。这是一个开放的、发展的规划，到1987年，规划中已有《中国成语大辞典》、《哲学大辞典》、《中国人名大辞典》等大型辞书40种，中型辞书竟列了三百余种，小型辞书也有一百余种，涵盖了社会科学、自然科学的大部分领域。几经上下，这一体现了出版人远见与气魄的规划，成为辞书人的共识，成为辞书社的一部"法律"。长远计划，长到21年，绝无仅有。

如今，2000年也已成历史。令人欣慰的是，选题规划中90%的选题已经出版，其中，有11部荣获出版政府最高奖——国家图书奖。在收获的季节，辞书社由"月出一典"，"月出二典"直到"月出四典"，辞书人尽情地享受着创造的喜悦，丰收的快乐。今天，当人们走进辞书社那间不大的会议室，环壁的书柜里，摆满了辞书社出版的书籍。由当初的一纸规划，到今天的辞书琳琅，辞书编者、作者的筚路蓝缕自不必说，巢峰这位总设计师的殚精竭虑更是无以言说。

在新中国辞书编纂、出版的大业中，巢峰是一个身体力行的推动者。他在中国辞书学会代会长任内，倡议设立了中国辞书的最高奖——中国辞书奖（第三届起改为国家图书奖的分支奖——国家辞书奖），亲自起草了评奖规则；他将自己主持的上海辞书出版社建设成辞书学术研究基地，创办了全国唯一定期出版的辞书学研究刊物《辞书研究》，虽年年亏损，但从1979年创刊起，直至现在。他率先推动辞书出版准入、辞书质量检查制度的建立，推动辞书编辑培训的实施；他用自己的稿费，设立基金，奖励先进，资助辞书公益活动。

在中国出版业改革的大潮中，巢峰搏击风浪弄潮，挺立潮头思考，不唯书，不盲从。他的出版理论是出版业实践的总结，而他治社的实践则再现着他理论的精髓。他最早提出"图书是商品"，但始终正确把握着将图书的精神属性和社会效益放在出版社建设与工作的首位。他认为，见钱不见书的出版者，是劣等的出版者；见书不见人的出版者是平庸的出版者；而以提高人的素质和加强社风建设为治社之本，以出好书为强社之路的出版者，才是具有远见卓识的出版者。在他的主持下，上海辞书社在取得巨大社会效益的同时，经济效益也十分可观。1978—1995年辞书社总产值增长了16倍，销售总码洋增长16倍，利润增长20倍，人均利润48636元，增长了21倍，国家净资产增长了32倍。他把"辞海精神"融汇到辞书社的社风建设，强调社风建设"养之三年不足，毁之一日有余"。在巢峰社长任上，上海辞书社进入发展的快车道。上海住房的局促曾经在全国有名。辞书社员工享受到的住房福利，为业界艳羡。秦振庭是上海辞书出版社的老人。"我原来的房子，是过街楼，没有卫生间，没有阳台，寒酸啊。那时我就想，如果能拿到有煤卫（煤气、卫生间）、阳台的房子，我的共产主义就到了。"就在那次，秦振庭住上了两室一厅的房子。分房子，搞福利，一到过年过节，辞书社员工鸡鸭鱼肉……大包小包地往家拎，让其他单位的员工十分羡慕。此时，员工的心中，不仅有编出优质辞典的自豪，也有对生活美好的满足。而巢峰心里盛得满满的是欣慰："作为社长，就要让编辑们工作时心无旁骛。"

有一段时间，巢峰同时担任上海辞书出版社与上海人民出版社两家出版社的社长兼总编辑之职，人民社的出版改革在他任上，也是风生水起。

"又是春风拂面时，昂然老树发新枝。英名岂止登金榜，青史流芳后世师。"刘杲先生为巢老获得"中国出版政府奖优秀编辑奖"写下这样的文字。

"读他（巢峰）的文章，更激起我们这一辈人的'接力'意识。出版事业如高山，前辈们抵达的海拔，正是我们的起点。"这话是陈昕说的。"读"巢峰的人生，结论又何尝不是这样。我以为。

数小时的采访，巢峰说的都是工作。曾经，我试探着将话题引向他自己的故事，可话题总被他委婉地岔开。回京去机场时，车先送巢老回家。在巢老家楼下，望着他向电梯间走去的背影，我心中涌起一片惆怅。

记得在20世纪80年代中期的一次全国书市上，我与巢老初识，跟着他从会场去驻地，取他送给我的《唐诗鉴赏辞典》，他走得很快，我在后面小跑着相跟，一路看着他的背影。

如今拥有这背影的人垂垂老矣，步履蹒跚。但他仍每天去辞书社上班，在那里，埋头于要他审定的《辞海》词条中，不仅如此，《辞海》中的政治性词条，他是作者之一。他深知，"制作词条的素材都是各个学科科学研究的结晶"，他视自己在其基础上如切如磋、如琢如磨地写词条，是"在真理的长河中探索前进"。

他时时记挂着2019年版《辞海》的编纂。"只有通过不断修订，才能修正错误，逐步接近真理。我们就像坐在火山口上，稍有疏失就可能犯大错误。而《辞海》的生命力就在'十年一修'。"今天，他依然坐在火山口上，但巢峰老矣！

他记挂《辞海》作者、编者的接续。为此，他从国务院颁发的政府特殊津贴等收入和工资中拿出50万，打算搞一个"《辞海》编纂

夕拾朝花

224

奖"，奖励为《辞海》作出过贡献的人。"他们可以不计得失，可是不能不为他们计"，巢峰这样想。

他记挂《辞海》精神的传承。"我们的编辑出版队伍以作风严谨为荣。一个引文，每个数据，都要逐一核对，每个标点，每个符号，都要认真推敲。字斟句酌，一丝不苟，是我们信守的格言，而马虎草率，粗制滥造，不负责任的行为，则是我们最为鄙视和唾弃的作风。"后来人，都听他讲述过"一丝不苟、字斟句酌、作风严谨"的"辞海精神"。

……

蹒跚着，老人还在前行，接续着58年出版工龄和54年的编辑生涯，成就着中国出版的一个传奇。

（原载2012年7月12日《光明日报》）

蔡美彪：洗尽铅华呈本色

"洗尽铅华呈本色"，吕叔湘先生诗中的这句话，蔡美彪先生喜欢，为人治学写书，他都追求这样的境界。"文章写就供人读，何事苦营八阵图。洗尽铅华呈本色，梳妆莫问入时无。"吕老的诗句，面前84岁的先生，竟脱口而出。

得知蔡美彪先生新作《中华史纲》由中国社科文献出版社出版，我就辗转表达了想采访先生的意愿。传回来的信息，是蔡先生委婉的拒绝："书，读者还没看到，先听听读者的意见。"

先生的低调与读者的热烈形成了鲜明的反差。一个月内，《中华史纲》销售已经近万册。这，成了我走进先生办公室的理由。

问先生："《中华史纲》写作中，您的考虑，追求的境界？"

"这本书，是写给时间不多的读者的。希望他们花不多的时间，对中国历史发展有个概括的了解。写作时的指导思想，是全心全意为读者服务，我时时提醒自己，写这本书的目的，不同于写学术著作，不是为了发表自己的新观点写论文，要避免表现自己。追求的境界，首先是读者拿到书，要看得下去，而不是看几节就不想看了。为此，从书的框架，写什么不写什么，文字表达等诸多方面，我都尽量为读者着想，希望写出的书，俗不伤雅，通俗易懂，读者愿意看，能够看，能看得明白。为此，写作时只能从实际出发来斟酌。"

将中华民族五千年的文明史，浓缩在30万字的《中华史纲》中，蔡先生说，有两个文学家归纳的写作方法，对他有影响。

一个是清初戏剧家李渔。他总结写剧本的经验，是"去枝蔓，立主脑，脱窠臼，贵浅显"。"写考据文章，不厌琐细，写《中华史纲》这种书，则要去枝蔓，使主干明显。要摆脱现在流行的各种写法、观念，不管窠臼是什么，不要受束缚，为读者着想，尽量深入浅出，不要故作高深，不要赶时髦，书中，当前学术界流行的新概念，我没用。"

一个是当代作家赵树理。"赵树理是解放区著名的小说家，他的作品，识字不多的工农兵非常欢迎。他的两句话让我记了几十年，就是'有交代，有着落'。对写作中涉及的一个人、一件事、一个战争……都要有交代，有着落，写出因果，写出内在联系，有头无尾，有尾无头的叙事，都应力戒，这也是中国史书的传统。看了上卷想看下卷，历史小说做到的，历史书也要做到。"

蔡先生说，李渔、赵树理都不是历史学家，但写书不仅要学习前辈历史学家的写作经验，文学家、哲学家、经济学家的写作方法都要广泛地学习，这样有好处。"杜甫诗云'转益多师是汝师'。活到老，学到老，生活就是学习。这确实是我治学的体会，一生的体会，也是写《中华史纲》的体会。只是以几个历史学家的写法来撰，撰不出新的格局。"

《中华史纲》我还没有读完。对读过的部分，已有了点点心得。请教先生：开头一节"原始遗迹"，一千多字，把新旧石器、彩陶文化、黑陶文化几个历史时期讲过，寥寥几笔，但却并没有忽略细节，凸现的细节，让我形象地记下了每个时期的分期特征，细节用得何止精当，简直是精妙。

先生作答："这里边，当然有历史观的问题，也还有研究方法的问题。作为这样一本普及性、综合性的书，我在分清主次时，注意到了一个问题，所谓主要不主要，取舍时，写什么不写什么，我是写前面时考虑到后面，写后面时考虑到前面，写事情的发展，不是孤立地看待每一个朝代发生的事件。让读者在读的时候，自然想到历史事件的内在联系。"

研究工作和表述是完全不同的两回事，以为有材料有观点就可以写，不对。要用一半的时间来考虑表述，舍不得花工夫不行。叙事是很难的事。我们学术界受西方影响，西方的观点，认为叙事不算学问，考据、论说才算学问，这是不对的。中国传统史学是以叙事为主，叙事是历史学的基本功。清代章学诚认为历史学有几类，有史传，有史考，有史评。但最后他说了一句话："叙事最难。"这是他的原话。这是他的经验之谈。因为，在考据的基础上，才能叙事清楚。"我这个书，着力于叙事。难，我就多用力量。叙事清楚，读者才能看明白。叙事，不要故作高深，也不要追求时尚，要根据事情的脉络。叙事追求平实简要，文字则要平易畅达。"

"写这本书前，我把近代的历史书大致翻了一下。近代历史学较之乾嘉时代，在研究方法、表述方法上确实有了很大进步。但是回过头来看，也产生了一个问题，就是新造的概念过多。为了写书，我访问了一些中学生。他们告诉我，上了一年历史课，脑子里记的都是一些概念，老师考的就是这些。这真害人不浅。我写作时，暗暗在做一件事，想把近代以来关于历史的概念清理一下。当然，我知道，这不是我这本书的写作可以解决的，但这本书做了这样的努力。"

对现代史学中的流行概念，蔡先生采取了三种办法：一类是别人都用的，他不用，力求恢复历史原貌，把历史家的概念清理一番，如春秋战国的分期、五胡十六国的概念，但作出解释；再一类是别人都用的一些概念，他只得沿用，但将计就计，交代知识，给予说明，澄清谬误，如皇帝的谥号、庙号、年号等；第三类是近年一些考古学家、历史学家自制的、国外引进的不稳定、不准确的概念，则一概不用，不赶时髦，因为用了使读者费解。

"不随风倒，不迎合时尚，不讨好读者，宁可准备挨批，不同意见我会欢迎。"这就是先生的历史唯物主义态度。先生说，"搞历史，有两种路子，一种是用历史的事实来证明马克思主义的原理，另一种是用历史唯物主义的立场观点方法去研究历史、解释历史。我的叙事，不做多少理论概括，尽量不讲空话、套话，不掺入表现自己的杂念。理论上有创造谈何容易？我就是学习、研究历史唯物主义，老老实实分析历史，自己不唱高调，从历史的实际出发。历史很丰富，给人的启发也很丰富。光讲某一点，是狭隘的。一个民族，了解自己的历史，就像学习自己的文字一样，有没有这些知识，文化修养、思想素质是不一样的，作用是潜移默化的"。

"听说，您早就想写一部《中华史纲》这样的书？"我问。

"说来话长。"蔡先生拉开书桌左手边的一个抽屉，拿出一本粉色封面的本子，只见本子的纸已经有些发黄。先生翻开书页，是一本油印的讲义。"1954年，欧阳予倩与范（文澜）老讲，从事戏曲工作的人，都要了解中国历史。于是，范老把为他们讲课的任务交给了我。我讲了一年的中国历史，自己写的讲义，想修改后出一本书，但因为忙，放下了。'文革'时，尽管挨批挨斗，我仍有空就改我的讲义，别人说，'都什么时候了，你还写书'，我还是没停下来。后来，乔木同志进了中南海，要我写一本《祖国历史》，但因忙《中国通史》没顾上。第三次，是《中国通史》十卷本出版后，胡绳建议我再写一本简本。我说，'不行，要先写通史十一卷、十二卷'。但这次，无论如何要写了，我都八十多岁了，不能再等了。所以说，《中华史纲》写成是最近两三年，但却是60年的积累。60年前就开始写了，脑子里一直想着它。写《中华史纲》时，很多章节做了参考。年龄大了，写作时，许多词汇不再会从脑子里一下蹦出来，要反复想。写《牡丹亭》，沿用比较多的，是说'一个爱情故事'，我反复琢磨，用'梦幻姻缘'来概括。"看得出来，先生对自己的概括，很得意。

"书刚出来，奖誉过多，愧不敢当。实际上要有点批评。但有两点我是承认的：这本书是我80岁以后写的；是我一个人写的，从收集材料、写作都是自己。'80后'精力不行了，又没和别人合作，这两点合起来，书中的问题少得了吗？"先生爽朗地笑了，我们也笑了，先生兜了个圈子，结果，把我们绕进去了。

我环顾先生的办公室。里墙下，放着一张折叠床，床上，放着单薄的被褥。在办公室时，每天中午，先生就在这里小憩。从在北大读研究生起，先生就在现在社科院近代史所所在的这块地方工作。几十年中，工作单位换了几次，但他始终没有离开这块地方。年轻时，除了外出，他每天必来办公室。如今，84岁高龄，他仍如此，只是雨雪天不再出门。"去年春节，老伴去世了。写书、生活我都是孤军奋战。八十岁时，大家给我祝寿，我想到以前自己给一位经济学家八十岁祝寿，他说了两句话，'八十不算老，再读十年书'。我说这个值得学习，但是光读书不行，要干一点事儿，改一下：'八十不算老，再写十年书'，我就以这个为目标奋斗。到现在五年了，我真写了几本书。每天，我只有读书写书的乐趣。"形只影单的先生啊。

"看来，《中华史纲》初印两万册不够了。"先生说。

（原载2012年8月6日《光明日报》）

231

祖国，我在拉美大地为你放歌

——追忆《今日中国》拉美分社社长吴永恒

一生守时的吴永恒，这一次迟到了。

当地时间2013年3月18日，是墨西哥的假日。下午3时30分，墨西哥中央电视台演播厅，一档关于中国的访谈节目已到了开始时间，但受邀嘉宾还没有到场，嘉宾是《今日中国》驻拉美分社社长吴永恒。

节目主持人尝试了几次，吴永恒的手机都无法接通。情急之下，只得致电《今日中国》拉美分社。

当分社工作人员赶到吴永恒的住所，他们最担心的事情发生了，死神已经先他们一步光顾了这里。

吴永恒走了，突发的疾病让他走得如此匆匆，没留下一句话。

古琴《思故人》的旋律哀婉低沉。

面向大海的吴永恒，留给同事、亲人们的是他那熟悉的背影。渐渐地，他转过身来，微笑着走进墨西哥火热的工作和生活——

在报刊亭分送杂志，在演讲现场，潇洒地接受墨西哥媒体采访，被读者相拥着合影……

人生中一个个瞬间，链接起吴永恒忙碌的一生。镜头中的他，生命光华绽放。

老吴，是个民间大使

在外文局，大家都叫吴永恒"老吴"。这是他花甲之年转战到这里使然。

2004年外文局启动了对外传播本土化战略，在海外出版当地语种的《今日中国》杂志，远播中国声音，呈现中国形象。就在拉美分社急着物色领军人物之时，外文局常务副局长郭晓勇，想到了老吴。

此时，刚从新华社外事局副局长岗位退休的吴永恒，面对着诸多邀请。从1964年在古巴学习西班牙语起，他一直与拉美那片土地情缘缠绵。做过新华社巴拿马分社翻译，波哥大分社、布宜诺斯艾利斯首席记者，拉美总分社社长兼总编辑，常驻拉美国家二十多年，熟悉西班牙语、葡萄牙语。

没有犹豫，老吴就做了选择，来到《今日中国》拉美分社。

"搞外事，老吴学一个人，是周恩来。"在拉美分社，与老吴接触了一天半，外文局副局长兼总编辑黄友义就有了这样的印象。

在墨城，他听老吴讲了一个故事。1973年，企业家堂·胡安陪同当时的墨西哥总统访问中国，在会见时，周总理提到榆树，说这种树耐寒，长得快。胡安随口问："这种树不知道能不能在墨西哥城的高原上生长？"周总理说他不清楚，但值得一试。两天后，当胡安登上返程专机时，发现自己的座位旁放着七根榆树插条，还附有一张详尽的英文说明书。胡安把树苗带回墨西哥，种在自己的庄园里。现在，这些树苗已是郁郁葱葱的周恩来榆树林荫道。老吴说，周总理做的不是一代人的工作，而是中墨的世代友好。

墨城中心广场的钟塔下，立着《今日中国》修钟纪念铭牌。这座钟塔，原建于1910年，是当时在墨华侨为庆祝墨西哥独立一百周年，赠予墨西哥政府的礼物。墨西哥独立二百周年时，钟塔已十分破旧，老吴力主《今日中国》出资修复。2010年9月，这里响起久违的钟声。

站在钟塔下，黄友义看到，路过这里的司机们，会下意识地举头去看钟的时刻。那一刻，黄友义明白了老吴修钟的心迹：他是在做中墨世代友好的工作。

在拉美分社，档案整整齐齐，办公桌一尘不染，接待客人的水果，削好了放在那儿……接访来宾，几点接机，访问日程，乃至出车顺序……老吴事必躬亲，安排得滴水不漏。

"我负责图书出版，一天半中，老吴为我安排走访的出版社、书店，各具代表性，看后颇受启发。"

一天半体验下来，黄友义感触颇深：我们的一些同事跟不上老吴的脚步，跟不上老吴的水平啊。

《今日中国》代总编辑唐书彪在墨西哥有13天和老吴朝夕相处。采访中，他向记者提供了一份老吴一周的工作日程。一周中，从接机开始，老吴陪同他相继飞达墨西哥北方边境、中部的数个城市，会见当地发行总代理、读者代表和文化官员，会见和采访议员、总统和现任官员等各界人士，了解当地侨社和华文学校，参观华人移民史展览。有时，一天中飞越不同时区的城市，参加七八场活动。老吴充分利用自己在拉美的人际关系，在墨西哥建立了广泛的社会联系。他平日所做的，远远超出了一个杂志分社社长的职责与担当。

检索西文部主任李五洲保存的老吴长达四年的工作日记，记者终于明白，上面的一周，不过是老吴八年工作的缩影，老吴为中墨友好所做的努力一以贯之，从花甲及近古稀。

1973年到1996年，老吴的足迹几乎遍及拉美国家。退休后的八年，他的身影依然活跃在墨西哥和拉美民众中间，为中拉友好贡献着光热。

"老吴把自己交给了那片土地。"回到首都机场，吴永恒的妻子姜憬莉对老吴的同事们说。

在墨西哥、在拉美，老吴有爱他的兄弟，爱他的朋友。就在老吴远行前一个月，在外文局海外工作会上，他讲到了这些朋友。

《今日中国》发行代理人弗洛雷斯，不顾一只眼睛刚做了手术，开着车，在尘土飞扬中，接送老吴。他的妻子玛瑰，忍着口腔发炎的疼痛，布置《今日中国》展台，向来往的人介绍期刊和征订订户。

老吴身体不适，老华侨欧阳为他找医生、买药。怕老吴受寒，解下自己的围巾，给老吴系上。

老吴去作报告，会场灯光太弱，看不清讲稿。华裔曼努埃尔和妹妹在两个多小时里，轮流手擎工具灯为他照亮。后来，得了重病的曼努埃尔告诉老吴，"你是我最亲近的弟兄，病好了，我还要继续推广期刊，而且成立一个文化中心"。

墨中友协副主席法雷尔博士，在一天两次手术的间歇，还打电话给分社，要警惕我们的北方邻居，他们不甘心中国渐渐强大起来，会不择手段地加以阻挠破坏，但他们不会得逞。

讲这些的时候，台上的老吴流泪了，台下许多听的人，也被这兄弟情谊浸湿了双眼。

一本小杂志，一个大舞台。在这个舞台上，老吴，是个民间使者。

老吴到过的地方，中国声音更加响亮

墨中友协领导人莱昂诺拉给《今日中国》带来一件礼物：18个新发展期刊订户的名单。弗洛雷斯把为他做手术的医生发展为《今日中国》的订户。远在墨美边境的欧阳老人给分社的圣诞礼物，是8份《今日中国》订单。墨西哥城的卡尔萨达发来17个人的续订名单，他说，这是为了给《今日中国》一个新年的拥抱……

老吴任拉美分社社长的八年中，墨西哥《今日中国》西文版的订户从分社建立前的19个，发展到如今的1.3万个，杂志进入了墨西哥31个州，登上了墨西哥几大航空公司的航线。与此同时，在秘鲁的订户上升到5000个。

每一份订单，都来之不易。

立足墨西哥、秘鲁后，老吴带领着拉美分社，相继把《今日中国》西文版发行到了拉美所有国家。在巴拿马、哥斯达黎加、萨尔瓦多、危地马拉、洪都拉斯、尼加拉瓜、多米尼加共和国和海地等国建立了发行点，使《今日中国》批量进入中美洲、加勒比全部未建交国家。那些地方，中国声音开始响亮。

八年中，老吴上百次到墨西哥的大学、研究机构，以"中国与拉美"、"中国经济发展，威胁还是挑战"等为题发表演讲。中国网记者刘湃描述了目睹的一次老吴演讲。"出发时，老吴把小推车和几大捆杂志装上车。到了学校，他停好车，脱下西装，拎起两大捆杂志就去了会场。待把杂志在会场摆放好，才穿起西装，走上讲台，介绍中国，回答听众感兴趣的关于中国的问题。"

做演讲，老吴常常是早出晚归。有时，一天中往返不同的时区。有时，一天中要在崎岖的山路上颠簸十几个小时，而每每此时，老吴都会坐在副驾驶位置，"享受"着后座同行者的鼾声，不停地与司机说话。他怕司机一旦睡着，车会滚到山下去。没有司机时，老吴就要自驾，而那路途，是年轻人"坐着都很累"的旅程。

去墨西哥南部瓦哈卡州的小镇特皇特佩克，从州府还要乘车走三个半小时。道路崎岖，全是陡坡和弯道，还要翻越高耸的西马德雷山脉。为小镇上的200名听众，老吴去了那里。

每次做完报告，老吴身边总是围着很多的人，继续交流，或争着合影，迟迟不能散场。在听众眼中，老吴是他们了解中国的窗口。老吴，就是中国。

一次，老吴作完报告，正同市长交谈，一位戴墨镜的老人走过来说：让我拉一拉你的手。我眼睛瞎了，偶尔参加一些活动也是坐一坐就走。今天我一直听完你的报告。你的演讲使我这个盲人睁开了眼睛，我看到了一个正在发展起来的中国。我看不见你，但我要拉一拉你的手。

西班牙经济学家梅尔卡多说，我去过中国，亲眼看到中国的进步，听了你的报告，我对中国的进步有了更深刻的理解，特别是取得进步的原因更加明了。

八年中，老吴曾多次应邀到墨西哥电视十一台直播室，参与有关中国的访谈。

在老吴的建议下，《今日中国》前后方合作出版了《今日中国·应对气候变化专刊》，并送到坎昆联合国气候变化大会上。法新社报道说，中国在坎昆的市中心设了一个很突出的中国展台，并向各代表团下榻的宾馆发送各种介绍中国的精美杂志。"美国之音"注意到，展厅内，到处都是宣传中国为解决气候变化所做努力的宣传品。时任墨西哥总统卡尔德隆特别授予《今日中国》总统府采访权，这是唯一一家被授权的中国媒体。

在老吴的推动下，墨西哥国家通讯社、墨西哥宏观经济杂志社、网络电台等媒体与我国签署了互换新闻和广告协议。中国媒体的报道登上了墨西哥报刊版面，出现在墨西哥电台上。墨西哥《宏观经济》用25页的篇幅刊登社长访华报道。网络电台开辟了"今日中国面向世界"直播栏目，每周2个小时，已累计播出上百个小时。

中国报道内容的生命在延伸，中国声音的传播范围在拓展。《今日中国》的图片出现在墨参议院举行的"中墨记者镜头下的墨西哥和中国"摄影展上；纪念中墨建交四十周年的画册《中国和墨西哥，携手共进》送到了恩里克·培尼亚·涅托总统手上。《今日中国》被墨西哥头版俱乐部和出版行业协会授予唯一外籍会员身份，老吴也被头版俱乐部授予终身荣誉会员资格。

"感谢《今日中国》向拉美各国报道中国政治、经济和社会发展所做的努力。"墨外交部长在来信中说。《今日中国》成了墨前总统埃切维里亚直接了解中国的渠道，"每一期期刊我都在认真地阅读"。墨西哥头版俱乐部主席则从其中了解到中国发展和生活的方方面面。

一本小杂志，一个大舞台。在这个舞台上，老吴是个歌者，在拉美大地，为他的祖国放歌。

工作中的老吴，吹冲锋号，跑步前进

《今日中国》本土化中心的刘诗楠，七年来通过邮件、电话与老吴保持着联系。"从文字中，感受到了他对拉美地区的深厚感情。他的很多想法，比如北墨南秘的格局，南锥体版的拓展，以及外宣事业中'布点做眼'的策略等等，都体现出他对于拉美地区外宣事业发展深刻而长远的认识，给了我们年轻人认识和思考本土化事业发展的新角度。"

采访中，读到老吴2012年8月16日的来信。他在信中称赞西文版"向着'三贴近'的目标前进了，摆脱了长时间以来'编书'的窘状，体现了更多的活力和生命力"。"变化还表现在'月讯'为读者提供了更多的信息，'大使访谈'突出了同拉美的关系，'专家言论'提升了稿件深度，都是刚刚发生的、读者喜闻乐见的信息。""反映当代中国现实和当代中国人民生活的东西占据了主要版面，呈现给读者的是一个活生生的中国。"他说，西文版面对拉美读者，应该提倡编辑们都成为"拉美专家"。

读到的另一段文字，老吴说到自己：我是性格鲜明的人，工作上主张要快、要猛、要吹冲锋号、要跑步前进……我一辈子国内外经历了不少岗位，拉美分社，是我的最后一个阵地，我要以战士的情怀和情操、胸怀和勇气守好和巩固这个阵地，将来有一天可以光荣地抬着头把它交给来接替我的同志。

到墨西哥上任前，老吴帮助《今日中国》西文版在国内组建了专家顾问团。赴任后，他凭着对拉美社会、经济、文化深刻的了解和对外传播业务的精通，不断提出中肯的办刊意见和建议，积极在前方开展市场调研、搜集舆情、物色作者、策划选题。

他曾在一周内跑了巴西、阿根廷和乌拉圭三个国家调研，解决版权之争，达成合作意向，达成代销杂志协议。为推广杂志，他曾翻越3850米高的南马德雷山脉，连续开车11个小时。坎昆联合国气候变化会议时，外文局派出采访团队，他担任顾问。安排采访日程，争取采访机会……唐书彪带队完成大会报道之后说："有一老是一宝。"这"一老"，他说的是老吴。

同事们都说老吴是幸福的，晚年的人生仍这般有声有色。

同事们也说，老吴是有遗憾的，这让大家很心痛。

2013年外文局海外工作会上，老吴的话，言犹在耳。他憧憬《今日中国》在拉美地区发展的未来：形成以墨西哥为中心的中美洲版、以秘鲁为中心的安第斯版、以智利—阿根廷为中心的南锥体版和巴西的葡文版对整个拉丁美洲地区的覆盖。他更为"在拉美的棋盘上，目前的'眼'还是嫌少，还没有根本摆脱棋盘上'生不了根，成不了事'的局面"而忧心。

对拉美分社人员的采访，隔着白天与黑夜的距离。就在即将结束此文之时，记者收到一封邮件："姜老师说，吴社长是把自己留在了这片土地。他在墨西哥最后的几个月里，也一直为这种情怀而纠结，面对挚爱的亲人、奋斗大半辈子的土地、即将到来的回国计划……他从来没正面跟我谈过这些，而是站在办公室窗口许久，突然问我：当你离开墨西哥的时候，会有什么留恋吗？"

老吴是带着这纠结远行的。

就在去世前两周，老吴还殚精竭虑写出2013年《今日中国》本土化工作设想，建议以中国网名义派驻常驻记者；在墨西哥设立拉美物流基地；不要再次错失巴西2014年和2018年足球世界杯和奥运会的机会……

一本小杂志，一个大舞台。在这个舞台上，老吴诠释着对祖国的"鞠躬尽瘁，死而后已"：生命的终点已经在逼近，老吴还在以跑步的速度，接近心中的梦想。

老吴心里，有一个更大的家

邹蒙蒙至今还记得老吴包的素馅饺子的味道。

在墨西哥，逢年过节，老吴总要把年轻人请到自己家中，为大伙包顿饺子。"我们会毫无顾忌地把饭菜全部抢光。远离家人的我们顿时被浓浓的亲情包围着，吴社长站在一边微笑着看着我们，那个时候，他就是我们的父亲。"中国国际电台记者刘双燕说出的是大家共同的感受。

新华社、《文汇报》、《人民日报》等驻墨记者都得到过老吴"太多的关心、帮助和提携"。从如何与拉美人打交道，到墨城开车认路技巧、生活小贴士，他们从老吴那里得到许多实用的信息，少走了很多弯路。有时一时找不到采访对象，老吴就利用自己的人脉为他们牵线搭桥。

"一次，吴老师邀我同去参加墨西哥网络电台'今日中国'节目，介绍国际广播电台和G20峰会。那天雨很大，他身染风寒，午餐食难下咽。做完节目回到《今日中国》办公地，我接到后方数个约稿电话。吴老师坚持要我首先考虑节目播出，并说他自己还有许多事要处理，我正好可以在这里完成稿件。一个多小时后，我推开吴老师办公室的门，看见蜷缩在大衣里的老人，已经躺在拼起的几把椅子上睡着了。我把他摇醒扶起，老人随即和我谈起他对我稿件的建议……"截稿前，我把中国国际电台驻墨记者万戴的诉说，加进稿子，希望老吴在另一个世界能够听到。

八年中，老吴接待国内赴墨访问、培训、采访的人员有数百批次。夜里接机，再晚他也要亲自去："对我只是多了一次，对人家也许一辈子只来墨西哥一次。"李五洲回国时，老吴正在墨外地出差。就在他即将登机时，有人轻拍他的肩膀，回头一看，是一脸疲惫的老吴。"他还是赶了回来，从他飞机降落的机场赶到我登机的机场。"

和老吴在拉美分社一起工作的日子，曾平刻骨铭心。

2010年4月，墨西哥爆发了"甲型H1N1"流感。疫情严重，风声鹤唳。外国驻墨机构纷纷撤离。外文局考虑驻墨人员安全，作出暂时撤离的决定。"老吴年龄大，年轻同事经验少，我坚持自己留下。"曾平说。可老吴为自己留下准备的理由，掷地有声："你语言不通，我留下来协调各方面工作，最合适。谁也别争了！"就这样，老吴坚持到最后一个撤离。

当地时间3月21日，赶到墨城的姜憬莉，打开丈夫住所的房门。霎时，泪流满面。

那束花，依然在桌上的花瓶里，只是已经干枯。姜憬莉记得，那是半年前，自己离开墨城前买了放在那里的。两个多月的探亲时日很快就过去了，这束花，是她为冲淡离别的伤感买回来的。

人去屋空，花溅泪。

老吴生前的住所，没有其他饰物。唯独这束已经干枯的花，老吴将它留在那里。

面前干枯的花，让姜憬莉看到了丈夫心中的牵挂。

采访中，记者读到老吴的一篇文章，其中写道："一个驻外记者往往要付出许多牺牲。我的孩子出生时，我正在巴拿马，几个月之后才知道他已经来到了世上。当我在多米尼加共和国采访时，我的老母亲病重。回国后我才知道她已经不在人间。我同母亲最后一次见面时，她说：'你走吧，别耽误了公事，顺顺当当的。'我深知，这是永远的告别。现在我常常陷入'子欲养，而亲不待'的遗憾。我们的工作需要得到理解，组织的理解，家人的理解乃至朋友的理解。所幸的是我们得到了这种理解。"

背负亲情，远离亲人，是人生的一种苦难。老吴说，为了事业和信仰，他甘心蒙受这苦难。

在老吴眼中，自己从事《今日中国》本土化工程，是在打造国家软实力，是在国际上直接展现"和平崛起"的中国形象。"我们在从事这样大的一个事业，绝对不能小看了自己。"

外文局每年的海外工作会，都选择临近春节时开，正好让在海外工作的人回家过个团圆年。老吴任拉美分社社长八年，没在家过一个春节，每次都在年根又飞回墨西哥。"分社还有年轻人在那儿。"除此，老吴还有一个牵挂：春节，分社要参加当地华人华侨组织的花车游行，"给墨西哥人民送去来自中国的问候"。

"2011年10月16日这一天，我和老吴倒了两次时差，结结实实地折腾了一天。长期在墨西哥工作的老吴，饮食已经本土化，平时喜欢吃当地食物。可这天中午，老吴坚持选择吃中餐，自己要了一碗面条。直到老吴上个月去世，我在起草悼词时，才知道，那一天是他67岁生日，那碗面条对他具有特殊意义。但当时，我一点儿都没有意识到，我欠老吴一个生日祝福。"说到这儿，接受采访的唐书彪泣不成声。

"老吴的心里，装的是别人，装的是事业，装的是更大的家。"

"无冤一生抒正义，本土八载建新功；四十三年新华赋，半个世纪拉美情。"郭晓勇三次去墨西哥，都是老吴安排行程。现在他去墨城接老吴回家。一路上，心潮难抑，辗转反侧，写下这样的文字。

老吴的葬礼是按墨西哥当地习俗举行的。中国驻墨使馆全体人员、中方驻墨机构的代表，墨西哥总统的代表，墨西哥前总统的秘书，拉美记者联合会创始人、终身名誉主席……都来为老吴守灵、送行。墨西哥全国制造工业商会阿瓜斯卡连特斯州副会长，《今日中国》该州代理销售人驾车五个半小时赶来，痛哭失声："老吴是我的兄弟，一周前他还去我那……"

中国驻墨大使曾钢说，吴永恒以自己的方式，为维护中墨两国关系做出了一份难能可贵的贡献。

墨西哥新闻工作者协会创办人及终身名誉会长说，吴是墨西哥记者组织的一位最伟大的朋友。

看到那么多人来为老吴送行，姜憬莉更加理解丈夫为什么离不开这片土地。

"老吴的离去，使我们失去了一位最热情、最有能力、最善于沟通的语言学工作者，一个民间外交家。老吴用他个人的魅力，使拉美分社在最短的时间形成了它的影响，形成了它的读者圈，形成了当地墨中友好人士对中国信息、中国杂志、中国杂志在当地影响的认同。老吴在他的岗位上耗尽了最后的心力，以致他的追思仪式都成为墨中民间友好、官方往来的见证。他把生命最后绽放的光彩，也贡献给了中墨友好事业。"中国外文局局长周明伟说。

一本小杂志，一个大舞台。在这个舞台上，老吴的角色，永不谢幕。

《思故人》哀婉低沉的旋律，在每个人心头流淌。

短片结尾处，微笑着面对众人的老吴，转过身去，那同事们熟悉的背影，渐渐远去。"老吴没有走远，他是去安排下一个工作。"唐书彪喃喃地说。

老吴走向大海。

海的那边，是他的祖国。

（原载2013年4月27日《光明日报》）

"让世界了解丰富多彩的中国"

——记外文出版社社长徐步

徐步这个名字，出版界知道的人不多。他来到这个行业时间不长，而且素来低调。但是，摄影界的徐步却广为人知，他曾担任华赛组委会副秘书长、评委，中国摄影最高奖"金像奖"评委，还是法国昂热独家新闻节终身评委。"拍摄截取必须选择最能表现事物本质的瞬间"，徐步赞同法国摄影大师布列松"决定性瞬间"的理念，并进而提出了"多元化的决定性瞬间"理念。他认为，现在人人有相机，但价值观、思维方式、历史背景、种族存在差异，人们对同一事物的理解是不同的，只用一个瞬间来代表"决定性"远远不够。

摄影记者徐步的经历中有两个故事。

徐步和阿拉法特合过影。两人拥抱时，徐步发现阿拉法特身上带着手枪，遂玩笑道："枪口不能对着朋友。"阿拉法特回答："我的枪永远不指向朋友，但是我的敌人太多了。"经典的对话。

另一个故事也精彩。1989年西方七国首脑会议在法国卢浮宫全新落成的玻璃金字塔前召开。不知是哪个环节出了问题，徐步没拿到采访证。他找到负责管理新闻事宜的部门:"为什么不让我进去? 我的读者是全世界1/4的人口。"采访证终于争取到了,可让众人都没有想到的事情还在后面。给七国首脑拍照时,徐步所在的机位是侧面,只能拍到各国首脑的侧面。徐步岂肯坐以待毙。他用法语不停地低声喊着:"密特朗先生,请转过来!"终于,密特朗和时任美国总统的老布什,以及英国首相撒切尔夫人等随着他的呼喊一同转了过来,侧面机位的徐步如愿以偿拍摄到了理想的照片。这时,身边有人说,这个日本记者真了不起。徐步纠正他说,"不,我来自中国!"

2007年,徐步的角色发生了变化,离开新华社,出任《人民画报》社社长兼总编辑。这期间徐步的"作品",是出现在《人民画报》上的对南方冰雪灾害、北京奥运会、"神七"发射、改革开放三十年、国庆六十周年、上海世博会、广州亚运会等一系列重大事件和活动的报道。2008年,他组织全社仅用60小时就完成了《人民画报》第6期《汶川大地震特刊——一切为了生命》的编辑工作。那段时间,多个独家专题图片报道掀起了一次次视觉冲击波。也是在这里,他提出了"封面决定论"的理念。

担任外文出版社社长、总编辑后,徐步的言行中,依然有"多元化的决定性瞬间"、"封面决定论"的影子,你经常可以从他的施政纲领中,找到源自一个称职的新闻记者和期刊出版人的那种一脉相承,但又增添了创新元素的战略思考。

徐步看重外文出版社多语种这在全国五百八十多家出版社中独一份的资源,说这是外文社惟一可以安身立命、区别于别的出版社的优势,提出要充分实现外字当头、多语种特色的自身价值,使外文社真正成为三个渠道,这就是中国国粹走向世界之道,中国精英通向世界之路，世界文明融入中国之途。如今，这追求就高悬于外文社的进门处。

在短短一年多时间里，外文社的转型已经凸显。

在外文社，"内知国情，外晓世界"变得具体，当代中国话题的出版选题由以往的1/3变为2/3。这样的决策，与徐步在国外做记者的经历有关。"20世纪90年代，法国人告诉我，说起中国，他们脑中浮现的还是人穿马褂、男人留长辫的印象，谁知来到中国，现实完全出乎想象。他们说自己'并不了解中国'。这与我们早期对外传播的电影作品有关，也与西方社会对中国报道的片面有关。我们要用手中的新闻出版话语权，准确、全面地向世界说明中国，对外国人关于中国的陈腐印象形成冲击。让世界了解丰富多彩的中国，是我们这一代出版人不可推卸的历史责任。"

当记者，做杂志，再到出版社，徐步觉得自己的工作节奏是越来越慢，可外文社的同事们却觉得如今自己的工作节奏是越来越快。党的十八大提出建设美丽中国，根据国外读者阅读习惯进行了二次开发的《拯救地球生物圈》迅速进入了外文社的选题。《社会主义在中国》也名列选题之中，《中共十八大：中国梦与世界》即将付梓。"用国外读者喜闻乐见的软的方式，做好这类选题"，是外文社正在做的事情。

美国导演卡梅隆与徐步是前后脚"到"外文社的。徐步到外文社上任，正赶上卡梅隆与北京的一项合作，于是，外文社成为活动主办方六方之一，外文社引进了3D图文版《泰坦尼克号》，在《泰坦尼克号》3D片上映之前，通过院线成功发行，卡梅隆专为图文版发行写的序言，把外文社好好地在国内观众面前推广了一把。以往一直只做对外传播的外文社，在更广阔的领域进行双向交流的端倪初现。同时，细心的外文社人发现，社里的选题中，一般性的、在市场上不留痕迹的选题减少了，"在市场上出现的外文社图书，要有精品的表现"的理念推进着外文社选题规划。

徐步提出，图书出版要追求对外传播与市场的一致性与互补性。他认为，当下，国内读者与国外读者关注的话题正在趋同，但不同的受众对表达方式的要求却有很大区别，"一鱼多吃"是徐步倡导的外文社选题开发的新做法。于是，以前只做对外传播的多语种图书，开始以中外文对照的方式向国内发行。

外文社正在进行新的资源整合：国家汉办正在成为亲密合作者，国家各部委、各地对外传播机构正在成为外文社的工作网络延伸。与国外高端机构的联系正在加强，与亚马逊的合作已经启动；《朱镕基讲话实录》英文版的出版成为与布鲁金斯学会合作的首项成果。国内一批新生力量，正在成为这些合作中的骨干……

新掌门徐步带领着一班人，着力抓着出版社的影响力、利润力，倾心激发全社员工的活力。52岁的徐步，从做记者起，就开始做对外传播，应当说，对外传播于他是老本行，但是，即使是开新车走熟路他也不敢掉以轻心，在驾轻就熟中体现着自己的沉着与力量。

（原载2013年8月27日《人民日报》）

夕拾朝花

叁·缥帙留香

为了给孩子展示斑斓的世界

——《少年百科丛书》出版纪实

　　《科学的发现》、《数学传奇》、《生活在电波之中》、《和智慧交朋友》、《八十年寻路记》、《伟大的空想家》……总计198种一千多万字的精美小书排成长长的一队，没有经典巨著那样厚重雍容，也不像以往的百科全书那样全面系统，但它却在少年儿童面前展示了一个色彩斑斓的世界，一个属于孩子们的有趣的天地。

　　这套《少年百科丛书》，从书名到内容充满了童真、童趣，通过它，孩子们结识了一个个伟大而平凡的人物，探究到了历史发展长河的脉络，知道了自然界中无数个为什么。但他们也许还不知道，围绕着这套丛书的诞生，也有许许多多动人的故事。

播种在春天

　　1977年暮春的一天，国家出版局的负责人陈翰伯专程来到中国少年儿童出版社。当时，我国三亿少年儿童面对着的是一片荒芜了的儿

253

童读物出版园地；全国只有两家专业少年儿童出版社，儿童读物编辑200名，少年儿童读物作者20位左右，全年的少年儿童出版物不到100种……"小平同志说教育要从娃娃抓起，中小学教育是打基础的教育，少年儿童读物是打基础的读物，你们是不是为孩子们出版一套打基础的中国自己的少年百科全书？"陈翰伯对当时出版社的领导胡德华说。

出版社现任总编辑遇衍滨回忆说："当时中少社刚刚恢复，原来的编辑队伍不复存在，作者队伍也散了。但我们有最宝贵的东西，那就是对3亿少年儿童赤诚的爱。"很快，编辑队伍重新组成了，散落在社会上的作者一个个联系上了，《少年百科丛书》的出版蓝图描绘出来了。

今天，纵观已经出版的《少年百科丛书》，我们看到当初编者们"启发思想、丰富知识、培养能力、引起兴趣"的初衷，已变成了丛书的灵魂。

在全套丛书编写过程中，这16个字既是编辑的指导思想，又是衡量每一本书的标尺。作者、编辑为此倾注了自己的心血。

四千多个难忘的日子

从1977年5月开始，四千多个日日夜夜过去了。当年亲身参加这套丛书编辑工作的作者、编辑中，已有人永远地离开了我们。12年中，二百三十多个科学家、教授、作家参加了书的写作，五十多位编辑、副编审、编审付出心血，更多的图书出版、发行部门的同志倾注了辛勤的劳动。

在我国少年儿童读物的出版中，少百丛书是一项开创性的事业。当初的情景是，虽然在翻阅了大量中外资料和广泛征求有关同志意见的基础上，经过反复研究、筛选，开出了书的题目，但作者在哪？内容讲些什么？用什么方式表述？众多的问号摆在编辑们面前。"参加工作40年，在少百丛书工作的12年是最辛苦、最珍贵、最难忘的日子。"编审段成鹏的体会在编辑中引起了共鸣。为了找作者，编辑们尽可能地了解各方面专家的情况，大海捞针般地寻觅线索。

写一本专著，对许多学者来讲是轻车熟路，可请他们为儿童写书，就不那么容易了。将深奥的科学知识变成少年儿童可以接受的"营养食品"，这当中的难度是相当大的。少百丛书中没有一本是一次成功的，有的书是作者酝酿二十多年才写成的。几万字的小书，最多的改写过七遍，这当中，作者付出了艰辛，编辑付出的劳动也同样是巨大的。从定出选题、收集资料到寻找作者、写出样稿，以至修改作品、编辑出版，他们默默无闻地做了大量的工作。为使一个小标题起得生动、精确，编辑会茶饭不香；为一幅小插图，编辑会跑几十里去寻找资料；为一个问题的修改，编辑写给作者的信竟长达万言……书上没有记着他们的名字，可他们付出的劳动，又怎能是书所能容纳下的？他们之所以耐住了"为人作嫁"的寂寞，承受了轻视"小儿科"的传统偏见，顶住了武侠小说热、侦探小说热、言情小说热的"冲击波"，是因为他们从一封封热情洋溢的来信中，一张张企盼课外读物的童稚面孔上，一个个学生如痴如迷地读书的动人情景中，看到了自己工作的重要意义。

今天，回忆从事少百丛书编辑工作的往事，仍使72岁的叶至善先生感到兴奋："这是我非常愿意做的一件事，通过这些书，孩子们知道生活中充满了乐趣，自己有广阔的用武之地。我们常说要帮助青少年树立正确的世界观，这话说起来容易，做起来并不那么简单。要有许许多多的知识作基础，才能实现。'少百'正是在扎扎实实地做这方面的工作。"听了叶老的话，人们不难理解，为什么这位从1945年就开始做编辑的令人尊敬的前辈，会这样一丝不苟地对待送到他手上终审的每一本书。编辑们常常看到，经叶老终审后的书稿上，仍写满了蛛网似的批注，夹着许多小纸条。"小读者是很认真的，马虎不得。"叶老常这样说。

最高的奖赏

这套丛书出版后，在社会上引起热烈反响。一些专家、学者、作家、教育工作者写文章称赞它是"通向知识海洋的窗口，打开知识宝库的钥匙，哺育巨人的乳汁，面向未来的武器"。一位农村小学生的家长，跋山涉水几十里，到县城新华书店买一套丛书。另一位家长到许多地方的新华书店购买丛书，最后在出版社的帮助下总算如愿以偿。他高兴地说："谢谢你们为孩子们干了一件大好事。"

丛书自1978年2月第一册面市以来，已累计印行5000万册，有28个品种在全国各类图书评奖活动中获奖。去年，出版社在新中国成立四十周年前夕赶印出的15000套包括120种书的《少年百科丛书》精选本，在两个月内即被抢购一空。

彭真同志看到这套丛书后十分高兴。他发动身边的工作人员和孩子们跟自己一起来读这套书，评论这套书。他翻看了《八十年寻路记》后，对周围的同志说："这本书写得很好。我早就希望有这么一套书，现在看到了，很高兴。"早在"文革"前，彭真同志担任中共中央书记处书记时，就提出学校应有统编教材，还要给青少年选编一批优秀的课外读物。前一个愿望实现了，后一个构想却因十年浩劫而落空。今天，看到这套精美的《少年百科丛书》，老人不由思绪万千。他再次严肃地思索着教育青少年，培养合格接班人这一始终萦绕在他心头的大事。思绪使他夜不能寐，伏案亲自给中国少年儿童出版社的同志复信。他在信中说："对青少年进行教育，把青少年培养成为爱祖国、爱人民、爱劳动、爱科学、爱社会主义的一代新人，是关系国家和民族的未来，保证社会主义、共产主义事业后继有人的伟大事业，是无上光荣的。"他指出："我们的国家和社会有责任帮助青少年正确地认识广阔无垠、气象万千的宇宙，了解古今中外、自然和社会各方面的知识，帮助孩子们辨别是非，正确选择人生的道路，根据社会的需要和自己的爱好，全面发展。除了好的课本以外，还要给孩子们提供大量内容健康、知识丰富、趣味性强的课外读物，满足他们的精神需要。"他写道："给孩子们的读物，必须是严肃的、科学的，否则，毒害下一代，谬种流传，会受到历史的谴责和惩罚。给孩子们的读物，又应当是通俗的、生动的，否则孩子们读不懂或引不起兴趣。"彭真同志在信中说："你们为青少年提供了一套很好的课外读物，我向你们和丛书的作者同志们表示祝贺和敬意，感谢你们克服各种困难为孩子们，为国家做了一件大好事……你们的心血一定会结出丰硕的果实，孩子们不会忘记你们，祖国不会忘记你们。"彭真同志还对身边工作人员说，这套书很好，但我们这么大的国家，有几亿青少年，只有这么一套书还不够，少年儿童出版社要继续努力，也希望有更多的作者、编者、出版单位为孩子们出版更多的好书。他在信中说："我希望你们继续收集读者、作者和各方面的意见，总结经验，竿头再进，与社会各方面通力合作，为孩子们提供更多、更好的精神食粮，为他们的健康成长做出更多的贡献。”

今年1月6日，李鹏总理也为这套丛书题词：“通向知识海洋的窗口，打开知识宝库的金钥匙。”

中国少年儿童出版社的同志们会把这些殷切的期望牢记在心，他们在继续努力。

（原载1990年2月4日《光明日报》）

夕拾朝花

把生命融入永恒

——写在《汉语大词典》出版之际

终于，我们有了一部自己的《汉语大词典》，在20世纪90年代第五个春天的时候。几代学人不必再把期盼留给下一个世纪。

终于，我们在中华民族语言词汇发展史上，又竖起了一座巍峨的丰碑。

半个世纪之梦

中国是世界上最早出现辞书的国家之一，其辞书编纂的历史最早可追溯到两千多年前的《尔雅》。此后，《说文解字》、《康熙字典》……各种韵书、字书问世不绝，但却缺少一部古今兼收、源流并重的大型汉语词典。

编纂一部继往开来的《汉语大词典》，是我国语言学家们半个世纪的理想。30年代初，一批前辈学人，在黎锦熙先生的带领下，筹备成立了中国大辞典编纂处。随着抗日战争的爆发，编纂工作停顿下来。抗日战争结束，编纂处虽移师回京，但除了一块牌子，已名存实亡。1956年，著名语言学家吕叔湘先生亲自起草的《汉语大词典》的编纂规划，虽已被写入共和国12年科学研究规划，但终因"大跃进"和十年动乱再告搁浅。

时不我待。1975年，邓小平同志主持中央工作。同年5月，出版部门在广州召开中外语文词典编写出版规划座谈会，顶着动乱尚未结束的"料峭春寒"，一代学者奋起抗争，《汉语大词典》（以下简称《汉大》）的编纂工作被列入规划。敬爱的周总理抱病审批了这一规划。

没人再彷徨，没人再等待。《汉大》的编纂工作迅即紧锣密鼓地开始进行。陈翰伯出任《汉大》工作领导小组组长，罗竹风任主编，吕叔湘任学术顾问委员会首席顾问，王力、叶圣陶、朱德熙、陈原等学者组成学术顾问委员会，72位汉语言学专家、学者组成了编委会。山东、安徽、江苏、浙江、福建、上海五省一市近千名语文工作者迅速聚拢来，收集资料的工作在大江南北展开。

五千年文明载起之船

汉语是世界上最悠久的语言，典籍浩繁，古今变化层出不穷。当近千名学者开始投入《汉大》的编纂工作时，他们面对的是一条波涛汹涌的五千年文明之河。在这样深厚的文化背景下来探究汉语词汇的源流，让词条的编纂，既体现历史发展的厚重，又展示当代学术研究的峰巅，学者们做的是一件前无古人的伟业。正如江泽民同志在《汉大》首卷问世时指出的："无论在国内或是国外，《汉大》都是一部很有影响的书，它的出版发行具有重大意义。世界上凡是历史悠久、影响巨大的国家，或是已经出版了反映本民族语言全貌的大型语文词典，或是正在致力于编纂这类词典，因为这类词典集民族语言之大成，体现着一个国家和民族的传统文化，一般都被看作是国家的荣誉和民族自立的象征，所以历来都受到本国政府和人民的重视。"《汉大》共收词语37.5万余条，全书正文12卷，另有《索引·附录》一卷，共5000万字，插图两千两百余幅。编纂者们运用我国传统的训诂学方法，以现代语文学理论为指导，从近万种书籍中，采集了800万张资料卡片，经过去粗取精，去伪存真的研析，从中精选了二百多万条作为第一手资料，按词的本义、引申义、修饰义来划分和排列义项，从历史和现实两方面来全面揭示词的语义结构，力求尽可能收录古今汉语著作中的普通语词，吸收语言文字的研究成果，准确地解释词义，恰当地引用书证，反映出汉语词汇发展的轨迹。每一个字所带词目，其义项和书证都比现有词书多好几倍，以"一"作为字头的复词，就收词目一千八百多个。

《汉大》古今兼收，源流并重，集古代汉语和现代汉语词汇之大成，收词范围包括古今词语、熟语、成语、典故以及古今著作中进入一般语词范围和比较常见的百科词。《汉大》为每一个汉语词汇立了一个传，每一个义项均从源选起，提供了最早的书证；又不忘流的沿革，以书证展现该义项最后的变化。由于以研究做基础，《汉大》把许多词语第一次出现的时间大大提前。

大协作成就之业

"在国家没有投资的情况下，是华东五省一市的社会主义大协作，

261

成就了《汉大》之业。"每谈及《汉大》，现任《汉大》工作领导小组组长刘杲必说此话。

《汉大》与世界上最著名的大型语文词典《牛津英语词典》、《德语词典》、《现代俄罗斯标准词典》规模相当。在国外，编纂这样一部词典需要几十年甚至上百年的时间，《汉大》用18年走完了别人半个多世纪的路程。

当年为《汉大》运筹帷幄的主编罗竹风，如今因病住在医院里。他向记者谈起《汉大》18年的编纂历程，感触良多，"《汉大》的编纂工作，是空前的，是时代的产物。当初，没有五省一市的协作，没有知识分子的无私奉献，就不会有今天的《汉大》"。

《汉大》的编纂，可谓"兵团作战"，参加组织、资料收集和编写的工作人员前后有一千人。《汉大》从开始到成书，始终得到党中央、国家新闻出版署、国家教委的重视、支持和富有成效的帮助。1978年2月，国务院将《汉大》列入了国家重点科研项目。党中央先后三次对《汉大》工作给予批示。五省一市的领导，宣传、出版部门给了《汉大》始终如一的支持。《汉大》编纂耗资上千万，与《中国大百科全书》不一样，资金不是由国家提供，而是由五省一市承担，《汉大》出版社的社址是上海市提供的；承担了最繁重编写任务、编纂工作持续时间最长的江苏省，数百名工作人员的工资和编写场所，是由各有关部门解决的。其他省的编纂工作也得到了同样的支持。承印《汉大》的上海中华印刷厂，为使内容浩繁、体例复杂、繁简体字并用、排印难度极大的《汉大》顺利出版，专门成立了一个车间，全力保证《汉大》的印制。正是有了这样的后勤保障，几代学人才得以安心著述，成就伟业。

把生命融入永恒

18年，在历史的长河中不过短暂的一瞬，而在人生中却是一段漫长。这期间，中国的历史发生了重大变化，"四人帮"垮台，改革开放之风吹遍神州。出国、下海、升迁、赚钱……人们面前展示了种种机遇。面对种种诱惑，《汉大》编写队伍始终"雷打不散"。

一大批中青年学者，是在《汉大》编纂中度过一生最宝贵的时光的。浙江编写组的林菁、吴战垒，曾是编写组的小字辈。当年，他们放弃了自己在甲骨文、古典文学方面的研究，投身到《汉大》的编纂工作，今天仍不悔当初。工人出身的蒋金德，是在编写《汉大》中，完成了从外行向专家的转变的。如今，他已是浙江古籍出版社的一名副编审。别人说，第十卷主编薛正兴这几年的光阴是卖给《汉大》的。几年中，他为编《汉大》看过的资料，堆起来有半间屋子，为保证书稿质量，副主编已通读过的书稿，他仍要通读一遍。通读中，他根据自己掌握的五六万张卡片，补充进上百条原稿和现有词书上查不到的条目。

一些老学者，在原单位办了离退休手续，却自觉地坚守在《汉大》编写岗位。打过游击，做过记者的方福仁，一干就是十几年，干到胡子、头发全白了。作为浙江编写组的负责人，分卷定稿期间，他审读了全部书稿。如今，回首往事，他感慨良多："一生中最有意义的事，要数编《汉大》了。"为编《汉大》，浙江师院古典文学教师程二如，82岁高龄，仍每天拄着拐杖，由夫人陪同到编写组看稿，发誓："不编好《汉大》，死不瞑目。"

……

　　还有许多人，在为《汉大》殚精竭虑之后，却没来得及看到《汉大》的正式出版。杭州大学中文系的孔成九先生，在做资料卡片的岗位上患了中风，两天后去世，没来得及留下一句话。生前说过的"编成《汉大》就实现了我一生最大的愿望"遂成遗愿。主持江苏省《汉大》编写工作的省出版局副局长陈立人，是在起草了"关于加强《汉大》的出版工作"的报告后，心脏病突发去世的。参加过《汉大》工作的人中，已先后有47位专家学者离我们而去。他们当中有：陈翰伯、边春光、王力、叶圣陶、朱德熙、张世禄、吴文祺、张涤华、陆宗达、倪海曙、丁良典、洪诚、刘锐、杨云、袁是德、程养之……《汉大》最后出版时，决定将所有去世学者的名字上不再加黑框，这不仅是因为数十个黑框令人黯然神伤，更是因为死者活在《汉大》中，活在中国文化建设的伟业之中。

　　　　　　　　　　　　　　（原载1994年5月6日《光明日报》）

文学中的幽默话题

——与雷达、曹文轩对话

一个地方少儿出版社，花了六年时间，组织了全国一批儿童文学作家，进行幽默儿童文学的创作。初衷就是为了使他们的读者——少年儿童能在紧张、繁重的课堂学习之余，得到轻松、幽默、好读的文学作品，在轻松、愉快的阅读中松弛紧绷的神经，获得文学的熏陶。他们的努力所涉及的不仅是儿童文学创作中的问题，幽默及其在文学中的表现，已经成为整个文学中一个受到关注的问题。

记者：在日前为浙江少儿出版社出版的《中国幽默儿童文学创作丛书》举行的研讨会上，文学评论家们几乎都表达了这样的见解："中国的文学，特别是儿童文学呼唤幽默。"这是为什么？

曹文轩（北京大学中文系教授、博士生导师）："幽默"问题已愈来愈成为中国儿童文学的一个显赫的问题。这些年，许多人分别从"游戏精神"、"释怠"、"品格"等角度对它作了阐释。许多儿童文学作家已非常热衷于幽默作品的创作，它已成为一个儿童文学思潮。浙江少儿社近年来一直扮演着张扬幽默精神、将一批有创作实力的作家吸引到幽默大旗下的角色。他们对幽默情有独钟，缘于他们对幽默精神以及其意义有很透彻的领悟与理解。

伏尔泰说，人若要抵住生活的苦难，需要两样东西，一曰希望，二曰睡眠。康德说不够，还必须有一样：笑。他说谐谑能使人进入紧张、迟缓这样一个来回动荡的状态，这种动荡会产生一种心意的振动，并且引起一种与它谐和的内在的肉体运动，而运动是有利于健康的。幽默能忽如一阵清风，吹散人心空上的阴霾，提高人生的品质。心理学称此为"释愈"。

幽默的力量可以促成轻松、胜利、成功和无穷的活力。在幽默中，人之心灵会升起一股豪迈之气。幽默又帮助人扩张了自信心。经常处在幽默情景中的人，能够泰然自若、稳操胜券地面对一切。幽默能使人的气质变得高贵。

雷达（中国作协创研部副主任、著名文学评论家）：不单是儿童文学缺少幽默，整个文学都存在着幽默的"营养不良"问题。幽默是诙谐有趣而又令人深思的东西。现在大量流行的东西，看上去似乎很热闹，其实，这些相声、小品、通俗小说、轻喜剧、某些音像制品中，充斥着的多是媚俗的货色，并不是真正的幽默。

世界上对幽默无法定义，其解释不下百种，我们没有必要去死抠幽默的定义到底是什么。各个民族的幽默特色不同。幽默是一种智慧，是心灵自由的表现；幽默是一种解脱，能抚平烦恼，遏止焦躁，回归宽容和善良；幽默是一种发现，能让人从错位和虚幻中认清真实的自我，变得冷静而明智；幽默是一种优越，能使你站在高处看自己，看世界，看命运，在嘲笑不确定对象的过程中，获得自我发现的满足；幽默是一种自嘲，而自嘲正是自信的表现；幽默是一种真实，

夕拾朝花

它能把你引进荒诞、悖谬的死胡同，在笑声中将真实还给真实。幽默又是一种润滑剂，幽默一下可以拉近与别人的距离。幽默也是一种释放，幽默一下轻松许多。可以说，幽默是一个民族精神健康成长的营养剂，成人如此，儿童也是如此。在幽默浓度较大的空间成长起来的儿童乃至整个民族，心理素质要健全得多。如果我们的文学，既有深刻的反思，又有诙谐的幽默，那它对人们的陶冶、帮助会更大，会更有吸引力和魅力。前些年，人们好像重新发现了《围城》，其实主要是发现了其中幽默的韵味。老舍之所以被人们喜爱，与他的作品中内在、睿智的幽默是分不开的。鲁迅先生该算是最严肃、最深沉的了，其实在他的作品中，苦难、忧患与刻骨的幽默是完美地结合在一起的。不认识其中的幽默，就不能算真正认识了鲁迅先生作品的美学品格。在今天这个务实的时代，商品化的时代，人们往往被物质的欲望所困扰、所束缚，精神难以超越。于是，对精神超越的渴望，导致了对幽默的呼唤。

记者：如果将幽默看作一种文化品味，请问，它在中华民族的文化中是否是一种"稀有元素"？

雷达：幽默实际上是一种智慧，是心理健全、健康的表现。我不同意过去的一种说法，即认为我们这个民族历史上缺乏幽默感。过去的《笑林广记》、《笑府》、《儒林外史》、《聊斋志异》等作品里，有大量的幽默。一部分品味高的相声里也包含着很多幽默。我以为，我们民族的幽默感非常精彩，可以说是了不起的。但是应该承认，一个世纪以来，我们的民族多灾多难，苦难、战争……沉重的事情比较多，允许幽默、能够放开来幽默的时间、空间不是很多，以至幽默不是很发达，幽默的文学也不是很发达。当然，幽默是可以无所不在的，有时在最危险的关头，也可能会爆发幽默。

记者：如果将成人和儿童划分为两个空间，那么，是否可以说儿童的空间中幽默的空气密度大一些？请问，幽默的生长，需要怎样的土壤？

雷达：我觉得，孩子天真，他们更具有天然的幽默感，幽默往往和童心连在一起。看这套丛书，使我想起自己儿时的事情。记得上小学时，一次，我和一个同学在路上看到一辆自行车被撞翻了，车圈拧成麻花样的弯曲状，悬在那里转，我们由此联想到1、2、3、4、5、6、7七个音符，于是，它转，我们就笑，笑得都岔了气。可是现在，看到自行车圈被撞瘪了，我再也笑不出来，也不知小时为何觉得它可笑。我现在的心是长了厚茧了，对很多事情都麻木了。因此我觉得有必要提出，我们不能用过去成人的眼光看今天的儿童，也不能用今天成人的眼光看今天的儿童。丛书的作者都是成人，他们既要模拟儿童又要高于儿童，要自然而然，难度很大。儿童文学作家应该是心理大师，安徒生是绝对不亚于世界任何文学大师的一个大师，原因就在这里。他对人类心理的了解十分透彻。

曹文轩：一个人或一个民族，也可能会有许多不利于幽默感产生的心理障碍。这些障碍并非是这个人或民族先天就有的而是由某种文化铸成的。这种文化道貌岸然，将人的快乐本性视为轻浮，要人们老实持重，言辞表达要严肃规矩，不可带有谐趣意味。这种假正经的道学文化，使人之性格思维变得僵硬死板。中国的儒家文化便是这一路。儒家的廊庙文学便是一种充满腐儒气味而毫无幽默的文学。幸而中国又有源泉浩大的道家文化，才使得中国的文学未全部陷入僵硬死板。古希腊人也曾抑制过幽默。柏拉图就曾提醒人们要避免幽默。然而人的乐观本性最终还是难以泯灭的。一个人或一个民族，总要消除掉这些心理障碍，而向这个阳光照耀下被微风吹拂着的世界笑将起来。

（原载1999年4月9日《光明日报》）

关于"传世之作"的话题

——写在《全元戏曲》出版之际

北京大学著名教授袁行霈还没见到《全元戏曲》，已一言九鼎：相信它可以成为"传世之作"。袁先生的依据是，它的选题是文学史著述上的空白——完全的元代戏曲总集；主编是人品、学问口碑皆好的王季思先生；它的编纂集体是当代中国古代戏曲研究的"重镇"中山大学中文系古代戏曲教研室；它的出版者是人民文学出版社。看到这部书的学者们证实了袁先生的判断，他们均对这部书的传世功能深信不疑。说到中国文学，汉赋、唐诗、宋词之后，必提元曲。有元一代，是我国戏曲史上第一个丰收季节。如果说，传本数量之多，仅是戏曲繁荣的一个方面的话，那么，一颗颗光耀千古的剧坛"明星"的诞生，一部部惊天地、泣鬼神的剧本的问世，就更能说明这个时代戏剧创作的水平。关汉卿、王实甫、高则诚、施君美……这些响当当的名字；《窦娥冤》、《西厢记》、《琵琶记》、《拜月亭》……这些今天仍在舞台上光彩熠熠且被译成外文远播海外的剧本，足以令东方剧坛生辉，足以与西方剧坛媲美。

在封建社会里，戏曲是被排斥在正统文学之外的，加之其不同于诗歌、散文的流传方式，所以历来作品每多散佚，及至此次《全元戏曲》出版之前，我国竟尚无一部完全的元代戏曲总集。元代戏曲中尚有许多剧目像散落的珍珠，或淹没在浩瀚的古代典籍之中，或被尘封在无名之地。1986年，南国花城中山大学的老、中、青三代学者发愿：编辑《全元戏曲》，弘扬这份珍贵的文化遗传，使之像《全唐诗》、《全宋词》那样，既利于专家学者的研究，又便于一般读者的浏览。此愿一发，三代学者即踏上了漫漫的艰辛治学之路。

担任主编的王季思先生，此时已是80岁高龄。610万字的《全元戏曲》校稿，都经过他一字一字的认真审阅批改。他的学生回忆说，王先生在86岁时仍是清晨起来就坐在书桌前忙个不停。老年人面部肌肉松弛，嘴角容易流涎。为了不弄脏书稿，即使是盛夏，王老也戴着口罩伏案工作。王先生一生在中国古代戏曲研究、整理中多有成果，先后著有《西厢五剧注》、《玉轮轩曲论》、校注《桃花扇》等。他对元代戏曲情有独钟，从他看过的书稿中，可以发现，他对元代戏曲的关注和研究，始自1920年代。应当说由他主编的《全元戏曲》荟萃了他一生的研究成果。

中山大学的三代学人坐上《全元戏曲》编纂工作这个冷板凳时，正是地处华南，邻近香港的广州市场经济之潮汹涌澎湃之际，物质的引诱，挣钱的机会，接踵而至。可编纂者们坐稳了自己的冷板凳。别人去办公司，搞兼职挣钱，他们却在教学之余，挤出时间，同心协力，以求实求全的态度搜集、辨析有关资料，细心点校、辑录，在校记、作者小传、剧目说明等工作中融汇进研究心得，力求使《全元戏曲》兼备资料性、可读性、学术性。这当中，工作的精益求精、繁复自不必说。《刘希必金钗记》是明宣德年间的抄本，曾埋在地下500年。编纂时得到的一个整理本错误很多，没办法参考，只得以广东人民出版社《明本潮州戏文五种》影印本作底本，点校出整理本。书稿交到出版社后，编纂者心里仍不踏实，因为毕竟尚未见到原件。于是他们又专程赶到潮州博物馆，用了半个月的时间将影印本和收藏在这里的国家一级文物原件作比较，发现了已交给出版社的书稿中的错误，及时作了改正。

有时，为了弄清一个字，也要费许多心思。戏曲创作时的语言习惯、"活"着的文字，今天早已因时过境迁消失或死亡，要作出准确的点校，就要求编纂者有古代文学深厚的素养和广博的知识。可以说，我们的编纂者没有辜负历史的期望，以他们的学识纠正了以往版本中的许多谬误，使元代戏曲的面貌更加清晰地展现在世人面前。

学人们的愿望，得到了人民文学出版社的支持。出版者钦佩王季思等学者的学识和眼光，更敬仰他们以传承中华民族优秀文化为己任的精神，13年间，他们先后投入150万元，用行动参与到这项意义重大的文化工程中。

编纂者在冷板凳上坐了13年后，1999年4月5日，12卷《全元戏曲》飘着墨香走下了装订线。

这是一个迟到的喜讯。

90岁辞世的主编王季思先生已经长眠三年了。当责任编辑从北京打电话报告这一消息时，从千里之外赶回广州为父亲王季思扫墓的王小蕾刚好在电话边，听到这个消息，她顿时泪流满面：爸爸在九泉之下含笑了。

这是一个令古籍整理、特别是古代戏曲整理工作者兴奋的消息。

在这一学术成果孕育的13年中，我国戏曲特别是古代戏曲研究领域正呈现出严重的荒漠化趋势：人才大量流失，中山大学的古代戏曲教研室几乎是硕果仅存，仍保留着由12人组成的学术梯队；学术成果寥寥，学术园地荒芜。在这样的情形下，《全元戏曲》这一传世之作的诞生，其价值和意义，不言而喻。从这个意义上说，《全元戏曲》的出版，也给我们一个提示：为有更多的传世之作诞生，我们的学者、出版者应怎样去做？社会又该为我们的子孙后代做些什么？

（原载1999年5月14日《光明日报》）

分享人类文明成果

——记《不列颠百科全书》国际中文版的编纂和出版

迟到的文明之光

"让知识日益增长，以丰富人类生活"，是《不列颠百科全书》的箴言。这部在西方历史悠久、声名卓著的大型英语综合性百科全书，自1768年在苏格兰爱丁堡问世以来，被称为欧洲文明的曙光，曾照耀了欧洲及世界二百一十多年的历史。直到20世纪80年代，这道曙光终于越过太平洋，洒在中国大地上。

其实，在中国，早在19世纪60年代，近代化学家、翻译家徐寿在上海江南制造局内创建翻译馆时，就有翻译《不列颠百科全书》的倡议。后人也曾不断尝试。但直至20世纪80年代初，中国仍没有出版过一套现代意义上的百科全书。对此小平同志直言："这也反映了我们的落后，（新中国成立）三十几年还没有搞这些事。"在小平同志的关怀和他倡导的改革开放下，这种局面终于有了改变。

在这漫长的岁月中，西方人等不及了。20世纪70年代初，中美双方宣布各自将在对方首都建立联络处。不久，不列颠百科全书公司的代表吉布尼即主动和中国驻美联络处联系，表明合作意向。中美正式建交当年的11月，吉布尼便捷足先登，以不列颠百科全书公司编委会副主席的身份，应中国大百科全书出版社的邀请来华访问，受到邓小平同志的接见。

在谈话中，小平同志就中国的四化建设提出了重要的论点，他说："应该充分利用世界上的先进成果，来加速四个现代化。"当即同意了吉布尼提出的同中国的学者进行对双方都有益的合作，编辑出版《不列颠百科全书》中文版的建议，说："这是个好事情。"并就该书的编辑方针作了明确的指示："外国的部分搬你们的就是了，中国部分可能还有许多议论、争论和一些不同的看法。中国的部分我们自己来写。"

1980年8月，中国大百科全书出版社和不列颠百科全书公司正式签订了合作出版《简明不列颠百科全书》中文版（以下称《简编》）的协议书。1985年9月，《简编》1—3卷出版时，以吉布尼为首的美方代表团看到了中国人对书的热情。在北京王府井书店门前，买《简编》的人排起的长队，一直蜿蜒至长安街上。1986年9月10卷出齐，上海南京路书店，出现了人们蜂拥而入选购图书的盛况。截止到1997年，《简编》在国内和海外共发行了17万套。

为了共享人类知识财富

如今已离开我们的刘尊棋先生接受这项工作时已年近古稀。他在将此事托付给年幼他15岁的徐慰曾时说："一个人的一生做不了几件事。编译出版《简编》，是一件大事。我身体不好，恐怕看不到《简编》出版，就要去八宝山了。希望由你来挑这个担子，我会做你的后盾，做你的挡箭牌，全力支持你的工作，你要下决心把它完成。"当年已是54岁的徐慰曾当即表态："只要我的眼睛不闭上，我要排除万难地把这套书弄出来。"

说到百科全书对一个人成长的作用，刘尊棋先生说道："一个大学，一个图书馆，不能跟随你一辈子，但一部《简编》可以做你一辈子的良师益友。这是一个学费最低的'没有围墙的大学'。"

翻译、编纂这部书，是一项浩瀚的文化工程。为其融入心智的是一长串在中国文化史上赫赫有名的名字：费孝通、冯友兰、朱光潜、陈翰笙、季羡林、夏鼐、林亨元、郑森禹、冯亦代……这群出生于19世纪末20世纪初受过良好文化教育的知识分子，对国家和民族有超乎寻常的责任感和事业心。他们中有的心灵尚留有浩劫年代的创痛，有的多少年没有很好的发展机会，有的是从劳改农场径直来到编辑部的。动乱耗费了他们一生最好的时光，能在有生之年为祖国文化事业做贡献是他们最大的心愿。参加了《简编》、《不列颠百科全书》国际中文版（以下称《国际版》）编辑的杨照明的话代表了许多人的心声："我一生中最大、最值得纪念的事，就是参与编辑了这部书。"

《不列颠百科全书》继英文、日文、土耳其文、希腊文、法文、葡萄牙文、韩文等文版之后，终于有了中文版。中国人终于汇入了共享人类知识财富的群体，而这也意味着《不列颠百科全书》从此将拥有10多亿读者。

一首知识分子的颂歌

当《简编》尚在为历经文化浩劫的中国人解决着精神饥渴之时，一个更加宏伟的规划已经在它的中国编译者心中萌生。

随着我国社会主义物质和精神文明的深入发展及人类科学技术的日新月异，《简编》已明显暴露出它信息量不足，难以适应当前需要的弱点。根据新版《不列颠百科全书》全面修订《简编》被提到了议事日程。

徐慰曾，被称为《国际版》编译工作中的"灵魂人物"。他伴随着《不列颠百科全书》在中国走过了《简编》、《国际版》编译出版的全过程。编译、出版组织工作庞大，从人员配备、资金筹措到出版发行，方方面面的协调工作系于他一身。是他的学识和人格魅力，凝聚起了这样一个工作艰辛、薪水微薄的集体。1995年，在编译《简编》中耗尽心力，尚未来得及喘息的徐慰曾在近七十岁时，肩上又压上了《国际版》主编的担子。这可是个实打实的担子。出版社授予他全权，整个出版工程实行一长负责制。他要重新组织编译班子，还要负责筹措资金。徐慰曾没有想到，钱的问题会成为纠缠整个编撰过程的难题。编译经费原定二百多万元，但后来没有落实。且随体制改革，国家不再拨给经费，出版社要自负盈亏。向银行借贷，也变得越来越艰难。接手《国际版》的四年中，徐慰曾的日程表中没有了休息日，即便是在老伴病倒在床上的日子里。为筹集资金，他拎着沉重的英文原版《不列颠百科全书》到一所所大学去推销；为组织编译队伍，他奔波于大学、科研单位和专家学者们的家之间。

与徐慰曾一起踏上这艰辛之路，为《国际版》殚精竭虑的，有老者，也有年轻人。参与编辑《国际版》的马万钧，已身患肺癌，执意要用自己的二千多元稿费买一套原版书支持社里，买去的那套书，直到他去世也未曾打开。另一位老同志顾锦心拿自己的积蓄买了五套原版书，然后推销给自己的亲属、朋友……辗转卖出美方低价提供的七百余套英文原版《不列颠百科全书》，才总算缓解了一下资金困难。

筹钱难，而在横流的物欲中，固守一种淡泊平和的心态——安于贫寂、信守不渝则更是不易。从《简编》到《国际版》的十几年风风雨雨中，岁月悠悠，荡涤了年轻人的稚气，斑白了中年人的双鬓，甚至带走了老年人的生命。而参与这项工作的知识分子们初衷未改。担任中美联合编审委员会中方委员和顾问的钱伟长先生，已过80岁高龄，仍坚持要亲自翻译世界杰出人物科学家的条目。考虑到他的身体状况，许多人劝他放弃翻译工作。九个条目，七万多字，对一个尚有许多社会工作在身的耄耋老者，实在不是一件轻松的事情。可钱老还是按时交了稿，那是他每天清晨就开始伏案工作的结晶。

庞曾漱，大家都称她"庞大姐"，在《国际版》中负责地名统一的工作，七十多岁，天天来上班，待肝癌检查出来时，已届晚期，为了不打扰别人，她悄然告别了《国际版》编辑工作，回家后不久就离开了人世。

一位年轻编辑说："在这里工作，收入虽然很低，但每一天都能学到新东西。跻身这个工作集体，灵魂注定会得到净化。"

……

先后参加《国际版》编译的学者有上千人，他们撰稿审稿，搜集核查资料，夜以继日，备尝艰辛。与其说他们在构筑一项文化工程，不如说在谱写一首知识分子的赞歌。可以说，《国际版》是一次对世界文化系统的吸收和融合，它对中国的影响，在21世纪的中国会越来越清晰。而为了此书呕心沥血谱写了一首历史绝唱的学者——包括溘然长逝的，还在默默耕耘的——融注在此书中的坚定的信念、高尚的人格、对事业的谨严，会影响中国一代又一代人。

《国际版》摆上读者的书架

1999年4月，崭新的《不列颠百科全书》国际中文版终于呈现在广大读者面前。较之《简编》，新版卷数由原11卷增至20卷；字数增加近一倍，达到4350万字；条目由七万余条增至八万一千六百余条；图片增加了两倍，达到一万五千三百余幅；编译内容、印刷质量亦有重大改进。

然而书的出版，并未给编译者的工作画上句号。他们为自己出了一道新的难题。考虑到书的读者大都是工薪阶层，购买力有限，经审慎调研、核算，他们将装帧、质量、服务都无可挑剔的《国际版》价格定为1980元，以如此价位，要发行1.5万套才可收回成本。看来，要还清贷款，唯一的办法就是多卖书。于是，编译者们又都成了图书发行者，全员上阵推销《国际版》。

钱伟长先生亲自给认识的大学校长写信，编辑部的同志调动起自己的社会关系，向亲朋好友宣传这部享誉知识界的著作。令人欣慰的是，到6月底，第一次印刷的5000套已基本售出。随着《国际版》摆上千百万读者的书架，编译者让中国人分享人类文明成果的愿望将变成现实。

（与徐昙合作，原载1999年7月9日《光明日报》）

走出象牙之塔

——写在《脂砚斋重评石头记甲戌校本》出版之际

2000年12月，《脂砚斋重评石头记甲戌校本》由作家出版社出版。尽管在此之前，珍贵的甲戌本已有影印本刊行，但其仍以规范的体例、严谨翔实的校注、一千六百余条脂批与正文相映生辉的精彩及收入大量相关资料的珍贵价值，旋即引起红学界和《红楼梦》爱好者的关注。

屈指算起，从上海有正书局1911年石印出版的所谓《国初钞本原本红楼梦》（即后来所称之戚序本）脂评本初露头角，脂评本重现于世时间最长的已近百年，时间较短的也过了二三十个春秋。但是，在近一个世纪的时日里，正如此次校订《脂砚斋重评石头记甲戌校本》的红学研究者邓遂夫所言，"海内外专家学者倒是欢欣雀跃久矣，怎么就忘了普通的《红楼梦》读者呢？怎么就忘了九泉之下'一芹一脂'至今不曾'大快'的心绪和充满渴求的目光呢"？"在甲戌、庚辰本重现于世达半个多世纪的今天，我们的专家学者们只顾长期关起门来反复把玩——或许试图径自去修复这把重新觅得的'原配钥匙'上的残缺——不也同样会让九泉之下的'一芹一脂'伤心落泪、喟然长叹吗?""早就该让这把虽有残缺而仍不失其神奇的钥匙走出象牙之塔,直接为广大《红楼梦》读者所掌握了!也就是说,早就该把雪芹、脂砚一直渴盼广大读者见到的原汁原味的《脂砚斋重评石头记》稿本,按现存的条件择要校印出来让大家分享!"

可以说,作家出版社出版有《脂砚斋重评石头记甲戌校本》在内的《红楼梦脂评校本丛书》,为红学研究走入民众开启了一扇大门。

脂评本精华甲戌本

在回眸20世纪中国文化史时,有专家将敦煌文献、甲骨文、《红楼梦》脂评本的发现,并称为三项古代文献的重大发现。

脂评本是《红楼梦》早期抄本的统称,因其独特的"著、评相伴而生"的存在形式,即作者每修订一次书稿,脂砚斋立即做一次"阅评",畸笏叟也紧接着誊抄一次新的定本,今人看到的《红楼梦》早期抄本,字里行间、眉端空白或回前回后,存在大量用朱墨两色抄写的脂砚斋所做——偶尔也能见到署名畸笏叟、棠村、松斋的"诸公"所做的不同寻常的批语,这些抄本也因此被通称为脂批或脂评,并因定本形成的年代、发现的地点等因素,称为不同的版本。对脂评本的价值所在,邓遂夫先生做了这样的概括:脂评本的发现,有助于《红楼梦》版本的正本清源,为尽可能恢复这一中国最伟大的小说的本来面目提供了依据,同时还可以追索出原著的大致修改、演变过程。脂评本所保存的大量脂评,是阅读奇书《红楼梦》的钥匙,通过对脂批的深入研究,可以揭示出《红楼梦》的作者真相、创作过程、素材来源、时代背景、表现手法，以及透过这些手法所传达的思想艺术内涵。

红学家们在近一个世纪的研究中发现，迄今重现于世的11种《红楼梦》脂评本中，甲戌本产生年代最早，保存原貌最真切，虽残缺较多，但却是最珍贵的一种。此版本1927年由胡适发现，今藏美国康奈尔大学图书馆。与任何其他早期稿本相比，甲戌本上的脂批从来没有经过删节，其内容之无遮拦，数量之巨，皆为其他稿本望尘莫及。因此，该本为红学研究提供了最直接、真实的参照，具有最重要的研究价值。

在红学研究中颇多建树的胡适谈到甲戌本时说，现在回头检看这四十年来我们用新眼光、新方法，搜集史料来做"《红楼梦》的新研究"的总成绩，我不能不承认这个脂砚斋甲戌本《石头记》是近四十年内"新红学"的一件划时代的新发现。这个脂砚斋甲戌本的重要性就是：在此本发现之前，我们还不知道《红楼梦》的"原本"是个什么样子；自从此本发现之后，我们方才有一个认识《红楼梦》"原本"的标准，方才知道怎样访寻那种本子。所以这部"脂砚斋甲戌钞阅再评"的《石头记》的发现，可以说是给《红楼梦》研究划了一个新的阶段，因为从此我们有了一部"《石头记》真本"（这五个字是原藏书人刘铨福的话）做样子，有了认识《红楼梦》"原本"的标准，从此我们方才走上了收集研究《红楼梦》的"原本""底本"的新时代了。

为红学研究倾毕生之力的周汝昌先生认为：甲戌本《石头记》是国宝，是红学的源头，自它出现，方将雪芹之书二百年间所蒙受垢辱一洗而空，恢复了著作权和名誉权。它的价值，远胜于庚辰、己卯之本。

甲戌本与三学人

谈到甲戌本的发现、研究与普及，有三个人及他们与甲戌本的关联，是应该提到的。

第一个是胡适。他在甲戌本得以重现于世中起了关键作用。在《跋〈乾隆甲戌脂砚斋重评石头记〉影印本》一文中，胡适曾坦率地讲了他与甲戌本几乎失之交臂的经历：

> 我当时就没有想像到《红楼梦》的最早本子已都有总评、有夹评，又有眉评的！所以我看见"戚本"有总评、有夹评，我就推断他已是很晚的辗转传抄本，决不是"原本"。

> 因为我没有想到《红楼梦》原本就是已有评注的，所以我在民国十六年差一点点就错过了收买这部脂砚甲戌本的机会！我曾很坦白的叙说我当时是怎样冒失、怎样缺乏《红楼梦》本子的知识：

> > 去年（民国十六年）我从海外归来，接着一封信，说有一部抄本《脂砚斋重评石头记》愿让给我。我以为"重评"的《石头记》大概是没有价值的，所以当时竟没有回信。不久，新月书店的广告出来了，藏书的人把此书送到店里来，转交给我看。我看了一遍，深信此本是海内最古的《石头记》抄本，就出了重价把此书买了……

> 当时报纸上登出了胡适之、徐志摩、邵洵美一班文艺朋友开办新月书店的新闻及广告。那位原藏书的朋友（可惜我把他的姓名、地址都丢了）就亲自把这部脂砚甲戌本送到新开张的新月书

店去，托书店转交给我。那位藏书家曾读过我的《红楼梦考证》，他打定了主意要把这部可宝贵的写本卖给我，所以他亲自寻到新月书店去留下这书给我看。如果报纸上没有登出胡适之的朋友们开书店的消息，如果他没有先送书给我看，我可能就不回他的信，或者回信说我对一切"重评"的《石头记》不感觉兴趣——于是这部世间最古的《红楼梦》写本就永远不会到我手里，很可能就永远被埋没了！

另一个应该提到的人是中国读者都熟悉的周汝昌先生。这是一位被《红楼梦》影响了一生的学者，也是目前健在的红学研究专家中最早亲眼见过甲戌本的人。

1947年，一个偶然的机遇，尚为燕京大学学生的周汝昌在燕京大学图书馆发现了曹雪芹好友敦敏的诗集。当胡适为考证曹雪芹多年一直在寻找的珍贵史料出现在自己面前时，周汝昌大喜过望。细读过书中六首直接咏及曹雪芹的诗后，他写出了自己第一篇红学文章，发表在当年的《民国日报》上。

胡适看到周汝昌的文章后，主动给周汝昌写了一封信，发表在报上。信中，胡适对周汝昌的考证只同意一半，另一半有所保留。少年气盛的周汝昌，随即写了一篇文章和胡适辩论。

就这样，一个大学者和一个大学生之间，书信往来，探讨起红学问题。从1947年冬天到第二年的秋天，胡适共给周汝昌写了六封信。胡适的信，给了大学生周汝昌极大的鼓舞，激励他从此走上了长达半个世纪之久的红学研究之路。1953年，他的《红楼梦新证》出版，被学界视为当代红学的奠基之作。这是后话。

得益于这些交往，1948年，因研究的需要，周汝昌向胡适借阅其珍藏的甲戌本。这是我们目前看到的胡适文字中唯一提到的甲戌本的一次外借。周汝昌回忆说："当时我和胡适没有见过面，他就敢把那样一部珍贵的藏本借给我。是由一位叫孙楷第的先生从城里带来，用旧报纸裹着，上面用很浓的朱笔写了'燕京大学四楼周汝昌先生收'。我当时是个学生，胡先生很讲礼貌，用了'先生'这样的字眼，这张旧报纸我一直珍藏至今。"那年暑假，周汝昌将这部甲戌本带回了老家，见到甲戌本，他的四哥周祜昌惊呆了：原来曹雪芹的《红楼梦》被程（伟元）高（鹗）歪曲篡改得如此厉害！看到原本纸张已经黄脆，不便翻阅，周祜昌当即决定用墨笔和朱笔工楷把书抄录一遍。周汝昌回忆道："当时没有复印技术。可惜这个本子现在找不到了。1949年北平解放前夕，局势紧张，我想到甲戌本还在我手中，担心若有失损，无法补偿，应将书归还原主。于是我专程赶到胡府——东城东厂胡同1号。当时未见胡适本人，有一男子开的门，称其为胡适公子。我便把书交给了胡公子，匆匆告辞。"

关于甲戌孤本在此之后的情况，胡适在其《影印〈乾隆甲戌脂砚斋重评石头记〉的缘起》一文中有所论及：

三十年来，许多朋友劝我把这个本子影印流传。我也顾虑到这个人间孤本在我手里，我有保存流传的责任。民国三十七年我在北平，曾让两位青年学人兄弟合作，用朱墨两色影钞了一本。三十七年十二月十六日，中央政府派飞机到北平接我南下，我只带出了先父遗稿的清钞本和这个甲戌本《红楼梦》。民国四十年哥伦比亚大学为此本做了三套显微影片：一套存在哥大图书馆，一套我送给翻译《红楼梦》的王际真先生，一套我自己留着，后来送给正在研究《红楼梦》的林语堂先生了。

周汝昌先生后来又有一次看到甲戌孤本的机会。那是1980年，他应邀出席周策纵先生策划的第一届"国际红学会"。为了让与会者观赏甲戌本，会间周策纵特意开了一个晚会。为了从藏主处拿出甲戌孤本，潘重规先生费了九牛二虎之力，花了16万美元保险金。那天，学者们里一层外一层地争相一睹甲戌孤本的真面目。"你想想看，这个甲戌本要是不重要，会有这个场面吗？我至今不忘。可是呢，我没有看，为什么呢？我不能跟着去挤，因为我见过，让人家没见过的看。"周汝昌说。

第三个人，便为《脂砚斋重评石头记甲戌校本》校订者邓遂夫了。

今年已83岁高龄的周汝昌先生在为《脂砚斋重评石头记甲戌校本》作序时感慨说："甲戌本《石头记》是国宝。但自胡适先生觅获入藏并撰文考论之后，八十年来竟无一人为之下切实工夫作出专题研究勒为一书，向文化学术界及普天下读者介绍推荐。它虽有了影印本，流传亦限于专家学者而已。"

人们没有想到，出来填补这八十年之憾的，是半路出家与红学结缘的邓遂夫。

20年前，邓遂夫第一次读到甲戌本的影印本。那是他尊敬的红学家冯其庸先生为他从北京千里迢迢地邮到他生活的小城四川自贡的。那时，他还只是个"红学"爱好者，读甲戌本，是为了创作歌剧《曹雪芹》的需要。从那以后，他在红学研究之路上蹒跚学步，得到了茅盾、周汝昌、冯其庸、李希凡、刘世德等众多知名学者的帮助。也就是在这期间，他萌生出校订一套《红楼梦脂评校本丛书》的念头，目的是为了让更多的读者共享《红楼梦》脂评本这一精神财富，同时也为了真正实现曹雪芹两百多年前的遗愿。

红学研究期待大众参与

其实，邓遂夫的期望绝不仅仅是《红楼梦》脂评本的普及。作为新一代学人，在《红楼梦》之谜的破解，红学的发展与突破上，他寄希望于大众的参与和由此带来的红学研究的"水涨船高"，红学研究人才的脱颖而出。他坚信，大众的参与，会为红学研究的深入提供更多的机遇。因为曹雪芹与《红楼梦》毕竟是中华民族最值得骄傲的作家与作品，理所当然地应当受到全民族更普遍的关注与重视。

经过近一个世纪的探究，《红楼梦》研究至今仍扑朔迷离。解开一些谜团仅有的线索，很可能仍深藏民间。我们不应讳言，以往，或许因为学者对民间参与的忽视，造成了许多遗憾。同时，也正是对来自民间线索的关注，学者们才获得了拨开红学研究中重重迷雾的某种契机。

当年，胡适先生购得甲戌本时，就注意到首页前三行的下面撕去了一块纸。他认为这是有意隐没这部钞本从谁家出来的踪迹，所以毁去了最后收藏人的印章。"我当时太疏忽，没有记下卖书人的姓名住址，没有和他通信，所以我完全不知道这部书在那最近几十年的历史。我只知道这十六回的写本《石头记》在九十多年前是北京藏书世家刘铨福的藏书。开卷首叶有'刘铨褔子重印'，'子重'，'髣眉'三颗图章。"胡适在这里道出了自己的遗憾。

而周汝昌先生日前关于甲戌本原藏主的又一见解，恐怕也是受到来自民间线索的启发。"原藏主到底是谁？甲戌本上有一个小印——'髣眉'，很值得注意。髣眉何许人，她是刘铨福的一位爱妾，一位才女，诗、文、书、画都会，还能刻碑、拓碑、刻印，她叫马髣眉。我曾经揣测过，这本书可能是马髣眉原藏的，后来她嫁了刘铨福，可能就把这部甲戌本作为嫁妆带给了刘家。你看她的那个印，印在最下面，应该是最早印上去的，位置最恰当，那后印的印，没地方印了，才一个个往上挪。""还有，我提请媒体、诸位研究者注意一件事，就是，刘铨福和马髣眉得到这个本子以后，两个人到西山去访过那个黛石。《红楼梦》开头就说，西山有产黛石的，能够画眉。他们居然访到了。刘家的后人刘博琴先生，是个制印家，曾把一幅《翠微拾黛图》拿来让我看。我看了大吃一惊，图后有濮文暹做的一个南北合套的曲子，是咏这个《翠微拾黛图》的。文采飞扬，我佩服得不得了。刘先生用薄纸铺在原迹上，双勾勾给我。后来我这一幅宝物找不着了。我希望诸位关心这个事，访一访《翠微拾黛图》画轴和后面的题跋，这是研究甲戌本必须要找到的一件文物。还有脂砚这件文物，'文革'中不知去向。这样贵重的文物请大家多留意，从各种不同的线索去访寻它，希望它还能复现于世。"周先生为我们留下的线索，依然深藏在民间。在这里，他也是向民众求助，表达了与邓遂夫相同的愿望。

《红楼梦》是中华民族优秀文化遗产中的一颗熠熠生辉的明珠，它的产生、流传和发现，都发生在民间。当我们的红学家们在努力走出象牙之塔，向民众发出呼唤，表达了愿与众人一起拾柴，烧旺红学研究之火的时候，我们——产生《红楼梦》伟大作品国度的人们，包括所有的《红楼梦》爱好者，应该怎样去做呢？我想，我们应该迎上前去，与学者们合力，将已经微微开启的《红楼梦》神秘之门，尽力敞开！

（原载2001年2月1日《光明日报》）

走出象牙之塔——写在《脂砚斋重评石头记甲戌校本》出版之际

在历史的尘埃中穿行

——记《中国活字印刷术的发明和早期传播》的两位作者

　　印刷术是中国人发明的。中国人发明了雕版印刷，也发明了活字印刷。这在中华民族记忆中根深蒂固。

　　早在南北朝时期的梁武帝天监元年（502），在镇江梁武帝之父墓前竖立的华表上就刻有"太祖文皇帝之神道"八个阴刻反字，这是为了印刷下来送给前来祭祀的官吏作纪念的。这种印制方法表明，6世纪初中国已经出现了用反刻文字取得正体文字的木雕版印刷的思想和技术。历史中还有这样的记载，唐贞观十年（636）唐太宗皇后长孙氏死后，"宫司上其所撰《女则》十篇，采古妇人善事……帝览而嘉叹，以后此书足垂后代，令梓行之"。这是目前所知唐代最早的雕版印刷的记载，也是宫廷印书最早的记载。

　　沈括《梦溪笔谈》记载的宋朝庆历年间（1041—1048）布衣毕昇使用活字印刷的情况，是目前我们所知道的世界上关于活字印刷最早的科学记载。

20世纪，关于中国发明活字印刷的史实也曾被人提及。1925年，美国印刷史学家卡特曾在他著名的《中国印刷术的发明和它的西传》一书中，首次刊布了四枚活字的印文并明确认定为回鹘文活字，以其丰富的知识和敏锐的学术嗅觉意识到了这些活字在世界印刷史中的地位及其学术价值，但却因其对回鹘文知识方面的缺失遗憾地得出了错误的结论：这些活字是以词为单位的。30年代初，中国年轻学者罗福苌第一个指出，一种西夏文《大方广佛华严经》是活字印本。这种文献是1917年在距西夏首都中兴府不远的宁夏灵武县发现的。这是对80卷西夏文《华严经》为活字版的第一次认定。但遗憾的是这真知灼见没有得到应有的关注。之后，著名英国科学史家李约瑟主编的《中国科学技术史》的"纸和印刷"（钱存训执笔）中说："回鹘文活字是伯希和在1908年发现的，最近有消息说，这套活字已经找不到了。"他的记载，在向人们展示中国在印刷领域对世界的贡献的同时，也无情地将中国人拂去历史尘埃，连接起印刷术从发明走到今天的历史链条的希望再一次折断。

　　这最终导致了中国人数百年的遗憾：直到20世纪下半叶，我们尚未能见到沈括当年描述的活字印刷品的实物。数百年的时日，掩盖了活字印刷术发展的脉络，使它变得扑朔迷离。

　　就在20世纪已经进入最后十年的时候，中国学者终于使中国活字印刷术发明、发展的历史轨迹清晰生动起来。

　　在中国印刷史的研究中，他们恐怕是两个资历最浅的学者，但却在活字印刷史的研究中殊途同归，最先接近目标。

　　史金波这个名字，在中国民族研究领域是响亮的。在西夏的研究中，建树颇多。雅森·吾守尔博士，维吾尔文献和历史的研究专家。

两位从事不同领域研究的学者，穿越时间隧道，在时间尘封的中古时代少数民族文化领域跋涉，他们是同行者，同行使他们熟悉起来，而学术上的切磋和交流，为他们各自的研究平添了被理解的快乐。他们也逐渐意识到，就在他们研究领域的"隔壁"，这一时段的中国活字印刷术研究领域人烟稀少，正期待着探索者。

对西夏文文献的研究，使史金波逐渐熟谙版本学，进而对古代的印本及它们的制作、传播也有了深入的了解。雅森则被兴趣引导，也正在走近版本学和印刷术。水到渠成，两位学者要到相邻的领域去串串门了。

1993年，中俄签署了合作整理、编辑、出版俄藏黑水城文献的协议。作为中方的首席专家，史金波带队前往俄罗斯科学院东方学研究所圣彼得堡分所整理拍摄这批文献。1987年，史金波曾在那里得以一睹这批20世纪初被俄国人拿走的中国内蒙古黑水城出土珍贵文献的面貌。从此，对于这批文献，他再也无法释怀。

一种名为《大乘百法明镜集》的西夏文文献，引起了他的注意。这片残卷，字的排列不同于他以往见到的雕版印刷品，文中有时以字为单位与周围的字墨色不同；有些字的边缘有明显印痕；相邻的字字体不同，肥瘦、浓淡不一……莫非，这就是国人踏破铁鞋无觅处至今尚无实物的活字印刷品？史金波被自己的揣摩激动着，兴奋地继续探究。他又有了新的发现，《维摩诘所说经》、《德行集》两个文献也有与《大乘百法明镜集》相同的特征。而俄方专家提供的另一份特征相同的文献《三代相照言文集》文末已经注明"字活"（活字）。经反复探究、比较，寻求特点，找出规律，他最后确定，这批西夏中晚期印刷的文献，是目前已知世界最早的活字印刷实物。

几乎与史金波的发现同时，宁夏考古研究所的牛达生在方塔出土的西夏文文献中，也发现了活字印刷品。

此时的雅森，也正在自己的研究领域里艰难前行。1995年，雅森获得了联合国教科文组织的奖学金。他先到了伦敦，去英国博物馆和图书馆查阅回鹘文文献。在工作之余，他没放弃探究李约瑟书中提到的那批活字的下落。终于，他得知活字保存在巴黎吉美亚洲艺术博物馆。于是，他坐火车直奔巴黎。在博物馆的储藏室，他终于成为最幸福的人。这些1908年被法国汉学家伯希和在莫高窟北区第181窟（敦煌研究院编号464窟）积沙中发现并拿走的回鹘文木活字，在偏居一隅孤寂了八十多年后，终于等到了来自故乡的知音。在还没有见到这批木活字之前，雅森就已经决定，要把他们拓下来，带回祖国。他拿出事先准备好的宣纸，迫不及待地试拓起来。在兴奋和喜悦中忙碌的雅森，直到踩着闭馆的铃声走出博物馆，才意识到在旅游旺季的巴黎，他今晚的住处还没有着落。

第二天一早，雅森即开始拓印这些活字。随着一个个回鹘文活字跃然纸上，它们表达的信息也在雅森的大脑中积蓄。手中的这些东西神了，它是按回鹘文的语言结构来切割的。回鹘文中的词缀出现了，设计者无疑是精通回鹘文的专家！这些木活字中有字母活字！雅森以他回鹘文研究的深厚造诣，作出判断。以前从未有过的发现令他兴奋不已。他想到了美国人卡特，眼前这个发现，将使卡特关于回鹘文活字"以词为单位"的结论重写，中国在字母活字印刷上对世界的贡献成为定论。

怀着疑惑来，带着信心去。雅森急不可待地回到祖国。

西夏、回鹘在活字印刷技术早期传播中的贡献表明，中华民族是活字印刷、同时也是字母活字印刷的发明者这一事实不容置疑。

带着各自的收获，史金波和雅森的切磋更加频繁和富有成效。他们预感到，如果两人联起手来，他们曾各自在西夏和回鹘研究中取得的收获，会为中国活字印刷术的发明和早期传播研究带来质的突破。他们对收集到的活字版印刷品和活字实物进行了认真的转写、翻译、科学的考证，并结合汉文献记载进行了深入的研究。兴奋始终伴随着他们。以往探索中的一个个发现，在科学、严谨的研究中被连接起来，中国印刷术发展的链条不再有断裂，活字印刷发明后始自中原逐渐向西方传播的路径清晰可见。

1997年，他们的研究论文《西夏和回鹘对活字印刷的重要贡献》发表在《光明日报》上，第一次系统地论述了中国活字印刷发明、发展、传播的过程。

他们随即又投入《中国活字印刷术的发明和早期传播》一书的写作。书中以鲜为人知的事实，阐明了宋代毕昇发明活字印刷术后不久，这种技术即传到西夏。西夏即用活字印刷技术印制了多种西夏文文献；而后，活字印刷技术又传播到回鹘地区，回鹘民族发展了活字印刷，首创了字母活字。这一技术继续西传的证明，是15世纪欧洲对字母活字印刷的使用。

中国活字印刷发明、发展和早期传播的进程像被穿起的一串美丽的珍珠，在中华民族五千年的文明史中光彩夺目。

（原载2001年5月17日《光明日报》）

四部精华汇为册府 承传文明功在千秋

——访宋木文、傅璇琮、李国章

起始于20世纪90年代的浩繁的古籍整理工程《续修四库全书》终于在21世纪初圆满地画上了句号。《四库全书》修成以来，中国数代学人在近二百年中时时萌动的将其增补、续修的意愿，在又一个世纪到来之时结出了丰硕的果实。作为世界灿烂文明的传承者，今天我们可以自豪地说，有了《四库全书》与《续修四库全书》，我们乃至我们的后人、世界的其他民族，都可以通过这样一座中国基本古籍大型书库，真实、具体地去触摸、感受先秦至辛亥革命前中国的学术、思想、文化，认识创造、拥有这样的文明的中华民族。

在这一项功在当代、泽被未来的工程成就之时，记者就其编纂出版的一些问题，采访了《续修四库全书》工作委员会主任宋木文、编纂委员会主编傅璇琮、出版者上海古籍出版社原社长李国章。

记者： 从乾隆年间《四库全书》成书至此次对其续修，中间经历了漫长的历史过程，专家学者和有识之士倡议续修之声历代皆有，但都未能付诸实施。因此，中国学界对此次续修相当关注，请谈谈续修的缘起。

宋：在回答这个问题之前，对《四库全书》的编纂做点历史回顾是必要的。《四库全书》是清代乾隆中期由朝廷组织当时在各学科领域最有成就的学者编纂的一部大型百科性质的丛书，共收书三千四百余种，分隶经、史、子、集四大部，汇集了乾隆以前的历代重要著作，基本囊括了到那时为止的各学科领域的优秀典籍。《四库全书》由纪晓岚等任总纂官，各学科学者360人参加编纂，历时10年，乾隆四十六年（1781）第一套《四库全书》缮竣，贮藏于北京紫禁城内的文渊阁。到乾隆五十二年（1787），又有六套全书相继缮竣，分贮于奉天（今沈阳市）故宫内的文溯阁、京郊圆明园内的文源阁、承德避暑山庄内的文津阁、扬州大观堂的文汇阁、镇江金山寺的文宗阁、杭州圣因寺的文澜阁。二百多年来，7套《四库全书》虽经战乱，仍有3套完整保留下来，即现分藏于北京的文津阁本、兰州的文溯阁本和台北的文渊阁本；文源阁本、文宗阁本、文汇阁本全毁，文澜阁本损毁不全。应当指出的是，由于封建统治者在下令编纂《四库全书》的过程中，"寓禁于征"，凡被认为书中内容有"违碍"、"悖逆"的，概予摒弃，甚至抽毁或全毁；凡认为对金、元及清人有诋侮处，多加改窜或删除。加之编纂者的学术偏见，一些在当时条件下应当选录的有价值的著作没有入选，造成了这部大书的无可弥补的缺憾。

清光绪中叶以来，不断有专家学者和社会人士倡议续修、补修《四库全书》，但终因历史条件所限未果。从乾隆中期至辛亥革命（1911）以前，中国学术文化又积聚了大量重要的成果，加上一些散失海外的古籍善本回归故土，考古发掘使竹简帛书重见天日，秘藏民间和以稿本形式流传的优秀著作不断面世，更需要进行系统整理。因此，通过编纂出版《续修四库全书》，既可为《四库全书》匡谬补缺，又能继往开来，对清代乾隆至辛亥革命以前的学术文化发展进行新的归纳总结。正如本书主编、已故顾廷龙先生曾经评价的：此乃吾国古典文献整理之一大伟绩，亦为改革开放以来弘扬优秀传统文化、促进学术研究之重大举措。

记者：从一定意义上讲，文化是一个民族的身份证。拥有五千年灿烂文明的中国古籍浩如烟海，将其精华汇为册府，成就中国基本古籍大型书库，实非易事，请问《续修四库全书》的收书结构及贡献。

傅：《续修四库全书》的收录范围既包括对《四库全书》成书前传世图书的补选，也包括《四库全书》成书后著述的续选。补选之书主要是被《四库全书》遗漏、摒弃、禁毁，或列入"存目"而确有学术价值的图书；《四库全书》已收而版本残劣，有善本足可替代的书籍；四库馆臣对戏曲、小说持鄙视态度未予收入，此次编选根据这些作品的文学价值择优选收，这也是续修具有开创意义之处。对乾隆中期以后至辛亥革命以前近二百年的图书，尽可能选收各学术门类和流派的代表性著作，主要是清代中期以纪晓岚、戴震、翁方纲、彭元瑞、任大椿、孙希旦、王念孙、阮元等为代表的"乾嘉学派"著作，清后期以魏源、龚自珍直至康有为、梁启超、章太炎等为代表的"新学"著作。此外，新从海外访回而合于选录条件的古籍，以及新出土的整理成编的竹简帛书也酌予选收。《续修四库全书》总共收书5213种，曾向国家图书馆、上海图书馆等82家藏书单位商借底本，每种入选图书，均选取最佳版本影印，其中大量宋元刻本、名家稿本，为四库馆臣所未见。可以说，这是继18世纪清朝编修《四库全书》后，又一次在全国范围内对中国古典文献进行的大规模清理与汇集。它与《四库全书》配套，构筑起一座中华基本典籍的大型书库，中国古代的重要典籍可大致齐备。中国文化的继承和延续，主要依靠文字和文献的记载。把分散的文献资料汇集出版，这种对文明成果的整理与积累，往往成为中华民族历史发展中的重大成果，成为中华民族对世界文明史的独特贡献，《四库全书》成书及流传，已经对此作出了有说服力的诠释。《续修四库全书》的出版，对保存和弘扬祖国优秀传统文化，必将产生深远影响。

记者：在不长的时间里完成《续修四库全书》这部有史以来规模最为庞大的百科性质丛书的编纂出版工作，质量如何保障，请举其详。

李：8年，对续修这一大型项目来说，时间确实是很紧的。全书1800册，平均每册厚4厘米，把整套书竖立起来排，总长度达70米；每册平均700页，上下二栏，整套书页数多达250万页。作为一套特大型古籍影印丛书，既有一般古籍影印的共性，也有其特大型、持续时间长的特性，这决定了它编纂工作的复杂和难度。为此，我们为续修工作的各个环节制定了严格、规范、实用的操作条例，确保了出版质量和出版进度。由于是影印，续修工作最核心的问题是选好底本。选择内容完整、字迹清晰的版本作底本，是保证质量的前提。在长达六年半的借书过程中，负责资料收集和底本借阅的人员奔波于国内一百多处图书馆、博物馆和私人藏家之间，还与海外一些图书馆、私人藏家取得了联系，查阅图书一万五千余种。为选一个好底本，同一种书往往要查看数家藏馆，反复进行对比，尽可能选择断版少、不残缺、字迹清晰的初印本。如经部《吕晚村先生四书讲义》、史部《钦定兵部处分则例》等书，都先后看了五家以上藏馆的本子，才选定其中一部书品最好的作为底本。有些书，到几个图书馆查阅后发现均属残本，必须把几家藏馆的本子互补，才配补成完整的本子。如史部《舆地纪胜》和集部《新刊国朝二百家名贤文粹》是国家图书馆与上海图书馆互补的，集部的《萤窗异草》是上海图书馆、上海辞书出版社图书馆与北京大学图书馆三家互补的。在借书过程中，一旦发现所借底本与原选目所记载内容有欠缺，则尽量设法补齐。如明别集《朱文肃公集》，为北大图书馆所藏清抄本，但仅仅收文集，后在国家图书馆找到清抄本《朱文肃公诗集》，诗文合并，成为朱国桢的全集。选择最好、最早、最为完整的底本，始终是编纂人员的追求。如史部《历代地理指掌图》原拟用国内所藏最早的明刻本，经查阅有关资料后，发现此书存有南宋初刻本，现存日本。此南宋刻本图中有的重要标记，为明刻本所无，所绘水系、行政区界以及海水波纹均比明刻本为佳，且错别字较明刻本少，经对照后我们采取了宋刻本为底本。有些书稿由于著录有误，或书名不完整，或藏馆不详，往往查找十几家藏馆，才落实底本。另外，古籍由于流传年代久远，常常会出现缺卷残页情况，必须进行配补。据统计，《续修四库全书》因配补而用的图书达1800种，补配约一万二千页。续修工作的浩瀚繁复，编纂人员的精益求精，由此可见一斑。

记者：公众注意到，续修工作采取了与以往不同的操作方式。在现行体制下，由自愿组合的社会团体和单位操办这项大型出版工程，牵头者和参与者承受的压力之大、协调任务之重是可想而知的。宋先生，我注意到您在多次讲话时都谈到，在8年筹划、协调《续修四库全书》的工作中，您承担着巨大的压力。此时此刻，您是否感到如释重负？

宋：可以长出一口气了。《续修四库全书》工作规模浩大，需巨额投资，虽有主管部门支持并被批准为国家重点出版工程，但国家并不投资，政府主管部门也不直接出面组织，而是由中国版协牵头，各参与单位自愿组合，各负其责，整个工程基本属于"民间运作"。我作为工作委员会的负责人，对编纂能否保证质量以获得学术界的认可，各方合作能否长期坚持下去以取得圆满的结果，发行能否搞上去以减少投资风险，承担着很大的压力。现在可以说，我们坚持下来了，搞成了。我们靠什么？靠的是"盛世修典"的有利条件，靠的是各参与单位的协调共进！我们没有乾隆皇帝下诏书征书那种令行禁止的权力，却有着比封建王朝优越得多的社会制度所给予的各种有利条件。众多著名学者出任全书的学术顾问，著名版本目录学家顾廷龙先生领衔编纂委员会工作，全国各大图书馆的版本目录专家和各学科专家组成胜任的工作班子，为《续修四库全书》工作的顺利开展奠定了坚实的基础。深圳南山区政府与上海古籍出版社是《续修四库全书》主要的投资方与出版方，他们为《续修四库全书》的出版作出了巨大的贡献。"亲身参与编纂、出版这部巨型丛书，是我们的光荣；生活在有条件出版这部巨型丛书的安宁昌盛的时代，是我们的幸运！"我想，这是全体参与《续修四库全书》工作的人的共同心声。

（原载2002年5月10日《光明日报》）

分享古人的智慧

　　"这么精美的画，古人生命的智慧在那闪烁。"翻开《宋画全集》卷，画家张伟平在心中惊叹。"读着这些画，心中充满敬畏：古人真厉害！有这么多信息呈现，要对我们的前辈敬畏一下，会从中吸取更多的东西。"

　　尽管看过、也收藏了不少日本二玄社印制的中国宋代画作品，画家尉晓榕还是让眼前的画面惊呆了："那个绢本啊，它的经纬非常分明，非常细的。看二玄社印的宋画，从没这个感觉。"

　　《千里江山图》是宋代画家王希孟唯一存世的作品，虽然曾是原故宫博物院副院长的国家文物鉴定委员会的委员，肖燕翼也已16年未睹其真貌，只一次得以一睹它的真迹。"这东西不太让动。他的青绿色打开以后会剥落，所以十几年之间没开过。现在要重拍。我也想借重开再看一次。"此次，肖燕翼幸运地参与了《宋画全集》故宫藏卷的整理出版工作。

　　看到了先期出版的两卷《宋画全集》，中央文史研究馆馆长袁行

301

需也生出诸多感慨:"这样全面地把宋代绘画收集到一起,可与《全宋诗》、《全宋文》相提并论,真正做了一件功德无量的事情。印刷装帧如此精美,让我叹为观止。这几年,我写了一本书,叫《陶渊明影像——文学史与绘画史之交叉研究》。把古代与陶渊明有关的一些绘画收集起来,可以看出陶渊明是中国文化的一个符号。我在撰写这本书的过程中,除了收集国内收藏的作品资料,也到境外像美国的大都会博物馆、波士顿美术馆、弗瑞尔美术馆,尽力找到有关陶渊明的绘画作品,用来做这本书的插图。如果《宋画全集》出版得早一点,我做陶渊明影像研究,就不一定要跑到美国去了。"

"高山流水"的《宋画全集》,不缺少知音。

《宋画全集》由图册与文献两部分组成,最终将入编海内外公私收藏的所有纸质和绢质宋画一千多幅,是一部具有工具书性质的大型宋画资料总集,反映存世宋画总貌,展示有宋一代绘画之盛,全面汇集了古今中外具备较高学术、研究价值的宋画文献资料。绘画收录范围为两宋、五代、辽、金,卷帙分列为故宫博物院藏品、上海博物馆藏品、辽宁省博物馆藏品、台北故宫博物院藏品、中国其他文化机构藏品、欧美国家藏品、日本藏品、宋画文献汇编,总八卷。其中,"欧美国家藏品"卷和"日本藏品"卷先期出版。

为什么是浙江人做了《宋画全集》?

"有人好心地问我们:你们藏有几张宋画?确实我们没有。"浙江大学党委书记、《宋画全集》编辑委员会主任张曦在《宋画全集》首发式上重提的这一幕,在《宋画全集》编纂过程中曾多次重现。

和别的地方、博物馆相比，说到宋画资源，浙江真是底气不足。但恰恰是浙江人义无反顾地要干成这件利在当代、功在千秋的文化盛事。

在浙江省委启动了文化大省建设之后，2005年，浙江大学经过广泛调研、深入论证，确立了宋代绘画研究项目，并先行启动基础性工作——《宋画全集》的编撰出版，力图"打造中国绘画史研究的学科高地"。

2006年初，项目正式启动。没有人怀疑它的重要价值。但浙江大学提出出版《宋画全集》的设想，在很多人看来，有些天方夜谭的味道。浙江大学中国古代书画研究中心常务副主任、《宋画全集》执行主编许洪流从一开始就参与了这项工作，在收集资料中，即使是在热情的支持者的目光与言谈中，他也感到了疑虑与担忧。这项工程规模确实太浩瀚，操作太艰难。

浙江省文物局一开始就与浙大站在了一起。浙江省文物局局长、《宋画全集》编委会副主任鲍贤伦说："做这个事情我们充满着自豪感和使命感。浙江来做这个国家文化工程，仅仅是因为它的意义非常重大，因为杭州和南宋有着这么一个可以说、可以想、可以联系的切入点。当初我们就意识到，这是一个意义重大又难度很大的事。想想也别无选择，意义大难度小的事别人做了，意义没有难度不大的事我们不会做，意义大难度也大的事，我们就激动一回，做它一回。第一个看到我们最早目录的国家文物局佟副局长大吃一惊，说：'你们做这个事确实很好，竟然还有一个海内外的目录。''只有浙江的同志敢这么想，居然敢把目录也拉出来了。'最有资格做这件事的，未必是我们。因为我们自身，乃至浙江省，宋画的收藏是非常有限的，有资格做这件事的单位、地方多得很，但是我们做了。如果我们不是满怀为天下学子所用，为子孙留下优秀遗存的使命感和责任感，是坚持不下来的。我们不是心血来潮，也不是随便玩一把，确实是有追求在里面。"

浙江人在社会主义市场经济实践中创造的精神财富，在文化大省建设中发挥了威力。千方百计、千言万语、千山万水、千辛万苦，浙江人的"四千"精神，感染了合作者，在编纂者所到的北京故宫博物院、国家博物馆、上海博物馆、辽宁博物馆、日本东京国立博物馆、美国波士顿艺术博物馆、美国大都会博物馆、英国大英博物馆、瑞典斯德哥尔摩远东艺术博物馆等海内外一百多家博物馆、美术馆和其他收藏机构，他们得到了充分的理解和热情的帮助。"镇馆之宝"被看作"天下之公器"、人类共同的精神财富。

今天，《宋画全集》其中的两卷：美国大都会卷、日本卷已经摆在面前，收集整理出版所经历的如铁雄关已在身后。一部在手，当今已知的国内外各大博物馆收藏的宋画，一览无余。海内外博物馆界，特别是国内的博物馆界在宋画资源的整理、利用上，有了一次创举，共同成就了一项造福全人类的盛事。

更真实地传递宋画的信息

2006年，鲍贤伦带许洪流去了一次北京，带了几张数码打印样稿。肖燕翼看了样稿最后说了一句话："书能够做到这个程度的话，对我们搞研究的人来说，几乎不需要打开原作了。"肖燕翼是这方面的权威，对《宋画全集》的整理、出版给予这样高的评价，使所有参与这项工作的同志都得到了莫大的安慰，让许洪流高兴到今天。

宋代文化艺术发展在中国历史上具有极其重要的地位。宋代是中国绘画发展史上的全盛时期，绘画创作题材广泛、表现手法丰富、笔墨技巧精纯、艺术境界高妙，名家佳作灿若星河，是继唐代之后，中国绘画史上又一个高峰。花鸟画在宋代备受青睐，异常发达。两宋山水画，如日中天，是中国山水绘画史中最辉煌的时期。一幅《清明上河图》，照亮中国绘画历史天空近千年，至今家喻户晓。

但是，这些瑰宝，距今已有一千年左右的历史，文物级别高，存世稀少，出于保护的考虑，相当多的作品现在已不适宜打开，即使是研究人员也难得一见。

文物保护的最终目的是利用。当初，浙大确定要出版《宋画全集》，就是要解决文物资源的保护与利用的矛盾。用现代技术做出精美的出版物做替代物，被公认为是最好的解决方案。于是，能否有高清晰的图像成了问题的关键。"因为中国传统的书画里面有个根本性的特征，通过笔墨的精微来传达精神，精微的笔墨如果没有高清晰的印刷的话，是难以体现其精神的。"（许洪流语）过去说宋画出版、明画出版，一提起来就是日本的二玄社。启功先生曾经评其下真迹一等。

《宋画全集》编纂者为自己定下了目标：超过二玄社，达到世界领先水平。为实现目标，编纂者、出版者为拍摄和制作付出了巨大的艰辛。曾在美国和日本仔细地比较过《历代帝王图》、《捣练图》、《番骑图》印刷品和原作的画家邱挺评价说，"整个《波士顿美术馆藏唐宋元绘画名品集》（日本印制）印刷的风格都偏暖色，调子非常暖，都有一个偏差，而且做得特别'漂亮'，这种'漂亮'它夸大了反差度。以《捣练图》为例，他们把头发印得非常黑，与脸部粉黛的衔接则不自然，如果没有仔细的比较是很难发现这个特征的。还有石绿、石青包括朱砂的感受都过火，这种'漂亮'很难传递非常古雅靓丽的感受。《宋画全集》很好地解决了这些问题，这是非常大的提高。再比如《番骑图》里马头上的红绣球，还没有哪家出版社能够印出这么正的红来，《宋画全集》把这种感觉做出来了。这些作品非常好地传递了宋人对色彩的理解，达到了比二玄社复制品的印刷还要高出一筹的状态"。

画家何加林说，这些作品原件的拍摄，非常精细，让我们搞绘画实践的人，能详实地了解古人的笔法和技术的运用，感受到画面的气息。

看到《宋画全集》，画家顾震岩"非常感动"。他说，艺术实践中我们更注重好与坏，宋画准确的面貌已经出来了，对于我们研究宋画、研究技术来说，提供了非常直观的图像保证，提供了第一手的艺术资料支撑。

中国文联书记处书记、中国文联副主席、中国美术家协会副主席冯远认为，《宋画全集》为当代从事宋代水墨画创作、历史研究的画家、学者提供了在不能接触原作的情况下，深入、全面、清晰地了解作品的最好的条件。

面对古人生命的智慧

目前可以收集到的所有宋代绘画，包括流散在国外的作品，将完整地汇集在《宋画全集》中。从事美术史研究、绘画研究、绘画本体艺术研究的人，可以全面地、系统地、完整地了解宋代绘画的全貌；

当代从事绘画艺术的画家、绘画爱好者，包括中国画、水墨画的爱好者，能够一览宋画的发展、变化、演变的全过程。

著名学者陈寅恪先生曾经指出："华夏民族之文化，历数千载之演进，造极于赵宋之世。"继《全宋词》、《全宋诗》、《全宋文》之后，《宋画全集》的问世，填补了宋画整理汇编的空白。著名美学家叶朗指出，对宋代文化艺术研究的意义，我们过去估计不足。传统的说法，五代以前处于上升期，之后就开始没落了。这种观念我觉得要重新推敲。至少从文学、艺术、哲学、美学这些角度，这么说可能有一定的片面性。《宋画全集》出版对我们研究文学、艺术、美学，意义非常大。《宋画全集》有图像和文献，图像很全面，题跋完整。文献对研究很重要，要尽量地全，越全越好。图像印得也很精美，在"真"这个方面做了很大努力。这个"真"有两个角度的意义，从研究的角度，当然要"真"；另外，从传播中国艺术和中国文化的角度，也非常值得赞赏。对研究美学史，这个书的出版也很有帮助。因为人的审美意识，既表现为理论形态，也表现为作品。

画家张捷认为，"《宋画全集》是文献的抢救性工作，功德无量"。

画家郑力将自己和同代的画家说成是"二玄社出身"，认为自己"受了很多二玄社的益"。习画在他之前的画家陈平，远没有他幸运。陈平说："我们上学的时候，没有任何资料，都是以前学校刻录版的黑白照片，拍得模模糊糊，只能知道宋画的样子，笔墨全然看不清。那时候的临摹，都是靠老师的引导和自己的理解，通过对画的猜测去画的。"他们这一代中国画画家，被称为"刻录班出身"。郑力期望，《宋画全集》能够担当起哺育一代代画坛新人的历史责任。

这是从历史中走过，丧失了历史机会的一代又一代画家的期望。

有现代科技的支撑，有综合国力不断增强的祖国的强大后盾，有举国上下繁荣文化意识的觉醒，在今天的中国，这期望不是乌托邦。

（原载2008年12月29日《光明日报》）

夕
拾
朝
花

在路上

——写在《汉译世界学术名著丛书》出版之际

那次买的书都属经典，休谟的《人性论》上下卷，全两册十块九，托克维尔《论美国的民主》上下卷，定价十三块七，如果我没有记错的话。有很长一段时间我对这个定价是耿耿于怀的，由于当时我对哲学兴趣更浓，所以觉得《人性论》更合算一些。当然，最合算的是《伯罗奔尼撒战争史》，七百多页的精装，三块九。直到现在，我仍然认为它很超值，不但花钱少，而且很经典。萨拜因的《政治学说史》，两册分别定价，耗去了我十二块两毛五。这套书成为了我系统学习西方政治思想的启蒙教材。文德尔班的《哲学史教程》只购得上册，六块四。还有一套《西方伦理学名著选辑》，上下册合计十二块六毛五。总共花去了我六十元左右。在当时，六十元就是一个半月的生活费。不过因为有了外财，那天花得很是过瘾，跋山涉水地把几套书搬回学校，手都勒得有些青红。

这储藏在心灵深处的记忆，属于学者陈德中。今日重温，感动之中仍有些许苦涩。文字中提到的，是他大二时，用献血后得到的100元营养费买书的经历。大学四年，他把绝大部分的时间奉献给了刚刚建成的新北京图书馆。图书馆与献血营养费，使他阅读与珍藏"汉译名著"的梦想在坚忍中开始实现。

这记忆，又不仅仅属于陈德中，它属于那一代学人以至前后几代学人。

汇涓成流，中国人面前的人类思想智慧之河波澜壮阔

从1905年"少年"商务将严复所译英国博物学家赫胥黎的《天演论》变成铅字出版，已经过去一个世纪又四个年头。

一个世纪以来，这位桐城派学人音调铿锵、平仄讲究的译文，深植在中国学人的成长记忆中。鲁迅自述发蒙之初，在学校生活中得到的最大乐趣就是"一有闲空，就照例吃侉饼、花生米、辣椒，看《天演论》"。胡适在他的《四十自述》中回忆："几年之中，这种思想像野火一样，延烧着许多少年人的心和血。'天演'、'物竞'、'淘汰'、'天择'等等术语都渐渐成了报纸文章的熟语，渐渐成了一班爱国志士的'口头禅'。"

"汉译名著"是一个没有主编，也没有编委会的丛书，但它却名副其实是举全国学术界和翻译界之力量而成就的。从发端时起，在其作译者和合作者的名单中，不乏严复、梁启超、蔡元培、章士钊、蒋梦麟和胡适等文化巨擘。汇涓成流，至20世纪前半叶，丛书已拥有230种的规模，成为中国学人阅读的一时之选。

今天，"汉译名著"的作译者中，同样集聚了当代学术界、翻译

界的精英。这当中，有著名美学家朱光潜、哲学家贺麟、历史学家何兆武、法学家费孝通等学界、文化界耆宿，也有刚刚崭露头角的新秀。在以往积累的基础上，新版"汉译名著"珍藏版，洋洋大观达400种、490册，作译者群星灿烂，学科流派蔚为壮观，人类思想智慧之河波澜壮阔。

持续一个世纪的汉译世界学术名著的译著、出版，将人类的精神智慧精华融入薄薄的纸页，泽被一代又一代中国学人。

邓小平说，要用几十年的时间把世界古今有定评的学术著作都翻译出版

20世纪50年代初，百废待兴的新中国，就将汲取人类文明成果摆上了议事日程。1954年，共和国的"外国名著选译十二年（1956—1968）规划总目录"起草，其中列书1614种。1956年规划已开始实施。1958年，恢复独立建制的商务印书馆，获得翻译出版外国哲学社会科学重要著作的分工，再次开启汉译世界学术名著的出版。时任总编辑的陈翰伯运筹帷幄，引领着商务克服各种困难，在不到十年的时间里，出版了三百多种汉译学术名著。

1981年，"汉译名著"第一辑50种犹如一朵奇葩，开放在中国改革开放的春天里。当时商务的总编辑、著名出版家陈原在《人民日报》上发表的文章中写道："通过这些著作，人们有可能接触到迄今为止人类已经达到过的精神世界。"他还说过，"这套丛书的出版说得大一些，标志着一个时代的开端"。

1984年，邓小平同志对"汉译世界学术名著丛书"的出版作了重

要指示："要用几十年的时间把世界古今有定评的学术著作都翻译出版。"

1989年，胡乔木再次肯定了"汉译世界学术名著丛书"是"对我国学术文化有基本建设意义的重大工程"，并就进一步拓宽名著选题、扩大译者队伍等问题提出了具体意见。

改革开放为中国人"看世界"，领略人类曾经达到过的精神世界提供了不曾有过的广阔视野。近三十年来，"汉译世界学术名著丛书"累计出版了四百多部经典著作。亚里士多德、黑格尔、亚当·斯密、萨特、希罗多德、罗素、卢梭……一个个代表人类智慧的名字，和他们在人类思想发展史中具有里程碑意义的代表作，令人满怀期冀。

为国人领略"人类已经达到过的精神世界"风光，
先行者们筚路蓝缕

让我们把目光停留在陈翰伯1962年的工作日志上。这一年，这位商务的总编辑，为了就汉译学术名著与学者更深入地讨论与交流，索性带着铺盖住进了北京大学，访问了哲、经、政、法、史、中文、地理等系的二十余位学者。

历史的镜头在这里定格：美学大师朱光潜先生辞世的三天前。神智稍许清醒的先生，趁家人不在，竟艰难地沿梯悄悄向楼上书房爬去。面对急来劝阻的家人，先生嗫嚅着说，要赶在死前把《新科学》的注释部分完成。1980年，在83岁高龄上，先生开始翻译18世纪启蒙运动著名学者维柯的代表作《新科学》。1986年先生辞世前终于完成译稿。这部译稿，后被收入"汉译名著"。被收入的，还有先生的另

一部译作，皇皇三卷本的黑格尔《美学》。《美学》第一卷译作"文革"前由人民文学出版社出版。第二卷译稿在"文革""抄家"时被抄走，"文革"后期，在西语系打扫垃圾的先生，在废纸堆里发现了自己被抄走的译稿，遂对失而复得的译稿秘密进行修改。1974年，尚戴着"反动学术权威"帽子的朱先生，受商务之邀，开始翻译《美学》第三卷。1981年，《美学》三卷四册全部出齐。

捧读"汉译名著"中的《巴曼尼德斯篇》，我们不应忘记一个名字：陈康，一位活跃在20世纪三四十年代的精通希腊语的希腊哲学研究专家。是他，将只有5000字的，被认为是柏拉图最难懂的一篇对话，成就为20万字的译作，以注释的形式阐发对柏拉图哲学的中心问题及柏拉图前后期思想发展的研究心得，将对这篇对话的研究提高到新的水平，也将一个先哲，还给了敬仰他的读者。

已经九十多岁的戚国淦先生多次接受商务的委托，参与选题规划，代为审校译稿，并为多种名著撰写序言。他说，"写序还是要先读外文原著，以捕捉其灵魂。序言写好了，也是学术论文，我有信心把名著的中译本序言凑成10篇"。

和戚国淦一样，著名经济学家陈岱孙在1977年至1991年的十余年间，为"汉译名著"写了12篇精湛的序言。著名学者和翻译家何兆武先生经年累月埋头"汉译名著"的翻译之中，译作收入"汉译名著"的就有《社会契约论》、《思想录》等七种。

一部《小逻辑》，多位大学者倾注心力，更是传为佳话。把《小逻辑》最完整、准确地翻译为中文的，是著名哲学家、黑格尔及其哲学研究专家贺麟。商务1980年版《小逻辑》，是译者在1945年上海商务版、1954年三联版连续两次修订基础上完成的，翻译过程历经40

年，共参考了三个德文版本和一个英文版本。1954年三联版译稿曾由冯至先生、王太庆先生各校阅一遍。即使这样，新版的修改仍持续了6年，其中，译名、译文都做了较大改动，序言中对一些哲学名词从专业角度进行了精细辨析。出版时，贺麟先生又请罗念生、周礼全、叶秀山、王玖兴等翻译家和哲学专家对照不同语种的版本再次校阅其新译稿。劳作的孜孜矻矻可见一斑。

　　"当我重新翻阅这份著译者名单时，发现不少过去熟悉的人已经过世。同我合作翻译《罗马帝国社会经济史》的马雍研究员（他还是《阿古利可拉传·日尔曼尼亚志》一书的译者），早在1985年就离开了人世。我还可以列出一批仙逝者的名单，如《新科学》的译者朱光潜先生、《新史学》的译者齐思和先生、《人文类型》的译者费孝通先生、《用商品生产商品》的译者巫宝三先生、《形而上学导论》的译者熊伟先生、萨缪尔森著《经济学》的译者高鸿业先生等。马雍生于1931年，比我小一岁。我们合作翻译《罗马帝国社会经济史》时（20世纪60年代），都只有三十岁左右。那时我们是多么年轻。我们还设想过，翻译完罗斯托夫采夫所著《罗马帝国社会经济史》之后，再接再厉，把罗斯托夫采夫的另一部世界学术名著《希腊化世界社会经济史》译成中文。但好梦难以成真。'文革'前一年，我们把《罗马帝国社会经济史》一书的译稿交给了商务印书馆，接着就发生了'文革'，我们的一切打算全落空了。如今，马雍逝世已经24年，我今年也已经79岁。"厉以宁教授在珍藏版座谈会上谈及的往事，令人唏嘘。

　　在柏拉图、亚里士多德、黑格尔、罗素等人类众多思想者与一代代中国学人之间，译者们架起了一座座桥梁。架桥者的名字，光辉而不朽。

金色的蒲公英迎风盛开

在中国读者眼中，开放在蓝色的、绿色的、黄色的、橙色的书页上的一朵小小的蒲公英，是改革开放大潮中最美丽的花朵。它开在振兴中华的路途上，开在中国学人成长的历程中，开在中国读者的阅读记忆里。

经历了"文革"的磨难，中国学人期冀着站在巨人的肩膀上，去回首自己走过的路，去看今天的世界。"汉译名著"是巨人为他们留下的阶梯。

学者雷颐的感悟，属于一代人。"当时，我们虽然已经成年，但可以说都是一群没有经过启蒙的男孩女孩，突然间遇到了一种解放，将整整一代人的青春热情释放出来，我想，以后不会再有这样的外国思潮给我们如此爆炸性的冲击了。"

在著名经济学家吴易风眼中，"跨世纪宏伟工程'汉译世界学术名著'为我国读者和学者精心构筑了一座世界文化公园"。

中国社会科学院原副院长汝信先生认为："'汉译名著'在传播、吸收、借鉴人类文明的优秀成果方面作出了非常巨大的贡献。中国多少代的哲学、社会科学工作者都受到了商务印书馆出版的这些重要的外国学术著作的熏陶、教育和培养。可以说，对于推动我们哲学、社会科学的发展，它的作用完全不亚于一个社会科学的大学。"

"汉译名著"不但在中国学界是个充满荣光的名字，今天，更多的青年学子，正阅读着它成长起来。正如北京大学国际关系学院赵宝煦教授所说："这一套汉译名著可以成为高等学校学生的精神食粮，可以大大弥补现在素质教育的不足。"

我们在路上。无论著者、译者还是出版者，肩负着引领时代，激动潮流，奠基学术，担当文化的使命。

　　我们在路上。无论著者、译者、出版者还是读者，同行在走向迄今为止人类已经达到过的精神世界的路上。来时路上，曾是风光无限，前行所向，风景依然绮丽。

（原载2009年9月26日《光明日报》）

大型文化成果从何而来

——点校本"二十四史"及《清史稿》修订工程的启示

"这是出色的专家在出色的主持者的主持下，开展的出色工作。"全国高校古籍整理研究工作委员会主任安平秋7月11日在点校本"二十四史"及《清史稿》修订工程第四次修纂工作会议上这样评价"二十四史"修订工程。对襄扬一向比较吝啬的安平秋此言一出，点校本"二十四史"及《清史稿》修订工程再次引起关注。

"这是千秋的事业"，"中华人民共和国版二十四史"，"将是历史上最正确、最可靠、最有用的版本——不一定是最后的一个定本，却可信其为空前的一个定本"。此话1956年出自郑振铎先生之口。

1960年，时任国务院古籍整理出版规划小组组长的齐燕铭也对点校本提出两点明确要求：在学术成果上要"超越前人"；经过重版修订使之"成为定本"。

在国家有关部门的直接领导下，历时20年，全国高等院校与出版界通力合作，点校本"二十四史"及《清史稿》成为20世纪特殊历史

317

时期全国高校最具影响力的重大学术成果。推出至今，创造了辉煌的历史：在学术上形成了无可取代的崇高地位，在其后的五十年时间里，对中国史学及其相关学科影响巨大。

时过境迁。今天，我们还能集新一代学人之力，在新的时代，再一次实现修订出"历史上最正确、最可靠、最有用的版本"吗？

正在发生的事情，给我们信心。

又一代学人在新时期聚集

三年前烈日炎炎的夏天，来自北京、上海、天津、山东、湖北、陕西、浙江、江苏等省市的十余所高校和研究机构的近百位专家学者聚集京城，启动继往开来的点校本"二十四史"及《清史稿》修订工程。二百余位参与修订工作的专家学者，代表了当前中国断代史研究和基础文献整理的前沿水平。

此前，任继愈、何兹全、冯其庸、田余庆、蔡美彪先生等数十名在京著名学者及专家参加了论证会，住院休养的季羡林先生，也写来了《我的建议》，对修订工程寄予殷切期望。

之后三年，修订工程顺利完成了论证与立项；确定了总体修订目标和修订方式；遴选并确定了各史修订承担单位和主持人；各史修订陆续进入中期阶段，首轮样稿评审工作基本完成。19所高校和研究机构的近百人次的专家参与了样稿的书面评审。18次样稿评审会，有13次在最近一年内召开，修订工程进程明显提速。

已通过评审的各史样稿，普遍受到各方面专家的肯定，一致认为在原点校本的基础上有了相当明显的提高，在解决原点校本遗留的断句、校勘问题，以及体例统一、资料搜集、撰写规范等方面都有值得称道之处。

政府推动坚强有力

"来自政府的推动坚强有力！"置身修订工程之中的组织者、修纂者，对此感触颇深。

修订工作被列为国家三大基金之一的国家出版基金资助项目，启动以来，国家给予了有力的资金支持。

前所未有，教育部、新闻出版总署联合发出《关于切实做好点校本"二十四史"及〈清史稿〉修订工作的通知》，要求有关承担单位和高等院校充分认识到修订工程的重要意义，切实加强项目管理工作，减轻专家学者的工作负担，并在工作绩效考核等方面给予重视。

在政府的推动下，各承担高校在人力安排、资源配备、绩效考核和经费管理方面，采取了适当的调整和配套措施，对修订工作的长期稳定开展起到了有效的保障作用和促进作用。

承担了《旧唐书》、《旧五代史》和《新五代史》修订任务的复旦大学教授陈尚君，亲身感受到了这一切，他说："我的工作校领导高度重视，除已有工作用房外，还配备了两位专职研究人员协助我的工作。中文系也适当减少我的教学责任。"

爱惜自己的羽毛

"爱惜自己的羽毛。"复旦大学教授周振鹤的话，表达了参与修订工作数百位学者的情怀。

"中国的学术发展，往往是由于大项目的带动。20世纪殷墟的发现，培养了一批甲骨文的研究专家；敦煌文书的发现，培养了一批魏晋南北朝文献研究专家。整理'二十四史'是非常扎实的基础训练，使人一辈子受益。"这是参加过20世纪"二十四史"整理工作的复旦大学教授邹逸麟的感悟，今天正被新一代学人体验。

曾任《宋史》点校小组组长的裴汝诚先生，这次担任《宋史》修订小组的主持人，多年从事古籍整理工作的经验，使他主持的《宋史》修订样稿在各史样稿中做得最为规范。当年参与《旧唐书》点校的陈允吉先生、参与两《唐书》地理志点校的邹逸麟先生、参与《宋史》点校的王文楚先生，以及参加上海五史编辑工作的李剑雄先生，都不同程度地投入到修订工程中来，以他们丰富的学识、宝贵的经验和认真的态度，从事修订工作。

对上一版"二十四史"，参与修订的学者给予了充分的尊重。站在前人的肩膀上，他们虚怀若谷。"我们今天的学术条件比老一辈好。汉简的出土，为《史记》的修订提供了可能；三国吴简的发现，为《三国志》的修订创造了条件；魏晋墓志铭的发掘，明清档案的公开等等，无疑都为修订工作提供了帮助。"记者在许多学者那里听到了类似的说法。

修订后的"二十四史"及《清史稿》2015年年底要全部出版。"争分夺秒"是修订工作的常态，"后来居上、后出转精"更是新一代学人追求的境界。参与审定的先生们认真负责，将每一条点校修订成果都逐条审查，甚至比修订组查找资料的范围还要广；修订办对于程序的把握非常严格，对于样稿审查要求没有丝毫放松，有的样稿甚至评审讨论了三四次。

组织者的文化担当

"修订工作作为集体合作的重大项目，关键是质量和进度。这一要靠修纂者的功力、水平、努力，二要靠组织者的组织。个人项目，十年磨一剑，铁杵磨成针。但时间长、学科跨度大对集体合作项目却是个严峻的考验，十年人心会散掉。"安平秋的感慨意味深长。

"在我所了解的重大古籍整理项目中，这是运行得最正常、最出色的项目。真而实，组织者、修纂者真诚地做这件事，精到，简捷，指导思想妥当。"安平秋尤其赞同组织者与修纂者达成的共识：修订工程是原点校工作在新的历史时期的延续，修订工作必须在原点校本基础上展开，应严格遵守在原点校本基础上进行适度、适当修订和完善的原则，通过全面系统的版本复核、文本校订，解决原点校本存在的问题，弥补不足，最终形成一个体例统一、标点准确、校勘精审、阅读方便的新的升级版本，进一步确立并巩固点校本"二十四史"及《清史稿》的现代通行本的地位。

在修订工作中，中华书局担当着组织者的角色。从立项、组织操作到确立修订指导思想并使之成为所有参与者的共识，总编辑徐俊是起着"枢纽作用"的人物。"'二十四史'及《清史稿》修订工程是一项任务巨大、参与人员众多，时间跨度漫长的学术出版工作，学术界期待已久且修订质量备受各界关注。这就要求我们充分尊重专家学者的劳动和知识产权，尤其是修订工程审定委员会的专家学者，依靠各位修订主持人和修订组成员的力量，依靠整体的紧密合作来运行。今天，出版已经产业化，但作为出版人，我们肩负的社会责任、文化担当没有丝毫变化。我们要通过拿出无愧于前辈，对得起子孙后代的文化产品来实现这种担当。"徐俊清醒而坚定。

在宽松的学术环境、从容的工作状态下，"二十四史"及《清史稿》修订工程正在向着预期的学术目标，向着后来居上的最佳境界稳步迈进。正像安平秋先生所说："修订工作今后还会遇到不少困难，但我们有望见到新时代古籍整理出版的标志性成果。"

（原载2010年7月16日《光明日报》）

打捞起那一片历史的辉煌

——《中国贵州民族民间美术全集》出版纪事

张云端从一个普通的纸箱中拿出一本《银饰》，打开，情况一下子不同了。是震撼吗？是震撼！我确定。书页一页页急促地在我面前呈现，我竟一时找不到合适的语言，来表达那一刻的感觉。美，太美了，精美绝伦。

实现这一美的传递的，是五卷本《中国贵州民族民间美术全集》。这部书分为五个分卷，分别为《刺绣》、《挑花织锦》、《蜡染》、《银饰》和《傩面》。

曾经，面对这些作品，我国工艺美术界泰斗、中国工艺美术学院院长、90岁高龄的张仃先生与邹文先生把他们的感慨写在书的序言中："当两千多件作品的照片放在面前时，我们感到了沉甸甸的责任，也很欣慰。总算又有人开始做这项系统工作了。接下来，不同地区的人就可能看见这些精美的工艺品。想想它们都是出自那些名不见经传的劳动者之手，都是出自那些从来没上过学堂、受过正规教育的民间艺人之手，却又是那样的精美，那样经得起任何审美法则和尺度的挑剔，我们都会心存感动。"

还是张仃与邹文先生说的："负责任地说，这笔遗产是需要保护的。民间工艺美术在历史上比较艰难地生长和延续，从一开始，就命运多舛。有一种东西帮助了它的生长，就是社会的落后。"他们接着说："落后在经济上表现为贫穷，在地理上表现为偏僻，在社会需求上表现为被冷遇。对民间工艺匠来说，这些并不是什么好事。但我们又不得不承认，正是落后才使民间工艺美术获得了天然的生态环境⋯⋯多少代人总结出较好的一种造型、纹样、色彩组成，程式化地固定在不同的刺绣、挑花、陶艺、木雕、漆作、剪纸，世代相传，这样的遗产实在万分珍贵。试想，这些东西突然在一个时代中断了，灭失了，将是多么的可惜可悲⋯⋯趁现在这些东西还存在着，趁我们对这个问题还有所认识，应该去做一些抢救性的工作。"

这件事，贵州人民出版社有责任感的编辑们去做了。

当他们出发之时，贵州原本继承和保存的许多传统文明，在信息时代正面临空前的挑战，大量民间美术品正在向海外流失，民间老艺人正逐渐离去，传统工艺手法及图式没有了传承，在最偏远的地区要找到精湛工艺手法的精品已经变得越来越困难。

但编辑们还是义无反顾地出发了。时间是1995年。

这一个征程有多么漫长？

此时，张云端就坐在我的面前，她来北京，是来捧《中国贵州民族民间美术全集》获得的第二届中国出版政府奖图书奖与装帧设计奖提名奖。她现在是贵州人民出版社美术编辑室主任，负责这套书编辑出版的总协调。当年出发时，她刚刚从学校毕业，是中文系的毕业生，也是队伍里最年轻的一个，只有25岁。

就是在这征程上，张云端从对贵州民族民间工艺美术陌生，到了解，继而喜爱，直至痴迷，成长为一个贵州民间工艺美术鉴赏专家，一个资深编辑，一个与民间工艺美术、与贵州民间刺绣再也无法分开的人。

说到刺绣，张云端像在讲一个老朋友。她说，有如民族史诗般的刺绣，是贵州人民的骄傲。贵州民族民间刺绣有其悠久的历史渊源，与宋、明以来的中国主流刺绣相比有着自己独特的面貌。它的重要性在于有的绣品像活化石一样保留着春秋战国时期楚绣的艺术风格，最重要的意义在于它是有图无字的史书，是彩线绣成的史诗，是穿在身上的图腾，它记录了贵州各个少数民族的历史、宗教和文化，像族徽一样保持了这些民族的自我身份认同，彰显了少数民族妇女的自由精神和艺术才华，同时也见证了中华文化的多样性和举世罕有的艺术成就。

2007年，在贵州省新闻出版局、出版集团、人民出版社的关注与支持下，《中国贵州民族民间美术全集》第一本《银饰》付印，2008年，全部书出齐，最后到读者手中的，是《傩面》。张云端人到中年，当年编辑中的长者，已经退休。

为这部书，贵州省新闻出版局累计投资300万元。

这一个征程又有多么艰辛？

张云端说，我们做的是拯救性的工作。可以说，当时已知的藏在博物馆、艺术馆、美术馆以及个人手中的贵州民族民间工艺最宝贵的东西都在这里了，因为我们的第一责任编辑张世申与收藏者都很熟，我们能拿到的，不计成本地全收进来了。可以说，《中国贵州民族民间美术全集》是贵州传统民族民间工艺美术的终结版。今天，书中的很多件艺术品，已经被海外或国内的博物馆或个人收藏。

以往的艰辛，如今已成记忆淡淡的背景，记忆舞台上鲜活着的，是收获的满足与陶醉。

编辑《中国贵州民族民间美术全集》的日子里，去了多少次凯里，张云端自己也说不清了。赶圩的日子，她去圩场上淘绣片、绣衣。开始，是跟着贵州著名的刺绣背扇收藏家马正荣先生去，学着淘，那时马先生已经80岁了。渐渐地，她自己去了，多少次，她眼盯着一幅精美的图案，跟随着穿着它的人，直到穿衣人的家中。再后来，是她带着别人去淘了，她为有这么多人喜欢贵州的美而陶醉。

"那次，去德江，拍傩面具。去之前，对方只说有两三个。那儿比较远，靠近重庆，开车走了半天，路很崎岖。我们还是带足了反转片。看了我们很正式的介绍信，当地民族宗教局的同志带我们去看傩面，在一座庙改建的仓库。推开门一看，我们都傻了，啊，一屋子的傩面。"这时，从张云端的眼睛里，我感受到了当时的一切。"我们用干布把傩面上的灰尘掸开，拍下了一张张反转片。这些片子，都收进了书里。虽然辛苦，但很满足。这些事当时不做，就没有机会了。"

一幅幅艺术品就是这样淘出来的，一张张照片就是这样拍下的。不尽的旅程，无数的奔波。

"虽然一些老绣片，被个人收藏，被外国人买走，但喜欢绣片的人，看了我们的书，可以知道，我们曾经还有过这么好的绣片，这样美的图案与寓意。我们现在只做到了这一点，其实我们更想做的，是弄清图案上的故事，它背后的故事，它出自谁的手？多少年了？图面上的意义是什么？苗族的绣衣被称为穿在身上的史书，他们没有文字，是通过图案、绣片讲述历史的，我是从哪里来的，是走过长江或者黄河，走的什么路线，路边是山还是田。这样的表述，其他民族的人是不知道的。但现在几乎不可能了。往事如烟，消失在历史之中。"张云端的话中缀着沉重。

让张云端和她的同事们欣慰的是，有书在！

有人说，生活在贵州目前这个时代的文化人是幸运的，身处中国传统文化资源保存得最好的黔中大地，无时无刻不在感受和亲近各种民族民间文化，正所谓近水楼台先得月，有了探视和查究这些宝藏的便利。张云端备感自己的幸运。她说，做了《中国贵州民族民间美术全集》的编辑，是天赐良机，让她得以以这样近的距离，或者干脆说身在其中地感受这样辉煌的文化，这样悠久的文化传统。这样痛切地感受现代信息对数千年原汁原味文化、生活的冲击，感受少数民族传统文化艺术逐渐消失的痛楚。这一切，是激励她和她的同事们努力工作的动力，他们要终止这持续的挽歌，让这充盈着无限生命力的美永驻人间。因为，文化是维系一个民族生存、延续的灵魂，是民族发展繁荣的动力与活力的源泉。它滋养着当代，哺育着未来。

如果说，自古以来，刺绣、挑花与织锦与其他民间传统工艺一起，寄托着制作者的精神向往和民族的记忆，美化了他们生活的环境，使他们在艰辛苦难中拨亮了生命与信念的心灯，那么，贵州人民出版社的编辑们今天做的，就是打捞起历史的辉煌、点亮人类文明之灯的不朽之举。

链接：

夕拾朝花

　　荣获第二届中国出版政府奖图书奖的《中国贵州民族民间美术全集》，自出版以来多次参加国际图书展览和全国书博会，在国内外广布知音。《银饰》出版当年，即获得2007年第十六届全国优秀美术图书"金牛奖"金奖；《蜡染》、《挑花织锦》2008年荣获第十七届全国优秀美术图书"金牛奖"金奖。2009年《刺绣》、《傩面》获第十八届全国优秀美术图书"金牛奖"金奖；2010年10月《中国贵州民族民间美术全集》再次传来佳讯，该套丛书荣获了与"五个一工程"奖、中国出版政府奖并列为业界国家级三大奖的第三届中华优秀出版物奖（提名奖）；2010年3月，《中国贵州民族民间美术全集》荣获第二届中国出版政府奖装帧设计奖提名奖。

（原载2011年3月26日《光明日报》）

追赶太阳的人们

——记《现代汉语词典》的编纂者

《英语词典》主编约翰森谈到自己编纂词典的体会时说："追求十全十美，就像阿卡狄亚的原始居民逐日一样，当他们追到似乎是太阳栖息的山顶时，却发现太阳依旧遥不可及。"每一个词典编纂者，都应该做追赶太阳的人。词典的每一次修订，都是我们向更高目标的一次攀登。

——《现代汉语词典》编纂者之一 晁继周

江蓝生的手从北师大教授王宁的额头移开。"滚烫滚烫的！"她说。"这么多著名专家来给我们提意见，鲁国尧教授远道从南京来，张志毅先生从烟台来，王宁先生发着高烧在会上发了言……上哪找这样的机会，情义无价啊！"主编江蓝生心中腾起感动。

"我这几年，都在磨这个词典。"江蓝生说的是《现代汉语词典》（以下简称《现汉》）第6版。"这是大众期望最高的书。因为，典，给人提供依据。虽说没有一部没错的词典，但我和我的同事们不敢有丝毫懈怠。我们要尽量减少差错。要提高，办法只有一个，就是加强研究，做第6版。我们开了21个研究专题，是否到家了？没有！还有些专题，没有列入。专家们对第6版给予了好的评价，我们稍微高兴一下就行了，下面就要诚惶诚恐地开始做第6版的修订工作了。"

和江蓝生一样，《现汉》编纂者们的心中，充盈着同样的温暖与感动，同样的忐忑与追求。

《现汉》已经发行了5000万册。从1956年编纂启动到2012年夏天开始第6版修订，这本为"现代汉语的词汇规范，为推广普通话和促进汉语规范化服务"而编纂的词典，会衍生出多少感动你我的故事呢？

留在《现汉》影集中的主编剪影

1955年，推广普通话、促进汉语规范化作为一项基础工作，提到新中国建设的日程上。

担起《现汉》第一任主编担子时，吕叔湘52岁，是中科院语言研究所副所长，一位学术成就卓越的学者，在语言研究、推进语文规范化和普及语文教育、语文知识中贡献不凡。"由吕先生这样一位学识渊博、组织力强的学术大师负责完成国务院下达的编写现代汉语词典的任务，是时代的正确选择。"学者韩敬体说。

在学术研究上如日中天的吕叔湘将要去开启的，是一项前无古人的事业，那里，既风光旖旎，也荆棘遍地。

"编纂一部比较满意的详解现代汉语词典不是一件很容易的工作，不但需要学习近代的科学的词典编纂法，吸收先进经验，还要解决编纂汉语词典时所遇到的一些特殊问题。首先，确定某一形式是词不是词；其次，作出词的语法说明——这些，在汉语语法结构的研究还未取得满意结果的情况下，都是很难的课题。还有未见著录但是在各行各业中流通的词汇，需要有系统地搜集。此外，词目的取舍，成语的安排，词义的分析和说明，例句的采集和选择，这些一般词典编纂法上的问题也都需要很好地结合汉语的实际情况来解决。无疑问，这个工作是艰巨的。"（罗常培、吕叔湘《现代汉语规范问题》，1956年）"出征"前的吕叔湘已十分清楚，前面等待着他的将是怎样的困难，但他依旧坚定地向前走去。

"主编不虚设。"北大教授陆俭明说这是《现汉》的传统。从吕叔湘担任主编的第一天起，这个传统就开始了。

1958年2月1日，吕叔湘亲自开始编写细则。5月5日的日记记载："剩'释义'一节，最难。"6月13日日记说："这东西真吃功夫，外人不得知。"10月底，整理好的细则交付打印。这是怎样的一部细则啊，两万多字，一百八十项条款，将八个月前众人心中虚无缥缈的《现汉》编纂之事，出落成一幅可以感受的蓝图。这个细则，历经半个多世纪，到今天仍然是鲜活的。一代又一代《现汉》编纂者用艰辛的劳动，为它注入新的生命。"先生确定的总则，依然为我们今天提供着指导。"江蓝生说。

吕叔湘的日记，为我们留下了《现汉》编纂最初岁月的记忆。12月10日的日记说："看一个'成'字，平均每小时20条，不可算慢，但是这样也只能一天200条，还是赶不上，奈何！！"12月30日的日记又说："今天实足看稿约12小时，也只看了240片光景，合一个小时20条，也还是赶不上，而况不可能每周7×12乎！"1959年的元旦，吕叔湘也在赶着看稿："今天看稿……光一个'的'字就耗费两小时。"这样的日子还在延续。1月31日的日记记着："白天黑夜忙着看新吸收的意见，天天如此，日记也顾不上写了。"日记就此中断了大约一个多月。吕叔湘仿佛是田径场上的竞技者，在与时间赛跑，拼尽了全力。

1993年，近九十岁高龄的吕叔湘又一次谈到当时的情形。"我们编这部词典可以说尝尽了甘苦，或者说只有苦而没有什么甘。历尽艰苦，其中有必然性，也有偶然性。要编好一部词典，就要收集大量资料，比如编《现汉》就收集了上百万张卡片的资料，要对资料进行全面、认真的分析、综合，工作繁杂，当然十分辛苦。而我们编《现汉》又有一些偶然性增加了工作难度。一是人手生，参加编写的人大都没有编过词典，要边学边干。二是工作生，这类的词典前人没有编过，没有严格意义的词典可以参考。三是时间紧，要在一两年内完成四五万条的编写任务。我自己在一年多的时间里差不多每天都要工作到夜间十二点钟，又不能太晚了，因为第二天还得早起照常工作。"

韩敬体记下的，是他听来的事情。"那时词典室办公地点在西单一带，而吕先生家住中关村。每天上班，早出晚归，都是乘公共汽车。中午带馒头，就开水吃，可他那时患着胃病。他每周要审改定稿2000条，平均下来，每天要定稿三百多条，工作量极大，所以，晚上常常要带稿子回家看。1958年冬天，语言研究所搬到西城端王府，吕先生家也搬到了拣果厂，家离所近了，他就每天晚上和星期天到所里加班，真是极端辛苦劳碌。"在四五年的时间里，吕叔湘出色地主持编纂出《现汉》试印本，为日后的编纂打下了坚实的基础。

1961年，《现汉》主编的担子放到了著名学者丁声树的肩上，"惜墨如金、保证质量、方便读者"三条宗旨贯穿他主持的编纂、修改工作始终，成果结晶为1965年的"试用本"。

丁声树是何许人物？朱德熙说："就当时汉语语法研究的水平说，他走在了时代的前面。""他的学问真可以当得起博古通今四个字。"说到丁声树，著名学者刘大年"脑海里一直萦绕着这样几个字：志节高尚，学术精深。他一辈子淡泊为怀，以致淡泊到了忘记自己的程度，一辈子不知道'热衷'为何物，尽管在辞书里他对这个词作过准确的解释。他所奋力追求的，只有国家民族的学术繁荣、人民的需要、人民的利益"。

就是这样的一个学者，当国家需要他去主持《现汉》的编纂时，他义无反顾。

从1961年到1979年，在《现汉》主编位置上的丁声树，坠入了字网。"丁先生是最后把关人，责任最大。他在学问上主张精益求精，并且说到做到。通读字典不怕别人说'瓶口细'，坚持一条一条看完。""丁先生在词典室的19年，是《左传·僖公二十八年》里的19年：险阻艰难，备尝之矣。民之情伪，尽知之矣。"长时间协同丁声树研究汉语方言、审订《现汉》（试印本、试用本）的著名学者李荣说。

与丁声树有六十多年交往的学者胡厚宣记得，丁声树主持编纂《现汉》时，为了火车"车皮"一个词，曾找到他在铁道学院教书的大孩子反复询问了好多次。学者金有景回忆道："丁先生的严谨，在《现汉》的定稿中也可以看出来。《白毛女》里有个词'玉茭子'（玉米），这个'茭'字读什么音，一时可供查考的资料不多。在确定读音之前，丁先生一直在考虑这个问题。直到当面向著名作家赵树理请教了，赵树理说这个字读jiāo音，丁先生这才放心了。"

念兹在兹，丁声树平日里走路、乘车、吃饭、会客、上医院，总是放不下"形音义"。在修改《现汉》送审稿的四五年间，丁声树每个星期天都像平常一样到办公室看稿。即使是研究一个字，他也要求自己尽可能收集到所有的材料。

将"癌（yán）"字音改为ái音，是丁声树的贡献。他注意到医生口中的"胃ái（胃癌）"和"胃yán（胃炎）"是有区别的，而词典中两者却是同音词。"癌"从"嵒（yán）"得声，历来如此。为此，丁声树特意走访了多家医院，才知道大夫们早已约定俗成地将"胃癌"读作"胃ái"。一切从语言实际出发，丁声树果断地将"癌（yán）"音改标为ái，从而在词典中将"胃癌（ái）"、"胃炎"严格区别开来。这一变更，肯定了医生们的创造，极便于一般人口头表达，很快为社会广泛接受。

学者单耀海回忆说："1978年，《现汉》正式出版后，大家拿到了第一笔稿费，丁先生说：'不要计算我的，我那一份不要。'"

丁声树最后是在《现汉》主编的岗位上倒下的。长期的高血压、心脏病最终摧毁了他的健康，突发的脑出血，使这位语言学家丧失了部分思维与说话的能力。"丁先生病了。病了还是丁声树，照样背书，照样认难字。"到医院看望了丁声树，李荣回来对同事们说。谁想，两年后，一次更严重的脑出血，彻底击垮了丁声树生命的顽强。再也不能说话，没有思维的丁声树，在病床上度过了生命的最后8年。

筚路蓝缕，艰苦备尝。这就是开创者们留在《现汉》编纂历史中的剪影。

这些名字闪亮在历史深处

"除了语言所的专家学者，参加到《现汉》编纂中的还有哪些人?"记者问。

韩敬体没有马上回答，从桌子的另一头，端过一个如今已不太多见的卡片盒。"这是我为编《现汉》五十年纪念文集从地下室找出来的，当初上百万张卡片现在都放在那儿，没时间整理。"他边说边翻拣里面的卡片。

半个世纪的岁月，让面前的卡片十分沧桑。

面前，是韩敬体找出的词条"佛教"卡片。留在方寸之间的，是已经十分久远的事情。"佛教词条，专送了一些机构审阅。"韩敬体解释说。卡片上，有历史所熊德基先生提出的意见："似可提一句魏晋南北朝隋唐时代很兴盛。"季羡林则提出：主张三条不确切，不好改依历史发展说……"但在锡兰……等国"改为"亚洲许多国家"。叶圣陶的修改意见是："'六世纪后'第一个世纪是七世纪，以下世纪都在'六世纪后'。我以为这等地方应说'X世纪始'。"这些意见，是《现汉》试印本出版前征求意见时提的。查阅手边的《试用本》，我们发现，季羡林的意见已被采纳。

韩敬体拿出的另一张卡片，是"否"的词条。用毛笔书写的清秀小楷下面，署着著名学者王力的名字。魏建功也对这一词条提出了三项修改意见。

一百多万张卡片上，会留下多少当时著名学者的思想、学问与墨迹，现在还是个谜。当时只道是寻常，如今，后来人却是于历史深处听惊雷了。

编纂者刘庆隆说，《现汉》试印本编纂时，调动了全国三百多个单位，包括杂技团、曲艺界、军事科学院等，词条涉及到的所有专业部分，都送相关部门征求意见，人家审稿下了大功夫。征求意见并不是一次，单铅印的征求意见稿就4遍，油印稿就更多了。

语言所原副所长董琨说，参与《现汉》编纂工作的都是蜚声中外的语言学大家，除了吕叔湘、丁声树、李荣之外，著名语言学家黎锦熙、陆志韦、陆宗达、石明远、王力、魏建功、叶籁士、叶圣陶、周定一、周浩然、周祖谟、朱文叔等都参与其中。这些大家不讲名利，把自己在各个领域的研究成果都无私地奉献给了《现汉》。《现汉》是语言所编写的，但实际上凝结了我国老一辈语言学家的心血。

修订《现汉》，聚集了当时各个学科领域的著名学者与专家。有人做过粗略统计，征求意见的范围，涉及149所大中学校，中国科学院和中国社会科学院的各个研究所。

有一个人的名字，没列在编纂者中，而是留在了《现汉》出版的历史中，他是著名出版家陈原。1972年，国家已经陷入小学生上学连一本字典也买不到的困境。是周恩来总理的指示，使语言所和商务印书馆启动了"文革"前没来得及正式出版的《现汉》的修订。1973年5月，《现汉》"试用本"终于出版。但仅仅10个月后，姚文元借"燎原煤矿评论组"为词典提意见之名，发动了一场针对《现汉》的大批判运动。一时，帽子乱飞，棍子乱打，商务印书馆大礼堂挂满了批评当时主持工作的陈原的大字报，有人甚至将大字报糊在他办公室的门上。风口浪尖上的陈原，承受着巨大压力，但他泰然处之，冷静而倔强。他那睿智并具有远见的"划清词典工作八大是非界限的著名论点"，在搏击风浪中诞生。上边有人要把《现汉》成书化成纸浆，陈原却让商务人把几万册词典巧妙地入库封存起来。直待"四人帮"倒台，这些词典终于发行到读者手中，解了全国词典匮乏的燃眉之急。

一部部《现汉》人生

语言所现在还在建国门内大街社科院六楼的西头。走在幽静的楼道里，记者想起了李荣——戴着一副高度近视镜，人很消瘦。想到这次再也见不到和蔼可亲的先生，他离开我们已经整整十年，感慨顿生。

有人这样评价李荣：他是《现汉》的主要定稿人之一，在长达三年的词典定稿时间里，他殚精竭虑，贡献了自己的一切学识和智慧。这里说的三年，是1961年到1963年，李荣因营养不良患着浮肿，眼睛高度近视的他，看色黄粗糙的劣质纸上的6号字整整三年，眼底黄斑病变、出血都不知道。"结果，报销了一只眼睛。"那一年，他才43岁。

从《现汉》试印本开始，就是主要编纂人员的刘庆隆，参加了《现汉》六个版本的编纂，可谓《现汉》"六朝元老"。如今88岁的刘庆隆因病已经不能表达自己的所思所想，他说的话，连平日在他左右照顾的女儿也已经无法听懂。几年前，他将一段文字，写在他《辞书编纂工艺导论》的后记里。

> 时间过得真快，当初懵懵懂懂的毛头小伙子，如今已经到了耄耋之年。我这辈子，只做了一样事情，就是编辞书，其中主要有两本，一本是《新华字典》，一本是《现汉》，都是从开始就参加，并且一直坚持到今天的。

> 说起来，干什么事情，能干成、干好都不容易，编辞书尤其如此。它既要有理论基础，也得有实践经验，还得理论与实践相结合。不是任何一位语言学家都是辞书学家，没有亲手编过辞书的，总有隔膜。

书中所集文字，是刘庆隆多年的积累，"有的写成文章发表了，有的写成文章压在了抽屉里"。看到现在讲辞书编辑具体方法的书少，更有感于"编辞书，需要了解的东西太多，学习摸索的过程也比较长"。于是，他把自己多年以前写好的旧稿拿出来出版，给刚从事辞书编纂的人提供借鉴。可此时，他"已经不可能重新整理加工"旧稿了，不仅因年事已高，而且，疾病缠身。

1956年启动《现汉》编纂时，韩敬体还是河南柘城第一中学初三的学生，晁继周在北京四中读初三。

1964年，韩敬体从北大中文系毕业，分配到中科院语言所。"一来词典室，丁先生就发给我们两部书：八本《现汉》试印本和1962年修订的《新华字典》。"看字典，成为韩敬体工作的第一课。这以后，近五十年，韩敬体的大悲大喜都没有离开过《现汉》。采访时，韩敬体翻着一版版《现汉》，给我讲一个个人，一件件事。"大约是20世纪70年代，《北京晚报》上有一篇文章，讲'娘子关'的。说，平阳公主（李渊的女儿）率领百万女兵，驻守娘子关。那时代，会有这么多女兵吗？我有些怀疑。去查《辞海》，也是说平阳公主组织妇女成军。我又去查《隋唐嘉话》等书。终于查出'李渊的女儿统帅的军队号称娘子军'，并非女子成军，而是女子为统帅之军。由此，《现汉》的'娘子军'词条，有了准确的表述。"

这样的事，发生在词典室每一个编纂者的工作中，发生在《现汉》编纂的那些日子里。《现汉》一个个词条的注音、义项分合与排列、具体释义、举例等始终以学术引航，以学术研究为支撑。这种学术研究始自词汇的采集，贯穿词典编纂每一个环节。

"编词典有辛苦，有后怕，心中始终忐忑不安。编词典，要求知识广博，这就催促我多学、多看，学了一辈子，还是赶不上需要。"韩敬体已经退休12年了，12年中，他与晁继周一同主持了《现汉》第4、5版两次修订，又参与了《现汉》第6版的修订。"能为我国的语文发展做点事，此生没虚度。"韩敬体说出心中所想。

"我编《现汉》34年了。这工作，责任大啊！手中诞生的是'无声的老师'。词典出版的时候，读者非常兴奋，我们这些人却惴惴不安。词典编写、修订中常常遇到矛盾，弄得编纂者很纠结。你记录了语言实际，却常常被指责为'不规范'。记录语言，指导使用，对语言规范标准中存在的问题，既不盲从，也不回避，而是在认真研究的基础上，加以妥善处理，这样才能更好地捍卫民族语言。浑然不觉的规范，才是最成功的规范。人民群众的语言实践是检验标准的标准。如'荫'《审音表》规定只读yìn，不读yīn，'树荫''绿荫'一定要写成'树阴''绿阴'。我做了调查，从1985年12月27日《审音表》正式颁布施行起，到2004年5月31日，《人民日报》'树荫''绿荫''林荫道''绿树成荫'四个词语的词形分布情况是：'树荫'253，'树阴'13；'绿荫'698，'绿阴'21；'林荫道'131，'林阴道'3；'绿树成荫'442，'绿树成阴'9。这里还不排除作者本来写做'荫'，而编辑为执行'标准'而改做'阴'的。在长达18年的时间里，《审音表》关于'荫'字读音和用法的规定基本上没有被执行，是十几亿使用汉语汉字的民众应该受到指责，还是少数制定标准的专家和官员应该反思呢？在这种情况下，我们想出灵活处理的办法，在执行规范标准的同时开了一扇门，为播音员、演员和所有从事语言工作的人寻找到一条出路。"对此，晁继周很欣慰。

与《现汉》结缘，改变了晁继周的生活。最初，语言所要求，词典室每个编辑每周要收集20个词汇写成词条卡片。几十年坚持下来，收集词汇，已经不仅仅是工作的要求，也成了晁继周生活的习惯。"看电视剧，别人是在看故事，我却常常是看完一部电视剧，讲了什么故事浑然不知，我的兴趣在字、词，在发现词的新用法、新意义，发现以前用法的错误、没注意到的语言现象……"从他的话语中，我感知着《现汉》人对事业的爱之深，情之切。

同样默默地为《现汉》奉献着学识和青春的，还有《现汉》的责任编辑们。责编刘一玲、谢仁友在2004年用10个月时间，对《现汉》第5版修订稿提出的审读意见竟达三千余条；2005年1月和4月，商务汉语编辑室全体动员，先后两次认真审读全稿，提出九百多条审读意见。其中，大多数被采纳。而这，正是一代代《现汉》责编工作状态的缩影。

"辞书水平的提高是永无止境的，只能追求更好，难以做到最好。这使我们想起《英语词典》主编约翰森谈到自己编纂词典的体会时说过的一段话：'追求十全十美，就像阿卡狄亚的原始居民逐日一样，当他们追到似乎是太阳栖息的山顶时，却发现太阳依旧遥不可及。'每一个词典编纂者，都应该做追赶太阳的人。词典的每一次修订，都是我们向更高目标的一次攀登。"晁继周在他的一篇文章中这样写道。

日久经年，《现汉》编纂者们把生命融进词典编纂的琐细与平淡。他们是明知太阳不会被追到仍然去追赶的人，他们心中的追求与脚下不停的步伐，向人们诠释着中华民族追求的高远与辉煌。

（原载2012年10月8日《光明日报》）

《1942：饥饿中国》

——用脚把淹没的历史"踩"出来

2012年夏，河南商报社一群热血记者，分省内探寻、省外追访、留守统筹三路，走访灾荒亲历者，实地考察历史遗迹，重新揭开了有关1942年河南灾荒的苦难历史。在说到此举何为时，我们听到这样的回答：如果我们总是遗忘，下一场饥荒会将我们埋葬！

实录比电影和小说更有力量

拿到书稿后，不到一个月，中华书局出版了记者们记录的文字。

"看书中的文字，经常是饱含热泪。在编辑这本书的过程中，我们一直在问自己：为什么这段历史会被淹没整整70年？《1942：饥饿中国》是一部全景呈现1942年大饥荒的历史纪实作品，它有着丰富的层次，将历史和现实对接，重返历史现场，全方位、多维度呈现了1942年前后兵灾、蝗灾、旱灾下的中原大地。如果说电影在讲一个人、一个家庭的故事，这本书中的每一个幸存者、每一处历史遗迹，都讲述了自己独一无二的一九四二经历或记忆。我们始终认为，实录比电影和小说更真实，更有力量，更传之长久。"中华书局副总编辑顾青说。

作者与出版者把书名定成"1942：饥饿中国"，是想阐释一个理念：虽然这场灾难发生在中原，发生在河南人民的身上，但这是我们民族的一个群体记忆，应该永远记住。

"一个民族面对灾难的态度，蕴含着民族复兴的希望。苦难中，中国人所表现出的人性的光辉在，中华民族崛起的力量就在。"顾青说。

一个时间点、一个受灾面、一个逃荒线，渐渐地还原出一场尚不完整但已见清晰的1942年河南饥荒

《河南商报》7位记者翻开了一段不应该忘记的历史。

"父亲8岁那年，就是1942年，为了度过灾荒，到处去刮树皮、摘树叶，有一次从树上摔下来，差点没了命。"从小就听父亲讲过那场饥荒的《河南商报》总编辑孟磊，是此次采访的策划人之一。他说："今天的新闻就是明天的历史。但是有些时候，昨天的历史会突然走到我们面前，成为今天的新闻。也许新闻人对历史的担当，会是我们整个新闻生涯中非常重要的一部分。作为河南的媒体，我们有责任把它写出来。一个民族的历史就像一个人的身体，它曾经得过一场大病，到现在还留着一些伤痕，甚至有一些痛点，只要碰到它，它都会非常深地刺痛你的神经。把这些痛点找出来，重新想想为什么会有这个伤痕，有这个痛，对我们今后有好处。我们做这样一件事情，是河

342

南人的担当，更是中国人的担当。"

春节过后，《河南商报》的记者开始行动了。

拿到这样一个选题，记者郭小阳兴奋极了。但一个难题也摆在面前。"1942年，已经70年过去了，回头看看，一片白茫茫，什么都看不到。怎么办？"

记者们开始艰难地爬梳。

寻找时间点，确定坐标为1942年。记者李肖肖用了两个多月的时间，到博物馆、图书馆、档案馆，查阅各种资料，对二百多种图书和相关文献，做了详尽分析。"1942的样子"开始呈现。

确定受灾面。寻找亲历者，用的是很原始的办法：扫街式寻找。见到八九十岁的老人，就去问：你是哪一年的，你知不知道1942年，你记得那年的大旱吗？就这样，采访了一二百人，去了河南的每个县、很多乡，甚至深入到村，用脚把被淹没的历史"踩"出来。

追踪逃荒线。河南省目前没有任何文献证实当年的灾民逃到哪儿去了，记者们是通过灾民之口描绘出逃荒路线的。从洛阳出发，有去西安的，有去山西和安徽的。其中，有一条逃荒线十分清晰，就是从洛阳到宝鸡。于是，记者就从洛阳一口气走到宝鸡，又去兰州，确认宝鸡到底是不是终点。一站一站地走下来，脚步踏遍每一个历史遗迹。

就这样，时间点、受灾面、逃荒线，文献、亲历者、外国人的观察……渐渐地，在记者面前还原出一场尚不完整但已见清晰的1942年的河南灾荒。

手记记下的是一段新的历史

在记者手记中，我们读到这样的文字：

记者段睿超——

一位历史亲历者的逝去，就意味着一段历史的消亡。我一直认为，抢救即将消失的历史，就是在抢救我们的灵魂。

大多数当年逃过来的老人都已去世，在世的也大多年事已高。谈起1942年发生的事情，七八个年逾古稀的老人痛哭流涕，"没法说"三个字是他们最常见的回应。

"我们来得有点晚了。"一路西行，肖风伟一直在重复着这句话。

"当年过来的人都没了，前几天最后一个也去世了。"灵宝老县城附近大王村村民说；"以前还有个卖票的房子，前几年刚拆。"老会兴火车站附近居民称；"三门峡大坝修了之后，原来的陇海铁路就改线了，以前逃荒人途经的车站差不多都拆完了。"三门峡市文史委石耘说……

70年，不过一甲子又十年，不过三代人的光景，那场让河南死亡300万人、逃亡300万人的大灾荒却已被岁月尽数湮没。

记者李肖肖——

寻找关于1942年的一切，发现这真是个大海捞针般的工作。因为即便是管理档案的人，也压根儿不知道这事。提起1942年，人家问的第一句话就是："1942年怎么了？"

两个月埋头在数百本书里，上千篇档案目录一个个看，所有涉及1942年的点滴都展开看了，终于"拼接"出了一个相对完整的

1942年。

经过我们省内组和省外组的探寻采访，血肉丰满的1942年便在眼前了。

许多读者说，商报的报道把他们拉回了1942年。当年河南3000万民众受灾，现在这片土地上的绝大多数人，都是灾民的后代。那些经历过的往事，渐渐都已经留到了记忆的最深处，若是我们今天不问，也许他们永远都不会打捞上来，但是事实证明，很多事，压在心底，并不等于遗忘。那是种刻骨铭心的感觉，会在某一个节点，遇到一个引子，全盘爆发。

报道发出后，《河南商报》同时开通了"河南老家，寻亲河南"的热线。连续多天，我们的电话都没停过。很多读者给商报打来热线，诉说自己家人的遭遇。有个读者提起了自己失散的曾祖父，1942年时他已经五六十岁了，现在肯定已经不在人世，也许再也找不到，只是想给我们说说；还有人，抱着一线希望，追寻他们当时失散的亲人，那是心头的一根刺，不拔出来一辈子都留个遗憾……平民百姓的喜怒哀乐，我们不应该遗忘。

历史放在那里，不说话不打扮，本身就是吸引人的。

也许今天我们所做的，无法与当年《大公报》记者张高峰和《前锋报》记者李蕤相比，但我们也尽力用我们的力量，记录了我们生活在这片土地上的父辈的苦难。

和易碎的新闻相比，那份苦难是我们的历史，也是我们的财富。那是一个时代的纪念，我们有幸成为记录者。

记者李政——

扫街，找出灾荒的幸存者。只要扫的范围大，总能从仅有的幸存者中选出典型、有故事的写入报道。

省内18个县、市一路走下来，每个地方的文史委、市（县）志办是最让我难忘的地方。如果我们没有去翻阅，不知那些档案还会在那里沉睡多久？

最消磨耐性的是"扫街"，同样的话重复一千遍去问一个个皱纹满面的老人，我也不觉得厌烦，因为从他们不经意的一句话里，总能得到惊喜和欣慰。

记者王向前——

弹指已是70年当口，导演冯小刚将这段历史搬上银幕。电影是普罗大众文艺，它的上映或许能勾起社会对那段历史的回顾潮。媒体，不应缺席，更应该将那段历史的真实报道出来。

回忆那段历史，八九十岁的老人们毫不费力，可以看出，那段历史早已成了他们身体的一部分。

有人说，1942年的大饥荒河南死了几百万人。动身采访前，几百万的数字在我脑海仅仅是个数字，采访中，我却突然觉得这些数字是那么沉重。

在荥阳虎牢关村，长者张水林坐在我们面前，如讲述昨天的故事般讲述他的1942年故事。灾荒发生后，他的两个姐姐被送给别人作为童养媳，然后一家人踏上西行逃荒路。走到洛阳，觉得出去也不一定是活路，一家子又折身返回。结果，他的父母双双饿死，家中剩他一人。

记者肖风伟——

这是一段逐渐被淹没的历史。当年空白的历史还未来得及填写，那些逃荒亲历者就已逐渐离世。

在三门峡市采访时，曾听人讲，当年在黄河北岸有个日军的炮台，专门炮打南岸陇海铁路上的火车，不少灾民丧生日军炮火之下。

为了探寻这个炮台，我们驱车赶到了黄河北岸的山西芮城，多方探访都没找到其位置。到达潼关，采访多位灾荒亲历者后，我们最终锁定炮台的大致位置——山西芮城风陵渡。

在一个集镇找一个70年前的炮台，其难度可想而知。一路行来，四处打探，虽然在一步步逼近炮台，但具体位置依然模糊。

经过十几里路的雨中步行，我们来到了与潼关县城隔黄河相望的风陵渡口北面的山头，有村民说炮台就在山脚下。当我们来到山脚下时，黄河岸边一个商店的老人却说，炮台就在山顶上。

重回山顶后，我们在长达五六里地的山头上走了一遍，衣服湿透，浑身上下都是泥巴，但一直没找到炮台存在的痕迹。

下山返程时，我们仍心有不甘地一路打探炮台所在位置。在山脚下，两位老人证实，炮台就在山顶北边五六里地的村子里，那里有一个"大炮沟"，日军的大炮当年就架在那里，他们小时候都在炮台上玩过。

于是，我们又一次爬上刚刚走下来的大山。所幸的是，这一次我们如愿以偿。

（原载2013年4月2日《光明日报》）

从一棵树到一片希望的田野

——一套英语教材对英语教育的启示

一棵阅读的"树"

一个小学二年级的中国男孩，随做访问学者的母亲来到英国，在当地的一所学校，与《牛津阅读树》（*Oxford Reading Tree*）不期而遇。

一个学期后，孩子已经可以用英语和同学自然地交流。又过了一个学期，他的英语词汇量已经达到3500个，这是中国高中毕业生的词汇量要求。不仅如此，他已经可以用英语写出漂亮的文章。不久，他随母亲回国，在他的行囊中有《牛津阅读树》。

这个男孩的经历并不独特。"我的孩子在英国时，用的也是这套教材"，记者的一位同事说。北京外国语大学的曹文教授也用这套书教自己的孩子。她说："这套故事书把美德、文化、百科、历史、地理的教育巧妙地融合在了引人入胜的故事里，把孩子带到一个宁静和充满亲情的世界。"把这个故事讲给大家的中国外语教育研究中心刘润清教授感慨:"只有亲历者才能倾吐这种肺腑之言!"

这棵"树"被誉为"英国最受欢迎的阅读方案",在英国,这套教材可谓家喻户晓,80%以上的学校用它教学生学习母语。全世界有133个国家将它作为第二语言或外语教材。大量的实验证明,这套英国儿童学习母语的材料完全适合非母语国家的儿童使用。这套由著名作家罗德里克·亨特、苏珊·盖茨等创作的作品,如今已是一片郁郁葱葱的森林,有上千个品种。

一个英语授课新理念

刘润清说:"外语课堂上,到底应该做什么?那就是带学生好好念书,体会语言的意义、语言的优美和力量。一堂课,不是越热闹越好,而是给学生的思想启迪越深越好。我脑子里设想的考试是:语言怎么使用,就怎么教,也就怎么考。"

"中小学外语教育的目标是学文化、启心智、爱生命。"基于这样的理念,北京外国语大学中国外语教育研究中心韩宝成教授承担的全国教育科学"十一五"规划教育部重点课题《中国基础英语素质教育的途径与方法》,决定采用《牛津阅读树》作为课题实验的重要内容。

一座教学理念、方法的桥

引进后的《牛津阅读树》书名改为《典范英语》。有人把这套教材比作一座桥。这是一座稳固的桥。教材、教育理念与教学方法如三根栋梁,支撑起这座桥。

课题组专家霍庆文说，一套好的教材对学好一门语言、提升文化素养至关重要，但仅仅靠教材还不够，还必须有先进的理念和科学的方法。三者之中，理念最重要，理念是方向，关乎教学或学习的成败；其次是教材，关乎教学或学习质量的高低；第三是方法，关系到教学或学习效率的高低。从这个意义上讲，《典范英语》不只是一套典范的教材，它更是一个英语教育的解决方案，这个方案包括先进的理念、典范的材料、科学的方法和有效的指导。

《典范英语》分为十级，由309个生动有趣的故事和64部引人入胜的文学读本组成，涵盖我国中小学英语教学的各个阶段。书中人物生动形象，活灵活现，十分可爱，Biff、Chip、Kipper成为孩子们最喜爱的故事人物，在英国儿童最喜爱的故事人物排行榜上列第四位。牛津大学出版社专门请英国一流的专业人员为每个故事和读本录制了标准录音，录音声情并茂，戏剧化效果极强，为中国孩子练就一口标准、优美的英语创造了最佳条件。作为英国儿童学习母语的材料，这套教材语言纯正、鲜活、真实、地道，原汁原味，可以让孩子在阅读的过程中不知不觉地自然习得英语。

我国通常的英语教法是以字词句为核心，记单词，背句型，抠语法，做练习，老师讲，学生练，大量的死记硬背和题海战术让学生失去了学习英语的兴趣。《典范英语》提出"基于原版文学作品的整进整出"外语教学模式，强调以学生为中心，以激发兴趣和培养语感为首要目标，拼读领先，以读为本，整体输入，整体感悟，整体输出，听、说、读、写、思全面发展。

一片希望的田野

短短几年，全国将《典范英语》选作学习材料的学校已有三百余所，分布在北京、上海、天津、重庆、成都、西安等省市，展现了一片希望的田野。

希望中也有苦涩。

在高考、中考两个指挥棒下，怎样将传统英语教学和《典范英语》教学契合，是参加实验的老师们一直在探索的。"如果家长、学生急功近利，实验就很难进行。我们是在家长的支持下，从初一坚持到现在。"从事初中英语教学多年的教师邓可人说。现在，邓老师悬着的心放下了。"我们学校参加过实验的那一届学生的中考成绩，在海淀区是非常不错的，尤其是英语。这一次中考，学生的英语成绩是所有的科目里超过海淀区平均线最多的。"

河北师范大学附属小学教学主任刘晓云说："三年实验，我感觉，我的学生对英语的兴趣很高，自主性很强，原来是家长需要提醒每天听读15—20分钟，现在，基本上不用提醒了，放了学，写完作业，孩子就打开CD开始听。"

参加实验的上海行知中学在教学中总结出了一个《典范英语》课程标准：语言能力，文化能力，思维能力。该校英语学科带头人徐继田老师说，我们把文化能力细化为文化知识、文化行为、文化意识。所谓文化行为，就是读完小说后，做事情应该有别于以往，将小说中的习得内化；所谓文化意识，就是你的价值观人生观通过阅读小说后有什么提升。思维能力包括自我反思能力、思维创新能力和反思批判能力。

了解《中国基础英语素质教育的途径与方法》研究的进展，了解这一课题实验的状况，最直观的是去看实验进行中的课堂，去和参加实验的老师、学生、在一旁观察着孩子变化的家长聊聊。

周末，深圳市卓雅小学学生敬云婷和爸爸妈妈一起上街。爸爸给她买了个望远镜。小云婷拿着望远镜，随口说出"I see Mum""I see Dad"。此情此景，让云婷妈妈感慨："兴趣是最好的老师，只要孩子有了兴趣，一切问题都可以迎刃而解。"

"学习需要激情，有了激情，一切也就有了可能。"宁波市江东区外国语实验小学英语教师杨琪说。

（原载2013年6月14日《光明日报》）

擦亮历史之镜

——写在《远东国际军事法庭庭审记录》出版之际

当年旁听了东京审判的20万人，今天存世者寥寥，历史似乎已很遥远。如今，一部散发着墨香的《远东国际军事法庭庭审记录》，将那段历史直推面前，全景宏阔，细节清晰，还带着温度。

《远东国际军事法庭庭审记录》由国家图书馆和上海交通大学联合整理影印，国家图书馆出版社与上海交通大学出版社共同出版。2011年2月到2013年8月，短短两年半时间，近五万张发黄且散落于美国、日本、俄罗斯、中国台湾等多个国家和地区的纸页，聚拢起来，化身千万，犹如一面历史之镜，向世界再次展示80年前发生的一场生灵涂炭；让亚洲人民痛定思痛，一个不能搬家的邻居曾在邻里间实施了怎样的暴行，该怎样避免悲剧重演；同时，更让在日本帝国主义铁蹄下丧失了国土，丧失了数千万同胞生命的中国和她的人民，再次重温亡国的苦难，站在历史的基点上，思索现实与未来。

审判在东京

1946年5月3日，在日本侵略战争的策源地东京，远东国际军事法庭开庭，一场正义的审判拉开序幕。这场审判，通常被称为东京审判。这是战后联合国对在东亚战场挑起战争和在战争中犯下广泛暴行的日本进行的审判。审判的根据是《开罗宣言》、《波茨坦公告》、《远东国际军事法庭宪章》以及近代以来一系列有关发动战争和战争暴行的国际法、条约、协议和保证。

审判至1948年11月12日结束，历时两年半。其间，开庭818次，419位证人出庭作证，受理证据4336份，英文审判记录48412页，判决书长达1213页，规模超过了纽伦堡审判，堪称有史以来规模最大、时间最长的一次国际审判。审判通过公开大量秘密资料和证词，裁定了日本的战争责任，确认其南京大屠杀暴行，对28名甲级战犯在战前和战时所犯下的罪行予以了判决，东条英机等7名甲级战犯被判处绞刑。

东京审判不仅清算了日本军国主义罪行，而且奠定了战后美日关系和东亚政治格局，同时支撑法庭的法律程序、罪项法理等，也分别为之后的国际刑法和国际刑事法院所吸纳。可以说，东京审判对以后的亚太政治格局、国际法的发展都起了深远的影响。

1951年，日本在签署"旧金山和约"时，明确承诺作为国家接受远东国际军事法庭审判的判决。

东京审判也留下了遗患。诸如对事后立法在国际法上的合法性的认识、东京审判法律条文原则是否完备、对日本天皇战争责任的追究是否认真、日本对亚洲各国人民的战争犯罪的审理是否到位等问题的存在，为否定东京审判的一些日本右翼提供了口实。

历史之镜始终在那里

推翻东京审判的企图从开庭之日直至今天在日本从未间断。当年，法庭上，印度派出的法官帕尔认为被告全员无罪，从根本上否定东京审判。今天，日本首相安倍公然叫嚣东京审判并不是日本人自己作出的，而是依据同盟国的判断作出的定罪行为。同样的否定东京审判的面孔。

但历史之镜就在那里。东京审判公开的战争期间大量秘密资料和重要的证人证词，是一面历史之镜。"史料为证，东京审判的正义性不容挑战。"国图研究馆员、民国时期文献保护工作办公室主任高红话语铿锵。

毋庸置疑，长期以来，我国对关于东京审判第一手资料的收集、整理严重不足。"我们在教学、研究中经常深受困扰的问题就是史料的缺乏，特别是新中国成立之后，我们在涉日史料方面，长期处于相当落后的状况。"北京大学历史学系教授徐勇直陈。

原始资料，特别是第一手资料的缺失成为一个瓶颈，制约了中国学者对东京审判的相关研究，制约了作为第二次世界大战中受害最大、对世界反法西斯战争有重要贡献的国家，同时也是参与东京审判的主要国家之一的中国对东京审判评价的发言权，特别是制约了中国系统地发出回击日本右翼势力否定东京审判正义性的声音。

"我们不应当因为政策或感情的关系，忽略资料的收集与整理。"此时，东京审判中国法官梅汝璈在50年前说的话，读来仍感十分中肯、亲切。

在这样的背景下，中国起步了。诚如上海交通大学东京审判研究中心主任程兆奇所说:"这一步我们已走晚,但晚了也要走,晚了更要走。"

开端,弥足珍贵

开始翻阅美国国家档案馆的目录,已近中午。高红心急如焚。

一天的查阅时间,眼看已经过去一半,收获还十分渺茫。那一天,是2012年4月26日。

2011年12月,国家图书馆从美国国家档案馆复制到了近五万页远东国际军事法庭审判庭审记录。2012年3月,国图和上海交大共建"东京审判研究中心"。双方专业人员反复阅读相关文献,开始了对近五万页馆藏庭审记录的逐页检查,经过仔细甄别核对,发现这些资料并非完整、连续的庭审记录,缺页七千尚余。

之前,高红和同事们已经去过国内的多家图书馆,收集关于东京审判的相关资料,也去了台湾继续寻觅,希望补全这七千余页,为国内收藏一份最完整的庭审记录,但所见资料寥寥。从已经获得的线索看,美国国家档案馆所存资料,频频被学者引用,她和同事们寄希望于那里,匆匆赴美。

新大陆果然在这里,在美国国家档案馆收集和保存的资料卷宗中,高红和同事急切地翻阅,迅速向核心目标靠近。终于,RG153、RG331、RG238出现了。在其中,她们分别发现了检方、辩方、法官代表团留下的庭审档案,里面是远东国际军事法庭庭审记录。在浩如烟海的东京审判档案文献中,它们是居于最重要地位的核心文献。

还好,赶上了下午一点钟美国国家档案馆第二次调档时间。40分钟后，"众里寻他千百度"的远东国际军事法庭庭审记录铺陈在面前。

翻检查阅，缩微复制拍摄，马不停蹄。

那一次，国家图书馆把缺藏的七千余页的远东国际军事法庭庭审记录领回了家，基本补齐庭审记录的原始文献，为《远东国际军事法庭庭审记录》的编纂出版奠定了基础。

以英文原文形式影印出版的80卷《远东国际军事法庭庭审记录》，作为第一手文献资料，完整展现了东京审判全过程，818次东京审判庭审记录无一缺漏。

"为子孙后代留下关于本民族兴衰荣辱的完整历史记忆，是我们这代人、尤其是国家文献资源建设者应当负起的历史责任。"国家图书馆馆长周和平表达了共识。

《远东国际军事法庭庭审记录》的影印出版，是整理、保护珍贵历史文献的重要成果，也是一项宏大出版计划的开端，由此开始的还有一个民族对于那段屈辱历史更加自觉的审视。

这开端，弥足珍贵。

（原载2013年9月3日《光明日报》）

为了更多的人读懂《史记》

——写在《史记》修订本出版之时

"太好了！太好了！这是一个文化的大工程啊！"89岁高龄的冯其庸先生，手捧刚刚拿到的《史记》修订本，目光追逐着放大镜下的文字，连声赞道。

"启功先生曾多次与我谈起，'二十四史'点校本成书于'极左'思想束缚严重的年代，留下很多遗憾。当年参与点校的先生们都盼望有一天，把外加在点校本上的东西彻底清理掉。如今，可以告慰先生们，我们终于有了一部依循历史本来面目，不受任何干扰，胜过以往每一次修订的《史记》修订本了。"

出师未捷身先死，常使晚学泪满襟

往事如昨。

2006年春，点校本"二十四史"及《清史稿》在嘉惠读者、学术研究三十载之后，其修订工作被提到议事日程。修订工作第一次讨论会当年4月在北京香山饭店举行。那一年，冯其庸82岁。作为与会者之一，他在八位修订工程学术顾问当中，还是小老弟。

修订工作的出师壮怀激烈。20世纪70年代曾被借调到中华书局参与《清史稿》点校工作，时已93岁高龄的王锺翰先生，在医院获悉修订工作将展开，拿出当年校点时留下的校勘资料原始记录稿，供修订参考。耄耋之年的季羡林自告奋勇为修订工作当"拉拉队员"。他的话令人记忆犹新："学界、出版界也是有黄钟和瓦釜的，我们的责任是，拿出良心，尽上力量，让瓦釜少鸣，或者不鸣，让黄钟尽量地多鸣，大鸣而特鸣。"95岁的何兹全先生到会并表示，甘当"小卒"，为修订工作摇旗呐喊。出任总修纂的任继愈先生在讨论会上说，全世界只有中华民族五千年文字不断、历史不断、文化不断。了解历史会增强对祖国的热爱。我们应该从这个高度来认识今天的修订工作。那次，他回忆起著名历史学家邓广铭先生讲述的宋太宗、杨家将兵败辽国城下的历史故事，以史为鉴与参会者共勉，面对浮躁之环境，得奖之诱惑，不要像宋太宗那样沉不住气，要心无旁骛地做好修订工作。

只是短短的七年，先生们语重心长的叮咛还在耳畔。当季羡林先生所期望的"古籍整理与出版的黄钟大鸣而特鸣之时"，修订者殚精竭虑完成《史记》点校本的修订之际，总修纂任继愈先生已经带着对"二十四史"及《清史稿》修订的关切与牵挂远行，当年八名修订工程学术顾问中，只有饶宗颐、戴逸、冯其庸三位健在。

一代国学巨匠，出师未捷身先死，常使晚学泪满襟。

一部"二十五史",览尽数千年风华沧桑

以"二十四史"及《清史稿》为代表的纪传体史书,记载了从传说中的黄帝到辛亥革命结束清朝统治各个朝代的历史概貌,同时又以中国历代王朝的兴亡更替为框架,反映了中国的历史进程,构成关于中国古代政治、经济、军事、科技、思想文化、社会风俗等各个方面最为重要的基本史料,使中国和中华民族成为世界上惟一拥有近四千年连贯、完整历史记载的国家和民族。

《史记》作为"二十四史"及《清史稿》中的佼佼者,更是脍炙人口,享有盛誉,鲁迅先生称之为"无韵之离骚,史家之绝唱"。中央文史研究馆馆员、中华书局编审程毅中把它作为文学作品来读。"它写出了人物的性格,可以说传记体小说最初的基因都在《史记》里。"

夙愿,在新中国实现

点校"二十四史"及《清史稿》曾是一代又一代中国学人的夙愿。

新中国成立后,这一份中华民族宝贵的文化遗产,受到党和国家高度重视。

发黄的纸页上,是蔡美彪先生的笔迹。当年青年学者蔡美彪记录下的,是1958年召开的第一次标点"前四史"及改绘地图的工作会议。会议的主要内容,是吴晗报告标点"前四史"工作缘起,目标是在一年内完成"前四史"的标点和出版工作,向国庆十周年献礼。

"我记得是在1958年9月，毛泽东主席指示给吴晗、范文澜，组织点校'前四史'。在范老和吴晗召集的史学界会议上大家商定，趁这个机会把二十四史、《清史稿》点校出来。我参加会议做了记录，后来把这个记录整理之后送给毛主席。毛主席批示同意'二十四史'加《清史稿》都做整理，回信说：'这个计划很好，望照此执行。'从那时做起来，'文革'以前出了三四本，'文革'中断了，'文革'以后又重新组织起来。这个工作对于推动历史学的研究和古籍整理都很有意义。"

在新中国的建设高潮中，毛泽东主席指示，周恩来总理亲自安排，中华书局即组织全国百余位文史专家，开始了"二十四史"及《清史稿》的点校工作。其时，代表了新中国史学界各断代史研究最高水平的中国最优秀的一批历史学家，如顾颉刚、宋云彬、陈乃乾、唐长孺、王仲荦、陈述、傅乐焕、翁独健、郑天挺、白寿彝、张政烺、王毓铨、启功、孙毓棠、王锺翰、杨伯峻、周振甫、赵守俨诸先生皆参与其事，群贤毕至，可谓一时之选。

历时20年完成的点校本"二十四史"及《清史稿》，是在马克思主义唯物史观的指导下，运用科学的校勘整理方法，对二十五部"正史"进行的首次大规模的系统整理，反映了当时我国历史研究的水平，确立了其在新中国出版、学术领域不可动摇的地位。点校基本上选用了当时最好的底本，改正错字，校补遗缺，加注新式标点，划分段落，并撰写了内容翔实的校勘记，使中国数千年的悠久历史以更准确、更清晰的面目出现。出版后，各种旧版本的"二十四史"及《清史稿》几乎全被替代，点校本"二十四史"及《清史稿》成为海内外学术界公认的最权威、最通行的版本，享有"国史"标准本的美誉。

《史记》点校的悲歌

《史记》原点校者是顾颉刚。

东总布胡同10号，在《史记》点校历史上是个不该失忆的所在。当年中华书局的牌标，就挂在那里。从1958年9月启动，到1959年9月底《史记》点校本出版，一年时间中，它见证了《史记》点校的峥嵘岁月。

顾颉刚最希望一生能整理成三部书：《尚书》、《左传》和《史记》。《史记》的研读，始于他的青年时代。1936年，他在燕京大学任职期间，做了整理版《史记》的第一个白话文版，写下了校勘记。新中国成立后，顾先生来京，于1954年至1958年做了《史记》点校。

1954年8月22号进京的顾颉刚，9月1号就来到东总布胡同10号的中华书局，谈他的古籍整理计划。10月5号上午，他冒雨到历史所，写《史记》的整理计划，下午重抄《史记》计划。计划书上，盖着先生的签章。那份计划，后来存入中华书局的档案，完好地保存到现在。

顾颉刚的日记，留下了更多的内容。当年，顾颉刚的工作非常多，生活也很艰辛。日记里所载"今天到古籍社，实欲乞米，而艰于出口，明日当与调孚言之"……可窥见其生活拮据之一斑，让人读来心酸。

顾颉刚在给中华书局、科学出版社的信件里不断提到自己的理想方案，第一步出标点本的金陵书局本，第二步出《史记》三家注校证本，第三步出《史记》三家注定本，第四步出《史记》新注本，但是最后做出来的只有一个点校本。当年顾颉刚与科学出版社、古籍出版社等签的《史记》点校合同，还保存在中华书局的档案里，但先生人已经走远。

谈到点校本《史记》，还有一个人不能忘记，他就是宋云彬。早年他在上海开明书店，是知名的进步民主人士。1949年后曾任人民教育出版社副总编辑。1957年，被错误地打成右派，于是，他重操旧业，准备把后半生投入《史记》整理，做《史记》的集注本。1958年9月13号，《史记》点校启动，他就在那一天奉调进京。9月15号，他到中华书局上班，开始做"二十四史"中首先点校的《史记》的编辑。

宋云彬到北京之后最主要的工作就是责任编辑《史记》点校本。他在日记包括档案里面，对《史记》的加工情况，每天如何工作都有详细的记录。

准备去中华前，他写信给自己的老同事、时任中华书局古籍复印部负责人的金灿然：我过去犯了重大罪行，现在党还给我这样一个适当的工作岗位，让我在具体的工作中改造自己……

在他的日记中，有这样一段记录：下午将下班时，忽得通知，明天必须出钢两吨。我被编入了后勤第八组。散会之后回家吃饭，饭后就参加劈柴，晚上十点三十回家……

这些文字再现的情景，令人感慨万千。

戴着"右派"帽子从杭州到北京做《史记》点校工作的宋云彬，背负着怎样的双重压力，今天的人们是无法想象的。伴随着《史记》点校的整个过程，思想改造的重负一直压在他的心头。"他的很多材料我们看得很痛心，一个人在思想负担这么重的情况下，不但要工作，还要不断检讨自己，有的时候非常苛刻地挖掘自己心灵深处到底有没有这样那样的问题。我到底是不是有名利思想？我瞧不起别人？……他用蝇头小楷，写下了大量的工作汇报，一个月就要写一次。在1959年1月5日写的一个月来的学习思想工作汇报中，他说，我来3个月心情一直是愉快的，工作劲头也相当大，我一定要努力学习，努力工作，来加速自己的改造。希望党和群众严厉地监督我、鞭策我……宋云彬先生非常想摘掉‘右派’的帽子，第一批中央宣布‘右派’摘帽子时，没有宋云彬，他非常地失望，就写了更长更长的思想报告。"苛责自己唯恐不深，让后来读到这些档案与日记的中华书局总编辑徐俊心痛不已。

此次修订本署名时，原点校者署了顾颉刚、贺次君、宋云彬、聂崇岐的名字。《史记》点校本成稿过程复杂，会合了《史记》三家注校证、《史记》三家注点校本的成果。经过贺次君的初点，顾颉刚先生的复点，宋云彬过录重点，聂崇岐的通读，最终形成了以金陵书局本为底本的点校本。点校本凝聚了四位先生的辛勤劳作和智慧学识。《史记》点校本作为"二十四史"第一部现代整理本的成书过程，也真实反映出1950年代中国政治和学术出版的生态环境。

一份刚刚上交的答卷

"二十四史"及《清史稿》点校工作的探索和实践，为传统的文献整理积累了丰富的经验，确立了现代意义上的古籍整理的基本范式和标准，为古籍整理学科的建设打下了坚实的基础。但受历史和资料的局限，也为点校本"二十四史"及《清史稿》留下了遗憾。其面世后的30年间，考古发现中出土文献不断涌现，为修订工作提供了许多原始的材料；一些传世文献的公布和整体研究，深化了学界对于古代史的认识和理解；中国历史各断代史、专题史的研究不断出现新的研究成果；许多学者对点校本"二十四史"及《清史稿》有针对性地撰写了大量校订研究的专著和质疑、考证性的文章、札记，对一些史书中的记述有所厘正；中华书局也有意识有计划地收集整理了不少关于点校整理本的意见和建议。而且，从事这项繁重的古籍整理出版任务的老专家日益减少，抢救性地利用发挥老专家老学者的经验和智慧，培养古籍整理学术梯队变得十分迫切。

修订点校本"二十四史"及《清史稿》成为时代的课题在21世纪之初被重新提起。《史记》点校本修订首当其冲。从点校本到修订本，指导思想一脉相承，这就是为了让更多的人能够看懂《史记》。《史记》校理，号为繁难，版本众多，史料复杂，研究成果汗牛充栋，远非可以毕其功于一役。

此次，承担《史记》修订本任务的，是南京师范大学赵生群团队，一支由老、中、青三代学人组成的学术群体。

修订中，修订者覆校了原点校本与底本金陵书局本，摸清了原点校本与底本的关系；逐条梳理了张文虎《校刊史记集解索隐正义札记》，基本弄清了金陵本的版本形成过程，同时也对原点校本的校改有了独立的判断。在此基础上，系统参考了张照《殿本史记考证》、张元济《百衲本二十四史校勘记》等相关资料；梳理了《史记》的版本系统，确定了北宋景祐监本、南宋绍兴本、南宋黄善夫本、明汲古阁《索隐》单刻本、清武英殿本等5个通校本，南宋耿秉本、元代彭寅翁本、明代柯维熊本、明代凌稚隆本、日本泷川资言《会注考证》本等5个参校本。通校本中，北宋景祐监本现藏台湾、被誉为"世间乙部第一善本"，黄善夫本是现藏日本的存世最早的三家注合刻本，南宋绍兴本是现存最早的《史记集解》残本杏雨本的南宋覆刻本。此外，修订者还尽可能地搜求到日本、法国所藏六朝钞本、唐钞本、敦煌写本十余种。修订中，对通校本、参校本做了通校。底本通校则达三遍。在版本对校之外，在充分利用本校、他校等手段的同时，还将《史记》与《尚书》、《左传》、《国语》、《战国策》、《汉书》等书相关的资料作了较为系统的比对，对三家注引书也作了较为全面的核对。

此番《史记》校勘研究成果极为丰富，在校勘记撰写过程中，修订者重点参考了钱大昕、梁玉绳、王念孙、张文虎、张元济、王叔岷、施之勉、泷川资言、水泽利忠等人的成果。对原点校本出版以后发表的有关《史记》校勘的单篇文章也作了汇总吸收。最终新增校勘记三千四百多条，处理文字涉及约三千七百字（增1693字，改1241字，删492字，移298字），改正原点校本排印错误三百多处。

修订对原点校本标点作了全面梳理甄别，改订标点约六千处。

从保存文献和方便读者出发，修订本将《补史记条例》据他本补入相应篇目，将《补史记序》和《三皇本纪》作为附录收录，方便阅读参考。

《史记》修订本引出话题连连

借"二十四史"修订，培养一批古籍整理人才，促动相关成果的发表，迎接古籍整理一个新的繁荣期的到来，是中华书局及古籍整理学界的一个期待。

得知《史记》修订本面世，修订工程学术顾问、今年96岁的饶宗颐先生题词祝贺：嘉惠学林，功德无量。

历史学家田余庆先生说：这项工作受益的人太多了。全中国、全世界都受益。以前的那些重要的版本都被吸收到修订本里面来了。这个项目应该说是中华书局几十年来最重要的项目，为将来中国的出版史写下了一页。

历史学家余英时先生说：这部新版《史记》代表了当前中国史学研究的最高水平。我们相信，新版《史记》是一个可靠的信号，指示我们：修订本"二十四史"全部完成之后必将取代原本，在21世纪通行全世界。

历史学家蔡美彪在看了《史记》修订本的部分内容后说，我翻了一两本，觉得比过去有很大提高。但是也还有一些值得商量的不妥当的地方。这个事情无尽无休，再修改也会有遗漏。他希望"大家继续努力，继续吃苦"。

编审程毅中认为，这次的修订花了比较大的力气，可以说做了很大的努力，已经达到了目前来说最高的水平。

已经读烂了两部《史记》点校本的北京大学教授安平秋认为，"《史记》点校本重新修订是必要的。今天的修订本总体上在原来顾颉刚先生他们点校的基础上又有进步，应该说更好一些，更清晰一点，不论是分段还是标点。同时在校勘方面，参考的本子比顾先生那个时候注意到的本子更多一点，校勘的面更广一些，从正文和三家注文字来看，可能更可靠一些，这是我对《史记》的点校本前期和后来的修订本一个总体印象"。

10月15日，中华书局收到台湾"中研院"历史语言研究所所长黄进兴先生致信，信中说，打开书，即发现纸张、印刷和编排都极见用心，令人赏心悦目。相较于先前的"二十五史"点校本，今天的成果无疑反映了两个不同的时代。中华书局在前所未有的条件下，再接再厉，勇敢承担起属于"盛世"可有的工程，调动空前庞大的人力和资金，检讨缺失，慢工细作，完全以出版一套"定本"为目标，理想宏远，志气可嘉。史语所傅斯年图书馆珍藏的北宋景祐监本，曾对书局校订《史记》的工作有所贡献，令人欣慰。

日本京都大学人文科学研究所教授高田时雄在贺信中说，书局所出点校本"二十四史"，早已成为大家公认的一部权威性典籍。我读研究生时候曾购置一套，因阅读方便，校勘严密，就一直不能离身。其标准地位在四部书中无与伦比，几乎相当于佛经中的《大正藏》。为精益求精，书局与学界同仁发愿修订，历时数年，工程颇大。据悉，此次新版在标点和校勘等方面更为准确、全面、精当。我殷切盼望全书早日出齐，以裨益于广大读者与中外学界。

《史记》修订本终于摆在人们面前，引发了学者们的思考。

安平秋认为，现在古籍整理的书出得不少，有影印的，有标点的，还有注释的、翻译的，量不少了，提高质量的问题变得十分突出。出一些精校本，比较有质量的标点本，十分重要。中华书局做"二十四史"修订，树立了一个典范、一个榜样。各个出版社在组织古籍整理的选题时，或者说若干个基金会在组织古籍整理项目时，要考虑提高古籍整理质量这一问题，特别是点校的质量，要做精校本、精致的标点本，或者是加注本、翻译本。

此外，就是要重视海外的古籍版本的参照。这次《史记》的点校是用了许多好的本子，但像日本杏雨书屋北宋刻本没能参照，十分可惜。古籍整理中，国外的珍贵版本不容忽视。

赵生群教授在做《史记》点校中带出一个学术团队，团队中有年轻的学者、研究生和青年教师，这种方式得到安平秋的关注。他说，我们讲在实战中锻炼人才、培养人才。像古籍整理的知识，不光是在课本上、课堂上来学习，还要有实践，你只有自己点校了，才知道它的准确和不准确。实战之中确实能够出人才。

安平秋认为，高校对古籍整理的评价体系需要改进。在很长一段时间内，评价重视论文、重视论著，不太重视古籍整理成果，其实，讲学识如何观"点书"，是有道理的。这是做学问的基础，评价应该注意更基本的东西，古籍点校是中国文化基础性学科，也是一个综合性学科，应该给它应有的地位和评价。

"我们的工作是在前辈们的肩膀上做的。"1958年《史记》点校本启动时，中华书局负责此次修订的徐俊还没有来到这个世界上。2005年，中华书局开始做"二十四史"点校本的修订工作准备，时任中华书局副总编辑的徐俊参与其中。"二十四史"当年的点校档案，为徐俊和像他一样的后来人，展示了"二十四史"第一次点校时的情景，在倾心研读中，徐俊和同事们渐渐从中觅得了来时之路与今后的方向。面对大家的成果，心中压力自在；但站在前辈的肩上，责任更迫切。

如今，一部《史记》修订本已经呈现在读者面前，参与修订的每一个人，如同刚刚交卷的考生，正期待着读者反馈回来的评价。

在他们的心中，忐忑胜于喜悦。

（原载2013年第11期《博览群书》）

为了更多的人读懂《史记》——写在《史记》修订本出版之时

稀见变平常

国家图书馆分馆临琼楼外，秋阳下的湖光山色，清澈迤逦。

尽管是有备而来，但在国家图书馆分馆临琼楼，见皇皇三百余册《北京大学图书馆藏稀见方志丛刊》摆在面前，唾手可得，学者们依然抑制不住兴奋。北京师范大学历史文化学院教授陈其泰不禁赞道："好亮丽的一道风景！"

稀见方志，此言不虚

最新出版的《北京大学图书馆藏稀见方志丛刊》，是国家图书馆出版社"著名图书馆藏稀见方志丛刊"系列图书之一。北京大学图书馆藏地方志收藏丰富，部帙宏伟，达20万册之巨；孤本较多，书品精良；覆盖范围广，全国有28个省市包含其中；类型多样，一统志、总志、通志、郡县志、乡土志等，无所不包；版本类别全面，刻本、抄本、稿本等，一应俱全。在"既稀且善"的选目标准下，优中择优，珍中选珍，从北京大学藏地方志品种版本名目五千余种中，收录稀见方志274种，其中孤本、稿本92种。无论数量还是珍稀程度，都体现出了北京大学图书馆在全国方志馆藏单位中的优势地位。呈现给读者的，是一部全面而精当的北京大学图书馆藏稀见方志之精粹。

所选珍稀方志，不乏精校精刻本，亦不乏罕见稿抄本及精校精抄本。精刻如宋绍定《澉水志》八卷，为今存最早的乡镇志，明嘉靖三十六年刻本，为今存最早版本。元至正《无锡志》四卷，明初刻本，为《四库全书》底本，孤本。元至正《金陵新志》十五卷，系宋景定《建康志》的接续之作，元至正四年集庆路儒学刻，明正德十五年补刻本，全本稀见。珍稀稿抄本如宋嘉泰《吴兴志》不分卷，此书于明嘉靖后不传，清乾隆时四库全书馆臣从《永乐大典》中辑出进呈，是本为外间传抄者。明万历《四镇三关志》，清李文田抄本，有李文田题记、手校及眉批。明天启《吴兴备志》三十二卷，清康熙四十八年董朝柱抄本，系今存最早版本。明天启《潞城县志》八卷，为抄手项铁元据天启年间孤本抄成，所抄全部经过校对。明崇祯《博罗县志》七卷，此书崇祯四年初刻本，仅存国图，是本为民国三十年燕京大学图书馆抄本，为傅寿昆、薛茂如、张悦邻、何旭初据崇祯四年初刻本抄。《黑龙江志稿》民国二十一年黑龙江志局稿本，卷首万福麟之序为张伯英手书。精抄如宋绍熙《云间志》三卷，明抄本，系今存较早版本。元至元《嘉禾志》三十二卷，此书最早传本皆清抄本，是本晒印底本为汪士钟、王鸣盛旧藏清抄本。宋宝祐《仙溪志》四卷，除国家图书馆藏清抄本外，即此清末抄本，积学斋徐乃昌旧藏。清光绪《神池县志》十卷首一卷，为清光绪精抄本。明正德《江宁县志》十卷，民国傅增湘长春室抄本，以明正德十四年初刻本为底本，系民国抄本之最精者。明嘉靖《彰德府志》八卷，此书原刻为明嘉靖元年本，万历间有覆刻本，是本为民国燕京大学图书馆据哈佛大学藏万历刻本精抄，郭心培校。所收方志，除个别刻本由于板片年深日久的磨损、断裂造成字迹漫漶，个别稿抄本字迹略嫌潦草之外，绝大多数书品较好。

编撰中，编辑们可谓殚精竭虑，对274种二十余万页稿件逐页进行核查，遇有缺漏，辄请北京大学图书馆老师核对原书，配补缺页。对于原书因装订问题而产生的明显的卷次页次错误，调整顺序；对明显为原版之外没有文献价值的墨污涂痕等，适当修削，其他情况则一仍其旧，以期完整再现方志原貌，体现其包含的多重价值。众多的馆藏珍本方志中稿抄本众多，志图外多眉批、注改、浮签等，如稿本《献县志》，很多地方编次凌乱，浮签较多，在编辑过程中，编辑们认真辨认通读，裁剪扫描件，做到了既保留所有的文本信息，将浮签前后内容都影印出来，又梳理出文字前后顺序，去除一些完全重复的内容。编辑过程中还参考《中国地方志联合目录》、《中国地方志总目提要》等方志专著，结合方志正文及序跋，并在北京大学图书馆诸位老师的帮助下，对方志进行著录和编校，在前人基础上进行一定修订。"编辑工作需见微知著，任重而道远；如临深而履薄，常怀惕惕之心。"国家图书馆出版社历史文献影印编辑室副主任、责编之一张爱芳博士道出了众编辑之心声与工作状态。

学者点评，颇有见地

一地之志书，地域色彩鲜明，历朝历代均有纂修，前后呼应，生生不息；且包罗广泛，举凡一地之建置沿革、山川道里、人物风俗等，均涵盖其中。因其一般由官方主持，聘请熟稔地方掌故之名儒耆宿以及饱学之士共襄修志一事，故其记载更为细致可靠。其对地方情况分门别类、综合系统的记述，诸体皆备，是极其丰富的史料，具有很高的参考、研究价值。

然而，限于条件，许多稀见方志难得一见，遂带给众多学者不少困惑。

《北京大学图书馆藏稀见方志丛刊》中收入不少早期地方志以及边疆地区如内蒙古、东北、新疆等地志书，这让陈其泰教授颇为关注。如所收的宋熙宁《长安志》二十卷图三卷，宋代宋敏求纂修，元代李好文绘图，清抄本，对于了解唐宋时期的长安，非常有帮助。所收新疆地区方志达九种之多，内蒙古、广东、海南等地的方志也有收录，对于历史研究提供了新的史料。他认为，我国古代具有悠久的修史传统，地方志是其中不容忽视的一抹亮色。清代史学家章学诚曾讲过"志，一方之史也"。历代所修正史由国家的专门机构负责编撰，在材料的搜集，人力、财力诸方面均有充分的保证，但正史的"国史"性质，决定了它在所收人物的数量和层次上，要受极大的限制，相当多有一定影响的历史人物不能入选，或虽予列入，却因篇幅等方面的制约而语焉不详。方志则以其记载详细具体、内容覆盖广、记载真切等特点可补正史所无、纠正史所误，与正史相得益彰。因此，地方志的整理出版是传承文明、服务学术的一件盛事。

北京大学历史系教授李孝聪从《北京大学图书馆藏稀见方志丛刊》所收抄本为何多为边疆方志发问，提出要从与历史衔接的角度重新认识某些稿本、抄本。他说，这是因为，乾嘉之前地方志刻本均为省府州县志，乾隆以后逐渐一统，因此介绍边疆地区情况的抄本地方志日益涌现。稿本则多为乡土志，可补省府州县志。此外，因避讳等原因，不同时期志书对某一字的运用会有差异，若是整理点校本，对这些字尤其要注意，若强为统一，就恰恰抹杀了版本鉴定的一个极其重要的历史信息。

对于国图社开发国外图书馆藏稀见方志的计划，李孝聪教授非常赞同；并在对西方图书分类法进行了批判性审视后指出，西方图书分类法虽然有便利与科学之处，但不一定完全适合我国土生土长的地方志。他结合自身在国外图书馆查阅中国地方志的经历说，我国古代地方志是图文一体的，而西方图书馆却是将文字资料、图形资料分开收藏并分别制作检索项，这就导致有时检索一种书却找不到的情形，但事实是：并非此书没有，而是原本浑然一体的一种书被并不适合其自身特点的分类法拆开了。国内学者要对这一情况有所了解，这样到国外图书馆查阅地方志时，才可以驾轻就熟地查找所需要的书并找到全本。

北京大学历史系教授辛德勇对地方志价值的认识有自己的视角，他说，在古代，地方志对于官员治理一地极具实用性，新官上任伊始，首先亟需参考的文献就是地方志。然而由于历史的原因，地方志流传稀少。尤其封建社会的末世清代，历经文字狱之后，文人学士噤若寒蝉，考据学繁盛，地方志遂鲜为人重视而流传稀少。但地方志又是地方文献的宝库，如一地之碑刻、石刻等，迢迢千里之外的即使是金石学专家所记载的也未必比当地方志所载更为翔实确切。因此，地方志具有很高的文献参考价值。

国家博物馆图书馆馆长黄燕生结合自身的学术研究经历，指出：

稀见方志的难得一见，限制了学术研究的进程。因此，地方志的整理出版，是一件功在当代、利在千秋的大事。

稀见之物，化身百千

"著名图书馆藏稀见方志丛刊"系列图书的出版，肇始于20世纪90年代。当时，国家图书馆出版社从流散于海外的方志中，选取了其中现为日本所藏、国内罕见的地方志45种，编辑成《日本藏中国罕见地方志丛刊》（全34册），影印出版。2003年8月，又推出了《日本藏中国罕见地方志丛刊续编》（全20册），收集流散海外、为日本收藏，国内罕见的地方志共计16种。

似心有灵犀，2005年，华东师大图书馆古籍部主任吴平先生向国家图书馆出版社推荐了《华东师范大学图书馆藏稀见方志丛刊》（全20册），以此为契机，国家图书馆出版社萌生了出版"著名图书馆藏稀见方志丛刊"之意，2006年这一选题成功进入"十一五"国家重点图书出版规划。该丛刊的收录原则是收藏单位在四家（含四家）以内的、编纂出版时间在1949年以前的省、府、州、厅、县志的刻本、稿本和抄本，包括价值较高的乡土志（收藏情况可以《中国地方志联合目录》为据）；凡已收入1949年以后编辑出版的方志丛书的方志，如《天一阁明代方志选刊》正续编（上海古籍出版社1964年）、《中国方志丛书》（台湾成文出版社1978年），均未再考虑收录。

自2005年10月《华东师范大学图书馆藏稀见方志丛刊》出版，至今年9月《北京大学图书馆藏稀见方志丛刊》面世，七年时间，国家图书馆出版社陆续出版了华东师范大学图书馆、陕西省图书馆、北京师范大学图书馆、福建师范大学图书馆、复旦大学图书馆、广东省立中山图书馆、河北大学图书馆、浙江图书馆、上海图书馆、首都图书馆、中国人民大学图书馆、辽宁省图书馆、南京图书馆、保定市图书馆、北京大学图书馆等图书馆的稀见方志。其中规模最大的一种即是上述北京大学图书馆稀见方志，收录274种，精装330册，最小的是保定市图书馆稀见方志6种6册。此稀见方志系列目前已总计有1048种问世，精装1114册。

此外，正在编纂很快能出版的馆藏稀见方志亦十分可观，有《吉林大学图书馆藏稀见方志丛刊》、《重庆图书馆藏稀见方志丛刊》、《湖南省图书馆藏稀见方志丛刊》、《南京大学图书馆藏稀见方志丛刊》、《清华大学图书馆藏稀见方志丛刊》。

在整理编辑国内知名图书馆藏稀见地方志的同时，国家图书馆出版社开始着手于海外稀见地方志的回归与影印出版。目前已经与哈佛燕京图书馆等北美东亚馆达成共识，除明年推出《哈佛燕京图书馆藏稀见方志丛刊》外，芝加哥大学、哥伦比亚大学、华盛顿大学等图书馆的前期选目已在运作中。

可以想见，在不远的将来，"著名图书馆藏稀见方志丛刊"，与已经先期出版和目前还在陆续出版的《中国方志丛书》、《中国地方志集成》等书，将把我国历代遗存的八九千种地方志融汇一炉，各有侧重、全面展现在研究者面前。化身百千的这些再生性保护成果，将完整地展现中国古代方志全貌，以蕴藏其中的丰富而珍贵的资源信息更好地为当今的人们和社会服务。

（原载2013年第12期《博览群书》）

平馆善本化身记

70年前摄于异国他乡的缩微胶卷，如今，终于化为《原国立北平图书馆甲库善本丛书》（下称《丛书》），在国家图书馆古籍馆迎接着与它有着绵绵神交的学人们。化身千百，嘉惠学林。洋洋千册，蔚为大观。

战火中上海滩一别，原国立北平图书馆甲库善本离馆竟已长达七十余年。这里，是它的故里，湖光山色之中，正是当年国立北平图书馆甲库的所在，琳琅书库之内，先期回家的"骨肉"，在那里殷殷期盼着团聚。

《丛书》宛若一张游子的照片，仔细端详，思念之情变得越发浓烈。此刻，每一个见到它的人，在震撼之余，心中的情感难以名状。

从原书、缩微文献到影印的还原利用

前代图书馆人潜心倾力搜罗聚集的国家图书馆古籍之精华，虽辗转兵燹，却完整地保留至今，颇为不易。将其影印出版，实为盛事。

2010年，《丛书》出版获得国家出版基金资助，资助总额达1650万元。《丛书》收录原国立北平图书馆甲库善本藏书2621种，其中美国国会图书馆20世纪40年代拍摄甲库善本缩微胶卷2600种，现藏于国家图书馆的原甲库善本20种，存台、存馆合璧者1种。善本中，有宋刻本53种，宋抄本1种；元刻本102种；明刻本1905种，明抄本190种，明代稿本3种；清刻本32种，清抄本284种，清稿本4种；其他抄本39种；民国抄本1种；和刻本3种；朝鲜刻本3种，写本1种。除珍稀宋元古本之外，还有三类书尤其珍贵：一为明刻方志五百余种；二为明刻明人别集七百八十余种；三为旧本元明杂剧、南曲共二百余种。明代方志与明别集搜罗宏富，堪称明代文献的渊薮；元明剧曲则是近代以来才开始得到学界重视的重要文献。不仅收录数量庞大，而且不乏存世孤本，均极富学术研究价值。收录的七种异域版本，主要是和刻本、朝鲜刻本。对研究古代中国文化传播、交流情况有着非常重要的意义。

《丛书》的出版，实现了质量不高的缩微文献的还原利用，是缩微文献出版的又一次有益尝试，也是汉籍回归和古籍保护的重大成果，在中国以及世界文化史、图书史、出版史等方面留下自己的足迹。

遗憾中的期待

"在两岸之间把这些书影印出来，非常不易，是件让人佩服的事。它的出版，方便了对珍贵的善本书的利用。在台湾，它藏在故宫，我

378

们去看也不是太方便。"粗粗浏览，来自台湾的学者、北京大学中文系教授龚鹏程说出心中的不甘：旧抄本、清抄本、稿本怎样判断？这些有时在书目上是看不出来的，必须与原书去比对；缩微胶卷有些地方曝光过度，字看不太清楚，一些折页有阴影，增加了使用的难度；赵万里先生所编书目与昌彼得先生所编书目不同，需加以说明，才可以使我们对这套书的价值有更深的体会……

龚鹏程指出的这些《丛书》留给人们的遗憾，何尝不是此套书出版中遇到的尴尬与无奈。

作为责任编辑，在刚刚过去的两年时间里，史百艳说自己的状态"始终如履薄冰"。她和同事们的工作，是在国家图书馆古籍专家指导下编纂总目录的同时，使影印书的清晰度尽力满足读者阅读需要。为此，他们对收入丛书的2621种国立北平图书馆甲库善本，重新逐一核定善本书名、卷数、著者、版本、存卷等项信息。这其中，50%以上图书的相关信息都有进一步的完善，这样的结果，是对《国立北平图书馆善本书目》（赵万里编）和《"国立中央图书馆"典藏国立北平图书馆善本书目》（昌彼得编），与《中国古籍善本书目》三本目录进行比对后取得的。工作单上，完整地记录了原始著录、查阅信息以及分析、鉴定结论等等相关细节。

拍摄于70年前的甲库善本缩微胶卷，是史百艳们工作的出发原点。由于技术、环境、历史等复杂原因，留在16毫米胶片上的张张书叶，如今看上去，拍摄质量很差，曝光不匀，书口两侧极暗，导致原书页码不清，有些字已经无法辨认。细细核对，拍重时有所见，漏拍屡见不鲜，竟多达1%以上。"图片灰度高清扫描是一项烦琐、精细的工作，为了达到最好的清晰度，我们根据需要有时会将同一拍胶片

（线装书正背两面为一个筒子叶，拍照时相邻书叶的正背面拍为同一画面称一拍，丛书影印一页按上下双栏排列两个筒子叶）按不同灰度标准扫描两次，形成不同明暗程度的两份电子文件，使因拍摄曝光不匀而形成的图片过亮和过暗区域内的文字在两份电子文件中分别保留最佳的清晰度，制作时选取两份电子亮、暗不同部分进行切割重组，使整个书叶文字信息得到最大程度的保留。"史百艳说。

那段时间，编辑与修图人之间所进行的沟通已难以计数；编辑们为核实胶片的模糊信息查阅了多少古籍善本与影印古籍也不胜枚举。可以知道的只是当时规定的每日工作量：修图人每天完成修图100拍，一个编辑每天校对处理图片2500拍。在这里，记者还想补充一个数字：忽略为切割重组而进行的二次扫描，丛书的总拍数是120万拍。图片编辑工作量之大，由此可见一斑。

"我社以往出版的再造善本，拍的是原书，且有今天摄影技术的保障，因而最大程度地还原了版本信息，使再造善本更具文物价值与收藏价值。而《丛书》受制于早年缩微胶片，只能尽目前所能满足读者的阅读需求。"深知阅读缩微胶卷，特别是拍摄质量不高的缩微胶卷之苦的史百艳，遗憾之情溢于言表。"希望有一天，能像再造善本一样，用原书出版一套《原国立北平图书馆甲库善本丛书》，让海内外的学者受益。"已经卸下编辑重负的史百艳，心中还有期待。

同样的期待与遗憾，也充盈在国家图书馆古籍馆古籍版本专家赵前、程有庆的心中。"虽然看胶片与看原书还是不一样，但看到胶片上'国立北平图书馆藏书'印，仍感到很亲切，现在国图古籍馆大量的善本古籍上都有这个印章。此外，我们在编目时非常希望看到原件。甲库中的大量明代善本，资料价值、版本价值非常高，但现都存在台北。无缘看到原书，只凭胶片进行编目，我们感到非常遗憾。"谈到此事时，赵前、程有庆至今仍无法释怀。他们说的有道理。由于无法看到原书，只能从画幅小、曝光不匀、影像层次不足的胶片上，依据藏家的收藏印、避讳字、版式特点等确定版本年代，编出一部体现当今水平的甲库善本目录，无异强求巧妇为无米之炊。

隔着时空，原书的红印，在胶片上呈现的是黑色，为看清楚，如若将胶片放大到百分之百，面前的图像则变得一片模糊。原抄本上的朱丝栏，在胶片上大多已经看不清楚……在尊重前辈学者成果的基础上，吸收古籍整理的新成果，赵前、程有庆和国家图书馆出版社负责版本校勘的编辑们一起，殚精竭虑。工作接近尾声时，紧张呈现白热化。白天在单位对着电脑一整天，下班后，回家还要接着看，直到深夜一两点，这时，面前的电子文件已经是模糊一片。"在有限的条件下，我们尽力了。"平静的语气中，赵前、程有庆对自己和同伴们的工作做出了评价。

完璧归赵，心同此愿

此刻，面对《丛书》，李致忠心中的块垒不吐不快。

"在我心里，甲库善本的归属永远是平馆的。"全国古籍保护工作专家委员会主任、国家图书馆研究馆员李致忠是内地见过国立北平图书馆甲库善本真容的寥寥数人之一。"在台北故宫第一眼看到这些书，就感到很熟悉，书套、书盒一看就是平馆做的。书签上，那清秀的毛笔字，是我的老组长、国图古籍馆陈恩惠先生写上去的。"1996年，李致忠赴台参加全国高校古委会与台北故宫博物院共同举办的"两岸古籍整理学术研讨会"，去探望了国图漂泊在那里的"游子"。5年后的2001年，李致忠再次赴台参加"中文文献共建共享合作会议"。"只要去台湾，我就想去看看这些书。看到他们保管得还算精心，我放心了。"李致忠说。

《丛书》的出版，让如今已经104岁高龄的钱存训先生浮想联翩。1月15日，他从大洋彼岸写来贺信："近闻《原国立北平图书馆甲库善本丛书》出版，欣喜无似，感触良多。此书刊行，旨在弘扬文化，嘉惠学术，薪火流传，厥功至伟。对我而言，更具特殊意义。当年奉命参与抢救，冒险运美寄存，使这批国宝免遭战祸，倏忽已七十余载。其间种种，仍历历在目。多年来，我曾借各种机会，阐明这批善本图书的主权归属，呼吁将其回归北图。寄望两岸有关人士协商合作，促成此事，早日完璧归赵。"

此情此愿，历久弥坚。

钱存训先生是当年国立北平图书馆甲库善本运美诸先生中唯一在世的亲历者。

1984年，应邀赴台参加"古籍鉴定与维护研讨会"的钱存训先生终得机缘，在分别四十余年后见到了由他亲手运美而又由美迁台的善本古籍，他看到它们"都仍旧装在当年由上海运出时的木箱内，箱外所贴原国立北平图书馆的封条还隐约可见，不觉由衷的惊喜"。

1987年秋，钱存训应邀回国参加国图建馆七十五周年纪念及新馆开馆典礼，"将馆中旧藏在台保管情况向馆中负责人简略报告"。多少年来，这恐怕是"甲库旧藏"唯一的"平安家信"。1999年，建馆九十周年的国图特派代表团赴芝加哥，向钱存训颁发奖状，颁奖词写道："典籍南迁，守藏沪滩。为防不虞，装箱载船。远渡重洋，烽火连

382

天。押运尽职，躲兵避燹。劳苦功高，后人至感。"钱存训说，虽然自己对这批书已无责任，可是感情上自有一份牵连，因此多年来曾和各有关方面联系，希望这批书能早日物归原主。"如果这件物归原主的事办理成功，不仅对流浪的古籍能有一定的归属，也对中国文物的保护起了重要的作用；同时对促进海峡两岸关系的发展，也有重大的启示。希望不久可以看到这批国宝的完璧归赵。"

完璧归赵，心同此愿。

（原载2014年第3期《博览群书》）

平馆善本化身记

为了心中的文化坚守

——《中国饮食文化史》出版纪略

　　似乎就在那摞盈尺的书稿付印的那一刻，马静的心飞出了樊笼。那羁绊她心灵六千多个日夜，生命三分之一历程的锚终于拔起。从一个学术团队成员们生命中凝练出的文字，涅槃重生，承载着一个民族五千年文明，走入世界文明史之林。前无古人的《中国饮食文化史》，虽姗姗来迟，但在期待中甫一问世，即赢得了广泛的关注目光。

　　《中国饮食文化史》以地域为序，记述了中华民族在这片广袤土地上的伟大创造，描述出其上绽放的绚丽多彩的饮食文化之花，呈现了专家学者的最新科研成果。著名农学家卢良恕院士高度评价它的价值：这部学术专著的出版，填补了中国饮食文化无大型史著的空白，开启了中国饮食文化研究的新篇章，是一项具有划时代意义的鸿篇巨制，是一件功德无量的历史性文化工程。它的出版，是中华民族五千年饮食文化与改革开放三十多年来最新科研成果的一次大梳理、大总结，将对传播、振兴民族文化，重建中国饮食文化在国际学术领域的领先地位，起到重要推动作用。

中国饮食文化史研究开启元年

案头上，它，就在那里。1991年《首届中国饮食文化国际研讨会论文集》，其内论文145篇，虽作者主要来自国内，但视野却是国际性的，这不仅因为，参会者与作者中有来自五大洲的学者，更缘于中国饮食文化在世界远播的声誉。

但是，谁又能讳言，这次国际间对中国饮食文化的交流与研讨，竟是如此步履蹒跚。

1921年8月的一天，北京周口店龙骨山北坡。当一处更大、更丰富的古人类遗迹出现在瑞典地质和考古学家安特生与奥地利古生物学家师丹斯基等人面前的那一瞬间，安特生们似乎还没有意识到，人类对自身如何从荒蛮中走来的所有认知即将遇到颠覆性的挑战。

1929年12月2日的下午，在同一遗址，中国考古学家裴文中发现了北京人第一个完整的头盖骨，这一震惊中外的发现，为人由古猿类进化演变而来的伟大科学假想提供了现实的支撑。此后，还是在这里，人工制作的石器和成堆的灰烬的发现，让人们从洞穴主人不同于禽兽用食物充饥解渴的饮食方法中，看到了距今57万年之前人类文明的曙光，中国饮食文化如流星，在文明混沌的夜空灵光一现。

斗转星移。

围墙内建筑遗址有半地穴式、地面式、干栏式与台基式，内有灶坑。在古河道黑色的淤泥中，有数十种植物的种子、鹿牛猪鸡等动物和家禽骨骸及耒铲锥杆等骨、竹、木器，编织物和万余粒稻谷和稻米……

1993年至1997年在湖南澧县梦溪八十垱的考古发现，让覆盖在8000—9000年前中华大地上人类生活场景的积尘褪去，中国饮食文化初始之容颜得见天光。

白驹过隙。

中华民族璀璨文明史的一脉饮食文化史，直到20世纪90年代，仍如珍珠，沉落在漫漫历史长河之底，有如星火，在亘古荒原之中闪烁。

曾几何时，科学研究终于将这样的结论写进人类文明史：烹饪技术是"北京人"早已发明了的一种有史以来最伟大的技能。

机缘巧合。冥冥中，1991年，注定成为中国饮食文化研究的元年。这一年，首届中国饮食文化国际研讨会如期在北京举行，中国饮食文化第一次被呈现于国际学术舞台，中国饮食文化研究界第一次举行了世纪阅兵，800多名参会者中，汇聚了中国饮食文化研究的宿将新兵。当人们回首望去，为悠久璀璨博大精深的中国饮食文化系统立传做史的，中国本土竟前无古人。仅有的传史，均出自境外的学者。

汗颜之下，中国专家学者萌发了写一部中国饮食文化史的宏愿。旗帜下，中国饮食文化研究的队伍迅速集结。

一支打不垮的中国文化传承义勇军

心中有理想，《中国饮食文化史》的作者编辑队伍，是一支打不垮的中国文化传承义勇军。

主编赵荣光领衔《中国饮食文化史》时还是中国饮食文化史研究领域的少壮派，他组建队伍，构建框架，奔波往来于大江南北。钟情于中国饮食文化研究的他，在国内首开"饮食文化"课程，提出过一系列带有创建性的学术观点，学问做得艰苦而扎实。为获得一手的研究资料，他经常借寒暑假来京，在第一档案馆一扎就是一天，口啃干馍，身居小店，淘漉了上亿字的档案文献资料。

"东南地区卷"的作者、暨南大学硕士生导师冼剑民没能见到书的出版，但重病中骨瘦如柴的先生接受着第八次化疗，在花城酷暑中身着毛衣及马甲修改书稿的身影，却若一座激励后来人的雕像。

中国饮食文化研究，今天仍是季鸿崑最喜欢徜徉的天地。谈起《中国饮食文化史》，老先生自豪之情溢于言表："这是一项学术创举。过去已经出版的此类著作，统计一下有百多种，审视的角度或全国或东亚不一而足，但饮食文化的地域性很强，那些著作对地方饮食文化史的研究给人隔靴搔痒之感，《中国饮食文化史》是第一部从饮食文化圈的视角来对这一领域做审视的，它是唯一的。"对于撰稿人必须生活在当地的作者选择标准，季鸿崑十分赞同："作者对当地的饮食习惯、风俗等概貌熟悉，研究中常常会获得资料之外的感觉与收获。我是江苏人，我们对'鲜味'比较敏感，这就与我们饭稻羹鱼的饮食传统有关，我们喜欢在菜里加点糖，不是为甜味，而是为了有对比，有味道。"季鸿崑学的是化学，半路出家入了食品科学与烹调技艺研究之门，这里，是化学与烹饪两个原本并行无交的领域在近代相交的点，在这里，他是拓荒者。之后，他主持了这一领域三套教材的编写，"最完整、最好的一套是中国轻工业出版社出版的《高等职业教育教材》"，季鸿崑为此颇感自豪。《中国饮食文化史·长江下游地区卷》的写作，是季鸿崑退休后承担的项目。似乎，他一生的学术研究都是在为《中国饮食文化史》做积累。"以往的饮食文化史往往从烹调方法上说得多，忽视了食品的生产、加工。五口通商时，上海是重要的口岸之一，西方近代科学从此处登陆。中国近代食品科学在长江下游诞生，最早的专业设置是中央大学食品工业系。我的饮食文化研究，兼顾了人文与自然科学两个领域。"季鸿崑丢掉了一切，遨游在学术研究的自由王国。他和江浙的许多名厨成了朋友，一起梳理着长江下游饮食文化的特征。江浙历史上文人荟萃，饮食追求精美，唐宋以后，中国饮食古籍作品的作者江浙人士济济；江浙饮食不追求原料的稀罕，只用鸡鸭肉蛋等普通食材即可做出佳肴；刀工、火候、调味，因材施艺是江苏厨师的看家本事……每有所得，季鸿崑都兴奋不已。21世纪初，季鸿崑带着两个年轻学者就完成了60万字的初稿。"最后定稿时保留了30万字，统稿由我完成。从交稿到出版竟然用了十几年！"是的，有多少辛酸隐没在这位83岁老人的感慨之中啊。

20年中，在《中国饮食文化史》编撰出版提供的沃土上，一个中国饮食文化研究学术新生代成长起来。

姚伟钧研究中国饮食文化史的志向经久弥坚。当年，他在华中师范大学历史文化学院读硕士的时候，导师张舜徽将田野调查方法应用于文献学、文字学的治学传统，对他产生了深刻的影响，由此，他"对饮食的历史有了朦胧的兴趣"。硕士毕业，姚伟钧的论文由广西人民出版社出版，题目是《中国饮食文化探源》。

"黄河中游饮食文化的研究对中国文化研究有关键性的意义。史学界有唐型文化与宋型文化之说，唐型文化是一个开放的、与世界接轨的系统，宋型文化则是精细、精致的，保守的文化，我们在研究中，运用饮食文化变化的历史很好地解释了唐、宋文化的区别。"

《中国饮食文化史·黄河中游地区卷》是姚伟钧带着博士生刘朴

兵一起完成的。之后，他又与一位在读博士一起接续了黄河下游卷的未完研究。

为心中的坚守走过炼狱

《中国饮食文化史》20年磨剑，责任编辑又是马静。

马静何许人也？她不是公众人物，知道这个名字的人不多，可在出版界，大家都知道，那是个"拼命三娘"。获得国家图书奖的《中国茶叶大辞典》她是责编，获得政府出版奖的《中国清真饮食文化》责编也是她。她手下每一部书的出版，都可以写出一部专史，为精品书出版殚精竭虑、孜孜矻矻，马静，为同行敬佩，让读者感动。

由马静当责编，是《中国饮食文化史》的幸运。

如果把《中国饮食文化史》比作一粒种子，那么，从它落入土壤的那一刻起，马静就像一个园丁般地履行起了守护的责任。

1991年中国饮食文化国际研讨会召开时，马静闯进了饮食文化的学术殿堂，因为在出版社工作，又是食品专业的编辑，她被聘为大会论文组的成员。她深深地爱上了这个与每一个人的生活都有千丝万缕联系的研究领域，在这次会议上，她向大会提交了一篇论文，题目是《北京牛街清真饮食文化析》，选这样的视角，是因为她是中国回族的女儿。

《中国饮食文化史》的选题确定下来后，主编物色作者紧锣密鼓。之后，作者们的书稿开始陆续寄到编辑部，编辑出版进入实质性阶段。

谁想，炼狱之门，也就此打开。

愿发于激情燃烧的岁月，而书稿杀青之时，面对的却是严酷的市场选择。此刻，不能靠市场赚得效益的写作与出版，面临生死抉择。在市场效益面前，学术价值、社会效益的言说变得苍白无力，一个责任编辑的坚持是如此的人微言轻。舅舅不疼姥姥不爱，成了不能为出版社带来效益的书的宿命。《中国饮食文化史》也未能逃脱如此命运。《中国饮食文化史》的出版在中国轻工业出版社下马了，马静在医院的病床上听到了社里的这个决定。无奈中，她像守着一个待嫁的闺女，心急如焚地为它寻找着"好人家"，也在急切地寻找着出版资金。这期间，《中国饮食文化史》几易"婆家"，这家出版社要求有赞助，那家出版社又要求有包销，几进几出，终无所成。

《中国饮食文化史》的出版在遥遥无期的等待之中。

中国饮食文化史研究的志愿者们

看了手上的信，北京饮食文化研究会会长、北京市人民政府食品工业办公室副主任李士靖沉吟半晌。

这封由责任编辑提议、由主编书写的"请愿信"，情辞恳切，字字灼人。言明了《中国饮食文化史》出版的重大意义，但至今仍经费无着的窘境，表达了全体参编专家恳请李士靖给予帮助的强烈愿望。在交到李士靖手里之前，这封信已经在全国"走"了一圈，它由北京发出，一程又一程寄达分布在各地的《中国饮食文化史》十卷主编手中，专家学者们在上面签上了自己的名字。返回北京的信，竟已是这般满载厚望。

信为何发给李士靖？此人，正是1991年"首届中国饮食文化国际

390

研讨会"的组织者、主持者，也是撰写一部中国人自己的饮食文化史的倡导者。

光阴荏苒。萌发于1991年的那个写一部中国人自己的饮食文化史的志向，已在与市场经济大潮的博弈中遍体鳞伤。为实现这个夙愿，编辑部一边八方求助寻觅资金，一边也在寻找"好人家"。万般无奈之时，只能将书稿移社出版，这毕竟也是一条生路。时任上海人民出版社总编辑的李伟国出手相助，同意拿出10万元经费补贴出版此书。但遗憾的是，书稿的文字也要舍去一半。"'孩子过继'之后，我们心中出现的竟然是感动之后的难过，是'过继'后的难以割舍，是'一步三回头'的牵挂！它毕竟是我们已经看护了十年的孩子。此时心中涌起的是对自己无钱而又无能的自责，是时时想'赎回孩子'的强烈愿望……"责任编辑马静道出的，是怎样的无奈与心痛。

李士靖手中薄薄的几页纸，此刻重若泰山。

殷殷托付，让李士靖感动万千。"我一定想办法帮助解决经费，否则，我就对不起全国的专家学者！"

上哪去筹措经费呢？愁肠百结的他想到了一个人——毕国才。

毕国才此时正执掌着闻名遐迩的北京稻香村食品有限责任公司。这位戏称自己是"大饽饽铺的掌柜的"的中年人，出身书香门第，对文化情有独钟。

李士靖在丰泽园设了饭局，打电话给毕国才："我请你到丰泽园吃饭，点了丰泽园头牌师傅亲自掌勺……"

"您有事吗？李大爷。"电话那一头的毕国才似乎感觉到了什么。"没什么事儿，让你品品这道菜。"

过了几天，毕国才又接到了李士靖的邀请，还是去丰泽园赴宴。

不管李士靖是如何又巧立了请客的名目，毕国才心里已明白了几分，重礼之下，必有所求。

毕国才二次赴宴。

直到第三次，坐在丰泽园的餐桌旁，毕国才才算问出了究竟。"真有点事儿，不是自己的私事儿，你搭把手吧，《中国饮食文化史》的编辑出版因经费拮据难以为继，你帮帮他们。"

饮食文化界德高望重的老前辈开了口，毕国才把事情应承了下来。他和稻香村决策层研究后做出决定，拿出一笔资金，支持《中国饮食文化史》的编辑出版。

这资助解决了《中国饮食文化史》编纂出版的燃眉之急，事情终又有了转机。

马静"毁了约"，接回了"闺女"。上海人民出版社总编辑李伟国二话没说，成人之美，悉数退回原稿。对同行的大度与宽厚，马静心中的歉意，难以释怀。

我们这一代人做了我们应该做的事情

稻香村的资金总算解决了无米之炊的尴尬，但对于《中国饮食文化史》这样一部如此大部头著作的创作与出版，依然得按苦日子穷日子过。虽然，无论是作者还是编辑，大家心中还有理想，仍有追求，队伍没有散，努力没有懈怠，而且，这一切都是心甘情愿的。然而，在现实中的他们，并没有因为自己的努力、创造而获得文化的尊严。

挣扎着，坚守着，终于，国赐良机从天而降。就在《中国饮食文化史》工程的中后期，该书获得了旨在扶持具有重要学术价值的、原创学术精品力作的国家出版基金的资助。

久旱逢甘露。

国家出版基金四两拨千斤，全面盘活了《中国饮食文化史》的编辑出版工作，编辑部全面铺开了精品图书的质量保障体系，后续四十多道工序的工艺流程有了可靠的保证。编辑部不仅延请了有关领域的著名专家对书稿进行质量把关，而且使用辞书质量保障的有效方法对《中国饮食文化史》进行了二十项"专项检查"以及后期的五十三项专项检查。

……

终于，我们将一份祖先留下的文化财富呈现给了时代，呈现给了世界。此刻，20年中经历的风风雨雨、坎坎坷坷变得无足轻重。我们这一代人做了我们应该做的事情，可以坦然地面对前人与来者，这就足够了。

（原载2014年9月19日《中国新闻出版报》）

印本古籍的母亲，你可安好

　　史上，为印书而雕的木版与纸张结合的一刹那，人类历史从此涅槃重生。印本书进入人类文明的历程，文明不再混沌。

　　今天，我们已经无从知晓当初将二者结合的智者们姓甚名谁。但我们知道，他们是中国人，是我们的祖先。

　　著名学者白化文先生对书版曾有一比，"中国古籍，除了抄录出的钞本以外，全是发明印刷术的中国人应用刻本、活字本、木版水印本等印出来的，中国印刷术及其书版，应该说是中国乃至东亚等某些国家的印本书籍的母亲"。

　　第五批"国家珍贵古籍名录"将古籍版片纳入常规申报，这不啻一个迟来的邀请，约我们就此踏上古籍寻祖探亲之路。

雕版印刷，辉煌文明

　　溯文明之河而上，我们今天仍然在寻觅雕版印刷的源头。考古发现、科学研究延伸着人们的视线，我们正在知道并期待还会更多地知道在中古发生的有关雕版印刷的事情。

由印章、墨拓石碑到雕版，再到活字版，在版料上雕刻图文径行印刷的技术这样一路走来。这足印，是世界印刷术婴儿期蹒跚学步留下的痕迹。

有关研究表明，大约在公元3世纪，我国就已经具备了规范的文字、成熟的雕刻技术、物质材料及图文转印术。这一切，无疑为雕版印刷的诞生铺就了温床。隋唐文化繁荣发展的社会需求，遂使雕版印刷术应运而生。

关于我国古代雕版印刷，主流的说法是其发端于唐，奠基于五代，兴盛于两宋，延袤于元明清，至民国而式微。

1966年在韩国发现雕版陀罗尼经，刻印于704—751年之间，为现存最早的雕版印刷品。

1907年英国人斯坦因携走、现收藏在英国不列颠图书馆的唐咸通九年（868）王玠为二亲敬造普施的《金刚经》，是现存最早的标有年代的雕版印刷品。其随1900年敦煌藏经洞的发现而呈现于世，再现了千余年前中国唐代印刷术的精湛技艺与迷人风采。

9世纪时，中国雕版印刷的使用已相当普遍。《旧唐书》上的一条记载，为人们提供了另一个视角：大和九年（835）十二月，唐文宗下令各地，不得私自雕版印刷历书。由此可以想见，当年民间刻印历书的风行。否则，皇帝何以要亲自采取整治行动。

五代时期，不仅民间盛行刻书，官府也大规模刻印儒家书籍。自后唐明宗长兴三年（932）起，到后周广顺三年（953），前后22年刻印了九经、《五经文字》、《九经字样》各两部。

宋代雕版印刷更加发达，技术臻于完善，尤以浙江的杭州、福建的建阳、四川的成都刻印质量为高。宋太祖开宝四年（971），张从信在成都雕刻全部《大藏经》，费12年，计1076部，5048卷，版片达13万块之多，是早期印刷史上最大的一部书。

元、明、清三代从事刻书的不仅有各级官府，还有书院、书坊和私人。所刻书籍，遍及经、史、子、集四部。

在中国雕版印刷光辉灿烂的历史中，彩色套印技术呈现的瑰丽，让任何文字描述都黯然失色。北宋初年，四川就流行用朱墨两色套印的纸币。14世纪时元代中兴路（今湖北江陵）用朱墨两色刊印的《金刚经》，是现存最早的套色印本。到16世纪末，套色印刷广泛流行。明代万历年间的凌、闵两家都是擅长套色印刷术的名家，清代套色印刷技术又得到进一步提高。这种套色技术与版画技术相结合，便产生出光辉灿烂的套色版画。明末《十竹斋书画谱》和《十竹斋笺谱》都是古版画的艺术珍品。

现在我们仍然可以亲眼目睹的荣宝斋木版水印技艺，是雕版印刷王冠上的珍珠。源于雕版印刷的这一技艺，运用极精确的表现手法，毕肖原作，几可乱真。荣宝斋制作的木版水印画中最著名的要数五代顾闳中的《韩熙载夜宴图》，复制过程历时8年，雕刻木版1667块，套印六千多次，使用了与原画完全相同的材料和珍贵颜料。荣宝斋曾流传一段佳话：20世纪50年代，荣宝斋的经理把著名画家齐白石请到店中，在他面前挂出两幅《墨虾》，告知其中只有一幅是他的真迹。老人端详了许久，最终摇着头说："这个……我真看不出来。"

雕版印刷术是珍贵的人类非物质文化遗产，是印刷术古老的技术源头。它为人类的文化传播和文明交流提供了最便捷的手段，中华民族因它的馈赠，拥有了浩如烟海的古代典籍。

雕版印刷的历史，让每一个中国人自豪之情澎湃。随着人类认识自身能力的进步，我们对中华民族历史上为人类作出的贡献有更多的期待。

古籍版片，你可安好

保护中的雕版不同于它所印刷出来的书本，每一块雕版都是一个相对独立的个体，都有它自身的特征。相比存世古籍，它因体积大保存不易、存世数量有限更显珍贵。2009年，以扬州广陵古籍刻印社、金陵刻经处、德格印经院为代表的雕版印刷技艺，被批准列入联合国教科文组织的"世界人类非物质文化遗产代表作名录"。

一份关于现存古籍版片的初步调查，让人视之心里并不轻松。作为古籍版片的故乡，我国现存版片的数量，尚不清晰。从已经报上来的数字看，存世版片超过百万。"虽说历史上屡遭政治动荡兵燹水火，但先人在遗留给我们大量典籍的同时，也保留下来一批宝贵的原刻书版。据我初步统计有150万块以上。"北京大学教授肖东发的统计，比上报统计，显得乐观。

我国目前藏有较多雕版版片的是北京故宫博物院、首都博物馆、浙江图书馆、广陵古籍刻印社、德格印经院等机构。

北京故宫博物院收藏为官刻版片，即清内府和武英殿所刻，总量有23万片，含藏文和满文大藏经版。其中最早的是明代内府所刊刻的《性理大全》、《文献通考》、《五经四书大全》等书版。原藏于国家图书馆的乾隆《大藏经》版片，20世纪70年代移藏首都博物馆。

浙江图书馆则收藏了民国初年兴盛一时的南浔嘉业堂藏版,《适园丛书》、《四明丛书》、《金华丛书》、《续金华丛书》、《章氏丛书》都在其内。

四川德格印经院清光绪年间书版曾达三十多万块,清末土司内乱时流失不少,1978年清理统计存有21.7万块。该院院长泽旺吉美活佛提供的最新数据是藏版32万片。此外北京云居寺、福州的涌泉寺、泉州的开元寺及西藏纳塘寺、拉萨布达拉宫、青海塔尔寺、青海拉加寺、甘肃拉卜楞寺、甘肃卓尼禅定寺等多个印经院,以及金陵刻经处、扬州藏经院等也都藏有不同数量的版片。

广陵古籍刻印社现存清代和民国古籍版片计16.7万余片,其中不乏影宋、影元和影明刊本,展现了宋、元善本的雕版风貌,具有较高的学术价值。此外,中国书店所藏版片六万余片。

毋庸置疑,在科技飞速发展中,雕版印刷这种成本昂贵的古老印刷术终将走向消亡,消失在文明的进程之中,唯一留下来的只有一块块无言的雕版。拂去现存雕片的蒙尘,我们可以看到虫吃鼠咬、水火灾害、霉烂留在它们身上的累累疤痕,也可以看到让人痛心的人为伤害。

版本目录学家沈津曾说,书版难有百年长守之局。以毛晋汲古阁而言,当年刻书之多非晋莫属,然时过境迁,晋刻精本之品,却为后人作薪炊之物。传晋孙不知何名,性嗜茗饮,购得洞庭山碧螺春茶,虞山玉蟹泉水,独患无美薪。因顾《四唐人集》版而叹曰:以此作薪煮茶,其味当倍佳也。遂按日劈烧之。

沈津认为,大量的书版都是为兵燹之因而毁。一场兵火焚掠之后,藏书家所有奇书秘册,顿时灰飞烟灭,其中应有大量私家坊间刻书的版片。其次，是在特定的政治环境中，被人为地扼杀，被大量毁掉。乾隆年间编纂《四库全书》，因"明季末造，野史甚多，其间毁誉任意，传闻异词，必有诋触本朝之语"，前后近二十年，毁去图书三千余种六七万部以上，种数几与《四库全书》收书相埒。在收缴过程中，接踵而来的则是作者著作的书版。收缴的版片有三种下场：交玻璃厂作柴火；劈销；尚可铲用者，作为刊刻别项书籍之用。

然而，版片即使保存在皇家的武英殿中，也并非万无一失。同治八年武英殿被火烧毁正殿、后殿、殿门、东配殿、浴德堂等处，书籍版片毁去不少。实际上，在被火烧之前的咸丰六年十一月初九，武英殿官员即有折子报告：本处查顺治年间《御注孝经》，本殿现有库存书三十九部，其版片无存。又查雍正年间《御纂孝经集注》，书版俱无。为此呈报。

同治八年之后的光绪二年，左宗棠奏准请领书籍现存书版，但他只取到《佩文韵府》、《袖珍渊鉴类函》、《唐宋诗醇》、《十三经注疏》、《文献通考》、《前汉书》、《后汉书》7种，而《周易折衷》、《书经传说汇纂》、《诗经传说汇纂》、《春秋传说汇纂》、《三礼义疏》、《性理精义》、《唐宋文醇》、《袖珍古文渊鉴》、《史记》、《四书》、《文选》11种的书版，已无踪迹可寻。

由沈津先生讲述的故事，不由想到，浙江嘉业堂版片的经历，是离今天最近的往事。嘉业堂藏雕版来自三方：浙江官书局以及浙江图书馆刻的雕版、嘉业藏书楼主人刘承幹刻的雕版与社会各界捐赠的雕版。刘承幹刻印古籍始自1913年，20年间，先后刻书187种30001卷，所刻雕版近四万片。但此盛景只是昙花一现。20世纪30年代，由于家庭经济原因，更由于日本侵华战争造成的民族灾难，嘉业堂由盛转衰，书楼以及雕版库房因疏于管理和修缮，逐渐破败。1951年四五月间，由于雕版库房一度被征用为医院病房，版片被移到露天堆放达两月有余。同年7月，浙江图书馆收回嘉业堂书楼东侧四进平房，版片才重新回到库房。直到1984年，浙江图书馆对书楼和雕版库房进行了嘉业堂建立近百年来的第一次维修，版片存放条件才有了改变。2008年，浙江图书馆将雕版库房的改造列入"嘉业藏书楼雕版保护工程"。有关研究人员在雕版建档过程中，总结出了一套雕版印刷的程序，发现了一些早年运到嘉业堂存藏的印量不大存世较少的珍贵雕版。

浙江嘉业堂版片的经历，何尝不是现存版片经历的缩影？而且，我们可以肯定地说，嘉业堂版片际遇，是令众多版片羡慕的。

即将走上探望印本古籍母亲之路，国家图书馆副馆长张志清脑海中又一次出现这样的场景：

白化文先生站起来，向在座的学者深深地鞠了三个躬。"版片能够被重视起来，加以保护，是非常重要的事情……"耄耋之年的白化文先生，又一次说出心中的记挂。

白先生并不孤独，他说出的是中国古典文献学学者心中的共同之思。古籍版片终将进入第五批"国家珍贵古籍名录"申报。

即将上路的此刻，我们心中充满期待。因为，我们的努力，不仅告慰先人，也造福来者。

（原载2015年8月4日《光明日报》）

让未刊珍稀古籍"活"在当下

——《浙学未刊稿丛编》出版之旅

又一次沿着孤山的石阶拾级而上，华东师大终身教授严佐之的脑海中，时空穿越。

40年前，风华正茂的严佐之初登孤山，来寻访藏于孤山杨虎楼的文澜阁四库全书。"那时，'文革'刚刚结束，从事古籍整理的年轻人非常小众，非常小众！40年过去了，杨虎楼的昔日与今天，见证了古籍保护的长足发展！"

此刻，在杨虎楼中，装帧古朴大方的《浙学未刊稿丛编》（第一辑）（以下简称"《丛编》"）静卧红绸下，等待着来自全国的古籍收藏保护和古籍整理与研究的专家学者。严佐之此行正是为它而来。

"好书！好书！好书！重要的事说三遍。"严佐之无法按捺心中的兴奋，连声说道。"浙学虽是地域性的学术，但具有全国性的影响。浙江有悠久的文献收藏、刊布传统，此次未刊的稿抄本，有部分选自入选'国家珍贵古籍名录'的版本，从先天来讲已经成功了一半。浙江图书馆、浙江师大、国家图书馆出版社三家联手推出了一套好书。

对于推动学术增长点的生成是毋庸置疑的。"

"品龙井茶，赏未刊稿，会学术友，得高山志。"四川大学古籍所所长、"巴蜀全书"主持人舒大刚教授赋诗表意。"杨虎楼展示的《丛编》弥足珍贵，让我们亲近先贤。未刊稿多为作者手稿，先贤手泽存焉，我们从中可以看出作者的雅好与修养，给人真切感，亲切感。刊布的珍贵稀见资料，会开拓学术研究新的领域，完善学术新的体系。"舒大刚预言。

同来的还有南京大学文学院副院长徐雁平教授。他感慨："起念做一套大书时，无论对于出版社、图书馆还是研究者，可能首先要自问：价值何在？进一步追问十年之后，五十年之后，一百年之后，真正的价值何在？我们这个时代不缺钱，也不缺书。但是特别需要真正经得起时间考验的出版物。"对于《丛编》的价值，徐雁平是肯定的。

《丛编》是习近平同志亲自指导、谋篇布局，亲任第一任工程指导委员会主任、亲自撰写序言的"浙江文化研究工程二期项目"成果，同时也是中华古籍保护计划成果、国家出版基金项目。2016年正式启动，主要收录浙籍人士以及外省人士有关浙学的未刊稿抄本著作（1950年后未刊印的稿抄本及价值较高的孤本印本）。分五辑出版，共收录一百三十余人著述约四百余部（种），计一千八百余册。其中稿本约三百一十余部一千四百七十余册。这套由国家图书馆出版社出版的大型丛书，把目光对准了"未刊稿"，优先选入第一批至第五批"国家珍贵古籍名录"中浙江图书馆藏稿抄本以及国家图书馆、上海图书馆所藏有关浙学未刊稿抄本。《丛编》选目坚持凡在1950年后影印或整理排印过的古籍基本不收。按照浙江文化研究工程项目立项时的设想，尽可能做到不同馆藏版本之间的比对，收录最理想的版本。

如此一来，《丛编》所收稿抄本，"珍稀"价值凸显。对于绝大多数收藏《丛编》的图书馆来讲，它具有"唯一性"；对于绝大多数从事古籍整理与研究的学者，入选《丛编》的古籍，都曾是"锁在深闺人未识"的秘藏，如今，这些珍贵稿抄本的出版，展示了一片曾被遮蔽的历史天空，无疑会激活新的学术增长点。

主编的坚持：去图书馆、学者之"痛"

《丛编》主编徐晓军的经历有些特殊，理科出身，当过图书馆采编部主任，在浙江图书馆馆长任上，主持了全省的古籍普查工作，经过十年艰苦卓绝的努力，使浙江成为全国率先高标准完成古籍普查的省份。就是这些经历，让他对当前古籍重复影印出版造成的"图书馆之痛"、"学者之痛"有切肤之感。

做图书馆采编部主任时，徐晓军常常遭遇这样的尴尬：一套新出版的成百乃至上千册的大型古籍丛书，其中会有相当比例重复收录了其他丛书中已有的古籍。买，意味着一部分古籍的重复收藏；不买，又会使馆藏出现缺失。买与不买，真是个两难选择。虽然造成古籍重复出版的原因是复杂的，但编选角度不同恐怕是主要原因。古籍影印出版中，有突出图书馆馆藏特色的文献丛刊，有按地域范围选编的地方文献丛刊，有以时代为限的某朝某代文献丛刊，有"经学""史学"之类的专题文献丛刊，有求全的"全书"，有求善的"珍本"，如此种种，不一而足，重复交叉在所难免。同时，也不排除编撰方或出版方出于经济上的考虑，拿出手中的珍稀版本，以一个名目再搭配一些古籍，"成套"出版，以壮声势，顺势提高定价。如此种种，古籍重复影印出版，造成资源的严重浪费，衍生成"图书馆之痛"。

与许多古籍重复影印并存的是相当一批珍贵的稿抄本古籍依旧被秘藏。在古籍普查中，我国稿抄本古籍资源逐渐得以厘清。仅以浙江省古籍普查结果看，该省近百家单位藏有明清至近代的稿本五千七百多部、抄本一万七千多部，其中许多是在近年普查中新发现的，以前没有被各种古籍目录著录，更没有影印出版过。

未刊稿抄本的"唯一性"，自然使它成为图书馆的"镇馆之宝"，于是，一些收藏单位将其异化为"馆属资源"，将其"秘藏"，珍稀学术资源由此消失在学术研究者的视野中。见珍稀古籍难！见稿抄本更难！成为学者研究者之痛。

《章鋆诗文稿》、《望云山馆赋稿》、《小匏庵随笔》、《小匏庵诗草》……这目录，勾出了《文献》杂志社编审张燕婴记忆中的往事。

多年前，为了研究需要，张燕婴曾专程从北京前往上海、杭州、宁波等地借阅这些典籍。为了节约时间，她常常早晨赶到图书馆，下午闭馆才离开，午饭都来不及吃。

这样的经历，很多学者都不陌生。

中国社科院文学所研究员王达敏也有相同的经历："为看一个稿本，我开了层层叠叠的后门，最终后门开到了文化部，馆长是北大78级的同学，我是79级的，即便如此，五函的手稿我也只看到了四函。""对于学者来说，到图书馆借阅善本，特别是搜集稿抄本，简直是个让人'脱层皮'的活儿，太难了。"《丛编》的另一位主编、浙江师范大学人文学院李圣华教授，与图书馆古籍部多有交集。看珍稀古籍，有的图书馆要求携带介绍信，有的图书馆要求办理临时借阅证，有时费尽周折结果却未必尽如人意。"不久前，我的一个学生从金华到一家图书馆借阅古籍，按照这个馆的要求，提前很长时间预约，去了之后才得知，一次只能看两种善本。无论时间成本还是经济成本，都太高了。"甚至有学者愤言："我学术上的那一点点成就，是用屈辱换来的！"

学者借阅古籍难，曾身为图书馆馆长、在图书馆界有着广泛人脉的徐晓军又何尝不是如此。

一次，为了在某图书馆借阅底本，徐晓军先后拿到了该馆馆长、分管副馆长的签字批准，但到了古籍部主任那儿，仍然吃了闭门羹。一个省级图书馆馆长，借阅珍稀古籍尚且如此之难，普通学者借阅难度则可想而知。"有的人利用特殊门路，看到了别人看不到的古籍，先行完成学术研究并抢先发表学术成果，这涉及了学术资源的公平分享问题。我们把这些未刊稿影印出版，一个重要目的就是让学者们不用为了看书四处找关系求人，能够在同样占有文献资料的前提下，同时起跑，公平竞争。"为此，《丛编》的第一条选目原则就是优先影印那些入选了"国家珍贵古籍名录"和"省级珍贵古籍名录"的稿抄本，"这些珍贵古籍出版后，学者基本就不用到图书馆借阅原件了，在方便学者借阅的同时，也实现了对古籍的保护。"徐晓军说。

未刊稿抄本，让我们回到历史现场

与刊刻古籍不同，稿抄本带给了我们更多的来自著述现场的历史信息。

珍贵稿抄本有助于还原作者身处的文化生态。例如，顺治十四年发生了著名的丁酉科场案。"江左三凤凰"之一的吴兆骞被牵扯进来，流放宁古塔。这是清代文化史上一个有名的事件，也是清代文字狱的第一案，东北流人文化自此渐兴。吴兆骞很有个性，结交了不少朋友。他在宁古塔的二十多年间，很多人给他写诗赠文。其中，顾贞观为他写了填词，感动了很多人。纳兰性德欣赏他的为人，设法将他救出。收入《丛编》的清人张廷济辑稿本《秋笳余韵》、《秋笳集附编》，反映了有关丁酉科场案的文化史，记录了文字狱案的史实和前后发生的很多故事，再现了清初文人生活的面貌，以及丁酉科场案出现之后文人的心态和生存状态。

珍贵稿抄本可以再现学术史本真。"翻阅《丛编》，让我对学术史的认识有了很大改观。比如，陈选是明代重要的理学家，他的文集早就失传，收入《丛编》的《恭愍公遗稿》为清初抄本，文章数量差不多是清末张廷琛所辑《陈恭愍公遗集》的十倍。明代书法家丰坊的《南禹外史诗》稿本，不仅有文献价值，而且有很高的书法价值。明末学者祁彪佳有不少著述传世，《丛编》收入的七种稿本，可与其他文献相互参照，进一步推进相关研究。姜希辙《理学录》九卷清抄本是一部有关阳明学派的学术史著作。姜希辙与黄宗羲两个人是师兄弟，都是刘宗周的学生。但在学术观念上有所不同。如关于阳明心学的流传、东林学派的不同看法，反映了清初学者对阳明心学和东林学派的一种复杂的认识观念。我们现在对清初东林之学、清初人对东林之学的评价，实际上存在片面性。姜希辙的《理学录》可以帮助我们还原学术史的历史空间，历史上学术产生的原生态面貌。对比这几部书，我们可以改变、更新对学术史的认识。"……《丛编》主编之一李圣华如数家珍。而最让他感到兴奋的，是藏于余姚梨洲文献馆的一部《宋元学案》稿本。清康熙年间，黄宗羲撰成《明儒学案》一书，梁启超认为"中国自有学术史，自此始也"。而后，黄宗羲又计划向前追溯，撰写宋元时期的学术史——《宋元学案》。黄宗羲生前仅发凡例，去世后，其子黄百家及全祖望、黄璋、黄征乂、王梓材、冯云濠等多人相继增补、校勘，直至道光年间，《宋元学案》才刻印出版。"在《宋元学案》成书过程中，黄宗羲、黄百家、全祖望、黄璋、黄征乂等人各有何贡献？纂修思想发生过怎样的变化？"李圣华说，《丛编》收入的这部稿本，保留了全祖望、黄璋、黄征乂等人的手迹，将其与其他版本的《宋元学案》相互比对，析骨还肉，就可以辨析诸家的思想异同、贡献得失。

1985年，浙江省社会科学院吴光研究员在寻访黄宗羲遗著时，在余姚梨洲文献馆发现了这个版本的《宋元学案》。在2008年发表的一篇文章中，他呼吁："……其独立存在价值不容忽视。惜其未被刊印，尚待余姚学行兼优、淡泊名利之士能担当重任，刻苦整理，期使珍贵孤本得见天日，公开出版发行。"如今，学者的心愿终于实现了。

学者舒大刚看到稿本《宋元学案》出版，感叹："《宋元学案》我们也整理过，苦于找不到比较原始正规的本子。虽然当时补编、补遗，40卷、108卷本都找到了，但还是有遗憾。此次刊布的稿本非常珍贵，新的整理本尚未出完，有机会借此做校勘。"

抢救未刊库藏珍贵古籍

"出版珍稀未刊稿抄本，《丛编》无疑带了个好头！"中国科学院文献情报中心罗琳研究员对此表示钦佩。"未刊的稿抄本，作者写后，没有经过他人删改、修饰，保存了最原始的文献价值。天下独一份，历代艰难流传，具有'唯一性'，因此具有很高的版本价值。因此，很多图书馆秘不示人。"舒大刚教授对此有同感："未刊稿，具有珍稀性，很少有副本，只存一份，价值不同于已流传较广的刻本。作者所处时代的思想，学术研究及成果，实际保存在未刊稿中。刊出这些稿抄本，可以重现作者时代思想、文化、学术的本来面目，补充已刊古籍留下的遗憾，填补我们对历史了解的空白。"

珍稀未刊稿抄本是中华传统文化中的瑰宝，其现存数量可观。收藏古籍近二百万册的国家图书馆古籍馆，馆藏普查登记目录显示，其中稿本近两千部，抄本一万六千多部，写本756部。1911年以前的写本文献是18000部，民国期间20000部。这些传世孤本，经过几百年间的朝代更迭，兵火燹灾，岁月侵蚀，虫蛀鼠啮、破损老化，甚至触手即碎，板结成砖，"走"到今天，存世状况已不容乐观。之前主要关注刻本文献的舒大刚，现在将注意力转向了弥足珍贵的未刊稿。他呼吁：让这些濒危孤本化身千百，"活"在今天已刻不容缓！

我们看到，这项工作浙江已经走在全国前列。早在2012年，浙江省文化厅等12个厅局组成的浙江省古籍保护联席会议，就提出实施浙江未刊古籍影印工程。2014年，浙江省社科联在起草第二期浙江文化研究工程实施方案时就把未刊古籍整理列入了工作计划中。2016年，以浙江省社科规划优势学科重大委托项目的形式，开展了浙江馆藏未刊稿的目录梳理工作。2017年8月，以文化研究工程项目立项，开展未刊古籍整理工作。其后，这一项目受到了《浙江省实施中华优秀传统文化传承发展工程工作方案》、《浙江省传承发展浙江优秀传统文化行动计划》等的重视。专家们期待，以浙江这套《丛编》的出版为契机，全国各地的珍稀稿本能够纷纷走出高墙大院，泽惠百姓，为学界所用，真正"活起来、火起来"。

珍稀稿抄本的出版步履维艰。绝大多数稿抄本不修复已无法拍照，相当部分已脆弱得不能触碰。此次在主编徐晓军的主持下，稿抄本馆藏单位与出版社通力合作，影印与修复同步进行，《丛编》影印出版才有了良好开端。其次，提要撰写任务艰巨。稿抄本为著述原始状态，辨识亦难。《丛编》第一辑繁重的提要撰写由浙师大青年学者陈开勇教授担纲。"开勇耗了一年时间，浙师大人文学院五楼那间办公室的灯光，365天都亮着。写《丛编》提要，比写《金华丛书》提要难得多：字不好认，作者没名气，没有参照版本。"著名学者黄灵庚说起这个同行，饱含怜惜。陈开勇说："虽然提要是我来执笔，但我的背后有一个学术团队。我们在网上建了一个群，老爷子（黄灵庚）、李圣华、慈波和我，我们在网上切磋乃至争论，这样，提要的质量才有保证。"这样的网上交流，从拿到《丛编》项目就开始了。一年中，第一辑收录的一百三十余种稿抄本，陈开勇逐一读过来，有的读了不止一遍。书中俯拾皆是谜。"我宁可去做整理，也不要再写提要！"这样的念头，被他赶走了又回来，不知往复了多少次。写龚橙《古金石文字丛著二十种》提要，经过无数次反复阅读，不断整理作者内在思路，加上提交网上讨论，终于按内容厘清了版本的源流。为《金陵行纪》一卷写提要，陈开勇惊出一身冷汗。藏于杭州图书馆的清姚祖同的稿本四册中，原加有一长卷，细细读过，似曾相识。再读，恍然大悟，长卷本是姚祖同收入《丛编》的国家图书馆藏《南归纪程一卷（清道光十一年至十二年）》的部分初稿本。"此案若未探明，可要弄出个历史笑话！"面对记者，陈开勇说得轻松。

《丛编》出版使用了能最大限度反映原书风貌的印刷技术：高精

让未刊珍稀古籍「活」在当下——《浙学未刊稿丛编》出版之旅

彩色扫描、高精灰度印刷，原书字迹笔画轻重、墨色深浅、虫蛀水浸等历史痕迹得以再现，从而传本扬学，最终实现古籍再生性保护的目的。

并非多余的话

1951年，历经数朝的知名学者朱师辙在从广州迁居杭州前夕，直接上书毛泽东，并寄奉其祖父朱骏声及本人已出版的著作。用意显然在于寄望政府能够帮助自己完成传播家学、刊刻遗著的心愿。

朱师辙，民国时期著名经史小学和诗文词曲家，曾受聘于北平中国大学、辅仁大学、广州中山大学等著名高校。其祖父朱骏声、父亲朱孔彰都是晚清著名学者。

毛泽东收信后，竟然很快就亲笔复函问候：

少滨先生：

9月25日惠书并附大作各件，均已收到，感谢先生的好意。谨此奉复，顺致

敬礼！

毛泽东

一九五一年十月七日

收到回信的朱师辙惊喜万分，感激之情使他写出了"琅函飞下九重天，尧舜都俞在眼前"（见丁红《朱师辙的生平、著述及其他》）的诗句。

此后，在有关部门的特殊关注下，朱师辙家族的著作在20世纪50年代曾有数种出版。

十年动乱期间，靠毛泽东的这封回信，朱老先生得以保全家中藏书，但已无缘实现心愿。其间，著名楚辞研究专家黄灵庚先生的一段经历，折射出朱家当时的境况。1968年夏天，年轻的黄灵庚出于对屈原高尚人格的敬意，开始研究《楚辞》。一开始，黄灵庚不知道到何处才能找到这些当时属于禁书的古籍。一个偶然的机会，他得以认识一位酷爱读书的朋友，他家藏有清代以前的十几种《楚辞》注本。后来才知道朋友的生父就是精通汉学的朱师辙先生。一开始，老人不敢把书借出，只允许在他家里查阅。后来看到黄灵庚如此好学，在其儿子的"担保"下，朱师辙才允许黄灵庚每次可借一种，但必须在十天内归还。显然，要在十天内看懂《楚辞补注》这类书是绝对不可能的，黄灵庚只得将书先抄下来再说。后来，黄灵庚在回忆自己的治学生涯时总结说：他的《楚辞》研究，就是从抄书开始的。

令人遗憾的是，这些幸免于难的珍贵书籍在朱师辙去世后散出，归浙江图书馆所有。朱家后人多次表示要刊刻先祖朱骏声、朱孔彰、朱师辙全部著作，惜因经济原因一直未能如愿。

现在，情况有了转机，朱骏声稿抄本四十多种，已经列入《丛编》第二辑即将影印出版。黄灵庚先生感叹："我要是退回到五十多岁，一定会不知深浅地把整理出版的事干起来！"

珍稀古籍稿抄本走出历史，化身千百，"活"在当下，曙光初现！

（与杜羽合作，原载2019年5月22日《中华读书报》）

把散落的文化遗珠串起来

——编撰《遵义丛书》

面前这部集腋成裘的《遵义丛书》，将遵义在中华民族历史演进中的地位及其对于中华文明的贡献清晰地呈现在世人面前。

此刻，关于这部书的价值，似乎任何评价都是多余的。

一

遵义城一处普通的家属区里，有一座临建二层小楼，铁板楼梯，彩钢构架，典型的"现代陋室"。《遵义丛书》就在这里出生。出身虽贫寒，但功成名就。

2011年，遵义市政协文史委从上海古籍出版社获悉，浙江金华整理编辑了一套《金华丛书》。这消息让时任遵义市政协副主席的谭剑锋坐不住了。经过调研、酝酿，他向政协党组提出编辑一套遵义地方文献丛书的建议。文化自信是有的！遵义文化传统源远流长。汉三贤，清三儒，"沙滩文化"沾溉百年，数代人著述极为宏富，为遵义争得了"贵州文化在黔北，黔北文化在沙滩"的盛誉。但文化自觉，却要在勤力前行中磨砺。编这样一套书，市政协提出建议，市政府也支持，但建议的落实却让张罗此事的人犯了难。遵义比不了金华，地域发展机遇不同，家底相差悬殊，金华编书委托浙师大具体操刀，而遵义由谁来担纲？

此念挂在心上。终于，"编一套遵义的《四库全书》"这念头在谭剑锋心里从种子长成了树。2014年，市政协党组向市委重提建议，并提出编撰由遵义社科联或方志办等单位担纲。市委也不含糊，明确：此事由市政协牵头，下设编委会。政协主席担任编委会主任，恭请遵义文史界资深学者曾祥铣、谢尊修等文史专家出山。市政府经费也批得爽气，报的1200万元预算一分钱没减。出版方不仅是"老牌古籍社"上海古籍出版社，还加上了在海内外古籍资源人脉广泛、古籍影印经验丰富的国家图书馆出版社。

《遵义丛书》的编撰，注定是一场硬仗。因为，所涉古籍不仅品种繁多，内容浩繁，且藏地不一，加之历史沧桑，散佚严重，前人又未收集编纂过。先是大海捞针般的核查、筛选、确定书目，继而奔波于藏书馆之间拍摄复制古籍，再对选中古籍进行归类排序，件件桩桩，耗尽编撰者心力。为了让《遵义丛书》体现当代的研究成果，编委会面向全国，多方聘请对所选古籍有专攻的学者撰写提要。四年间，一千多个昼夜，收书452种，其中影印古籍404种，存目48种，规模达210卷的《遵义丛书》从构想成为真实存在。经部收录多位遵义籍经学名家之著述。如萧光远的《周易属辞》、《周易通例》、《周易通说》多有新见；被称为"经学大家"、"西南巨儒"的郑珍，精于三礼，所收《轮舆私笺》、《凫氏为钟图说》、《仪礼私笺》、《巢经巢经说》等，均为经学力作。小学也为遵义学者之强项。莫友芝《唐写本说文解字木部笺异》，学界认为有勘正前人舛误、解决千古疑案之功，所收其稿本、誊抄本与刻本，实为初、二、三稿，可见作者不断修改、精益求精之治学过程，甚为难得。史部收录有关地方历史之文献颇为全面。所收府、州、县各级地方志书，数量之多，荷载地情人事、风俗之丰赡，均居贵州省前列。史部还收录有遵义先贤走出中土看世界之记录以及翻译介绍海外政治、历史、人物之著作。如晚清外交家黎庶昌之《奉使英伦记》、《西洋杂志》、《海行录》，戊戌变法参与者刘庆汾之《日本维新政治汇编》，主张维新变法之黎汝谦与蔡国昭合译的国内首部《华盛顿传》等。子部内收录有丰富之名家书法艺术作品、教育学及农学著作、高僧著述等。集部收录有明清数百年间遵义籍作者七十余人，诗文著述一百六十余种。《遵义丛书》集遵义历代著述之大成，首次系统、全面而完整地再现遵义民国以前现存传世古籍文献原貌，使珍贵古籍化身千百，集其大成，为学术研究提供了第一手资料，在遵义文化发展史上竖起一座里程碑。

二

夜郎的故事，国人尽知。在遵义采访，这里又添"作茧自缚"与"自投罗网"两则新故事。

遵义民间有一个遵义市历史文化研究会，聚集了一批将遵义文史烂熟于胸的人。曾祥铣是这当中公认的"领军人物"。2006年，研究会酝酿召开"纪念郑珍诞辰两百周年暨遵义沙滩文化学术研讨会"。

邀请发出后，各地学者们纷纷响应。而经费方面。虽经左挪右凑，直到开会的前一天，会议费还有缺口。这，难煞了曾祥铣这位七旬老者。

有人说话了："都退休了，谁叫你们还搞这些事，作茧自缚！"

兜头一盆凉水，无情却也说的是实情！

考虑到那么多学者远道而来，时任遵义市政府秘书长的谭剑锋心里不踏实。会议开幕头天深夜12点，亲自上门来看会场。

得知三万元会议费缺口难倒一片爱好遵义文史的好汉，谭剑锋对同来的市政府副秘书长说："他们退休了，还在做这等好事，我们为何不为他们服好务？"

政府出面，三万元的问题解决了，会议开得风风光光。不仅如此，第二天的会议，市委书记也来了，给这些遵义老文史工作者站台，给遵义的文化传承站台。此次，谭剑锋们做实了被曾祥铣们称之为"自投罗网"的"傻事"。

"作茧自缚"也好，"自投罗网"也罢，其中的文化自觉却让记者体验得真切。

在遵义，为爱好、追求而"作茧自缚"的人，远不止曾祥铣一人。

谢尊修先生，原遵义地区方志办主任。博学多才，治学严谨。退休后，仍编著书籍，帮助地方编审、点校稿件，为后学校改书稿，不遗余力地为地方文化做贡献。承接《遵义丛书》编撰任务时，他已80岁开外，仍身体力行，精益求精！

遵义有个"1964"，如同北京的"798"。"1964"的始作俑者不是别人，正是曾任长征电器集团公司董事长的何可仁。1964年，一支由上海电器公司下属企业为主体抽调的精兵强将组成的队伍，根据国家"一、二、三线的战略布局和建设大三线"的指示，开赴历史重镇遵义，完成国家下达的建设一座大型工业电器生产基地的任务。创业者们在一片荒原上白手起家，他们就是第一代长征人。40年间，长征人的青春、热血融进了葛洲坝水电站、通信卫星发射工程、成渝铁路电气化工程等一项又一项国家重点建设项目，我国的南极长城站、运载火箭、潜艇都有长城电器公司产品的身影。斗转星移，时代变迁。随着三线建设企业的转型改制，长征公司面临新的生存选择。区里为长征集团凤凰山麓的老厂区找了一个不错的归宿，为拿下地产开发权，对方肯出大价钱。可合作没谈拢，何可仁另有想法。这个"长征二代"，割舍不下父辈们留下的物质的，更是精神的财富。他和他的同事们要留下这块地，为长征的后来人留下"念想"。

长征人自断送上门来的财路的二次创业担当，在遵义市政协的积极倡导推动下，得到了遵义市政府的支持，"遵义1964"文化产业园立项，谭剑锋被任命为指挥长，协调各方工作。长征电器在遵义曾经具有地标意义的厂房、天际线非但没有消失，反而浴火重生，成为一片附加了时代新意的建筑。百余家文化创意企业落户其中，展示着文化、创意、创新的魅力，为遵义这座历史文化名城的底蕴增色。

已经返回上海安度晚年的老长征人来了，厂区内的三线建设博物馆，让他们泪流满面，为青春的美好，为激情的壮烈。年轻的创业者来了，他们喜欢这具有历史沧桑感的空间，历史与今天的交汇，让他们的灵感迸发。

长征电器在遵义，是长征电器的幸运。遵义有长征电器，是遵义的荣光。厂区留在那，留住了长征曾经的峥嵘岁月，留住了长征曾经的辉煌，让生活在这里的人得以每天面对依旧有温度的历史，从中焕发新的生机。

当一座城市的文化传统不断有新鲜血液补充进来，它的生命一定蓬勃。

同样，在遵义，为了文化传承而"自投罗网"的也大有人在！

湄潭，正在建设中的贵州茶文化生态博物馆已初具规模。完整保留下的抗战时期民国中央实验茶场制茶车间构成博物馆的主体，拆余的断壁残墙，矗立一旁，无言有声。

采访中听说，从建设拆迁中保护下这里的关键人物叫周开迅。说起这个名字，湄潭人不仅竖起大拇指，还会顶上一句："周主席（湄潭政协原副主席）是湄潭文化的领军人物！"

湄潭，在国人中名气不大。但湄潭因为有了周开迅，今非昔比。"一斤茶叶再好，没有文化，价值损失了。周开迅组织一帮文化人，研究茶的历史，把湄潭文化的底蕴附着在茶上推出来了。"

此言不虚。走向历史深处，湄潭在中国茶文化史上的地位还真是了得。抗战时期，为避战乱，民国中央实验茶场落户湄潭，在抗战大后方打开了中国现代茶产业的第一扇大门。此后，茶厂与西迁至这里的浙大联手，开展科研，开设茶叶技术学校，培养了一大批茶叶生产技术人才，改善了抗战时期大后方的民生。新中国成立后，这里是政府管理的茶场，贵州省湄潭茶业科学研究所所在地，也是国家八大茶业基地之一，这里的茶叶出口换回大量外汇，支援了国家的建设。改革开放以来，贵州成为全国最大的产茶省，湄潭产量占到全省近十分之一。除了茶产量，湄潭还有别地没有的遗产，那就是现代茶产业的历史。"现代茶产业不同发展阶段都在这里留下了足迹。"周开迅告诉记者。

在现代化建设中，湄潭不是也不可能是世外桃源。房地产开发潮汹涌而来，涤荡着湄潭土地上的历史遗存，当年茶场与茶科所合署办公的古色古香的小楼成了废墟，地处山清水秀中的湄潭制茶厂风雨飘摇……2012年，觊觎多时的地产商终于拿到了制茶厂价值上亿元的土地开发权。"拆"字之下，昔日工业厂房即将被高档别墅取而代之。眼看着制茶厂3号车间已被拆了一半，千钧一发之际，周开迅立刻向遵义市政协反映，市政协主席陈凌华报告市委、市政府。于是，新上任的县委书记亲临拆迁现场，挡住了推土机的车轮。"好险啊，这博物馆是生生从房地产开发的虎口中夺下来的！"

永兴茶场拍卖前，周开迅争分夺秒花8000元抢下来的拖拉机放在了这里，湄潭制茶厂的设备永久地留在了原地。"那些机器，如果离开了它应该待的地方，就是废铜烂铁！"周开迅的话掷地有声。

终于，湄潭制茶厂作为历史文化街区整体保护下来了！那是中国茶业从传统制茶向现代茶产业转型的历史记忆，是中国20世纪茶工业的背影。它们鲜活地存在于今天的现实中，履行着对当下与未来的言说。

湘江边，蜿蜒的晨练道旁，有人在树间系上绳子，挂起自己收集来的遵义历史图片，就有不少人在此驻足，津津乐道。在遵义博物馆，讲解员正为一队外地游客认真讲解，几位遵义本地参观者凑过来，边听边插话，细微之处，他们比讲解员知道的更多……

文化自觉、文化自信在遵义不是口号，而是现实生活中的一道无处不在的寻常风景。

三

在遵义采访，结识了一批充满文化自信与自觉的人，他们是新时代最可爱的人。

在遵义市图书馆古籍部，记者见到了朱纯洁。为《遵义丛书》编撰，她和同伴做了不少服务工作。"干的是为人作嫁衣的工作，但我们很愉快。到我们这来的读者，没有功利，我们也是没有功利的，'人家觉得有用'，我们的乐趣就在这。""我们馆有古籍644种，七千多册，拿出来，翻开的是历史，你会有瞬间穿越的感觉。古籍是边缘的边缘，这种被边缘的感觉，我喜欢。我们和读者很融洽，别人看不起，没关系。守着它，我很满足……"质朴的话语中，饱含热爱与自信。

谈话间，朱纯洁递给我们一本《老遵义的记忆》。小册子的编者叫李连昌，是古籍部的常客，是一个得空就去"沙滩"访古寻碑的主儿。作者在前言中说出编书的初衷："我是'40后'，童年时见到的遵义城，是古城历史风貌最为完整的时期。自从20世纪80年代以来，遵义的城市建设力度前所未有，旧城踪迹难觅。通过本书为黔北这座中心城市留下些历史痕迹，使我们的后代不至于对古城的历史旧貌感到茫然。"发自老人内心的挽歌，动人心魄。

陈凌华，遵义市政协原主席，《遵义丛书》在她任期内启动。"我是外地人，2000年干部交流，从六盘水调到遵义。遵义是多元文化的交汇之地，土司文化、沙滩文化、红色文化、浙大西迁文化、茶产业文化、三线建设文化交融，历史悠久，文化厚重。编撰《遵义丛书》，就是通过政协组织，把散落在民间的珍珠串起来。"刚来遵义时，为陪外地客人、家乡亲人，陈凌华去的最多的地方是遵义会议会址。无论什么时间，只要开放，她在那里总会碰上很多操着遵义口音的人。每每谈起来，会址、湘江河是他们的骄傲。老者凑在一起，讲起沙滩文化、海龙囤、杨粲墓，流露出的是满满的享受之情。"对家乡文化传统的自信，对乡土文化弘扬的自觉，深入到每个遵义人的骨髓中。"陈凌华说这是最令她感动的。

谢爱临，遵义市政协文史委主任。遵义市政协征编出版的五十余种"三亲"（亲历、亲见、亲闻）类史料和地域类文史书籍的亲历者。主编《仡佬族百年实录》，她"5+2，白加黑"地干，再苦再累，心里满满的都是快乐。为了获得第一手的史料，她利用假期，只身去了山高路险的北盘江搞田野调查。"与文史工作相遇，是我的幸运。编《遵义历史文化知识手册》的过程，好像整个遵义都装在心中，踏实，自信，自豪，满足。"编撰《遵义丛书》，她身兼"CEO""编辑""后勤部长"数职，把控进度，协调各方，不忘在蚊虫肆虐的夏天，为老编辑们案头放上一瓶驱蚊液。

2007年谭剑锋甫一上任，同事们就把掌声给了他，就为他的表态："文化文史工作要成系统，要有规划。我不是一个文化人，但我力求做一个有文化自觉的人，钱，我去筹，全力给大家当好'后勤部长'！"什么是文化自觉？谭剑锋有自己的理解，那就是推动文化建设，要站在继承和弘扬中华优秀传统文化的高度，要有全局的观念，始终把文化建设放在其应有的地位给予重视。在他的任上，遵义市政协文史委组织各方，召开了长征文化、沙滩文化、傩文化、土司文化等全国性学术研讨会。"谭剑锋是遵义文化的推动者。"采访中，不断有人对谭剑锋做出这样的评价。因为，沙滩历史遗产的保护，湄潭茶业博物馆的抢救，"1964"三线文化园区的建设，《遵义沙滩文化典籍丛书》、《遵义丛书》项目的实施，都有他的身影，他始终是为参与其中的人打气鼓劲的灵魂人物。

《遵义丛书》是遵义历届政府投资最大的一部书。1200万元，在遵义财政盘子里，不算大，但是用于一个文化项目，却没有先例。问及时任遵义常务副市长范元平（现任市人大常委会主任）如何看待这一投资的意义，他答道："一个字'值'！文化的魅力是无穷的，如何把文化力保存好、传承下去，使之成为社会发展的文化支撑，是每一届政府的责任。"

《遵义丛书》已面世，又一项文化工程编撰《遵义丛书续编·民国文献》在新一届政协班子的推动下已经正式启动。"所需资金，全部由市财政解决，我们这一届挤一下钱就出来了。为子孙后代留下宝贵财富，值得。"市委书记这样说。

无论官员还是百姓，对自己生于斯长于斯的这块土地，有着相同的情感，虽然表达的形式不同，但都在身体力行地做着相同的事情。养育了这样的儿女，遵义应欣慰！儿女有这样的担当，遵义有未来！

（与杜羽、吕慎合作，原载2019年6月4日《光明日报》）

夕拾朝花

肆·出版之思

发生在水电出版社的一场争论

【内容提要】

水利电力出版社实行聘任制后，有五名职工成为"编余人员"。这五人背水一战，在各方的支持下，成立了一个"五环出版服务部"，参与出版界的激烈竞争。他们从只有三万元和两间房的家底开始创业，通过合作出版、减少中间环节等措施，提高工作效率，创造了显著的经济效益。三年多来，他们先后出版图书几十种，向水利电力出版社上交了二十万元的税前利润，自己也有了几十万元的固定资产，职工的收入有了明显增加。

怎样看待"五环"的出现和它的实践？有的同志认为，"五环"所走的路给出版工作的改革提供了有益的启示；也有的同志认为："'五环'的人收入过高，涣散了出版社的队伍。""'五环'突破出版社专业分工界限，搞编、印、发一条龙，不可效法。"看法不一，议论纷纭，究竟孰是孰非？请读者明鉴。

在北京西郊的水利电力出版社里，对于五环出版服务部的褒贬，是个敏感的话题——

平地里冒出个"五环"

1984年9月，在改革大潮中，水电出版社也实行聘任制。层层组阁下来，剩了十几个编余人员。这下，有哭的、有闹的，也有闷不作声的。以后又经安置，最终剩下了五个人。当时，摆在这五人面前有这样几个出路：或调走；或自谋职业；或服从社里统一分配；或五人合伙另起炉灶。社里有言在先，不管选择哪条路，社里的奖金从当月停发，工资也只管到年底。

这五人怎么也未料到，会落到这步田地：砸了自己的铁饭碗不说，还落了个不好的名声。经抉择，五人决定抱成团，背水一战。他们用社里拨给的两间房，三万元钱，申请了执照，立了账号，办起了一个独立核算，亏了社里不管，盈利留七交三的出版服务部。他们对自己的服务部寄予希望，为它起了一个朴素而寓意深刻的名字：五环。意思是：五人五个环，环环紧连。

五人中干过出版、发行、行政的都有，门类还挺齐全。凭着灵活的经营机制、埋头苦干的精神和立志争一口气的劲头，局面居然慢慢打开了。原先水电部的一些内部刊物，苦于找不到出版和代理印制单位，现在成了"五环"的活源；一些在正规出版社要等上三年两载的选题，也让"五环"以出书周期短的优势抢了过来。开张第一年，完成一万多令纸的印制，用纸量相当于二百多人的水电出版社当年的1/10。每年协作出书的品种十几种，相当于一个小出版社。三年干下来，不仅自己有了二十多万元的固定资产，上缴利税35万元，还向社里交了20万元的税前利润。四卷本的《水利电力法规汇编》堂堂皇皇；《现代青年社交手册》成为当年的畅销书，被全国青年评为"我最喜爱的社科新书"，在人民大会堂领了奖。

如果这几个"编余人员"（有人对"编余人员"的说法有不同意见。尽管记者在采访中，听到人们都是这样称呼他们，但在稿件送审时，有同志提出了这样的意见："报道开头就说'五环'是编余人员。事实是'五环'的几个印制人员撂挑子，不愿意在出版室干，把人拉了出去，给当时出版室的工作造成了很大的困难。"这里提出了一个值得思考的问题，即怎样看待聘任制中的"双向选择权利"和"下级选择权利的应用"）干不出什么名堂，并不会有多少人去关注他们；可他们干得那么欢，收入也大大增加了，各种议论也随之而来——

失去了昔日的心理平衡

"瞧，'五环'的人，午餐往桌前一坐，吃的是饺子，喝的是啤酒，够份！"

"同是跑外勤，'五环'的人一天1.2元的补助，社里却要凭餐券报销。这还不说，'五环'的人骑上自己花钱买的摩托车跑活赶路，还可以报销汽油费、修理费……"

耀眼的事还不光这些。"五环"的协作出书选题较宽；可以自办发行，发行费数目可观，而"主渠道"系统的编辑部，却享受不到这份待遇；抓到一个好选题，迟迟列不上计划，而"五环"受社长直接领导，层次少，决策快，从不丧失时机。"五环"的人每月从自己经营的小灶上拿了一份工资和奖金，然后因人少实行"一专多能""一人多用"或业余干编辑加工、校对、印制、发行劳务等，还可以得到一份相应的报酬。"五环"虽说是自负盈亏，可眼下是无亏可自负，却有盈利可自享，干点事一呼百应，难怪在一些人眼中，一社两制，"五环"可谓占尽了便宜。（有关部门审稿时对此提出意见：水电出版社"几年来做出了很大成绩，以1987年为例，全社计划生产的总码洋为800万元，实际完成1547万元，几乎超出一倍"。对水电出版社广大职工的工作贡献，是值得称赞的。）

合法的未必合理，合理的又未必合法，错综复杂的现象，使人们甚至对自身的思维发生了怀疑——这样的做法是否合理？

"五环"出的书，并非本本皆精皆好。为了生存，"五环"出版过有补贴的资料性图书和个别非专业畅销书，个别书中出现文字错误的事也有。为此，水电出版社的总编们曾承担过责任。但"五环"这样干也有自己的道理：我们同事业单位不同，有了财力，才谈得上出版发行量小的专业书。近两年，"五环"所出专业书的比例逐年增加，如果当初不给它网开一面，它能搞到今天这个样子吗？

"五环"的人拿了相当于水电出版社职工的工资、奖金后，再拿劳务费。有的人认为，劳务有的是占用8小时工作时间干的，拿了报酬等于拿双份钱，不合法。可也有人认为，"五环"的人是在干完本职工作后，以劳动作砝码领取报酬，多劳多得，理直气壮。而且"主渠道"有些岗位也是班上干完定额就可以干业余的。至于"五环"的人拿了超过了财务规定的福利这件事，有人干脆认为，就大多数发生这类矛盾的情况看，应修改的不是福利标准而是财务规定。就拿为摩托车报销油费这件事来说，个人的摩托车主要是用于跑业务，不仅工作效率成倍提高，而且费用也比"主渠道"跑印制的人员出门坐社里的小车要经济得多。既然如此，何乐而不为呢？

"与'五环'竞争，起跑线不一样，按'五环'的优惠条件给我，我的贡献会比他们还大。"在水电出版社，说这个话的，不在少数。"未必人人有砸了铁饭碗的勇气，未必人人都能办出个'五环'，当初砸铁饭碗的机会是均等的，割断历史，以现在作起点与'五环'讲条件，不公平！"这针锋相对的意见，哪一个更公正些呢？

使"五环"的同志不解的是，在经历了自身对铁饭碗的眷恋和失去它带来的种种苦恼之后，今天又添了新的烦恼。以前，大家同吃一锅饭，尽管少点，但相安无事。如今，他们自己做出了另一锅饭，不再吃大锅的饭，对其他人的利益也无损害，只是自己吃得好点儿，就惹出这么多是非，这公平吗？

对"五环"的看法，在水电出版社领导层也不尽相同。社长苏亮（该同志已于3月29日离职）把"五环"视作全社改革的一块试验田。他对记者说，现在专业出版社的社长们碰到一起，最集中的话题一是经济困扰，一是人浮于事的状况无法改变。"五环"恰恰在解决出版社钱少人多这两个问题上打开了我们的思路，使我们在如何形成人人关心自己的企业，成为自食其力的"富翁"的局面上受到启发，这是十分宝贵的。更重要的设想是把"五环"的经验推广到全社。"五环"并不是十全十美，但应从本质上来认识它，帮助它去克服来自自身和外界的各种限制、束缚，走向完善。

但也有这样的看法，"五环"在某一方面如编余人员的安排、减少管理层次、搞"小社，大外围"等，为"主渠道"提供了有益的启示，其他方面并不可取。也有同志对"五环"持完全否定态度。

大多数群众对社领导目前仍在如何改革上争论不休不满意，迫切希望改变这种"一社两制"的状况，也给他们一个施展才能的天地，在出好书、出人才的同时，自己也勤劳致"富"，过上红红火火的日子。他们期待着领导的决策。

（原载1988年5月4日《光明日报》）

夕
拾
朝
花

等待了五年的判决

1996年岁末，沸沸扬扬五年半的《〈围城〉汇校本》（以下简称《汇校本》）著作权纠纷案终于尘埃落定。

12月25日，上海市高级人民法院终审判决：汇校人胥智芬和四川文艺出版社立即停止侵害，向被侵权者钱锺书先生、人民文学出版社赔礼道歉，并赔偿因侵权给当事人造成的经济损失。终审除对《汇校本》精装本定价认定有误做了调整外，维持了一审判决。

这是一个迟到的判决。旷日持久的纠纷，已耗去了受害者太多的时间和精力。

走出法庭，撞击在律师陆智敏心头的是复杂的情感。作为原告钱锺书先生和人民文学出版社委托代理人，此时他似乎没有多少兴奋，有的只是一种轻松。终于可以为钱老先生释去一个烦恼，还这位学贯中西的86岁学者一个公正了。走上法庭前，刚动完手术的钱老先生和因脑出血住院的杨绛女士曾委托女儿转告："请人民文学出版社代为处理此事。如果你们也没办法，那我们也只能任人宰割了。"这托付和无奈，像一块巨石使陆智敏感到沉重。

纠纷找到了钱锺书门上

钱锺书的《围城》真正成为中国的大众文学，是在1990年那个冬天。现代传媒提供的机会，使钱锺书与他的《围城》通过中央电视台的黄金频道走进了千家万户。

可是人们却不曾料到，《围城》的普及，反倒把该书的作者钱锺书送入了一座"围城"。文化市场的无序，在对《围城》一书的侵权上表现得淋漓尽致，《围城》名著身份带来的经济效益，使见利忘义者趋之若鹜。据一位钱学研究者粗略估计，自那个"围城之冬"之后，出现在全国各种书摊上的《围城》盗印本多达十余种，印数以百万计。盗版是不法书商所为，侵权者不易找，侵权事实却一目了然；一时间，续写《围城》也成为时髦，《围城之后》、《围城大结局》相继面市。就在《围城》热之中，《〈围城〉汇校本》也粉墨登场。

1991年6月22日，正在家中的钱锺书突然收到四川文艺出版社龚明德寄来的一本名为《〈围城〉汇校本》的书。书的责任编辑龚明德在《汇校本》扉页上写道："钱杨双老：自1980年起，我致力于中国现代文学名著版本研读，先后有若干成绩献世。去年，顿生念将钱老《围城》弄出汇校本，曾托人函示钱老。现书已出，乞支持这项吃力不讨好的造福子孙后代的做工。盼您们的信！"

书和信的到来，给钱先生平添了几分烦恼。收信当天，他即致信人文社《围城》责编黄伊："今天又收到一种变了花样的盗版……'托人函示'云云，全无其事，语意暧昧，想蒙混过关；假如有此事，得

432

我同意,何必'现'请'乞支持'?《出版法》(此处应为《著作权法》)公布后,想此人感到紧张,故作此补笔,向我当面撒谎……特此奉告,随贵社处理罢。"

享有《围城》一书专有出版权的人民文学出版社得此信息,7月23日致函四川省版权局:汇校人胥智芬未经作者同意,擅自改动经作者核定的作品并发表,侵犯了作者的修改权,保护作品完整权和作品使用权;四川文艺出版社未经我社同意,擅自出版该书,侵害了我社对《围城》一书的专有出版权。为此,人民文学出版社要求四川文艺出版社:立即停止侵权行为,停止发行、销售,销毁该书型、版;向作者和人民文学出版社公开赔礼道歉;并保证以后不再发生类似的侵权行为;赔偿作者和人民文学出版社的经济损失。

可以说,对《汇校本》钱锺书和人文社的反应是迅速的,态度也十分明朗,一开始,已为这一行为明确定性:侵权行为。

在四川省版权局的过问下,四川文艺出版社做出了答复:……我们未取得钱先生书面同意即编辑出版此书,侵害了作者权益,这是我们工作上的疏忽……因为我们不知道钱先生授予人民文学出版社专有出版权,所以事先没征得人民文学出版社同意即出汇校本,这是我们的疏忽和失误,客观上损害了钱先生和人民文学出版社的权益。为此,我们诚恳地向钱先生和人民文学出版社赔礼道歉,请他们谅解。

8月22日,四川文艺出版社又致函人民文学出版社:关于《〈围城〉汇校本》一书引起的版权纠纷我社相当重视;构成侵权行为,特向贵社赔礼道歉,并保证今后不再发生类似事件;并对赔偿问题提出建议:按最高稿酬(每千字30元)付贵社11232元(包括印数稿酬),其中60%作为原著者钱锺书先生的稿酬,40%付贵社。最后,四川文艺出版社还表示：希望得到人民文学出版社的谅解，我们将抱着诚恳的态度妥善解决这一纠纷。

从这些信函上看，尽管双方在对侵权问题的认识、赔偿的具体方案等问题上，看法相去甚远，但在有一点上是共同的：《汇校本》侵害了钱先生和人文社的合法权益。

在已有的共识上，人文社过于乐观地等待双方协商的结果，却没有估计到双方已有的共识很脆弱，根本无力推动解决这一纠纷。

走上法庭成为唯一选择

协商在毫无进展中拖延着时间。正面战线无战事，迂回行动却动向频频。

1991年8月13日，钱锺书致信黄伊："得某某同志电话，告我四川文艺社派人来京，一面请一位老同志向贵社疏通，一面请某某同志向我疏通，要求'送钱'给我'私了'。我向某某说明此事已交贵社办理，秉公执法，我不和他们'私'人接触。想贵社必能维护《著作权法》之尊严也。""本月十日上海《文汇读书周报》中'本周热门书'栏，四川之《汇校本》居第一位，想来获利不少。"

9月30日，钱先生复信黄伊："《汇校本》事全托贵社及吾兄与对方交涉，我当初即告对方请托说情之同志云不与对方'私相授受'。"在补言中，钱先生再次肯定了人文社对《围城》、包括以前版本的专有出版权："《围城》原印本虽非由贵社出版，但《围城》作为作品，已由作者正式同意贵社出版，权属贵社。原本上改动处皆属作者著作权，现既已由贵社出版，则翻印原本显系侵犯贵社之违法行为。"

12月中旬，钱先生又信告黄伊："接到工商银行通知，去领汇款九千八百余元。"当证实此款是四川文艺社汇来的《汇校本》稿费时，钱先生当即拒收。

直至1992年2月亚运村北京图书订货会上，人文社惊异地发现，四川文艺社拿出来征订的《〈围城〉汇校本》，封面上已没有了"汇校本"三字，公开征订的是名为《围城》的出版物。不仅如此，人文社还得知，该书的精装本、平装本均在重印。

为了防止事态进一步发展，人文社派人赶往成都。结果，此人只匆匆见了社长一面，就坐上了冷板凳，无功而返。

人文社的真诚终于变成了愤怒，4月15日，一封措辞严厉的公函发往四川文艺出版社。函中表示："我们不得不对你社协商解决的诚意表示怀疑。"在重申了对四川文艺社侵权行为的解决条件之后，人文社要求："请你社在一个月内对上述要求作出明确答复，否则我方将诉诸法律，并保留进一步采取其他措施的权利。"

四川文艺社的答复同样强硬："钱锺书先生的稿费已开出，与贵社的事可以解决清楚，一本书而已……如果贵社以为不可，按'通牒信函'所云办，也可以，我们只有诚惶诚恐地等着'对簿公堂'了。"

事情至此，走上法庭似乎已不可避免。

一场争鸣先于法庭而至

就在人文社决意走上法庭之际，一件意想不到的事情发生了。四川文艺社提出，《汇校本》是一部新的作品，因此，该社未侵犯人文社的专有出版权。

按这一说法，还没走上法庭，人文社已没有了打这场官司的资格，成了局外人。

要找回自己的权利，人文社寻求法律的支持，谁想又碰到了新问题。当代作家作品的"汇校本"，是否属于专有出版权？对此，国家版权局副局长沈仁干出言谨慎："《著作权法实施条例》关于专有出版权一条，只规定了'原版、修订版和缩编本'，并未包括'汇校本'，说'汇校本'也属于'专有出版权'，现时还找不到法律依据。"

同样，对"汇校"当代作家作品是否属于"演绎"作品，《著作权法实施条例》同样未涉及。

看来，《汇校本》的定性，没有现成的法律条文可依，而这一问题的最终解决，却无疑可以为完善法律提供一个实践。于是，围绕着何为'汇校'，《汇校本》是否是'汇校'作品，即原作品的一种演绎形式，一场引人关注的争鸣开始了。

有关专家认为，所谓"汇校"，通常是用于古籍整理的一项专门性工作。古籍由于作者年代久远，原作散失，而社会上流传的多种版本，文字歧异，真伪难分，因而需要将各种不同的版本进行汇校，去伪存真，求得接近原作原貌的版本。《著作权法实施条例》将其列入第一章第五条十二款"整理"之中，即指"对内容零散、层次不清的已有文字作品或者材料进行条理化、系统化加工，如古籍的校点、补遗等。"以此看来，"还真"应是"汇校"最核心的内容。

那么，《汇校本》是怎样一本书呢？从该书的出版说明中人们得知，《汇校本》是汇校者收集了1946年至1947年连载于《文艺复兴》上的《围城》初刊本、1947年5月上海晨光出版社本、1949年3月第三次印刷本以及1980年人文社重印本之1985年8月第4次印刷本后，以初刊本《围城》作为母本（即书的正文部分），把其后出版的上海晨光版和人文版作为参照本（即书的注释汇校部分），用页末校注的方法注出后两种版本所修订的文字而印出的一本书。

有人对《汇校本》做了详细的统计，页末加注了两千余条。其中，属于由于汉字简化而出现的同字不同字体的注释达一千七百余条，比如"著，定本为着"。其余，为标明作者已改正了的旧的错讹以及排版错误等。

对于如此加工而成的《汇校本》应如何评价，众说不一。

《汇校本》的出版者四川文艺出版社认为："汇校"，要逐字、逐句、逐标点符号地一一对各种不同异文汇校比较，写了详细的注释文字。因此，《汇校本》实际已经属于学术性质的史料成果。

享有《围城》专有出版权的人民文学出版社不同意这种观点。他们认为，当代作品与古籍不同，古代作品的流传本已进入公有领域，没有专有出版权保护的问题，人们可以自由使用而不构成侵权；当代作品的专有出版权却受法律保护，人们不能随意使用。搞所谓"汇校本"，必然要翻印使用专有出版权范围内的版次，这就必须征得专有出版权享有者的同意，连作者本人也不例外，如有人愿意去比较研究作品各版次的修改情况，自可撰写文章或专著，但绝不允许借"研究"之名，翻印原作。《汇校本》没有任何创作因素，谈不上"演绎作品"，汇校的实际结果，是一字不差地复现了人文版《围城》，变相使用了原作，理应承担侵犯人文社权益的责任。如果默许享有专有出版权的作品由他人或者本人随意搞出同一作品的各种"校本"变相使用，"专有出版权"就成了一句空话。

《围城》作者钱锺书则从一开始就提出："什么汇校本啊，这是变相的盗版嘛。要使用我的作品，也不预先征求我的意见。再说，个别排校错误，或者疏漏之处，我在再版时已经改了过来，作者有对他自己作品的修改权呀，有什么必要特别将它标明出来呢？"钱夫人杨绛先生也认为："《三国演义》、《水浒传》、《金瓶梅》、《红楼梦》这些书，因为年代久远，有人研究这个版本，那个版本。《围城》这本书，作者和我们都活着，搞什么汇校本，没有必要。"

国务院古籍整理出版规划小组办公室主任、中华书局编审许逸民认为，搞《围城》汇校本是对"汇校"工作的一种误解。古籍不同版本同时流传，其中错误、真伪无法辨别，才有必要拿来不同版本，辨明真伪，求得更真实的。现代作品，作者健在，本身亲手改定的就是最好的定本，再进行校勘，违背了校勘学的意义。如要搞版本研究，经作者同意，搞一个附录就足够了，以原本作底本，违背校勘学的起码常识。《汇校本》大部分校勘是无意义的，从汇校学术上看，此项汇校工作从目的、成果、底本选择上看，都是站不住脚的。

人民出版社副总编辑吴道弘的看法更一针见血：《汇校本》的出版者为何要违反常识这样做呢？细一想，明白了，不这样做，就太明显了，与盗版无二。如还说《汇校本》是演绎作品，请问，其演绎了什么？《汇校本》中校出译名的演变，简繁字的差异，这谈不上学术上的校勘，作为演绎作品，没有一种创见，没有校勘成果。说《汇校本》是为学术研究服务的，《汇校本》发行十余万册，难道中国一下成了"钱学王国"了吗？

中国政法大学副教授张俊浩则认为，《汇校本》是"原版照印"，侵犯了人文社的专有出版权。演绎作品要是一个新东西，用途上原作品代替不了。原指两种，一是翻译作品，一是同样的表现形式，加工、改编后形成的一种原著无法代替的东西，如小说变连环画、剧本，缩编、集合作品等。对此各国著作权法无争议。现在出现了第三种，尚无定论，这就是计算机软件，其似乎与"汇校"有类似的地方。说简体字改成繁体字就是演绎作品，是站不住的。应明确，不是所有劳动都能成为作品，有创作行为的劳动，才能产生作品。《汇校本》如果不能成为演绎作品，它有的只是与《围城》著作权相当的权利。

争鸣至此，结论已十分清晰。

参与、关注此案，各有各的思考

80岁高龄的钱老先生不情愿地被搅入这场纷争，义正词严："非为争几张钞票，乃维持法律之严，道德之正也！"

人民文学出版社去打这场官司，更有一种神圣的责任。总编辑陈早春说："我们不是为《围城》打这场官司，而是为所有专有出版权，为保护一批作家的权益，这个问题影响到整个出版秩序。因为，照此做下去，侵权会危及每一个对自己作品有修改权的作家，危及每一家享有他们专有出版权的出版社。"

面对这场纷争，人民出版社的老总自问："如果《毛选》出版也遇到此种情况，我们怎么办？"

50年代、60年代出版了一大批颇有影响的现代文学作品的中国青年出版社，更将"汇校本"现象视为洪水："如果'汇校本'的洪水过来，我们社将是一片汪洋。"

当事人的另一方，四川文艺出版社打官司也理直气壮。《汇校本》

责编龚明德认为：现在不是提倡社会主义市场经济吗？北京的人民文学出版社自从一成立，直至现今，都受着特种保护，中外文学名著几乎被这家出版社垄断，这家出版社，自以为大，实际有大量侵吞地方出版社合法权益之处；如四川文艺出版社版十卷本《巴金选集》本是巴金专为四川编选的，四川文艺出版社已付高酬给巴金。人民文学出版社就可以一字不动地编进他们的《巴金全集》（巴老已授权给人文社——本文作者注），四川文艺出版社也甘于受欺，不声不响。还有我编的《巴金书简（初编）》中不少信件及注文也被人民文学出版社直接编入《巴金书信集》（同样得到巴老授权——本文作者注），我去询问，竟不得回音。至于"汇校本"，这是四川文艺出版社独立开发的一个新品种，对人民文学出版社不尊重史实的严重倾向是一个清理。

北京市高级人民法院民事审判庭庭长李大元的看法与龚明德相去甚远。他认为，专有出版权就是一种垄断，这垄断保护的是专有出版权人享有的三种权利，为的是维护出版的秩序、版权人的权利、利益。在著作权法已实施很长时间之后提出打破"垄断"，这是个悲哀。我们现在处理纠纷时，往往还要从头讲起，这说明普法的艰巨，执法的艰难。

目睹了发生在同行中的这场纠纷，三联书店编审戴文葆心情很复杂。他说，我不是在看热闹，看到一些出版社挖空心思"造福钱袋"，我很痛苦。《汇校本》的纠纷，反映了出版界一些人对文化、出版的看法。现在出版界有一部分人，风气不正，学术观点值得讨论。《围城》的校勘成果，放到文艺研究资料上，就可以造福子孙了。现在这种不是汇校的《汇校本》，真正的目的，是"造福钱袋"，为的是卖《围城》。

法庭终有定论

1993年6月21日，上海市中级人民法院受理了这桩著作权纠纷案。

法庭外各抒己见，法庭内更是唇枪舌剑。但法庭自有它的庄严。经过一年多的庭审、法庭调查，1994年12月10日上海市中级人民法院作出了一审判决。法院认为，被告胥智芬未经著作权人同意，对《围城》进行汇校，被告四川文艺出版社出版《围城》汇校本的行为，侵害了钱锺书享有的使用《围城》作品的权利，两被告共同构成了侵害钱锺书著作权，应承担民事责任。四川文艺出版社将属人民文学出版社享有出版权的《围城》原著与被告胥智芬的汇校作品以"汇校本"名义一同复制出版发行，侵害了人民文学出版社的专有出版权。被告以出版"汇校本"为名，不适当地大量复制发行《围城》一书的行为，违背了诚实信用的原则，也不利于出版界的出版秩序。因此，原告人民文学出版社的诉讼请求和理由成立，本院应予支持。

旁观了五年也想说几句

当事人在保护自身知识产权的路上走过漫漫五年之后，遗憾总是有的。作为目睹了这一纠纷始末的旁观者，感想也是很多的。

今天的判决，是花费五年半讨回的一个公正，但我们不应就此就天真乐观地认为，在这个纠纷中同行了五年之久的当事人双方，在保护知识产权上有了共识。因为，我们不情愿地看到，官司打了五年半，侵权行为同样持续了五年半，为侵权行为的辩护也持续了整整五年之久。在这五年多的时间里，《汇校本》一而再、再而三地印行达十二万册。

　　五年半的官司，除了还受害者一个公正，维护了出版的正常秩序以外，最大的收获是通过法庭调查、鉴别等一系列的实践，为《著作权法》的完善和实施提供了经验和借鉴。但我们觉得，如果侵权人早一点觉悟，多一些自觉，我们的付出和收获，一定会有比现在更好的投入产出比。我们期望，一个官司，一起纠纷，耗去一个学者一生中这样多时光的事情不要再发生，让他们的才华在更有价值的领域放出光彩。

　　《著作权法》颁布实施已经进入第六个年头，还会发生和正在发生的著作权纠纷使人们清醒：知识产权保护任重道远。记者宋汐三年前报道《汇校本》著作权纠纷案时，说了这样一段话："有人曾因《围城》一书而想见见它的作者钱锺书，被他婉拒了。他说：你如果吃了一个鸡蛋觉得不错，何必要认识那只下蛋的母鸡呢？此说反映了钱老先生的幽默，也反映了他希望清静。但现实告诉他，他难保清静，一场关于版权的法争即将开始，而原因便是他的那本《围城》。"在讲了纠纷的来龙去脉之后，宋汐说："看来，鸡生了蛋之后，还得照看它的蛋。"现在看来，宋汐的提醒，仍不过时。

　　　　　　　　　　　　　　（原载1997年1月16日《光明日报》）

出版者担起社会责任

——劣质词典频频出笼引发思考

随着列车终点站呼和浩特的临近，我们的心情变得越来越沉重。即将出现在我们面前的会是一种怎样的情况呢？

几天前，有人在北京甜水园图书批发市场发现了一部标明由内蒙古大学出版社出版的名为《高级现代汉语大词典》（以下简称《高》）的图书（一套三册）。经专家查检，发现这部词典与京华出版社此前出版的《新世纪现代汉语词典》（以下简称《新》）不仅同由王同亿主编，而且几乎前者就是后者的翻版：内容绝大部分雷同，只是增加了极少量的词条（1%左右），在不足10%的词条上增加了例证，增加的总字数不过八十余万字（版权页标明的字数与实际严重不符）；错误如出一辙。另外，实际零售价不足定价680元的二折。在《新》被辞书界、教育界的专家们指责为劣质辞书，被北京市新闻出版局明令停发，它的编纂者、出版者受到谴责的时候，《高》的出版，让人感到不可思议。此书的出笼是盗用出版社名义，还是侵权盗版之作？抑或是一稿两投、重复出版？真相一时扑朔迷离。为了解真相解开疑团，遂有了我们的呼和浩特之行。

《高级现代汉语大词典》出笼经过

11月22日清晨一下火车，我们就直奔呼市新华书店，遍访工具书书架，没有见到《高》的踪影。于是，我们又转赴内蒙古大学出版社。当我们终于在该社的图书门市部看到了和北京甜水园图书批发市场上一样的《高》时，一个不得不接受的事实摆在了我们面前：内蒙古大学出版社果然是《高》的出版者，该书的出版时间是2001年8月。

《新》出版仅八个月，怎么竟会摇身一变，以《高》的面目再次出版呢？在内大出版社听到的该书出版过程，让我们不禁目瞪口呆。

2000年七八月间，内大出版社当时的总编辑莫久愚（现已离职）赴京找到王同亿，为该社的一套中小学生工具书中的英汉词典的编纂寻求支持。王同亿说：英汉词典得等一等，你先帮帮我的忙，以后我再帮你们的忙。我手头上有一部汉语词典，小字本已和京华出版社签约，是给中小学生用的。大字本是面向老年人的，可以在你们那儿出。王强调说，稿费给不给不重要，主要是想恢复名誉。这部汉语词典在几年前的官司中被认定与《现代汉语词典》（商务版）有瓜葛，现在我已删掉被认为是侵权的部分，不会有问题。我北京的一个朋友，可以帮助发行，书发出去后，利润咱们三方分成。王同亿还对该书的出版前景作了预测：刚开始不要指望赢利，等书出版了，我找老同志开个座谈会，弄好了，你们可以发一笔。

王同亿告诉莫，他是使用方正排字典软件排的版，离开北京软件可能打不开，拿走无法看。莫遂在王同亿处的电脑屏幕上看了几天样稿。从王同亿处拿走的很少一部分打印稿样后来交给了该书的责任编辑。尔后，王同亿传真给莫一份书稿出版授权书，授权内大出版社无偿使用。就这样，内大出版社在没有签订出版合同，没有认真阅稿、审稿和终审的情况下，为王同亿开具了准印证和异地印刷证明，把该书出版、印刷、发行的全部事宜统统交给了王同亿在北京进行。

今年早些时候，看到媒体对《新》的批评，莫感到媒体指出的问题《高》同样存在，为此曾与王同亿通过电话。王同亿虽不得不承认其编的词典中诸如"暴卒"被释为"暴死的士兵"、"不破不立"被解释为"现多指公安机关受理的刑事案件，能侦破的，就立案，不能侦破的，就不立案"之类的错误的存在，却毫不负责地将错误推到其助手身上，并将《高》卖不动的原因归咎为"媒体干预太多"，建议给书换个封面，继续推销。

关于劣质辞书频频出笼的思考

审视《高》的出版过程，一系列的疑点和问题触目惊心。有过多次出版词典经历、号称编发词典"著作等身"的王同亿何以会不知大字本和小字本根本构不成不同版权，竟同时操作、一稿两投？作为作者，竟毫无社会责任感，为一己私利而将粗制滥造、谬误百出、内容粗俗低级的劣质辞书反复包装后向社会倾销；在劣质辞书受到批评和抵制时，竟还准备采取换封面的手法蒙骗读者？我们不禁要问：作为精神产品的制作者，社会良知何在？如此缺乏社会责任感的人，怎么还可以编辑出版具有"规范"作用的词典？

作为享有国家赋予的精神产品生产资格和责任的内大出版社居然

完全听信王自说自话，违反图书出版的操作规程，放弃职责，导致王手中的劣质书稿成为进入市场流通的图书，为劣质书稿戕害读者提供了机会，其中亦有诸多的教训需要总结记取。

在了解了《高》出版的全部真相之后，上任不久的内大出版社领导班子当即决定立即停发《高》，认真进行自查，他们表示，即使蒙受损失，也要将劣质词典对社会的负面影响降到最低。内蒙古自治区新闻出版局领导同志在听取了有关情况的汇报后，当即到内大出版社调查了解，并和社领导一起商量了妥善解决这一问题的办法。

对《高》出版过程的调查了解，引发了记者的一些思考。

思考一：辞书编纂者、出版者的社会责任与资格认定

辞书具有"标准"、"典范"的规范作用，被称为"没有围墙的大学"。它的出版、编纂与精神文明建设和提高全民素质有着密切关系，这就决定了辞书的编纂者、出版者承担着重要的社会责任。加之作为精神产品，辞书的质量状况一般读者在使用前往往不易识别，一些劣质辞书常在所谓"代表不同的学术观点"的幌子下出版，因此，为了维护辞书出版的权威性、严肃性，确保辞书出版质量，应当完善辞书出版的管理，尽快建立辞书编纂、出版资质审查制度，实行必要的辞书编纂者、出版者资格认定，辞书编辑持证上岗，从根本上堵塞劣质图书出版的渠道。

思考二：如何保护精神产品消费者的合法权益

消费者购买了劣质图书后，哪些机构来为他们保障权益呢？目前，我国尚无精神产品领域消费者权益保护的有关法规条款。精神产品严重的质量问题如粗制滥造、假冒伪劣缺少制裁的法律依据。因此，受到伤害的消费者无处伸张自己的合法权益，劣质图书的出版

夕拾朝花

者、编纂者得不到应有的处罚。这种情况的弊端是无法调动消费者打击伪劣图书的积极性，从而也就使社会丧失了对劣质图书实行大众监督的有效机制。对图书这一精神产品消费者权益的保护力度，不应低于一般商品，应允许消费者追回损失——向出版者和发行者索赔。

思考三：不能让劣质图书的制作者成为最大的受益者

在教育界、辞书界呼吁查处《新》的当口，据说有人为出版社游说：如果这部书被禁止发行并允许退货，出版社将损失惨重：因为巨额稿费已经付出。听到这种说法，记者想说的是，为了一家玩忽职守的出版社的利益而放弃或减轻对其处罚，置消费者的权益和劣质书造成的恶劣影响于不顾，是对社会大众的不负责任。但另一方面，游说者的"理由"也说明了一个事实：在目前的情况下，劣质图书的编纂者成了劣质图书出版的最大受益者。无论编纂了剽窃抄袭之作，还是编纂了伪劣之作，受到伤害的是读者、出版者、发行者，当然，这三者各自也应分别承担识别不清、把关不严等相应的责任，但劣质图书的始作俑者却卷走了巨额稿费，不仅在暗处偷着乐，而且稍加改动，粉饰一番，又可重复出版，继续发其不义之财。出版劣质图书某种程度上已成为编纂者将国有资产变为己有的手段。因此，除了在签订出版合同时出版社对劣质图书要有所防范，在制定有关劣质图书处罚的条款时，也应补充追究编纂者相应责任的条款。

思考四：劣质图书的出版者必须承担相应责任

一部劣质图书出版发行后，出版者受到的处罚一般是停止该书发行，最严厉的处罚不过是没收出版利润，这样，出版者的基本利益还是得到了保证，出版劣质图书受到的处罚与造成的恶劣影响不成比例，处罚缺乏震慑力。因此，尽快完善对劣质辞书出版单位包括责任人处罚的有关法规，是净化图书出版环境的必要措施。

思考五：有必要认真清理辞书出版选题

亡羊补牢时未晚。在《新》受到读者指责之后，还有其翻版图书出现，使我们对辞书出版的混乱情况不能再掉以轻心。建议有关部门对辞书出版情况（包括尚未出版的选题）进行一次认真的清理，以免类似的情况再次发生。

（与虹飞合作，原载2001年11月30日《光明日报》）

我们丢失了什么

　　1997年7月25日，北京市高级人民法院的一纸判决，送达中国社会科学院语言所、商务印书馆。诉讼达四年之久的涉及王同亿、海南出版社的五起著作权侵权案中的一起，终因判决书上那不容置疑的判决，有了结果。判决书上写着："一审判决认定事实清楚，处理结果基本正确，上诉人的上诉理由不能成立。根据《中华人民共和国民事诉讼法》第一百五十三条第一款第（一）项，判决如下：驳回上诉，维持原判。"

　　原判的结论，人们记忆犹新。1996年岁末的一天，北京市第一中级人民法院的大法庭庄严、肃穆，引起学术界广泛关注的五起著作权侵权案在这里作出了一审判决：被告王同亿、海南出版社在编辑出版《新现代汉语词典》（以下简称《新现汉》）、《现代汉语大词典》（以下简称《大现汉》）的过程中，其行为已构成对原告著作权及专有出版权的侵害，应依法承担共同侵权责任。被告王同亿、海南出版社应立即停止侵权，在删除侵权内容之前停止《新现汉》、《大现汉》的出版发行；被告须在《光明日报》上刊登向原告赔礼道歉的声明；被告要向原告赔偿损失费及因诉讼支出的合理费用共38万元，偿付案件受理费及鉴定费二万六千余元。

王同亿、海南出版社不服一审判决，提出上诉。理由是：北大中文系不是法定的鉴定部门，鉴定结果严重失实；一审判决以鉴定报告列举的例词有独创性进而推定《现汉》、《补编》涉讼义项均有独创性与事实不符；一审判决认定上诉人在《新现汉》、《大现汉》中使用《现汉》、《补编》大量词条没有指明作者姓名、作品名称与事实不符；被上诉人的所谓"五种抄袭手法"是所有辞书编纂的一般方法，也是被上诉人采用的方法，不能以此认定上诉人侵权。一审判决把注同、例同及注例皆不同均认定为是相同是错误的；辞书属于编辑作品，义项没有独创性，被上诉人对词条不享有著作权；上诉人引用被上诉人作品的内容很少，属于合理使用；对释义设置著作权、鼓励释义多样化，与规范汉语词语释义和净化语言环境的要求相背离，违反辞书编纂规律。

颇为风光的明星

对王同亿这个名字，人们并不陌生。他是与《英汉辞海》一起进入人们的视野的。打那以后，随着他的名字陆续出现在《英汉科技词天》、《日汉科技词汇大全》、《德汉科技词汇大全》、《俄汉科技词汇大全》、《语言大典》、《大现汉》、《新现汉》的封面上，他的名声在报纸上大噪。围绕王同亿这个名字的是一个个耀眼的光环，陪伴着他的是等身的著作。一个个关于王同亿的神话也不胫而走。"他是知名人物的总代表”，他曾“接受一次突然袭击式的考试，三天里考了12种外语，结果，专家认定，除3种外语被评为一般外，其他9种均得到‘熟练’、‘很熟练’的好评”。他是“背词典编词典的奇人，十余年中，编纂出版辞书25部，字数达1.7亿”，他是“没有军衔的将领”，指挥着千军万马编写词典。

一时间，没人去细究这些神话的出处，人们心中满怀的似乎只有对王同亿的崇敬。

似乎他们相信，王同亿成长的那个年代，是可以生长奇才的年代，在那个人的精神受压抑的年代，只要肯下功夫默默积累，是会厚积薄发，一鸣惊人的。

也许在他们的心里，对工具书有太多的渴求。因为，曾经有过那么一段时间，中国太需要工具书，又太缺少工具书了。据有关部门提供的数字，从20世纪初到1949年，我国出版的辞书只有320部；新中国成立后到党的十一届三中全会前的30年中，出版的辞书也就是890部。这当中，经历了十年浩劫，当人们走出那个年代，开始大量地汲取知识的时候，他们急需辞书这“无声的老师”的帮助。中国巨大的辞书市场由潜在变成了现实。此后的15年间，我国出版的辞书多达四千余种，大型辞书的品种显著增加，专科辞典涵盖了各个学科，22个有民族文字的少数民族基本上有了自己民族的语文辞书。王同亿的一部又一部辞书，就是在这时陆续问世的。读者中谁也没有去想，作为精神产品的辞书，它的生产过程应遵循怎样的规律，也没有人去问一下，十多年间，1.7亿字的著作，对一个作者意味着什么？有谁能一天编纂出3万—4万字的书稿？

行内人开始说话了

1993年5月20日，由王同亿编纂、海南出版社出版的《新现汉》、《大现汉》、《新编新华字典》在北京举行隆重的首发式，推出这三本据说可作为90年代换代性产品的辞书，风光之极。

有关这次首发式的报道还墨迹未干，1993年的6月下旬，商务印书馆的"郑重声明"即在《人民日报》、《光明日报》、《文汇报》等报刊上连连刊登。声明指出："《新现汉》和《新编新华字典》所用书名与我馆《现代汉语词典》（以下简称《现汉》）和《新华字典》类同，但并不是我馆的出版物，也不是受我馆和原编者委托编纂的我馆《现汉》和《新华字典》的换代产品。"

7月，中国社会科学院语言研究所、商务印书馆又将一纸诉状递到北京市中级人民法院，指控王同亿和海南出版社侵犯著作权和专有出版权。

随后，辞海编辑委员会、上海辞书出版社、四川人民出版社等也作为原告，走上法庭，对王同亿提起著作权侵权诉讼。

事情来得似乎很突然，始料未及。

其实，王同亿主编的《新现汉》、《大现汉》还未出版之前，就引起了辞书编纂界的关注。中国社会科学院语言所词典编辑室原室主任单耀海说："当我们获悉海南出版社将要出版由王同亿主编的《新现汉》、《大现汉》的消息后，即通过正常渠道提出过异议，认为书名类同，容易引起读者误会。书出版后，我们果然接到国内读者的大量来信和电报、电话，同时还接到许多海外传真，询问这两部书是不是《现汉》的换代产品。这引起我们的严重警觉。为此，我们组织了37

位研究和编辑人员，花了24天工夫，对这两部书进行了核查。"核查的结果是令人吃惊的。"我们全查了《新现汉》，发现其利用注例全抄、抄例不抄注、不抄例抄注和改抄等手法，使用《现汉》和《现代汉语词典补编》（以下简称《补编》）内容达23200条，共计150万字。对《大现汉》，我们核查了其前50页（1—51）、中50页（979—1031）和后50页（1838—1888），共查词条5269条，结果发现其抄自《现汉》、《补编》、《古今汉语实用词典》的词条占66.7%。同时，我们还发现，《新现汉》自称收复字词、词组、熟语、成语十万余条也有虚假。这几部词书除全文照抄或改抄之外的条目则错误甚多，其中的英译内容也发现不少错误。"

这样的核查结果真真使编了一辈子词典，把一部部经得起读者和历史检验的词典贡献出来的专家们目瞪口呆了：词典还有这样的编法？！

词典该怎样个编法

编词典就是剪刀加浆糊，在眼下的中国，不少人这样认为，这样实践。一位年轻的记者曾用他自己的体验申辩："我们在学校的时候，老师领来编词典的任务，把词条分给我们学生，然后，我们的任务，就是拿来一部部词典，开抄。抄好后，交给老师，剩下的就是等着书一出，去领稿费了。"

这位年轻人叙述的是实践，而王同亿则是实践与理论兼而有之。王同亿认为：我国的法律对辞书侵权没有明确界定。著作权法保护的是作品的独创性。辞书编纂不是语言研究，不是创作和著述。词典是集大成的积累著作，没有谁独创了一部语文词典。同类同读者的词典有些释文可以相同，有些不相同，这属于简单汉语词汇的共享和共识范畴，用这些证明侵犯著作权是在"开国际玩笑"。绝大多数字、词的注音、释义早已具有稳定性和规范性，这已成为大家的共识。以反对"抄袭"为名，将"共识"据为"专利"的做法是不适当的，也是行不通的。

　　至于如何解释由他主编的辞典何以存在着许多常识性或者说不应该出现的错误，王同亿没有涉及。在一审判决开庭之前，一位电视台的记者问王同亿的代理律师："王同亿说，经长期实践、使用而加以固定的词，属于共识、共享范畴。那么，请问，在王先生编的词典中，是否增加了新词，寻找到了新词义呢？"律师何润华回答："王同亿的作品中有这样的新词。""有多少？"答："没统计。""那么，词典中这样解释——'恋爱：特指散步时求爱'是否可以理解为新词新解呢？"答："不能狭隘地这样理解。恋爱一词的例子是个例，新版《大现汉》中不会再出现这种情况。"

　　词典怎么个编法？要回答这个问题也确实不是个容易事。中国现在似乎还没有系统的有关辞书编纂的理论，有的是代代相传的传统。当我们走进历史，去寻索每一部有价值的辞书的编纂历程，就会发现，它们都是"吹尽黄沙始到金"的产物，而绝非靠"剪刀加浆糊"，拼凑前人的东西所能成就，这本词典较之那本词典更有价值，那一定是这本词典在前人研究的基础上有自己的创新和发展。一位参加过辞书修订的学者说："一部优秀的词典，总是凝聚着许多专家学者艰苦的劳动，往往是花费了很多心血，才能提炼出其中寥寥数行释文。"中国辞书学会会长曹先擢也有相同的看法，他说，编辞书是一种研究工作。毋庸置疑，编词典是要继承前人的成果，《说文解字》的收字就是在借鉴了前人成果的基础上进行的。但这种借鉴是在研究的基础上取其所长，择善而从，世界上没有一部好辞书是靠抄袭编成的，古今中外，概莫能外。好辞典是编者学养的体现，是编者付出的艰辛的见证。

在社科院语言所，已经被尘封的100万张原始资料卡片，和《现汉》试印本、试用本，向记者"诉说"了这部如今已累计印行194次，印数达两千五百余万册的词典是如何编纂出来的。说来令人难以接受，关于这部书的编纂历史，至今并没有留下什么可供人查考的文字。参加这部词典编纂的人有的已经作古，留下的只有这部词典。

1956年2月6日，国务院在关于推广普通话的指示中，责成中国科学院语言研究所编写以确定语音规范为目的的普通话正音词典和以确定词汇规范为目的的中型现代汉语词典。从此，我国语言文字工作者开始了编纂《现汉》的浩繁工程。这部词典先后由我国著名语言学家吕叔湘先生和丁声树先生主持编写和修订，参加编写、修订的人员和资料辅助人员先后有九十多人。他们在没有成书可资借鉴的情况下，为编写这部反映当代语词风貌的规范词典付出了艰辛的劳动。光是编写人员搜集资料做准备工作就用了两年时间，那100万张如今纸已变黄的卡片，就是这劳动的见证，每一个第一手资料都来自人民群众口头的、书面的语言，都是有着生命力的活生生的语言。

采访中，记者随意选择了"就"字，来了解这部词典"十月怀胎"的过程。经过认真的对比，记者发现，从最初的手写稿片到蜡纸刻写油印的二次稿，"就"的义项已由4项增为5项，各个义项的表述、有的例证也做了修改；到试用本时，有的义项的表述、例证又做了修改；及至修订本，义项又增至7项。正如一位参加了《现汉》编纂的专家所说："在词书编纂过程中，很难说清某字某词是哪个人编的，是众人之力，使之更完善，不是一个人的力量可以使一部词书尽善尽美的。每一个字、词都经过了千锤百炼。"

《现汉》试印本留着历史的痕迹。1960年印出的试印本送审本，用的是劣质的纸张，色黄而粗糙。经历过那个年代的人都会知道，当时，那些没有节假日，每天工作十几个小时的词书编纂者们，每天吃的是什么。担任审稿任务的李荣先生，当时因营养不良患着浮肿，眼睛高度近视的他，戴着眼镜，看黄纸上的6号字整整三年，眼底黄斑病变、出血都不知道。"结果，报销了一只眼睛。"他告诉记者。那一年，他才43岁。

说起《现汉》主编丁声树先生，后学们钦佩不已。他们说，丁先生是中国20世纪不多见的一位朴学家，他的著作并不很多，但他研究出来的东西，不要说推翻，就是你要跟他商讨，都存在难度。他的治学态度特别严谨，他说过，"别人做的正确的我不要再去重复劳动，我做的工作不要别人再去重复劳动"。他们说，丁先生总要求自己得出的结论颠扑不破。吕叔湘先生评价丁先生说："他的治学悬格太高。"即使是研究一个字，他也要求自己尽可能收集到所有的材料。

记者注意到，在《现汉》的试印本、试用本上，都没有留下编著者的名字。试印本的前言上还写了一笔："参加编写工作的人员和参加审查草稿的部门的名称都将在正式印本的前言中列出，这里从略。"可到1973年试用本印行时，连审订委员的名字也一并略去。单耀海解释说："假定当时我们有署名的意识，也不可能署名，因为，丁先生领着我们呢。丁先生一生淡泊名利，他担任主编时，在前言中把那一笔也略去了。1978年，书正式出版后，大家拿到了第一笔稿费，丁先生说:'不要计算我的，我那一份不要。'直到1996年修订本出版，编纂者才正式署名，修订说明中概述了前人的劳动，我们这样做，无非是告诉人们，不要以为这部词典有这样高的声誉，全是我们的劳动，我们希望后人们用词典时，不要忘记前人的劳动。这部书的编纂40年前开始，到今天，已有十几位先生不在人世了。"

一直理直气壮的王同亿在走上法庭之前也说了一句实话:"希望这个官司能给个说法，到底编字典这个事该怎么做?"但是，抱着这个想法走上法庭的王同亿先生可能会失望，因为，应该怎样去编词典，这个本领，恐怕仅仅在法庭上是学不到的。

法律、法庭管什么

走上法庭，原告们要解决什么问题呢?

五起侵权案的原告之一的上海辞书出版社的法定代表人、社长巢峰说，走上法庭，我们主要的目的不是要求赔偿，我们是想通过这场官司，净化辞书市场，煞住辞书编纂、出版中抄袭、粗制滥造的歪风，保护作者、出版者、读者的合法权益。巢峰的话，代表了原告们的共同愿望。

有关王同亿的五起辞书著作权侵权案，是我国《著作权法》颁布以来，第一次对辞书著作权侵权的审理，通过对具体案件的审理，原来很抽象、概括的法律条文，被解释得清晰明了，无疑是给当事人和大家上了一堂普法课。

通过认真的审理，法庭给予求助法律的原告们的最大满足，是为他们提供了保护自己合法编纂、出版辞书的权益不受侵害的法律依据。法庭用法律界定了原告编纂的词书是否具有独创性和著作权，被告的行为是否构成了对原告作品的抄袭。

考虑认定辞书类作品的抄袭涉及专业性问题，法院委托北京大学中文系进行了有关对比鉴定，结合鉴定报告，法庭认为，原告所编纂的《现汉》、《补编》是作者在对大量词语使用情形、频率、语言习惯进行研究、筛选后，首次系统地以白话形式给出了现代汉语的释义和例句，是独立创作完成的一部辞书类作品。语言所对其依法享有著作权，根据辞书类作品的特点，语言所对具有独创性的义项亦享有著作权。商务印书馆依法享有该书的专有出版权。

法院认为，词典的编纂与其他作品创作有不同之处，在词条、义项、释义、例句等项目上如何认定抄袭，应从辞书、字词典专业角度出发。根据辞书创作的特点，辞书类作品大都是在继承前代及先出词典的基础上编成的，后代辞书吸收前代辞书上的释义成果，使立意有历史的、语言的根据，义项汇集更加丰富，这是辞书编纂特点和其特殊用途所决定的。但是继承应是有鉴别、有增益、有改进、有发展的，并且应尊重他人的权利，继承不等于抄袭。词典的释义如果在借鉴的基础上根据语言事实、词典性质的需要有所改进，这是一种具有独创性的劳动。基于借鉴而出现的一致之处与基于抄袭而字字相同是有区别的。经过对鉴定报告中列举的例词、义项与先出词典相同词条的对比核实，证明原告《现汉》、《补编》中的这些例词义项的释义和例句与在先词典不同，具有独创性。而被告的《大现汉》、《新现汉》中的这些例词却与《现汉》、《补编》相同，被告没有充分证据证明原告指控的抄袭例词源于公知领域，法院认为鉴定报告可以采信。鉴定报告对原告指控抄袭的词条是逐条核实的，有鉴定原始统计材料为证。在鉴定报告中给出的例词，具有代表性，能够说明问题，被告要求逐条质证和重新鉴定没有充分理由，法院不予支持，并认定鉴定报告中所统计的相同"义项"的条数即为抄袭条数。关于部分释义趋同的情况，由于被告在审理过程中没有提供证据证明原告指控抄袭词条中哪些是属于"共识"、"趋同"的情况，因此对本案中的这部分不是基于创作，而是基于抄袭产生的趋同情况不予排除。

对于怎样看待词典的规范化问题，法院也作了阐述：被告再三强调，词典是规范化作品，不允许作者尽情发挥，应继承前人已有成果。被告的这种观点无可非议，但词典的规范化不同于不享有著作权的法律、法规、国家标准等。《现汉》、《补编》融有作者对词语独特的表述方式及简明的例句，属于受著作权法保护的作品。他人在编纂同类作品时可以借鉴、继承已经规范化了的词条，但同时应尊重被借鉴、继承作品著作权人的权利。在对词义有共同认识的前提下，人们还可以从不同角度、用不同方法、不同措辞表达词义。被告以《现汉》、《补编》是规范化词典为由来否认自己的抄袭行为是没有道理的。被告在作品中将原告词典中大量词条的释义照抄，甚至将例句、尤其是一些过了时的例句也照搬过来，被告的抄袭行为是显而易见的。

对于为何以"义项"为抄袭数量认定的基本单位，法院也作了说明。法院认为，词典不同于一般的文学或论述性作品，它是由一个个词条组成，词条下又有若干个"义项"。鉴于现代汉语的收词范围有一定限制，同类字、词典的收词、编排方式的选择余地较小，本案中不以词目为抄袭的基本单位而以义项为基本单位计算，是符合辞书作品特点的。被告所说的"义项"不是独立作品，不享有著作权，原告只享有整体著作权的观点亦不能成立，判断抄袭与否不以抄袭部分是否构成他人作品中的独立享有著作权的部分为要件。

法院还认为，被告在《大现汉》、《新现汉》中使用《现汉》大量词条，没有指明被使用作品作者姓名、作品名称，不是为了介绍、评论某一作品或说明某一问题，不属于著作权法第二十二条及著作权法实施条例第二十七条规定的合理使用的情况。

对于法院的审理结果，辞书界普遍认为公正、严明。法律界也认为"具有典型意义"。

至于原告们当初怀抱的净化辞书出版市场、保护读者的权益的愿望，从某种意义上说，法庭无法满足。这是因为，前者的实现，绝非法院的一纸宣判就可解决；后者的实施则需要保护消费者权益的法律来支持，而目前，在我国保护消费者权益方面的法规中，还没有关于图书等文化产品内容消费权益方面的规定，即使在图书消费市场上，出现"王海"式的人物，现有法律也很难做到支持他打假、打劣。

法庭管不着的事怎么办

当编字典突然成为最简单的事情，一本优秀的词典几近成为人人可以得而食之的"唐僧肉"；当辞书编纂中的粗制滥造成为一种公害，一部辞书可以等同一部"笑话大全"；当辞书编纂成为急功近利者们获取名利的敲门砖，最不可能出现"大王"的辞书编纂中，出现了"辞书大王"的时候，企图获利者上了"天堂"，读者下了"地狱"，而我们的法律对此却鞭长莫及。

在这种情况下，在法律约束之外，道德的、社会舆论的约束，行政的管理就显得格外重要。

辞书在读者心中，具有"典"的权威，这权威，正是由编纂者们艰苦的高质量的智力劳动和所持的奉献精神、社会责任感铸就的。意大利学者J.J.斯卡利格编纂词典的体验，被辞书界视为名言，他说："十恶不赦的罪犯既不应处决，也不应判强制劳动，而应判去编词典，因为这种工作包含了一切折磨和痛苦。"

学术界、出版界出现的抄袭、粗制滥造、浮躁的风气，是一种消极的文化现象。这种消极的文化现象的出现，为著作者的社会道德敲响了警钟。应该说，劣质图书的出版者对读者负有道德上的责任。因为，它误人子弟，贻害子孙。一位读者在看到《新现汉》中"真善美"被注释为"真实的善良和美丽"时，发表了这样的看法：劣质的精神产品给人们带来的危害不可低估，它会使人心灵失明，造成文化荒漠。

另一位读者也在知道了《语言大典》的种种谬误后说："这本书把我对辞典编纂的神秘感、敬畏感扫荡了个一干二净！让我纳闷的是，这么大的出版物，出了这么多问题，开了这么大的玩笑，怎么会出笼呢？像这么严肃庄严的大型工具书，一般要经过多少人把关啊！都睡着了？我不提侵权，也不说荒唐与浮躁，更不谈无知而大胆，我只心疼老百姓的血汗被这样白白地糟蹋！"

这种道德的、社会舆论的约束，本来曾经十分起作用，人们特别是自恃清高的学人十分看重自己的名誉。但曾几何时，人们的价值观发生了变化，名誉对于一些人变成了无所谓的东西。一位学者困惑地对记者说："过去，一个人抄袭了别人的东西，一个学者在学术上没有造诣，行内的人看不起他，这就很起作用，他要么改正错误，发愤图强，要么重新选择适合自己的行当。现在，有些人不管做了什么，他不在乎人们怎样看。"从这个意义上说，道德约束权威的重建，任重而道远。

这种消极文化现象的出现，也让出版界警醒。一辈子做出版的陈原先生，一针见血地指出："抄袭、伪劣图书得以出版，是出版社的堕落。因为出书不是作者、编者就可构成的一个社会行为。精神产品的打假不容易，菜烂了你可以不买，辞典中抄袭、粗制滥造外行一时看不出来。在保护消费者权益上，出版社负有重大的责任。现在某些出版社所做的，是旧社会投机书店的营生，不仅做了，还堂而皇之，这不是道德堕落吗？"

新闻出版署副署长杨牧之指出："辞书的质量问题这样严重，首先是对辞书编辑出版工作的认识存在片面性。一些出版社看到辞书销售情况好，本来没有这方面的经验和人才，也抢着上选题，把出版辞书这样一项锻冶打开知识宝库的金钥匙的事业，变成了赚钱的手段。有的大学居然有辞典加工组织。辞典是典范，编写辞典是十分庄重、严肃的事情，岂是'加工车间'可以完成的？其次，宏观管理、调控不够。要竞争，要面对市场，但市场经济也不能离开宏观调控。第三是队伍素质不理想。今后，在队伍的培训上要大做文章，不够条件的人不能上岗。"

这种消极文化现象同样也使舆论界清醒。1996年，36位中国科学院院士在《科技导报》上发表了一篇闪耀着科学精神的文章，题为《正确评价基础研究成果》，非常值得一读。文中阐述了科学家、社会舆论应如何对待荣誉、责任。将其中的一段抄录在此，与同行们共勉:"建国四十余年来，经领导推荐、报刊宣传，有的甚至自己宣称将获诺贝尔奖等的所谓'科学成果'曾屡见不鲜。但是科学是严肃的，时间是无情的，这些被吹捧上天的工作现在绝大多数都已成为过眼烟云，昔日的宣传徒然成为人们偶而提及的笑柄而已。"

我们到底丢失了什么

当唯利是图、急功近利的浮躁可以像瘟疫一样腐蚀我们社会的各个领域的时候，我们缺少的是一种精神，这就是科学的精神。丧失了这种精神，我们的社会生活就缺少了规则。

谈起社会生活失去规则的后果，中国社会科学院一位教授谈了这样的看法："一个社会有一种规则，一个群体也有一种规则。当各种东西都可以用钱换到的时候，我们的社会实际上已经没有了规则。中国的知识分子历来有安贫乐道的传统，但贫是有价值的，现在的问题是收入不公平，学术地位上同样不公平，这种局面形成后，无形中形成一种导向，社会是两个规则或者是多个规则，没有公认的规则，而其中一种更省力、更得利，那么，学人会问自己，我努力后取得的资格和别人用其他途径取得的一样，甚至不如别人，我为何要认真读书做学问？"

谈起学术界的浮躁，中科院院士甘子钊认为，科学是非功利的对真理的追求，它的目的是提高人类素质，丰富人类的知识宝库。从本质上说，科学、教育、文化都不是商品，它们属于整个社会，属于历史。不能无原则地将商品意识变成科学、教育、文化领域的意识。某种意义上说商品拜物教的流行，使中国缺少为科学、教育、文化献身

463

的人，使得青年一代缺少为社会奉献的激情。我们现在是把演艺界培养明星，政治上创造典型，生意上炒商品的技术过分地用到了科学、教育、文化领域。其实，一个伟大的科学家、教育家、艺术家是包装不出来的。在整个社会朝商品经济猛走的时候，我们不该忽视社会生活、特别是精神生活中非商品的那一部分。

听了王同亿一案后，搞了一辈子语言学研究、如今已是久病在身的吕叔湘先生痛心疾首的并不是《现汉》被抄，而是编纂《现汉》的那种治学精神的泯灭。

曾任《现汉》审订委员的石明远先生感慨："审订委员15人，现在仅有6人尚在人间，近三分之二已归道山。这几十年是不寻常的，人和词典都经历了坎坷磨炼。我们坚信真金不怕火炼。粉碎'四人帮'后，这部词典从封存库中搬出来，仍然放射出熠熠金光。"

语言所副所长董琨对当年编纂《现代汉语词典》的情况曾有这样的描述："每一个词条从初稿产生，反复审阅，一再修改直至定稿，都有书面记录并于事后放入专门的以字头词目为单位的'档案袋'。翻看这些'档案袋'便可发现，修改数十次的字头词条并不罕见。如'横''竖'两个单字的释义，修改次数都在六十次以上。真是名副其实的'水磨工夫'……丁先生担任后期即整个修订时期的主编，他以狮子搏兔的精神，全副身心地投入。有时为求一字注音之安，不惜翻箱倒柜，查找资料，精心考证。一个著名的例子是'匼'字。这个字的读音，在古今字典词书中，除辽代的《龙龛手鉴》注为'苦合反'（今当读kē）外，从《康熙字典》到《国语词典》，统统只注为'邬感反'（当今读ǎn）。丁先生通过查证古代史部、集部和小学类书籍中的大量反切和叠韵联语的异文，尤其是调查了现有山西地名'匼河镇'在晋南方言中的实际读音，最后确定为kē。丁先生为此还撰写了一篇文章《说"匼"字音》，实在可谓'一名之立，旬月踌躇'。""作为'名山事业'的字典词书的编纂工作，需要的是崇高的献身精神，扎实的学问，严肃认真的工作态度和作风。只有这样，编纂出来的字典词书才能是高质量的、起到前人所言'流通当世，衣被后学'的社会功用。"

在一本又一本抄袭他人著述或粗制滥造的书籍多起来的时候，我们发现，在我们的生活中变得越发珍贵的正是两位先生引以为自豪的精神。

我们寻找这自豪，我们呼唤这精神和责任感。在我们的社会即将进入21世纪的时候，在我们高举着建设有中国特色的社会主义的大旗的时候，我们的民族多么需要这种精神。

（收入商务印书馆2003年出版的《需要批评 需要反思：中国辞书评论集》）

学术著作出版：缘何"不差钱"却"差了学术"

创作生产更多无愧于历史、无愧于时代、无愧于人民的优秀作品，是出版繁荣、学术繁荣、文化繁荣的重要标志。这个标志不是虚的，要靠一套一套的丛书，一本一本有影响的学术著作去支撑。要把出版高水平的学术著作作为出版界落实中央部署、落实十七届六中全会要求的一个具体举措，作为出版社安身立命乃至于争夺世界话语权的基础性重要工作去做。胡绳同志在任人民出版社社长和多次谈话中说，一个国家的出版要有门槛，如果我们把门槛放低，学术风气会变坏。现在已经到了认真解决这个问题的时候了。

——新闻出版总署副署长邬书林

在某高校的一个会议上，两位在国内颇有名气的教授见面了，之间有一段对话。一个说："现在的学术出版物90%都是不用看的。"另一个迟疑了一下说："哦，60%，60%吧。"前者说："那是因为你是图书馆馆长，作为馆长，你不能说我只买10%的书，你要买40%的书。而我是看书的人，而且我管研究院，要为研究院买书，我只买10%的书。"

无论是一九开还是四六开，"学术著作出版让人感到失望"的情绪，当下正在学界、出版界弥漫。"我们出的相当一部分所谓学术著作，说实话，都是我们不想出的，但因为它带着补贴，还是出了。何况，你不要这书稿，有的社要，钱让人家挣去了。作为企业，无奈呀！"一位社长感叹。

"不是出书难，而是学术著作出版这件事很难！"一位出版社总编辑的这句话，说的是实情：在出版社有生存压力的时候，是抬抬手，让水平较差却带着钱的选题入选，还是坚守质量标准，不被人情、关系、经济利益左右，确实不是件容易事。

门槛低了，乱象丛生，有的出版社沦为"二流社"、"三流社"

曾经，学术著作出版确实难。大多数学术著作印数少，又受图书低定价限制，出版后几乎没有利润。但学术出版体现了出版的深度和厚重度，是一个出版社担当社会责任和塑造品牌的必然选择。所以，尽管学术著作出版要用自己的利润来补贴，一些出版社还是优中选优，始终坚持追求。有的出版社、集团还设立专项基金扶持优秀学术著作出版，如"重庆出版集团（社）科学学术著作出版基金"，山东科技出版社的"泰山出版基金"等等。这样一来，在"钱紧"的那些年，还确实出了不少优秀的学术著作。

这种情况，大概延续到21世纪初。

如今不同了。随着国家对科技、文化、教育的空前重视，学术活动的日益活跃，特别是近年来国家出版基金的设立，加大了对学术出版的扶持力度，客观而言，近年来，优秀的原创的学术著作还是不少的。对于优秀的富有创见的学术著作，出版社依然趋之若鹜。"常常是商务、中华、北大、三联……我们好几家出版社去争夺一部书稿。"中国人民大学出版社社长贺耀敏坦言。

但这种现象毕竟不太多见。更为常见的情况是，一位学者要出书，只要带着出版补贴，在一些出版社那儿，就"出书全不费工夫"了。于是，学术著作出版鱼龙混杂，结果是出版社出书"不差钱"，想出书的人也"不差钱"，但出版的学术著作却"差了学术"。

对当前我国学术著作出版现状，比较主流的评价是：层次较低，规模较小，影响不大，学术出版在中国出版产业中还没有占据重要的位置。学术著作中，对整个社会具有重大影响的，对某一学术问题具有突破意义、带动学科发展的，回答重大现实问题的著作，就整体而言，还属于凤毛麟角。

重庆出版集团总编辑陈兴芜对当前学术著作出版中的问题作了概括：迎合并取悦大众阅读的关涉学术的各种演义戏说喧嚣上市，导致学术失信和误导读者；学术研究和写作方面，缺乏实用性和创造性的研究成果及论文并不乏见，学术抄袭、学术造假、论文买卖时有发生，学术出版的严肃性和权威性受到挑战。

商务印书馆学术出版中心哲社室主任李霞进一步指出：学术著作出版的问题还表现为出版体例不规范，学术著作浅俗化、肢解化，有的学术著作论述缺乏基本学术思维，对学界和社会造成很坏影响。另外，一些依托学位论文、课题为原本的书，没有进行书籍形态的转换，比较粗糙。

对当下的学术著作出版，北京万圣书园总经理刘苏里的表述是"情况堪忧"。他说，多年来，学术著作出版原创不足，有创见的更少；年轻一代学者还跟不上来；国外学术著作翻译的译文质量有待提高；类别分布不均等问题相当普遍，甚至呈现积重难返之势。

乱象纷繁，一言以蔽之：有"钱"开路，出版社选择选题时，学术水平的"门槛"低了，一些本来在学术出版中有所建树的出版社，如今也成了"二流社"、"三流社"。

评价体系的问题，助长了学术、出版的粗制滥造

造成学术著作出版乱象的原因，不能笼统地归咎于浮躁的社会大环境。受访者批评的矛头，首指当下学术、出版评价体系中的问题。他们指出，由于社会转型期急功近利浮躁之风盛行，学术研究也不能独善其身。现行的学术评价体制和学术激励机制存在问题，通常以论文和著作数量多少为衡量标准，研究人员争取项目时花费精力大，拿到项目后下的功夫少，导致不少论著"水分"大，缺乏含金量和独创性。出版社的考核也存在重量不重质的取向，经济效益指标和发稿量指标，相较于书稿质量指标权重更大，导致片面追求市场效应，放弃对学术著作严谨、创新的追求，从而降低了学术著作的出版质量。

中华书局副总编辑顾青指出，当下，学术界的评价机制已经偏离了对内容的审查和评价，更多地关注数量。他指出，人文社科学术著作出版处在出版业高端，是一个民族的精英在这一领域的原创成果、

思想文化的贡献，这一类著作的出版，在学界和出版界都应有严格的评价和遴选机制。在科研经费不充足、出版能力不强的时候，我们对学术著作选题的评价和遴选还是相对比较严格的，出版的门槛并不低。现在，这两个机制的功能被弱化了，这既有社会风气的影响，也有制度设计的原因。

同时，严肃的学术批评日趋式微，"相互提携"之风盛行，导致学术界自清自律能力严重下降，也为学术著作出版乱象推波助澜，招致有识之士的激烈批评。

站在学术著作出版之外的刘苏里，多年来与学术著作"亲密接触"，他的批评一针见血：造成"乱象"的原因还用说吗？是急功近利、沽名钓誉习气在学术思想类图书生产上的反映而已，是劣币驱除良币、不奖励优异制度设计社会状态的缩影，是蔑视文化建设的必然结果。

借鉴他山之石，建立奖惩制度，把一流出版社信誉与机会留给优秀学术著作

社长、总编辑们在接受采访时指出，国外学术出版为我们提供了借鉴。专业化和高品质是西方学术出版的基本取向，不少出版社都有相当严格的评审制度，他们依托大学，由业内专业研究者组成评审委员会。很多出版社的学术出版往往有大学和基金会的资助。学术著作出版集中在一些优秀的品牌出版社、大型的学术出版机构。一些出版社规模虽然小，但是在某一类学术出版上却是大名鼎鼎。许多大学出版社在学术出版中更是建树颇丰。

贺耀敏指出，"国外很多著名的出版社，都是以学术著作出版安身立命的，像麦格劳·希尔、爱思唯尔，以及现在和我们合作的圣智集团，它以出版专业参考书为自豪。哈佛大学出版社一年出书不到一百种，但它的图书品质相当好"。

参观过美国国会图书馆的刘苏里，也走访过美国最著名的书店，他的观感是：学术思想类图书分类之详尽、涉题之细密，令人叹为观止。

专家学者们对改变目前学术著作出版状况发表了意见。最集中的意见是，从基础做起，从国家层面改革人才评价、学术评价体制和激励机制，营造重视学术写作和出版的良好氛围。

其次，制定相关的财税政策，加大国家出版基金资助学术出版的力度。出版社也要根据自身实际制定相应的学术出版激励政策。

第三，要加强科研经费使用的科学管理，改变出版补贴、资助办法。有学者建议，科研经费的使用应强化科学管理，用于出版补贴，应有学术共同体的推荐，以确保选题具有出版价值。同时实行出版资金倒推追加奖惩（补贴）的办法，即学术著作出版后，获得学术界优秀评价的，作者和出版社可以得到追加补贴；如果评价不高，甚至获得一致批评，则应该收回补贴，甚至处罚。出精品书可以名利双收，出劣质书就声名狼藉，这对出版社是一个很好的导向。

第四，增强学术著作出版精品意识。顾青认为学术著作坚持出精品，优秀出版社应有更多担当与自觉。要把一流的出版社信誉与机会留给优秀的学术著作，通过吸纳一流学术成果，形成出版社自身的品牌，担当起时代文化思想积累的责任。

第五，建立严格的奖惩制度。刘苏里认为，眼下能做的，是建立学术思想类图书出版的匿名审稿制度，是建立对抄袭者实施严厉处罚的制度，是建立公开、权威的此类图书评价、奖励制度。有业内人士认为，实行出版资金倒推追加奖惩（补贴）是个好办法，为加大落实力度，不妨作为一项奖惩制度实施。

（原载2012年3月19日《光明日报》）

典籍整理亦学问　标点也是大文章

专家认为：古籍整理点校成果，应受更好保护

当年，主持点校本"二十四史"及《清史稿》整理的前后有陈垣、宋云彬、陈乃乾、唐长孺、王仲荦、聂崇岐、张政烺、陈述、翁独健、王毓铨、启功、王锺翰、孙毓棠、周振甫……每一位都是学界公认的各断代史学科的大学者。

参加点校本"二十四史"这一新中国最大的古籍整理工程的诸位先生没有想到，也不会想到，当年他们倾注心力、付出智慧、融入创造的点校本"二十四史"及《清史稿》，在他们身后，在网络时代，竟会遭遇这样的尴尬：被盗版者、抄袭者堂而皇之地用来牟利不说，而且，先生们的研究与贡献，竟被盗版者、抄袭者轻贱成任何人都可以轻易为之、甚至电脑程序可以代劳之事。

中国具有悠久学术传统的古籍整理，在网络背景下，遭遇了前所未有的挑战，生存与发展到了"最危险的时刻"，古籍整理学科、整

473

理者、出版者被迫着发出呼声:《著作权法》应对古籍整理给予"强保护"。

从点校本"二十四史"入手，厘清古籍整理在中华民族文化传承中的历史地位与贡献，古籍整理的独创性所在，不仅仅是给从事古籍整理的前辈学者一个交代，给当今甘坐冷板凳，为中华文化传承孜孜以求的学者们一个立足天地间的理由，更是为承载着中华优秀文化传承之责的古籍整理留存一片发展的空间。

此事，关乎中华民族优秀文化的传承，关乎一代学术大家的学术尊严。

本不该遭遇的尴尬

对古籍整理作品的独创性，它的著作权的存在，还会有质疑吗？

自有文献以来，中华民族的文献整理就从未中断过。数千年来，中华文明得以延续，中华文化得以传承，秉持文献整理追求的历代文献学家厥功至伟。因他们的奉献，《论语》影响中国社会数千年；一部《史记》让中华民族读到今天……对古籍整理作品的独创性，社会从未有过质疑，对整理者的艰辛劳动与对中华民族文化的贡献，人们给予了充分的尊重。而这已经成为文化与学术传统：在每一项古籍整理的成果——纸质图书上，原作者、整理者的贡献清清楚楚写在上面。所以，虽然在若干年中，我国并没有著作权保护制度，但自在人心的学术规范、学术道德以及行业规范，却在古籍整理领域扎起了无处不在的篱笆，在这一领域，践踏他人劳动成果，侵犯他人著作权的事情，人们很少闻之。

夕拾朝花

市场经济的到来，让人们的价值判断发生了巨大变化。追求利益，在一些人那里变得不择手段。

网络的出现，使复制与传播变得轻而易举，盗版带来的巨大利益，使逐利者铤而走险。

于是，古籍整理这桩以往由专业学者从事的工作，在一些情况下，演变成一些录入员指尖的键盘敲击；有的学者，魄力激增，敢以一己之力一年之功整理出的"前四史"，挑战学术大师数十年心血结晶的点校本《史记》等古籍整理成果！难料的世事，竟让沉寂在古籍整理中的学者们不知身处何年，出版了数十年古籍整理成果的出版社，眼见"自家的孩子"被盗版者明抢，讨回公道的路却漫长而坎坷。圈内人门儿清来自何方的对古籍整理独创性、著作权的消解之说，让人们平添无尽惶惑。

不久前，北京海淀法院召开了一次涉及中华书局"二十四史"点校本著作权官司的座谈会。会上，某高校的一位"古籍校点专家、法学博士"的发言语惊四座："古籍标点就不应该受《著作权法》保护，一堆标点符号有什么可保护的？"

不少学者听到这针对点校本"二十四史"的言论，第一反应是震惊，随之为他汗颜，继之，陷入深深的悲哀。

这是怎么了？

翻开《中华人民共和国著作权法》第十二条，其中明明规定：改编、翻译、注释、整理已有作品而产生的作品，其著作权由改编、翻译、注释、整理人享有。

第三十五条又进一步明确：出版改编、翻译、注释、整理、汇编已有作品而产生的作品，应当取得改编、翻译、注释、整理、汇编作品著作权人和原作品著作权人许可，并支付报酬。

《著作权法》修订参与者、新闻出版总署政策法规司司长王自强在日前举行的一次古籍整理专家、司法界、出版界人士参加的《著作权法》修订座谈会上也明确：古籍整理作品属于演绎作品。演绎作品的著作权人享有和其他作品著作权人同样的权利。

那么，问题出在哪呢？

点校本"二十四史"的诉说

重温一下过去不久的关于点校本"二十四史"的历史，或许有助于我们在讨论古籍整理独创性与著作权时，找到一个共同的起点。

八十多岁的著名历史学家蔡美彪先生在他的《"二十四史"校点缘起存件》一文中说：中华书局点校本"二十四史"的出版，是对我国史学界的一大贡献，也是近年古籍整理工作的一项巨大成就。

历史学者吴树平《历史所史学先辈与"二十四史"的整理》一文，更从细部帮人们理解着古籍点校的智力成果本质。他说：

> 人们常说：一部"二十四史"，不知从何说起。这是因为"二十四史"卷帙浩繁，记事时间久远，内容包罗万象。全部加以校点、分段，校勘，其中的难度和艰辛，不亲执其役，难得体会出来。
>
> ……
>
> 在"二十四史"整理的每一个时期，历史所都有几位先生参加各史的标点、校勘，顾颉刚先生、孙毓棠先生、王毓铨先生、

张政烺先生都先后长期承担了繁重的任务，对"二十四史"和《清史稿》的整理出版作出了不可磨灭的贡献。

……

顾颉刚先生是整理"二十四史"的第一人。司马迁撰著的《史记》开创了纪传体这一编纂体例，它在"二十四史"中居于首位。"二十四史"的整理工作展开以后，理所当然地从《史记》开始；而整理《史记》的最佳人选，又理所当然地首推顾先生。

20世纪30年代，顾先生便有《史记》的白文点校本问世。这个版本是与徐文珊先生共同点校，并有赵澄、黎光明、孙海波、赵贞信等襄理校雠，积七年始成书。与此同时，对《史记》三家注也整理完毕。这次顾先生主持的整理工作，为尔后的重新标点、校勘奠定了良好的基础。

司马迁是史学大师，他笔下的《史记》，不仅叙述人物，记载史事，而且包罗经济、政治、军事、文化、天文、历算、地理、河渠、礼乐、货币等，可谓气象万千，林林总总。这就要求整理者具备相应博大精深的学识。只有如此，才能理解《史记》内容，句读准确，校勘无误。在学术界，顾先生博学多识，精研先秦史，深透了解中国传统文化，对司马迁和《史记》了如指掌，由顾先生点校《史记》是顺理成章的事情……决定整理出版《史记》时，大家都不约而同地想到了顾先生。为什么呢？赵先生说："大家公认顾先生是《史记》的权威。"

……

顾先生为中华书局点校《史记》，是从1955年5月开始的，他在这一年5月的日记中记载："整理《史记》及三家注。嘱贺次君到北京图书馆，遍校《史记》各种版本，月付彼50元。"……1958年12月29日，顾先生在日记中写道："今日《史记》三家注校点毕工。四年工作，一旦完成，肩负为之一轻。"

……

说顾先生为学术界提供了一部"标点、校勘的范本"，并非溢扬之辞。由于业务工作的需要，我是离不开《史记》的，每次阅读，都不能不感到，《史记》经过顾先生的整理，确实成为了一部全新的善本，至今没有一种版本能够取代它。

……

古籍标点最能体现一个人的古汉语和传统文化功底，一句一读，无法回避，是非分明，于细微处把学问显露无遗。顾先生给《史记》加标点，运用深厚的国学功力，纠正沿袭多年的句读谬误，揭示司马迁的本义，为今天广大读者不知扫除了多少阅读障碍。例证比比皆是，这里仅举一例，《秦本纪》记载："丹犁臣蜀相壮杀蜀侯来降。"过去人们以"丹犁臣蜀"为句，读起来倒也顺畅，实际上断句有误。顾先生标点为："丹、犁臣。蜀相壮杀蜀侯来降。"（丹、犁两个戎国向秦称臣，蜀相壮杀死了蜀侯前来投降。——记者注）这样标点，显然与《史记》本义相契合。

从1958年开始"前四史"校点，到1978年"二十四史"的最后一史《宋史》出版，前后历时二十个春秋。

蔡美彪、吴树平讲述的这段往事，告诉人们，点校"二十四史"始终是一项学术工作，而且是一项综合性、高难度的学术研究。虽然研究成果最终以标点校勘的形式表现，但没有广博且精深的古代文献知识，没有校勘与研究作基础，点校是无法进行的，点校背后，是有长期的研究积累作支撑的。

同时，在两位先生的娓娓道来中，我们得以形象地了解，高质量的古籍点校本，怎样在古籍基础上，"从有到有"，在融汇点校者大量创造性劳动之后，演绎成为一部全新的作品。作为演绎作品的古籍整理点校成果，其创造性智力成果的性质毋庸置疑。《著作权法》规定的"演绎作品著作权人享有与其他著作权人相同的权利"于是让人感到正当合理，心悦诚服。

缘何"点校古籍"成为被侵权重灾区？

重温了上面一段史实，下面的对古籍整理著作权消解的言论变得不堪一击。

● 古籍标点有规定性，谁标点都是同样的结果，这是侵权者盗用他人成果时的一个借口。

在古人的著述中，标点是隐含在文中的，句读在当时约定俗成。斗转星移，朝代更替，当年古人著述时的约定俗成，也就是今天所说的"规定性"，即古籍文本的本义，已经成为古文献学、历史学的一门基础性学问，并不是对古文一知半解就可以知晓的。没有古文献学的学养和传统文化的专业研究，读不懂古籍文本本义，就根本无法接近古籍的"规定性"，也谈不上做出权威、高水平的标点。顾颉刚先生点校《史记》的史实，已将这一点表述得十分清楚。

● 一堆标点符号，有什么著作权？这是侵权者否定校点古籍著作权的又一个借口。

此标点符号非彼标点符号也！我们今天在现代汉语写作中使用标点符号，与用标点符号对文言文古籍进行点校，难度大不相同。古籍整理作品是基于史实和文本理解、学术判断，以标点、分段、校勘为主要形式的阐释作品，创作过程颇有些像今天的考古发现，标点者要像考古学者一样，以综合的历史知识作基础，才能在标点时作出判断，切中古籍经典本义。蔡美彪先生在他的《学林旧事》中的《〈资治通鉴〉标点工作回顾》一文中，对古籍标点作了这样的解读："标点古籍需要逐句逐字理解原义，实际上也是对古籍的一种注解，不是文字注解而是符号注解。"正因为此，古文献学在今天还有一个通俗的称谓：文献考古。在行家或说"圈内人"看来，为古籍做标点，是阐释古文的一种方式，绝不是大街上或是高校里随便拉一个人来就可以做的，这是常识。会说出"古籍标点就不应该受《著作权法》保护，一堆标点符号有什么可保护的"这样话的人，是没有搞清楚标点在现代汉语与文言文中应用的区别。

综观古籍整理侵权现象，侵权者在抄袭古籍标点本时，大多做了手脚，不交代版本，不交代使用的参校本，甚至把前言、校勘记、注释性文字等直接表现整理者创造性劳动的内容都删掉。这种做法，不仅让明眼的学者看到了侵权者的马脚，侵权者的故意，由此一目了然。侵权者几乎都拿不出自己的校勘记，更无校勘长编，但一般读者不关心的校勘记，却像个试金石，将学问家与偷窃者区别出来。

侵权者侵权首选古籍整理中的点校作品，这是为什么？

古籍整理专家、出版者和一些法律界人士认为，侵权者这样做，一是利用了公众对古籍点校学术性、专业性的不了解；二是由于法律工作者对专业性、学术性较强的古籍整理的陌生与隔膜；第三点，也是最重要的一点，就是社会上，尤其是立法者对古籍整理在民族文化传承中的重要作用认识不足，导致古籍整理重要性、专业性、独创性在我国《著作权法》中没有得到准确、充分的体现，古籍整理著作权的相关条款过于抽象，司法实践中没有司法解释提供判案依据，致使古籍整理作品侵权判定在司法实践中，裁决结果因法官而异，保护程度因法官不同而不同。

《著作权法》应体现对古籍整理著作权的"强保护"

中华民族五千年文明延绵不断，古籍是重要承载。我国现已查明的古籍有20多万种，这样丰富的典藏，在世界上绝无仅有。古籍整理因关系到中华文明传承，得到党和国家的高度重视。党的十七届六中全会《决定》中明确提出，"建设优秀传统文化传承体系"，"加强文化典籍整理和出版工作，推进文化典籍资源数字化"。

但古籍整理的现状并不让人乐观。古籍整理无论是作者、学科，还是出版者在目前都是最脆弱的行当：古籍整理人成果不被重视，学科岌岌可危，出版行业在市场化产业化条件下生存艰难，同时还面临数字出版环境下盗版和非法使用带来的巨大的冲击。

正是从高度的社会责任感出发，一些古籍整理专家、出版者和法律界专家提出：《著作权法》仅仅将古籍整理作品纳入"演绎作品"是不够的，应从我国古籍存量巨大，古籍整理成果囊括了各种在古籍的基础上"从有到有"的再创作作品，不仅浩繁，而且专业性、学术性强这一国情出发，在《著作权法》中，将古籍整理作为文字作品的专项列出，给予特别强调，给予"强保护"。

国家图书馆副馆长陈力认为，我国的《著作权法》立法，要遵循世界其他国家的一般规律，一般要求，体现它的一般准则，但是，它还应该根据中国文化自身的特点，体现中国特色，这是建设中国特色社会主义法制体系的一个基本准则。要反映中国特点，中国古籍浩如烟海这一特点是不可忽视的。古籍整理的著作权保护，如果不从立法上解决问题，那么在司法实践中会出现很多分歧，很多混乱。因此，古籍整理著作权保护，在立法时必须高度重视。

全国高校古籍整理研究工作委员会主任、北京大学教授安平秋指出，老祖宗留下的古籍，构成了中华文化的基础。毛泽东、周恩来等国家领导人支持整理古籍是为了古为今用，要古书为今天服务。陈云同志提出要整理古籍，不仅要点校，还要翻译、注释，让能读懂报纸的人都能读懂古籍。整理古籍的"整理"和"整理整理"屋子的"整理"不是一个概念，前者是一个学术的概念，内容具有丰富含义，这点在毛泽东、周恩来等国家领导人的指示中讲得很清楚，中共中央1981年37号文件也讲得很清楚，不容置疑。这个认识高度，应在《著作权法》中体现出来。

中华书局编审许逸民指出，中国传统文化，是中国人的基因，应从这个高度，看待优秀传统文化传承中的古籍整理工作。全国古籍保护工作专家委员会主任李致忠同意这样的看法。他说，古籍整理作品的创作，在中国相当长的历史时期是不会停歇的，这是由文化传承的需要决定的。应从传统文化传承的高度来认识古籍整理的历史意义，考虑《著作权法》的修订。

专家们还建议，尽快出台《著作权法》有关古籍整理作品的司法解释，以规范涉及古籍整理作品的著作权侵权案件审理。古籍整理著

夕拾朝花

作权学术性专业性强的特点，导致其学术性和独创性判定往往是行业内、从业者内心有比较坚实的标准，而在司法实践中很难理解与掌握。著作权法法律简单，司法实践复杂的问题，在古籍整理领域变得越发突出。李致忠认为，应尽快出台一个著作权法司法解释。当法律规定高度抽象时，司法解释可以作为判定的依据。王自强指出"当下许多问题不是出在立法上，而是出在执法上"，他说，人的阅历、知识结构不一样，对著作权的认识就不一样，对作品的独创性的理解也会不一样，判定就会出现不同的结果。同样的案子给不同的法官，得出的结论会有很大差异。他的说法，也从一个角度，呼唤着规范司法实践的著作权法司法解释的诞生。

北京大学法学院副教授刘东进认为，尽快制定古籍整理作品著作权保护的相关司法解释，是目前比较切实可行的办法。他说，关于侵权认定，首先依照法律，法律没有具体规定的，就依照最高法院的相关司法解释，如果仍然没有，就依照行业惯例。他提出，积极争取把行业惯例这一内容放进法律，这样可以在《著作权法》中为古籍整理案件的把握提供一个适用的空间。同时，通过最高法院的司法解释来使司法实践中一些有争议的问题得到澄清。从程序上讲，司法解释出台比法律或行政法规制定来得更快些，而且指导性更强。

为了文化的尊严

——写在国家出版基金实施六周年之际

"你只能到网上试着购买《史记》修订本了。"中华书局的答复，让参与了《史记》修订的王华宝没有想到。自2013年10月19日面世，不到两个月，国家出版基金资助项目"二十四史"及《清史稿》修订工程中率先出版的《史记》修订本首印已经发罄。

如春雨，悄然潜夜，润物无声。

2008年，国家开始实施的一项举措，与中国大众的精神生活发生着越来越密切的联系。据财政部有关负责人介绍，自2008年实施以来，这项被称作"国家出版基金"的投资，逐年增加，2014年规模已达4.5亿元，累计投入达19亿元，资助出版具有文化传承与积淀价值的图书一千二百余项。六年间，投资如蛹化蝶，催生近八百种精美图书，飞进图书馆，飞到书桌上。

《本草纲目》的出版故事

寒风中，李时珍又一次来到村口，期待的目光投向远方。耄耋老人，在等一个人，这个人，已经让他等了半生。

一生采药，尝百草，鉴别、记录药性……用心血与生命铸就的文字，还放在家中。年轻的时候，他与那位刻书的好友就商定，药书他来写，朋友帮他刻印成书。

晚年的李时珍，山爬不动了，药也采不了了，却时常站在村口，等待云游他乡的朋友兑现承诺。可朋友再也没有出现在他的视野中。离开人世时，老人遗憾满怀。

后来，那个终于回到家乡的朋友，兑现了承诺，李时珍的《本草纲目》成为中华医学历史长河中高悬的启明星。

在国家新闻出版广电总局党组书记、副局长蒋建国的办公室里，李时珍《本草纲目》的出版故事从蒋建国略带湘音的话语中缓缓流出。

"国家出版基金的设立，就是为了让今天的学术著作、经典作品出版不再有李时珍当年的困惑。"蒋建国说，"任何精神文化产品，都根植于中华文明的沃土，根植于人民群众的智慧。国家出版基金说到底，是公益性基金，是公共服务事业的一部分。要通过对基金的管理，强化它的公共服务职能与作用，真正把它办成国家工程、政府工程、公益工程、精品工程、民心工程。"

《本草纲目》的出版故事挥之不去。蒋建国从故事中引申出来的责任感，成为人们理解国家出版基金的一把钥匙。

重若泰山的国家意志

"我心怀中国梦，无比自豪地站在祖先宽阔坚实的肩膀上。"广东汕头的高中生李玉婷抒发着自己的情感。"我的中国梦，梦里中国的每一条街道都能干净，每一片景色都能以文明礼貌为支撑，每一方土地都有文明的影子……"湖北荆门龙泉中学的蒋欣玥也诉说着自己的梦想。国家出版基金项目《我的中国梦》，聚集了众多孩子的梦想。

在我国第一艘航母"辽宁舰"承载强军之梦驶向大海深处之时，全面反映"辽宁舰"和舰载机研制、建造、试验、试航、训练的长篇报告文学《强军之梦——辽宁舰纪实》的选题，进入主题出版申报。

实现中华民族伟大复兴的中国梦，是以习近平为总书记的中央领导集体提出的新理念。已经进入主题出版申报程序的图书《逐梦中国——从〈共产党宣言〉到中国梦》，勾勒出中国共产党人追求中国梦的历史图景，在历史回望中呈现现实思考，以期对如何实现中国梦做出科学的回答。

一部部体现国家意志的资助项目，彰显了国家出版基金的鲜明导向。"新中国成立六十周年、中国共产党建党九十周年、纪念辛亥革命一百周年、党的十八大召开前后，国家出版基金集中支持了相关重大主题的出版项目。这些深刻阐释社会主义核心价值观、深入阐释中国特色社会主义道路和改革开放理论的出版物，成为出版基金国家意志的集中体现。"中宣部一位负责同志指出。

在已经出版的资助项目中，著名马克思主义历史学家胡华的文集，让人们看到了老一辈党史学人以史鉴今、资政育人的努力，看到了他们在思想、理论、文化制高点上建立起的道路自信、理论自信、制度自信。

厚重的《中华民国史》摆在那里，洋洋2000万字，由此，民国史这个中国历史学中颇具活力、颇有发展的学科之面貌被淋漓呈现。

《我们家这十年》，以小视角承载大立意，阐释社会主义核心价值观；《微观西藏》（汉英版），以全新的"微博体"还原真实的西藏。"十八大"主题出版项目《历史的轨迹：中国共产党为什么能?》在国内外产生积极影响；《社会主义和谐社会核心价值体系研究》提出了建设社会主义核心价值的基本原则和现实路径；《变局与突破：解读中国经济转型》（中、英文版）为国外读者了解中国经济打开了一扇窗口。

学者夏春涛说，国家出版基金有鲜明的导向，这就是在社会思潮多元的情况下，鼓励弘扬中国优秀传统文化、代表先进文化前进方向、传播正能量的精品力作的出版。国家出版基金的设立，反映了政府在国家软实力建设上的一种眼光，为社会注入人文精神、时代精神、民族精神，这具有战略意义。中国人民大学出版社总编辑贺耀敏认为，资助项目引导了哲学社会科学的出版方向。

印在历史上的文化履痕

这些没有乐谱、代代口耳相传的多声部古歌，两千多年间，飘荡在白云轻盈的苍穹，回荡在牦牛成群的草原。如今，凝聚着古老民族灿烂文化的"活化石"，穿越漫漫历史长河，在一部《千年古歌——羌藏多声部民歌》的DVD中永存。

这曾经只属于西北高原与山川的高亢、奔放、粗犷、刚健的旋律，是汉、回、藏、土、东乡、保安、撒拉、裕固等民族都喜爱的山歌，她的名字叫"花儿"，也叫"少年"。今天，这一进入了联合国"非遗"名录的"大西北之魂"，以《中国花儿》系列音像制品的形式，永久珍藏于中华民族的文化记忆。

北京山顶洞的石珠、骨坠，辽宁喀左东山嘴体型肥硕的女神像，内蒙古赤峰碧绿色龙首璜形玉饰，青海大通彩陶盆上的舞蹈纹和岩画上的狩猎纹；红山文化、仰韶文化、河姆渡文化——《中国美术全集》以考古发现为笔墨，一路讲来，描绘出今人对于中国美术史的认知。

一张地图在书页上铺开，起自蒙古高原、洛阳、东部沿海的3条不同颜色的线，分别经过草原、沙漠、海洋伸向孟加拉湾、阿拉伯海、红海……丝绸开辟之路，就这样如血脉伸展，承载起数千年东西文化的交流。《中国丝绸艺术》从5000年前驯化野生桑蚕娓娓道来，讲述中国丝绸为世界文明作出的巨大贡献。

《中华海洋本草》从古籍、方志、医籍和本草专著的浩渺中捡拾，将人类近一个世纪海洋天然产物研究的成果集腋成裘；对我国海洋药物资源进行了系统全面的调查与整理。世界上最早应用海洋药物治疗疾病的中国，有了第一部海洋本草。

前承《诗经》、《楚辞》之传统，自经声律修辞之锤炼，乐府诗是中国诗歌传承中继往开来的一座重要桥梁。《全乐府》辑录历代乐府诗，将乐府诗兴衰变化的过程详尽展现，使宋代郭茂倩《乐府诗集》"宋以来考乐府者，无能出其范围"旧说不再。

《中国彩印二千年》，将中国彩印两千年的生命之华彩表现得淋漓尽致。《服饰中华——中华服饰七千年》展现了中华服饰文化的绰约风姿。《西藏古典音乐——朗玛·堆谐》、《黔东南原生态音乐》……则将中华民族文化的多样性纵情呈现。

夕拾朝花

当千部《原国立北平图书馆甲库善本丛书》呈现在国人面前，年过百岁的钱存训先生"欣喜无似，感触良多"。他以过来人的激动在贺词中写道："此书刊行，旨在弘扬文化，嘉惠学术，薪火流传，厥功至伟。对我而言，更具特殊意义。当年奉命参与抢救，冒险运美寄存，使这批国宝免遭战祸，倏忽已七十余载。其间种种，仍历历在目。"甲库善本是民国时期国立北平图书馆（国家图书馆前身）的宋元明早期善本专藏，多宋椠元刊、秘抄精校、珍贵稿本以及名家批校题跋之本。日本侵华时，为避战火其随故宫珍贵文物南迁上海，后又分批转运美国，寄存于美国国会图书馆，并拍摄成缩微胶片。抗战胜利后，这批运美善本转运台湾，存于台北故宫博物院。在国家出版基金的资助下，这些在兵燹之中历经辗转，保存于今的珍贵善本，终得化身千百，承传薪火，嘉惠学林。

一批重大的学术研究成果，为中华民族当代思想文化大厦添砖加瓦。

《中国计时仪器通史》，填补了中华民族数千年计时文化的空白。《中国法律思想通史》是我国首部由个人独著的中国法律思想通史。《中国语音学史》是我国第一部全面研究、总结中国语音学学术史的专著。《中国当代医学名家经典手术》首期500部手术视频，荟萃了我国著名临床医学专家先进、成熟、具有临床推广价值的手术，让欣然应允出任编委会名誉主任的全国政协副主席韩启德想起自己年轻时，摸黑走几十里路，去县医院观摩一台手术的经历。

顾炎武、王国维、顾颉刚、费孝通、爱因斯坦等中外学术名家的作品结集出版，为中华民族的思想宝库增添了中国当代学人的贡献，也添加了世界其他民族的成果。

而深度发掘和系统整理学术研究成果的项目，则勾勒出不同领域文化、学术、思想的发展脉络。《中国近代思想家文库》（100卷）全面呈现中国近代思想大家百年学术成果；《中华现代学术名著丛书》重新审视中国本土的思想资源与文化根基，被北京师范大学郭英德教授评价为"足以体现出20世纪以来我们为世界贡献的中国智慧"；《东方文化集成》系统发掘和整理东方文化精华，深入阐释了中国与东方多个国家之间数千年来的文化交流情况，被誉为"一套具有战略眼光的丛书，是对一百多年来东方文化的总结"。

一批引进翻译图书的出版，在中国读者面前展示着人类文化的丰富多彩。被誉为阿拉伯文化象征和文明里程碑的《安塔拉传奇》，现在有了唯一的中文全译本。世界权威建筑通史之一的《弗莱彻建筑史》的出版，让国人得以在西方建筑的镜像中，观察思考自身建筑学的研究和发展。

一批深度挖掘、整理的文献，如《侵华日军南京大屠杀史料集》（56—78卷）、《满铁档案资料汇编》等等，为学术研究提供了扎实的史料。

资助项目并非全是大部头。美国著名科普作家达娜·德索尼的《我们脆弱的星球丛书》，每册只有十几万字，却剖析了人类活动对地球和自身生存环境产生的影响，以期唤起人们拯救"脆弱的星球"。二百二十余万字的《中国流人史》规模不大，却是迄今为止我国流人史研究领域最系统的权威著作，学界评价其开拓了我国边疆历史研究的新领域，填补了文化研究中的空白，为流人史乃至流人学这一新学科发展奠定了基础。

不止这些。远远不止。

雪中送炭的温暖力量

虽说常常是夜以继日地看书稿，中国轻工业出版社编审马静却累并快乐着。20年心血倾注所在，《中国饮食文化史》的编辑已接近尾声。

中国饮食文化悠久璀璨、博大精深，但仅有的传史却都出自国外学者之手，这成为中国学界之痛。1991年，"首届中国饮食文化国际研讨会"在京举行，就是在这次会议上，中国学者萌发了撰写一部中国饮食文化史的宏愿，马静是积极倡导者之一，她所在的中国轻工业出版社承接了这一选题。

殚精竭虑，筚路蓝缕，写作者如此，编辑出版者亦然。囊中羞涩，启动经费只得八方筹措。"没有经费，选题就无法往下运作，多年来作者队伍就靠着一个坚定的信念维系着。他们中，有的毕生致力于饮食文化的研究而皓首穷经，有的还没有看到成果问世就已经离去。这种大型的学术著作出版难度大、费工多、耗时长，只见投入，不见产出，写书的和出书的只能坐着冷板凳。在商品大潮的冲击下，文化失去了尊严。"马静感慨。

为了挽救奄奄一息的选题，她曾四处奔走寻求资助，使《中国饮食文化史》得以留住微弱的生命。这中间，选题犹如一个家境贫寒的孩子，曾经"过继"给了别的出版社。而当马静终又获得一口"吃食"，她即刻又把孩子接了回来。就这样熬着、盼着、坚守着。"促使我坚持做这套书的原动力在于它的价值：中国饮食文化根植于中国根深叶茂的农耕文化，是中华民族优秀文化中的一脉精华，不管多苦也要把它做出来！是国家出版基金成就了我们20年的文化坚守。"马静倾吐着心声。

中国社会科学院文学研究所研究员刘福春也没有想到，在30年甘于寂寞、用生命写出《中国新诗编年史》之后，书的出版会这样快。

近三百万字的《中国新诗编年史》，被专家们认为是迄今为止资料最丰富、史迹最确切可信的中国新诗史长编，它将始自1918年1月，止于2000年12月中国全境新诗所发生的事件，包括新诗运动、社团流派活动、重要诗集出版、诗作发表，以及诗学理论、新诗批评的言论集萃都纳入一个逻辑系统中。北京大学教授谢冕称赞刘福春"以一人之力，造百年之功"。人民文学出版社新文学史料编辑部主任郭娟告诉记者："国家出版基金的专家们慧眼识珠，使《中国新诗编年史》成为我社第一个获得基金资助的项目。在市场经济条件下，基金的资助，对具有文化积累价值的严肃的、小众的、学术的著作的出版，给了很大的助力。"

2004年，87岁的吴阶平因心中挂怀已久的《中华医学百科全书》一事，致信时任国务院总理的温家宝。信中谈及："我作为老医学工作者最为关注的就是我国医学科学领域权威参考书的缺失……我国医学领域，至今没有足以延续下去的成规模的经典百科全书。"如吴阶平所说，编写《中华医学百科全书》于国家、于医学迫在眉睫，所需人力、物力、资金十分惊人，以一家之力显然难以支持。

由多位院士发起的这一工程，得到了有关部门的高度重视，2011年被列入国家出版基金资助项目。此书是一部全面总结医药卫生领域基本理论、基本知识与最新进展的通用医学参考工具书，首卷《基础医学·病理生理学》于2013年出版。协和医科大学出版社项目主管于谦告诉记者，"六千多名医学专家参与了全书编纂，如果没有国家出

夕拾朝花

版基金的支持，全书出版绝不会有这样的进度与质量"。

湖南科技出版社1995年策划的《爱因斯坦全集》，从第5集起得到国家出版基金资助。对此，湖南科技社"喜出望外"。该社总编室主任林澧波说："国家出版基金给予的更多的是荣誉，我们十分珍惜。参与全集翻译的，是范岱年、刘辽、许良英等著名学者，他们付出了艰辛的努力，使全集出版基本与国外原版同步。"

参与过国家出版基金资助项目评审的北京大学出版社社长王明舟指出，国家出版基金在文化传承、文化积累、学术出版方面发挥的作用已十分明显，一大批具有文化传承与文化积累价值的著作，没有其支持，很难面世。北京外国语大学校长韩震认为，在中国哲学社会科学领域，部头大、阅读面小的研究成果，往往出版很难。国家出版基金的建立，正在突破这一瓶颈。一些集成性、大规模的有学术含量、有文化价值图书的出版，以系统性取代碎片化，让学生、学者感受到了中国文化发展的脉络。

六年来，得到国家出版基金资助的项目已经蔚为大观。说到国家出版基金，出版人用的频率最高的词是"雪中送炭"。炭火的温暖，升腾起文化的尊严，烘暖着学者的激情。

风清气正的基金运行

马静是第一次来基金办，离开这里时，她装着汇报资料和晚上回家要看书稿的两个重重的大包，一个背在基金办李主任的肩上，一个压斜了项目处小范的肩膀，两人将马静送到电梯口。"咱是来求助的，人家还这样认真接待咱。"马静心里暖暖的。

"去了几次，大家一见如故，聊项目，听建议，很快，我就明确了推动原创这一国家出版基金资助的方向。"这是国防工业出版社总编辑邢海鹰的感受。

作为基金委的办事机构，基金办没有决策的职能，不定项目，不定资金分配，只负责组织专家评审，组织监督项目实施。他们对自己工作的描述，就是"服务"：为出版社服务，为专家服务。

国家出版基金管理有严谨的工作机制，简单地说就是"专家客观评审""基金委民主决策"。基金办有一个专家库，所聘专家严格测评，实行淘汰制，每年参加项目评选的专家随机遴选。"在项目评审过程中，基金办不参与意见，所有的权力都赋予专家组。项目上与不上，资助多少，都依据专家的建议。这样一来，给我们带来了很大的压力与激励，促使我们将自己的身份和专家的角色严格区分，只要坐在项目评审会议室，我们就不再是社会人，而是基金办的专家，国家项目、资金的审定者。环顾左右，专家们在这一点上做得都很到位。"一位专家告诉记者。

几份评审意见，专家的工作状态可见一斑。

该项目所涉及的诸如铁观音茶、粤剧、民间故事等题材的出版物，已经汗牛充栋，实在没有再重复的必要了。

一套儿童读物，用东方绘这个名字不伦不类，所选内容芜杂，概念不清，而且同类作品已出版多种，重复严重。

雅鲁藏布大峡谷腹心墨脱县地理构造特殊，中国从事这个领域研究的专家学者非常少。作者连续17年不间断地从事相关资料收集、整理和研究，所采写的文章大部分都成了绝唱，为国家抢救了一段重要的人文史。本书的出版将成为研究雅鲁藏布大峡谷历史、人文、风情等方面不可多得的宝贵资料,对整理、保护和弘扬该区域民族文化,起到不可估量的作用。读后感慨颇多,此类书的创作态度本身就值得肯定和鼓励,更何况书的水平与价值非常难得,此项资助对于传世之作的问世具有特殊意义。

让我们再来看看另一份评语。

记得10年前,前往甘南考察,被花儿会的气氛深深地陶醉。现在终于看到这部书了,犹如空谷听足音,他乡遇故知!非感情相亲,更有学术认同。该项目的意义、重要性和特点在于:建立了花儿源流史体系;建立了西北花儿文化圈,介绍了其产生、流变的地理路线图;将作为民间文化的花儿研究放在我国历史文化的大背景中,与传统文史联系起来,贯穿了祖国传统文化这根主线;考证翔实,以大量历史的、现实的文献资料,阐明了原始社会花儿的胚芽状态、汉魏六朝的生成期、唐宋的形成期和明代的定型期以及清至民国的繁荣期等等;观点新颖,所提供的资料很新鲜、很完整,梳理归纳绘制了花儿形成演变的全景图,这在学术界尚属首次。目前书稿已脱稿,正在修改中,值得资助。

这些评语,传达出的是对文化的尊崇,对学术的尊重,对职责的敬畏。

国家出版基金项目有立项评审、实施中的年度检查,最后还要通过专家结项验收。记者见证了结项验收。验收审核内容,包含了思想文化价值、质量进度保障、廉政保障等，其中一项审核是基金资助项目低价入市。"花纳税人的钱，就要让纳税人受益。"在这一点上，没有含糊，没有例外。

而国家出版基金委的工作又是怎样的呢？专家评审意见，是基金委民主决策的依据。"到现在为止，基金委没有利用决策权自己定项目，没有把专家评审下来的项目再提上去，也没有对专家核定的资助额再进行调整。"基金办一位负责人说。

有了制度和严格遵循制度的专家、决策、办事队伍，国家出版基金的运行风清气正。对于资助项目，在出版社那里，记者听到最多的两个字是"服气"。

旗帜集聚的优质资源

在国家出版基金扶持精品、鼓励原创的旗帜下，学术、文化、选题、人才的优质资源正在集结。

汪忠镐院士发火了，因为《中国当代医学名家经典手术》中漏了他的血管外科手术，这是国家项目，他看重这个平台。项目承担者人民军医出版社上门约稿的当天晚上，汪忠镐打来电话，"第二天有一台手术"。手术录完了，片子制作人要做后期，汪忠镐却叫停了：先护理，再康复，半年以后，疗效经受住临床的考验，再进行片子的后期制作。汪忠镐珍惜的，是国家项目的声誉。

承担这一项目的人民军医出版社发现，国家项目的魅力如此强大，"名刀"们竞相承担拍摄，积极争取手术名额。

在国防工业出版社，记者看到，国防工业领域一批一流专家正在成为该社基金资助项目的主编与作者，一批一流选题已形成项目申报梯队。"社里的项目申报计划已经排到2016年了。"

广东省新闻出版广电局出版管理处副处长庞劭勤告诉记者，2009年时，广东省还只有一个资助项目，如今，年获批项目十多个，年资助金额高于以往数年总和。广东人民出版社基金资助项目《清车王府藏戏曲全编》的出版，历练出了一支年轻的古籍整理出版团队。"有了这样的经历，我们面对高难度的古籍整理作品，不会再胆怯。"该社年轻的副总编辑柏峰感慨。

国家出版基金不仅为中国出版业注入了资金，更提升了整个产业发展水平。在一个个资助项目的带动下，出版社的选题策划加强了，财务管理规范了，出版的质量意识进一步加强，出版物的品牌群正在形成。

记者了解到，基金资助项目几乎都是出版社的"一把手工程"，举全社之力而为之。对书稿一字一句地审改，是每一个项目的担纲者都在做的"功课"。

录制器官移植学科郑树森院士的手术，摄制组来来回回去了八次杭州。《中国当代医学名家经典手术》首批500台手术中，有146台是多次往返才录成的。项目负责人说："我们的项目挂着国家的牌子，拿出来的产品就得不脸红、不心跳、不汗颜，得是前人没有、当代急需、后代受益的产品。"

"做国家项目，是一个成长过程。我们的观念、管理水平、工作状态、工作节奏、产品品质都在发生变化，与国家项目的要求接轨。"在百年商务印书馆，编辑、管理者这样说。

曾经的出版让我们今天还能读到孔孟老庄之书，仍然可以在绵延

为了文化的尊严——写在国家出版基金实施六周年之际

不断的中华民族文明长河中领略这个民族的生存之道，感受她自强不息、厚德载物的韧性精神、栖居诗意、宽广怀抱和伟大心魂。在国家出版基金的资助下，当代学人与出版人，正在把体现当代中国智慧的精神文化之水，汇入中华文明5000年的漫漫长河。

（原载2014年2月11日《光明日报》）

后　记

　　《夕拾朝花》之于我，如同是一次早年展览的重观，更似一次久违故人的聚会。翻动书页，往事未如烟，故人音容在。

　　书中的往事，最早的发生在一个世纪前。它们，是我听前辈讲来，用文字记录存留的。更多的，是我亲历亲见，作为一个记录者，将其写成文字。《夕拾朝花》收录了20世纪80年代以来我关于出版的一些报道，涉及出版社、出版物和出版人。

　　将其汇编成册的动议，是时任中华书局总经理徐俊先生在2012年时提出的。其时，对是否将自己以往关于出版的报道汇集出版，我还有些犹豫。之后，又有几位出版界的朋友，提出相同的建议，他们的鼓励，让我感到温暖。一晃，十年过去了。其间，发生了两件事，对我有所触动，促使我重新审视昔日留下的文字。一件是20世纪80年代，北京阜外医院与外国专家首度合作，为先天性心脏病患儿实施手术治疗，我对此进行了报道。时隔三十多年，报道中提及的患儿的家长，仍没有忘记此事，向报社年轻记者打听我，并提及那篇"豆腐

499

块"报道。一件是2021年4月，报社同事电话采访杨晦先生之子杨铸先生，杨铸先生还清楚地记得，1979年的春天，我和报社老记者邓家荣、一名摄影记者到家中采访的事情。杨铸特意说到那次采访给杨晦先生在燕东园留下了一张很好的照片。这些被访者心中保留了数十年的记忆，让我感到了记者工作的温度，感受到了那些诞生在采访之后的文字与照片的生命。

出版是我做记者持续采访时间最长的领域，从1981年直到退休，长达三十余年。这段时间，和其他领域一样，中国出版业经历了从计划经济到市场经济的变革，但作为意识形态一隅，它的变革尤其的艰难与曲折。一路走来，这一领域的人们，有过迷茫，有过困惑，但更有坚守与不懈地探索追求。这一切，我是见证者，但不是旁观者，这里遇到的每一次挫折，每取得的一点进步，都牵动着我的忧喜悲欢。对认识的、不曾谋面的出版人，我在内心深处有着深深的认同感，自认是他们中的一员。

作为记者，我用文字记录发生在昨天的事情，勾勒出昨天的样子。重读这些文字，我有了新的想法，记录了昨天真实的文字是有价值的，昨天的样子值得被记住，因为，昨天的那些人和事，是我们走到现在和通往未来道路上的标志物，其中有文化传承的初心，有精神田园耕耘的足迹。

书稿即将付梓，内心深处有些新的感触不吐不快。在报社做记者、编辑，写稿、编稿贯穿我的职业生涯。但自己的文字结集成书，因书稿与出版社责编这样亲密接触，平生还是第一次。"编辑工作是为他人作嫁"，在我的采访中，这曾是被无数人用行动证实的传统，也是无数次被生动故事阐明的理念。但这一次，我的感受因具体变得真切。虽然书中集结的绝大多数稿件都曾在报刊上发表过，此次仍在翁向红、刘冬雪两位责编那里经过了细密的筛查，订正时间，核查史实，矫正谬误……责编做了大量琐碎、繁杂的工作，常常为一个书名、人名，一段资料的来源上网、翻书，其中，为确定商务印书馆的创办人为几人，投资人又有哪位，他们甚至追寻到一个世纪前。而在做责编的同时，她们还承担着书局重要的工作，书稿的编辑几乎都是用业余时间和节假日休息时间完成的。从她们细致、认真、严谨的工作中，我分明感受到中华书局相传了一个多世纪的薪火。

感谢她们，向她们致敬！

徐俊先生为本书题写了书名，特向他致以深深的谢意！